资金支持：国家社科基金重大项目
“国际能源新形势对中国发展与战略环境影响研究”
（项目编号：15ZDA059）

“一带一路”国家投资潜力指数：各沿线国家投资潜力评价2016

李虹　等著

商务印书馆
创于1897 The Commercial Press
2017年·北京

图书在版编目(CIP)数据

“一带一路”国家投资潜力指数：各沿线国家投资潜力评价：2016/李虹等著. —北京：商务印书馆，2017
ISBN 978-7-100-12831-5

Ⅰ.①一… Ⅱ.①李… Ⅲ.①对外投资－直接投资－市场潜力－研究－中国－2016 Ⅳ.①F832.6

中国版本图书馆CIP数据核字（2016）第312527号

“一带一路”国家投资潜力指数：
各沿线国家投资潜力评价2016
李虹 等著

商 务 印 书 馆 出 版
（北京王府井大街36号 邮政编码 100710）
商 务 印 书 馆 发 行
三河市尚艺印装有限公司印刷
ISBN 978-7-100-12831-5

2017年7月第1版 开本 787×1092 1/16
2017年7月第1次印刷 印张 19 1/2

定价：80.00元

丛书顾问委员会

（按姓氏音序排列）

谢克昌　中国工程院院士、原中国工程院副院长、中国科协副主席
徐 林　国家发改委发展规划司司长
徐念沙　保利集团董事长
徐如人　中国科学院院士、吉林大学教授
许宪春　国家统计局副局长
张大卫　中国国际经济交流中心副理事长、原河南省副省长
张国宝　外交部外交政策顾问委员会委员、中国产业海外发展协会会长、原国家发改委副主任、原国家能源局局长
张军扩　国务院发展研究中心副主任
赵文智　中国工程院院士、中国石油勘探开发研究院院长

序　一

“一带一路”即“丝绸之路经济带”和“21世纪海上丝绸之路”，是中国国家主席习近平统筹国内国际两个大局，顺应地区和全球合作潮流，契合沿线国家和地区发展需要，立足当前、着眼长远提出的重大倡议和构想。“一带一路”发展战略构想提出三年多来，因着共商、共建、共享的和平发展、共同发展理念，沿线60多个国家积极响应参与，与他们各自的发展战略积极对接。2016年1月19日，习近平在埃及《金字塔报》发表题为《让中阿友谊如尼罗河水奔涌向前》的署名文章中指出：“‘一带一路’追求的是百花齐放的大利，不是一枝独秀的小利。”

《礼记·中庸》有云“凡事预则立，不预则废”。为了实现真正的“百花齐放”，特别是中国作为“一带一路”战略的倡导国家，我国必须对战略沿线国家情况进行深入研究，尤其需要对各国的投资潜力进行科学、客观的预判，才能为制定国家投资策略提供重要参考，促成“百花齐放”。

正是基于上述背景和考虑，北京大学国家资源经济研究中心编制了这本《“一带一路”国家投资潜力指数：各沿线国家投资潜力评价2016》。基于对外投资相关理论和方法，结合“一带一路”战略目标和沿线国家基本国情，本书从国内市场、基础设施、人力资本、战略资源、制度环境、对华关系6个方面，系统、全面构建了“一带一路”沿线国家投资潜力评价体系，并依据该评价体系对“一带一路”沿线65个国家及其重点投资行业领域进行了综合分析和评价，同时考虑本中心另行发布的《“一带一路”国家投资风险指数：各沿线国家投资风险评价2016》中对65个国家投资风险的评估结果，提出了“一带一路”沿线国家投资布局的总体设想，为中国政府制定对外投资政策提供理论支持，为中国企业“走出去”提供决策指导。

本书在体现政治高度的同时具备较强的实用价值，特别是为“一带一路”沿线国家投资领域的相关后续研究奠定了理论基础，勾勒出研究框架，相信可以对国内学术界关于“一带一路”沿线国家投资领域研究起到较好的指导作用。

张国宝
外交部外交政策顾问委员会委员、中国产业海外发展协会会长
原国家发改委副主任、原国家能源局局长
2017年2月

序　二

"一带一路"战略提出以来，得到国际社会的广泛认同和积极响应。作为中国首倡的全球性投资战略，战略实施情况关系到中国未来较长时间的经济发展和现代化建设，关系到中国在全球经济体系和政治格局中的地位。

为便于政府、企业等相关部门从战略布局上掌握"一带一路"沿线国家的基本情况，清楚了解各国投资潜力的优劣，本书依托系统的研究手段、翔实的国别数据和科学的评估方法，对各国市场进行了详细的分析和评估，总结提出65个国家综合潜力投资排行，并分别对65个国家的国内市场、基础设施、人力资本、战略资源、制度环境、对华关系6个指标进行了分项排序，在此基础上对"一带一路"战略布局进行了系统思考研究，为政府及企业在"一带一路"战略实施中提供科学的决策依据。

本书文风简明、条理清晰，研究内容具有前瞻性，是"一带一路"战略实施层面不可多得的参考资料。本书兼具科研价值和实践价值，数据翔实可靠，相信对相关政府工作人员、理论研究人员和经济学工作者具有很强的参考和借鉴价值。

刘燕华

国务院参事、原科技部副部长

2017年2月

序　三

习近平总书记于2013年9月和10月分别提出了建设“丝绸之路经济带”和“21世纪海上丝绸之路”的战略构想，强调相关各国要打造互利共赢的“利益共同体”和共同发展繁荣的“命运共同体”。至今，这项战略提出已有三载，中国政府正通过强有力的政策引导推动着这项战略的落实，国内外媒体和学者也在高度关注着这一战略的发展。

目前国内部分学者对中国推进“一带一路”战略的机遇与挑战进行了分析，探讨了国内沿线地区优势产业空间差异与产业空间布局战略，初步分析了中国与“一带一路”沿线主要经济体的合作问题。还有学者从地方利益出发讨论了如何抓住这一战略机遇提升地方竞争力。但这些研究大多还是局限于国内视角，较少涉及对“一带一路”沿线国家和地区的投资分析。

北京大学国家资源经济研究中心着眼于国际视角，基于外商对外直接投资理论，构建了“一带一路”沿线国家投资潜力评价体系，从国内市场、基础设施、人力资本、战略资源、制度环境、对华关系共6个方面对“一带一路”沿线65个国家的投资潜力进行了综合评价，结合中心另一出版物《“一带一路”国家投资风险指数：各沿线国家投资风险评价2016》的评价结果，研究了中国对“一带一路”沿线国家直接投资的空间格局和产业选择，并讨论了宏观视角下相应的投资战略。

中国政府是“一带一路”战略的设计师和倡导者。中国企业，包括民营中小型企业，也理应成为推进这一战略的中坚力量，在实施过程中扮演重要的角色，以获得更为广阔的成长空间。这本书的出版，一是可以为政府制定国家总体部署、找准与“一带一路”沿线国家利益交汇点提供参考，促进中国产业国际转移、推进与相关经济体的投资合作。二是可以使中国企业及时把握“一带一路”沿线国家和地区的投资环境，科学进行境外投资合作决策。无论从哪个角度，此书的出版都是大有裨益的。

本书作者谦虚好学，严谨求实，具有扎实的经济学理论素养、敏锐的学术洞察力和前沿的视角。作为她在北京大学攻读博士学位期间的导师，看到她近年来取得的一系列科研成果，我由衷为她感到高兴。同时，也希望她再接再厉，坚持不懈，不断做出更多更好的创新成果。

刘伟
中国人民大学校长
2017年2月

内容提要

“一带一路”战略开启了中国对外投资、合作共赢的新篇章。为支撑中国政府和企业在“一带一路”战略背景下的投资决策和行为，本书基于对外投资相关理论和方法，结合“一带一路”战略目标和沿线国家基本国情，从国内市场、基础设施、人力资本、战略资源、制度环境、对华关系6个方面筛选59个评价指标，运用专家打分法、层次分析法等一系列定性和定量的研究方法，构建了“一带一路”沿线国家投资潜力评价指标体系，评估了沿线65个国家的投资潜力，在此基础上，结合本中心另行发布的《“一带一路”国家投资风险指数：各沿线国家投资风险评价2016》，编制了“一带一路”沿线国家投资潜力—风险平衡表，并甄别了“一带一路”战略目标下的重点投资行业及其发展的主要影响因素，结合国家分类、行业投资适宜性和投资目标，提出了“一带一路”沿线不同类别国家及重点投资行业投资布局的战略构想。

本书的评价结果主要包括：

- 国家综合投资潜力：新加坡、俄罗斯、越南、马来西亚、印度、印度尼西亚、老挝、哈萨克斯坦、泰国、伊朗是“一带一路”沿线投资潜力最大的十个国家。
- 国内市场：俄罗斯、印度、土耳其、沙特阿拉伯、印度尼西亚、新加坡、马来西亚、阿联酋、以色列、泰国十国的国内市场规模较大。
- 基础设施：新加坡、巴林、卡塔尔、阿联酋、科威特、以色列、爱沙尼亚、希腊、捷克、斯洛文尼亚十国的基础设施较为完善。
- 人力资本：印度尼西亚、印度、俄罗斯、孟加拉国、巴基斯坦、越南、菲律宾、泰国、埃及、土耳其十国在人力资本方面有较大优势。
- 战略资源：俄罗斯、伊朗、哈萨克斯坦、沙特阿拉伯、印度尼西亚、印度、伊拉克、卡塔尔、科威特、阿联酋十国的资源禀赋较高。
- 制度环境：新加坡、马来西亚、阿联酋、格鲁吉亚、罗马尼亚、马其顿、塞浦路斯、匈牙利、亚美尼亚、土耳其十国的国内制度较为健全。
- 对华紧密度：新加坡、老挝、越南、马来西亚、蒙古、柬埔寨、巴基斯坦、泰国、孟加拉国、哈萨克斯坦十国与中国联系程度较为紧密。

· 综合考虑各国的投资潜力及投资风险，本书认为沿线国家中应重点关注在俄罗斯、蒙古、印度、新加坡、伊朗、卡塔尔、沙特阿拉伯、阿联酋、波兰等国的投资机会。

中国对沿线国家投资应重点关注的领域：

· 市场驱动型：电力基础设施、交通设施、高端装备、通讯设施；
· 资源驱动型：油气资源开发、矿产资源开发、劳动密集型产业转移；
· 技术驱动型：电子工业、精密仪器制造业、生物医药业、金融业、可再生能源行业、资源综合利用行业、信息通讯产业、机械制造业、装备制造业、软件服务业；
· 战略驱动型：主要集中在东盟、南亚和中亚地区的战略性投资包括战略性港口、战略性管道、战略性交通、战略性新兴产业及军用维和设施等。

目　录

1 前言

当今世界经济和政治形势正发生深刻变化，国际金融危机的影响持续加深，全球经济复苏缓慢，各国发展都面临着诸多挑战。中国当前也面临着出口增长放缓、国内资源成本上升、传统产业产能过剩等问题，宏观经济进入了“新常态”，以往依靠投资拉动的粗放发展模式已经不能适应现阶段经济发展的需要，国内过剩产能需要逐步消化。在此复杂的形势下，中国政府提出了“一带一路”发展战略。这一战略是中共中央统筹“国内”、“国际”两个大局，高瞻远瞩提出的重要战略，势必影响中国乃至世界未来经济、政治和外交走势。

“一带一路”分别指“丝绸之路经济带”和“21世纪海上丝绸之路”。“一带一路”沿线共65个国家，总人口约44亿，经济总量约21万亿美元，分别约占全球的63%和29%。[①]“一带一路”战略遵循“和平合作、开放包容、互学互鉴、互利共赢”的丝绸之路精神，与沿线各国在交通基础设施、贸易与投资、能源合作、区域一体化、人民币国际化等领域开展深度合作，实现互联互通，合作共赢。“一带一路”战略不仅有利于推动中国经济增长转型，淘汰和转移过剩产能，实现产业转型升级，化解巨额外汇储备，提高外汇储备投资收益，而且有利于中国构建全方位开放新格局，深度融入世界经济体系。

当前，“一带一路”战略实施取得了初步的成果。设立丝路基金和建立亚洲基础设施投资银行（简称亚开行）为“一带一路”战略提供了有力的金融保障。近年来，中国企业陆续与沿线国家在基础设施、能源投资等领域签订了重大合作项目。2015年中国企业共对“一带一路”沿线的49个国家进行了直接投资，投资额约150亿美元，同比增长35.3%。[②]同期，中国企业在“一带一路”沿线的60个国家新签对外承包工程项目合同2998份，新签合同额716.3亿美元，占同期中国对外承包工程新签合同额的43.9%，同比增长11.2%。[③]

在“一带一路”战略取得一定成果的同时，中国政府和企业仍需要关注其存在的一些问题：“一带一路”沿线国家以发展中国家为主，道路和电信基础设施不完备，

---

① 周艾琳：《“一带一路”与亚投行齐飞，中国开启对外投资新时代》，《第一财经日报》2015年4月14日。
② 刘宏：《中国对外直接投资的现状、特征和问题》，《海外投资与出口信贷》2016年第1期。
③ 《要闻·中央》，《中国招标》2016年第1期。

制度缺陷严重，国内要素供给不足；区域范围跨越中亚、西亚、中东、印度半岛以及中南半岛等，不同国家国情复杂，一些国家有政治风险且种族宗派冲突激烈。因此，如何规避投资风险，发掘投资机遇，是中国政府和企业在“走出去”过程中必须思考的问题。

本书通过构建“一带一路”沿线国家投资潜力评价体系，从国内市场、基础设施、人力资本、战略资源、制度环境、对华关系共6个方面对沿线65个国家的投资潜力进行了综合评价，并结合《“一带一路”沿线国家投资风险指数：各沿线国家投资风险评价2016》的评价结果，编制了沿线国家的投资潜力与风险评估表，对沿线投资前景较好的重点国家及行业领域进行了综合分析，并提出沿线国家的产业投资布局建议。

1.1 研究背景

1.1.1 全球外商投资趋势分析

FDI（外商直接投资）总额从1990年的0.2081万亿美元增加到2013年的1.45万亿美元，年复合增长率为6.63%，超过世界GDP年复合增长率3.03%的一倍多（以1990年美元不变价格计）。其中发展中国家吸引FDI投资总额年复合增长率更高达12.75%，2010年发展中国家吸引外资比例超过发达国家。截至2013年底，发展中国家年度FDI流入已占到世界FDI总流量的61%，发展中国家已经成为世界投资的热门目的地。

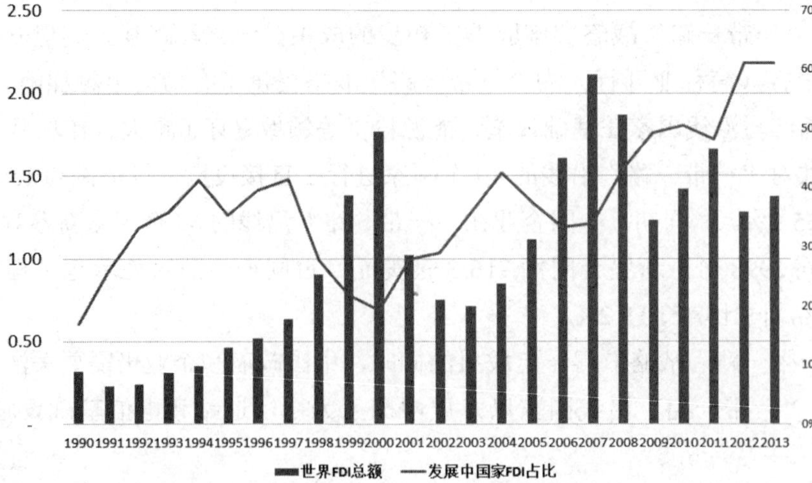

图1.1 世界外商直接投资流量及发展中国家占比

数据来源：联合国贸发会，FDI/MNE数据库（www.unctad.org/fdistatistics）

FDI 对发展中经济体的发展有明显的拉动作用。通过中国利用外资的数据发现，FDI 每增长一个百分点将使 GDP 增长 0.048%。由于 FDI 对国内技术进步、制度完善等都具有溢出效应，长期来看，FDI 每增加一个百分点能拉动 GDP 增长 0.2959%。

此外，FDI 对母国的经济也会产生积极的影响。研究发现，美国海外子公司的销售额和国家出口总值高度正相关，并且美国海外子公司的产品部分替代了与其出口竞争的其他国家的企业的产品，加强了美国产品在全球的竞争力。

“一带一路”相关项目建设将直接或间接地拉动投资和经济增长。据估算，目前，各地“一带一路”拟建、在建基础设施规模已经达到 1.04 万亿元。考虑到基础设施的建设周期一般为 2 至 4 年，2015 年国内“一带一路”投资金额或在 3000 至 4000 亿元；海外项目（合计 524 亿美元，每年约 170 亿美元）基础设施建设投资中，假设 1/3 在国内，则 2015 年由“一带一路”拉动的投资规模达 4000 亿元左右。考虑到基建乘数和 GDP 平减指数的影响，预计将拉动 GDP 增速 0.2—0.3 个百分点。①

1.1.2　中国对外投资“走出去”战略

（1）中国对外投资形势变化

改革开放之后特别是 20 世纪 90 年代以来，中国成为重要的投资目的地国家。随着资本积累，近几年中国已经成为重要的投资流出国。中国企业对外投资总额从 2005 年的 260 亿美元增加到 2014 年的 2678 亿美元，2015 年中国海外投资达到 3000 亿美元，十年间增长达十倍之多（图 1.2）。这一方面是由于中国国民经济总量增长较快，特别是工业与服务业，而国内资源难以满足经济发展需求，因此通过海外资源投资（包括能源与矿产等）来确保国内经济增长安全与需求；另一方面随着国内资本的积累，中国资本回报率逐渐降低，越来越多的国内企业将视野扩展到全球市场，特别是近年来随着企业管理能力的提升，中国企业在全球范围内配置生产要素的能力不断提升，跨国资源配置成为企业应对国际化竞争的重要手段。

① 《要闻 · 中央》,《中国招标》2016 年第 1 期。

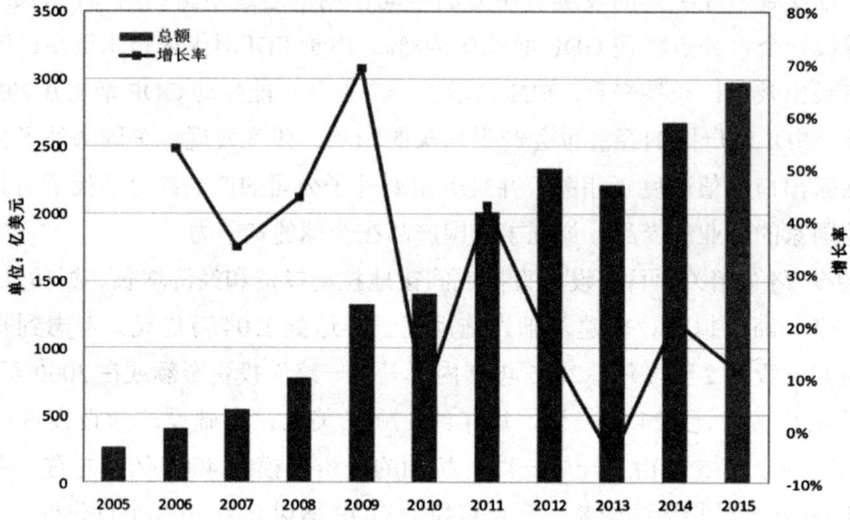

图 1.2 中国企业对外投资总额及增长率情况

数据来源：商务部，《2014 年度中国对外直接投资统计公报》，其中 2015 年数据为预测值

中国跨国投资资本流动可分为以下两个阶段：

初创期（1990 年到 2003 年）：

这十三年间，中国吸引外资从 34 亿美金增加到 535 亿美金，年均增长 22%，2003 年中国吸引外资占世界对外投资总额的 9.69%；而这十三年间对外投资基本稳定在 20 亿美金上下，平均占世界对外投资总额的 0.7%。由于当时中国属于典型的劳动力密集型国家，资本稀缺，承接了大量的国际产业转移，这也为中国近年对外投资的迅猛发展打下了物质基础。

稳步成长期（2003 年至今）：

2003 年随着中国加入 WTO，外资进入中国速度加快。但是受 2008 年世界金融危机的影响，中国吸引外资总量短暂下降。金融危机后世界经济复苏不稳，加之中国经济进入“新常态”，吸引外资基本稳定在 1200 亿美金左右，占世界对外投资总额的 8% 左右。然而这十三年间，中国对外投资步伐明显加快，对外直接投资额由 2003 年的 28 亿美金增加到 2014 年的 1100 亿美金，年复合增长率达到了 39%，2014 年中国对外直接投资占世界对外投资的比重已达 8.57%。2015 年上半年中国对外直接投资总额达到 684 亿美金，远超吸引的外商投资总额（560 亿美金）。根据联合国贸易与发展大会的统计，2013 年中国（不包含港澳台地区）已经成为世界第三大对外投资经济体，仅次于美国和日本。

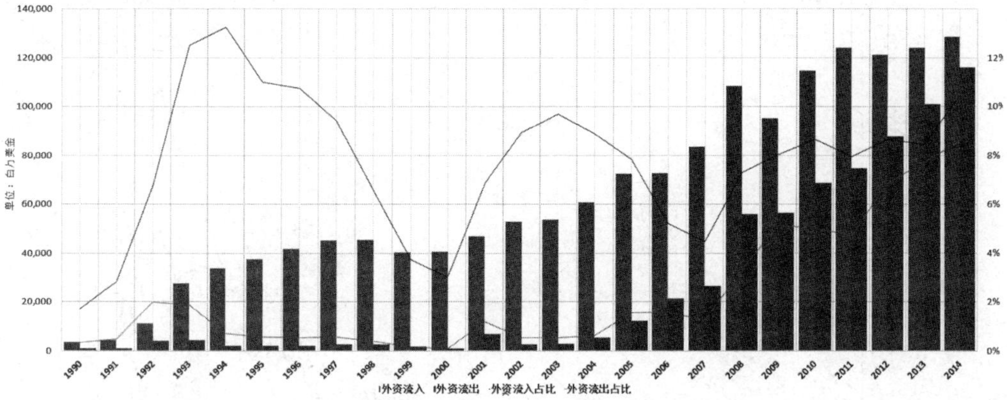

图 1. 3　中国投资流入流出总额及占世界比重

数据来源：联合国贸发会，FDI/MNE 数据库（www.unctad.org/fdistatistics）

对外投资规模超过吸引外资规模，意味着中国在国际市场上不仅可以与其他国家实现商品交易等对外贸易领域的优势互补，还能参与资本投资，使中国的外贸形式由单项交换转变为双向交换。

联合国贸易与发展会议 2015 年发布的报告认为，未来中国吸收外资增长将维持平稳态势，而随着国内资本市场融资能力不断增强，“一带一路”战略稳步推进，中国对外投资在未来几年将保持较快增长。对外投资将成为中国产业升级与经济增长的重要驱动力。

（2）“一带一路”战略

“一带一路”战略对于推动中国企业“走出去”对外投资具有重要的推动作用。“一带一路”战略着眼于中国经济增长“新常态”，从淘汰和转移过剩产能、化解巨额外汇储备、提高外汇储备投资收益的角度，为中国企业对外投资指引了方向，提供了充分的融资保障。资本市场高度关注“一带一路”战略下中国企业的海外投资行为。如中证指数公司将“一带一路”战略产业划分为基础建设、交通运输、高端装备、电力通信、资源开发等五大行业，共十六个子行业，提取了近 60 家上市公司样本，构建了“一带一路”指数，其资本市场表现远远优于上证综指的表现，这说明“一带一路”战略得到了资本市场的认可。

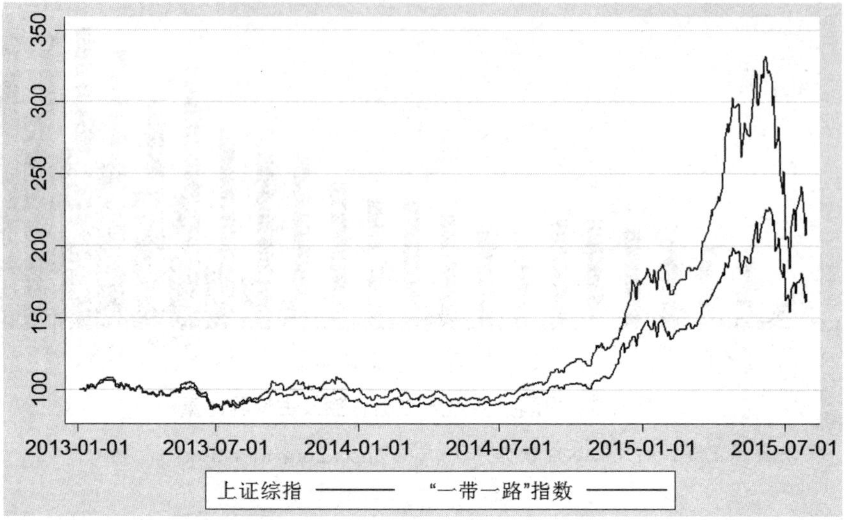

图 1.4 “一带一路”指数市场表现

数据来源：WIND 金融数据库

1.2 研究目的及意义

1.2.1 为中国政府制定对外投资政策提供理论支撑

当下，中国在国内资本投资回报率下降、劳动力成本上升、出口环境恶化交织形势下，势必加快对外投资速度，增大对外投资总量。国家外汇局公布的数据显示，2014 年中国对外金融净资产 1.78 万亿美元，对外投资收益约 1881 亿美元，对外负债成本近 2480 亿美元，对外净投资收益为 -599 亿美元。① 实际上，中国对外净投资收益为负已是多年来的常态，这在一定程度上反映了中国对外投资模式的低效。因此，在新形势下，这种对外开放模式的低效问题亟待解决。

从改革开放初期至今，中国凭借着劳动力资源与制度优势，吸引了大量资金与技术流入，逐渐成为“世界工厂”，中国企业对外投资的主要目的是为了满足国内生产所需的能源、原材料等；而随着经济进入“新常态”，国内投资增速放缓，国外市场需求疲软，对外投资应着眼于国内产业升级换代与优势产能输出。

在对外投资管理方面，不仅需要企业作为市场主体在微观层面进行投资决策和风险控制，也需要政府作为市场的有效补充，在国家层面加强与“一带一路”沿线国家

① 孙璐璐：《我国对外投资负收益困局待解》，《证券时报》2015 年 6 月 26 日。

的沟通与合作，签订投资保证协议等。因此“一带一路”战略是政府搭台，企业唱戏的双赢战略。“一带一路”战略的政策部分已经形成了由国务院推进“一带一路”建设工作领导小组为领导核心，以发改委、商务部、交通部以及国资委等牵头，地方政府积极配合的领导机制。

中国政府在制定对外投资政策时，应该重点关注哪些国家和地区的投资机遇，应该完善哪些对外投资的法律法规，如何开展双边和多边协定磋商，如何在宏观层面上出台有针对性的政策，解决跨国企业在海外投资中面临的困难，如何在产业政策、空间布局方面为跨国企业提供信息支持，如何在资金融通方面提供优惠政策，是“一带一路”战略具体政策取向方面面临的重要课题。

1.2.2　为中国企业“走出去”提供决策指导

尽管未来经济增长前景广阔，但是中国企业“走出去”仍面临着以下几个亟待解决的问题。

从“科学决策”的角度来看，需要我们对“一带一路”沿线国家吸引外商投资的绩效进行梳理，对其吸引投资的潜力进行评估。在科学评估的基础上，充分结合中国当前的经济发展“新常态”以及中国跨国企业“走出去”的战略优势，做到知己知彼，取长补短，真正与沿线国家互惠双赢，促进世界经济的可持续发展。

产业集聚是分工合作的必然趋势，而产业集聚又进一步促进了分工合作，从而形成了良性的正反馈发展路径，这种发展路径具有稳定性和不可逆性。随着中国—东盟自贸区的建立，大批中国企业家将其投资重点放在了劳动力数量多且成本相对低廉的印度尼西亚、越南和马来西亚等东南亚发展中国家。来料加工业务逐渐成为这些国家的支柱产业，从而促进东盟成为世界制造业贸易链条上的重要一环。对于现阶段中国企业“走出去”战略而言，如何合理布局能源、制造、基础设施建设等不同的行业，形成中国企业“走出去”合理机制，也是我们正在面临的关键问题。

2015年5月27日国务院副总理、推进“一带一路”建设工作领导小组组长张高丽在亚欧互联互通产业对话会上提出了建设“中蒙俄”、“新亚欧大陆桥”、“中国—中亚—西亚”、“中国—中南半岛”、“中巴”、“孟中印缅”六大经济走廊的重大战略布局。这一战略布局丰富了“一带一路”建设的战略内涵。如何识别六大经济走廊国别禀赋优势，优化投资决策，使投资产业布局多元化，是摆在跨国公司面前的现实问题。

中国跨国企业在“走出去”战略实施过程中，经常由于对当地法律制度、风土文化不熟悉而造成操作层次的风险。因此从中国跨国企业风险控制角度来看，必须识别投资于“一带一路”国家的风险，并对不同类型的风险提出风险预案，提前规避相关风险，做到有备无患，在投资高速增长的同时系好安全带。

1.3 研究方法

1.3.1 文献研究法

文献研究的目的是建立研究的理论支撑。本书一方面从对外直接投资与国际经济等基本内涵、投融资机制、对外直接投资影响因素、投资潜力评价方法等方面对相关文献的研究方法和研究成果进行梳理，构建本书的理论框架；另一方面对“一带一路”相关政策的文献和资料进行整理分析，明晰中国“一带一路”战略及对外投资政策现状及趋势。

1.3.2 专家访谈法

本书包含三级共59个指标，除参考文献研究外，各指标的理论意义和表征多次与各相关领域专家进行面对面交流和讨论，并在本书的结构与成文中多次进行论证。

1.3.3 专家打分法

本书需要两次采用专家问卷调查的方法。首先是确定指标体系及各指标权重，详细内容可以参见附录（表7.1）。此外还需要专家对各国在经济、政治、对华关系等方面的部分主观指标的指标值进行评价打分。本书咨询和访谈的专家主要是来自宏观经济、国际政治、对外投资等领域的教授和学者。

1.3.4 层次分析法

层次分析法是目前建立层次结构模型以及指标权重研究的主要方法。在存在不确定性和主观信息时，具有逻辑结构的层次分析法提高了研究的科学性。本书基于三级指标利用层次分析法，对“一带一路”沿线65个国家投资潜力进行了综合评估。

1.3.5 统计分析法

定量研究的内容是对各国未来对外直接投资流入的增长潜力进行量化分析。首先是对各项指标进行量化打分，然后对各项指标的分值进行加权评分，对各技术成果的综合评分结果进行统计分析，通过分值判定各个国家未来对外直接投资流入量的增长潜力。

1.3.6　空间分析法

空间分析法是主要基于地理模型分析方法的动态研究方法，对处于不同地理位置的研究对象，即本书中 65 个国家的信息进行收集、分析和可视化。本书利用地理信息系统（GIS）对沿线 65 个国家的评价指数进行了综合对比研究。

1.3.7　聚类分析法

聚类分析法将大量研究对象分类到不同的类或者簇中，每一个类别中的对象具有较大的相似性，而类别之间则具有较大的差异，有利于进行同类中及异类间的比较和分析。本书采用聚类分析方法中 K-means 聚类算法，以各个国家潜力评价的二级指标为变量对沿线 65 个国家进行分类。

2 中国对外直接投资理论综述

针对对外直接投资的研究兴起于 20 世纪 60 年代，经过几十年的发展，经济学界在该领域已经积累了相当丰富的文献，同时在此基础上形成了一些共识。根据黄益平[①] 的总结，这些共识包括：对外直接投资主要是由发达国家向发展中国家进行投资，在这样的投资中，发达国家的大型企业是主体。由发达国家大型公司主导的跨国投资是为了利用其特定的竞争优势，通过在全球范围内优化资源配置来获得更高的投资回报。对外直接投资的动机主要包括：扩大海外市场、降低生产成本、获取战略资源。在本部分中，我们将对对外直接投资的相关理论进行简要综述。

2.1 发达国家对外直接投资理论

2.1.1 垄断竞争理论

在 20 世纪 60 年代之前，经济学界关于对外直接投资的研究着眼于对跨国界企业活动的阐释。一些学者指出，企业跨国界所有权并不是国际卡特尔的替代品，应从不同的角度来理解跨国投资活动[②]。彭罗斯（Penrose）[③] 等认为，对外直接投资可以部分理解为跨国企业在纵向维度上的整合行为。然而，以上研究都只是将对外直接投资行为作为跨国企业行为的一部分来研究，并未对其进行更为深入的探讨。1960 年，海默（Hymer）[④] 在其题为《国内企业的国际化经营 —— 关于对外直接投资的研究》的博士论文中首先提出了垄断优势理论，这是最早将对外直接投资作为独立研究对象的理论。

垄断优势理论是建立在两个核心内容之上的，即市场不完全与垄断优势。传统的国际资本流动理论是基于国际市场的完全竞争假设的，因此认为各国的生产要素禀赋

---

① 黄益平：《对外直接投资的“中国故事”》，《国际经济评论》2013 年第 1 期。

② A. Plummer, International Combines in Modern History, *Pitman*, 1951.

③ E T. Penrose, Foreign Investment and the Growth of the Firm, *The Economic Journal*, 1956, pp. 220-235.

④ S. H. Hymer, *The International Operations of National Firms: A Study of Direct Foreign Investment*, Cambridge, MA: MIT Press, 1976.

的差异决定了各国生产要素之间的相对价格，资本的国际流动是由于各国资本存量差异导致的利率差异。海默认为，完全竞争假设并没有准确地描述国际市场，现实中更为常见的是不完全竞争市场。海默以美国跨国企业为例，指出正是由于不完全竞争的存在，美国企业在对外投资中才能取得超额利润。海默将市场不完全分为四个方面：商品市场不完全、要素市场不完全、规模经济引起的市场不完全以及政府干预造成的市场不完全。在市场不完全的前提之下，在国内获得垄断优势的企业有动机进行对外直接投资，利用垄断优势抵消由于跨国经营和竞争导致的不利条件，通过垄断定价促使市场形成寡占格局。作为国际投资理论的先行者，海默的垄断优势理论指出境外直接投资的主要动因是扩展垄断优势，而不是基于国际间利率的差异。这一理论较好地解释了发达国家之间的双向投资现象，同时也为知识密集型产业的境外投资提供了合理的基础。

2.1.2 产品生命周期理论

弗农（Vernon）[①] 在 1966 年发表了《产品生命周期中的国际投资与国际贸易》一文，提出是产品生命周期的不同阶段导致企业选择不同的生产地及销售地。根据新产品的性质不同，该理论将产品生命周期划分为创新阶段、成熟阶段和标准化阶段。在创新阶段，创新国的大型企业开发出新产品，进而向本国市场投放。由于初始阶段的产品尚未批量生产，加之投入的研发支出和人力资本较高，所以该阶段的产品成本很高。此时新产品的生产主要集中在创新国，对于其他国家的需求，创新企业以出口为主，没有对外直接投资的必要。在成熟阶段，新产品及其生产技术趋于稳定，产品开始批量生产。此时随着技术的国际扩散和产品的不断出口，进口国倾向于设置贸易壁垒以保护本国的幼稚产业。为了进一步扩大出口能力，创新国企业将会通过在进口国当地建立海外子公司的形式规避贸易壁垒。而在标准化阶段，产品及其生产技术趋于定型，创新国失去了原有的垄断优势，此时的最优选择是通过对外直接投资方式将生产流程及工艺转移到进口国。产品周期理论将产品不同阶段作为企业对外直接投资的动因，同时引入了产品生命周期和投资区位两个因素加以分析，为二战之后美国企业向欧洲投资提供了解释。然而，部分跨国企业为了在全球范围内降低成本，从一开始就将新产品的研发生产地置于国外，这又是该理论所无法全面解释的现象了。同时，该理论对发展中国家对发达国家高新技术领域的投资行为解释力也有所不足。

---

① R. Vernon, International Investment and International Trade in Product Cycle, *International Executive*, 1966, p. 16.

2.1.3 边际产业理论

日本经济学家小岛清（Kojima）[①] 在考察了1950—1970年的日本对外投资之后，在赫克歇尔—俄林的资源禀赋差异导致比较成本差异的原理的基础上提出了对外直接投资的边际产业理论。该理论认为，根据比较优势原则，一国应当出口在国际生产中具有比较优势的产品，进口在国际生产中不具备比较优势的产品。小岛清将已经或即将丧失比较优势的产业称为边际产业，认为一国应该按照边际产业的顺序进行对外直接投资，这样可以将原先国内居于比较劣势地位的产业转移到外国，进而转换为本国的比较优势，而本国则利用比较优势产业进一步扩大出口。在对外直接投资的动机方面，作者将其分为三种类型：行业资源导向型、市场导向型和生产要素导向型。在此基础上，小岛清界定了顺贸易导向投资和逆贸易导向投资的概念。按边际产业顺序开展对外直接投资同时促进了产业的国际转移和本国的贸易增长，因此可称为顺贸易导向投资，反之称为逆贸易导向投资。作者指出，日本的对外直接投资属于顺贸易导向投资，美国的对外直接投资则与之相反。

2.1.4 内部化理论

内部化理论（巴克利和卡森［Buckley & Casson］[②]；鲁格曼［Rugman］[③]）沿袭了垄断优势理论的市场不完全假设，认为在国际市场上，不仅最终产品市场是不完全的，中间产品市场同样是不完全的。当中间产品市场交易成本过高时，借鉴科斯定理的分析框架，此时企业倾向于通过对外投资将外部市场内部化，从而避免外部不完全市场的不利影响。同时，内部交易可以增强跨国企业对市场的控制，跨国企业可以根据需要在全球范围内优化资源配置，将自身效益最大化。内部化理论认为对外直接投资的实质是基于企业所有权之上的管理权与控制权的扩张，而不是过去所认为的单纯的国际资本转移。内部化理论从产权理论的角度很好地阐述了企业对外直接投资的动因，鲁格曼将该理论称为“FDI的一般理论”，但在对外投资的区位选择上，内部化理论没有给出很好的解释，同时对其他促使对外直接投资的外界因素的讨论稍显薄弱。

---

① K. A.Kojima, Macroeconomic Approach to Foreign Direct Investment, *Hitotsubashi Journal of Economics*, 1973, pp.1-21.

② P. J. Buckley and M. Casson, *The Future of the Multinational Enterprise,* London: Macmillan, 1976.

③ A. M. Rugman, *Inside the Multinationals: The Economics of Internal Markets,* New York: Columbia University Press, 1981.

2.1.5 国际生产折衷理论

为了更为全面地解释跨国企业对外投资的动机，约翰·哈里·邓宁（John Harry Dunning）[①]在其1977年撰写的《经济活动的贸易区位与多国企业：一种折衷理论的探索》一文中率先提出了国际生产折衷理论。邓宁认为，纵观过去的对外投资理论，跨国公司对外投资动机和行为无法从单方面因素片面地得到解释，而折衷理论是一种综合多种对外投资模型，分析、全面考察多方面投资动机来解释企业对外投资动机的理论。该理论将跨国企业具有的优势细分为三种，分别为所有权优势、内部化优势和区位优势。其中所有权优势又称垄断优势，是指该跨国企业所独有的优势，具体包括资产性所有权优势以及交易性所有权优势等。内部化优势是指已经具备所有权优势的企业，为了规避不完全的外部市场对企业的不利影响，将外部市场内部化的能力。区位优势是指投资东道国在投资环境因素上所具有的超越其他国家的优势，具体来说主要包括当地的外资政策、经济发展水平、市场规模、基础设施、资源禀赋、劳动力数量及其成本等。如果一个国家具有超出其他国家的区位优势，显然该国家会对跨国公司海外投资产生较大的吸引力。邓宁认为，所有权特定优势是跨国公司海外投资的必要条件，跨国公司只有具备一定的垄断优势，才有资本同国内企业进行竞争。但所有权优势仅是企业对外直接投资的必要而非充分条件，当企业只具有所有权优势时，可能采取出售特许权或品牌授权等方式进入外国市场。当企业同时具备内部化优势和所有权优势时，企业将会选择在母国扩大生产规模，将产品出口到其他国家，不一定会进行对外直接投资。当跨国公司同时具备了所有权特定优势与内部化优势，而投资东道国又具备一定的区位优势，对外直接投资才成为该跨国公司的最优选择。另外，邓宁还从四个方面论述了企业对外直接投资的动机，分别是寻求市场、寻求资源、寻求效率以及寻求现成资产。

国际生产折衷理论开创了对外直接投资的OIL分析范式。该范式认为所有权特定优势、内部化优势以及区位优势等三者共同决定了企业的跨国投资行为。同时，折衷理论将区位因素纳入分析，较好地说明了相对于将商品出口，对外直接投资的优势所在，同时也为企业选择对外投资的国家提供了依据，是对之前的区位理论的继承和发展。该理论试图将已有的对外直接投资理论融入统一的分析框架之内，对此后的相关研究产生了很大影响。然而，折衷理论局限于微观分析，忽视了宏观经济状况对国际直接投资的影响。同时，决定对外直接投资的三维变量之间存在重叠或冲突，关于三

---

① J. H. Dunning, Trade, Location of Economic Activity and the MNE: A Search for an Eclectic Approach, *Palgrave Macmillan UK*, 1977.

类优势变量的讨论还有待于进一步深化。

2.1.6 投资发展周期理论

自国际生产折衷理论提出以来，该理论在受到广泛赞誉的同时也招致了一些学者的批评，这些批评主要集中在折衷理论缺乏对一国宏观经济环境的分析以及对三类优势变量的讨论偏向静态化。有鉴于此，邓宁在20世纪80年代初提出了投资发展周期理论，将人均国民生产总值与国家对外直接投资联系起来，试图从动态化的角度分析对外直接投资行为。在考察了67个国家1967—1978年间直接投资流量与人均国民生产总值的联系之后，邓宁指出，人均国民生产总值决定了一个国家对外直接投资的动力和能力大小，这是因为处于国家经济发展不同阶段的本土企业所具有的所有权优势、内部化优势和区位优势有所不同，从而对外直接投资行为也有较大差别。按照人均国民生产总值从低到高，邓宁将国家经济发展分为四个阶段。当人均国民生产总值低于400美元时，这些国家的企业在三类优势变量中全面居于劣势，此时该国对外直接投资净额为负；当人均国民生产总值在400—2000美元之间时，企业的区位优势开始显现，将会吸引一定的外商直接投资；当人均国民生产总值在2000—4750美元之间时，本国企业跨国运营能力逐步增强，对外直接投资有一定的增长；而人均国民生产总值超过4750美元之后，企业在技术、商标等知识产权方面逐渐显现出比较优势，其跨国运营能力得以长足发展，同时随着参与国际分工大生产程度的加深，跨国企业对于国别资源禀赋的判断趋于合理，从而导致本国对外投资流量迅速增加，逐渐呈现资本净流出的现象。

投资发展周期理论以人均国民生产总值为数量指标，揭示了一国对外直接投资的变动趋势和这一现象背后的原因。然而，仅仅依靠单一指标划分国家经济发展阶段，缺乏对国家经济结构的考察，未免失之偏颇。

2.1.7 寡占反应理论

在垄断优势理论的基础上，尼克博克（Knickerbocker）① 提出了寡占反应理论。他在对美国跨国公司投资行为的研究中发现，对外直接投资很大程度上取决于垄断企业之间的行为约束和反应。尼克博克指出，在寡头垄断格局的市场上，某个寡头企业采取的行动都会被其他企业模仿，以此缩小差距，降低风险。这种模仿或者跟随行为包括三种类型：跟随战略、交换威胁和动态竞争。这也解释了为什么少数几家寡头公司占据了对外直接投资的大部分份额，同时这些投资经常在同一时段发生。为了更好地

① F. T. Knickerbocker, Oligopolistic Reaction and Multinational Enterprise, *The International Executive*, pp. 7-9.

说明企业对外直接投资的动因，尼克博克将对外直接投资分为进攻性投资和防御性投资，率先在国外建立子公司的寡头公司的投资是进攻性投资，而其他追随者的投资行为是防御性投资。对于进攻性投资的动因，适合采用产品生命周期理论解释，而防御性投资则适合采用寡占反应行为来解释。

2.2 发展中国家对外直接投资理论

2.2.1 小规模技术理论

1977年，哈佛大学教授路易斯·T. 韦尔斯（Louis T. Wells）提出了小规模技术理论，并在1983年的专著《第三世界跨国公司》①中做出了进一步阐释。该理论被认为是研究发展中国家跨国公司的开创性成果。韦尔斯认为，与发达国家跨国公司对外直接投资相比，发展中国家对外直接投资具备三个方面的优势。首先，发展中国家的跨国公司更可能拥有小市场需要的小规模生产技术；其次，发展中国家在民族产品的海外生产中更具优势，这些海外投资的相当一部分都是为了满足海外同一种族的人群的需求，针对性很强；最后，由于生产成本相对较低，发展中国家的跨国公司更易执行低价产品营销策略。对应于产品生命周期，发展中国家对外直接投资主要在产品标准化阶段开展。

小规模技术理论在发展中国家企业竞争优势与母国市场特征之间建立了联系，为发展中国家对外直接投资提供了启示。虽然发展中国家企业在技术和经营规模上全面居于劣势，但在小规模生产技术的国际竞争中仍可占据一席之地。然而，该理论认为这种竞争主要是发展中国家通过使用降级技术，生产在发达国家处于衰退期的产品而实现的，由此推论出发展中国家将会一直处于生产的边缘地带和产品周期的标准化阶段。这和部分发展中国家的高新技术企业的对外直接投资行为不符，也没有为日益涌现的发展中国家向发达国家投资现象给出合理的解释。

2.2.2 技术地方化理论

在对印度跨国企业对外直接投资行为及其动机进行深入研究的基础上，英国经济学家拉尔（Lall）②等提出了针对发展中国家跨国公司的技术地方化理论。拉尔等认为，虽然发展中国家跨国公司在资金、技术和人力资本等方面相比发达国家企业没有优势

---

① Wells and T. Louis, *Third World Multinationals: The Rise of Foreign Investment from Developing Countries*, Cambridge, Mass: MIT Press, 1983.

② S. Lall, E. Chen, J. Katz, et al., *The New Multinationals: The Spread of Third World Enterprises*, 1983.

可言，但其所采用的技术却包含着企业内在的创新活动的成果。这些创新包括：充分利用本国技术与要素的比较优势管理跨国投资；利用投资东道国的区位优势，进行技术改造与产品创新；针对发达国家商品的差异化创新策略；针对不同国家民族文化或语言的差异，充分发挥文化相似性优势，特别是当投资东道国国内市场较大，且消费者消费习惯与支付能力差别较大时，发展中国家产品更能发挥其核心竞争优势。拉尔指出，发展中国家通过吸收和改进发达国家的技术，可以实现主动创新，取得一定的竞争优势。技术地方化理论着眼于技术创新对增强企业国际竞争能力的重要作用，同时考虑了本国的市场特征对对外直接投资行为的影响，为发展中国家对外直接投资指出了一条可行的道路。

2.2.3 技术累积理论

坎特韦尔和托伦蒂诺（Cantwell & Tolentino）① 从技术进步的角度入手，认为技术创新是推动发展中国家对外直接投资的关键因素。不同于发达国家跨国公司的技术创新活动，发展中国家跨国公司的技术创新活动具有明显的学习特征。发展中国家企业技术能力提高是一个不断积累的过程，而这种积累和提高过程是与对外直接投资的增长相关联的。作者将发展中国家对外直接投资按照其发展顺序分为三个阶段。在对外投资初始阶段，由于发展中国家处于技术劣势，因此其对外投资主要集中于周边国家，这些国家文化与民族的关联度较高，消费的产品有一定的相似性；随着发展中国家对外投资的积累，文化与民族因素的重要性相对下降，而企业跨国运营能力不断提升，生产技术也不断积累，其投资范围逐步从周边国家扩大到其他发展中国家；最后，随着资本不断壮大，技术不断进步，发展中国家跨国公司海外投资必然面临着与发达国家跨国公司的技术与资本的竞争，其直接投资的动机也从市场寻求型转变为技术寻求型。技术累积理论较好地解释了亚洲新兴工业化国家和地区的对外直接投资现象，将一国经济的发展和产业结构的升级与对外直接投资联系起来，对发展中国家经济国际化具有重要的指导意义。同时，技术累积理论也为发展中国家对外直接投资的区位选择提供了依据。

2.2.4 投资诱发要素组合理论

投资诱发要素组合理论是近年来国际经济学界在综合考量影响对外直接投资的各方面因素的基础上，提出的一套解释对外直接投资的综合性理论。该理论根据影响因

① J. Cantwell and P. Toletino, Technological Accumulation and Third World Multinationals, *University of Reading Discussion Paper in International Investment and Business Studies*, 1987.

素与企业生产的亲疏关系，将影响对外直接投资的因素分为直接诱发因素与间接诱发因素两大类，从而认为企业对外投资主要是两种诱发因素作用的结果。其中直接诱发因素是与跨国公司生产密切相关的因素，主要包括劳动力、投资资本、自然资源、生产技术、管理能力以及信息等。跨国公司通过在全球范围内调配这些生产资源生产商品、提供劳务。对于发达国家跨国公司而言，跨国公司主要通过将本国充裕的投资资本、生产技术、管理能力等要素调配到发展中国家，利用发展中国家的劳动力、生产技术等优势，降低生产成本、提高竞争力；同样，发展中国家的跨国公司可以输出本国资本，对发达国家进行投资从而获取先进的技术与管理经验。直接诱发因素以外的影响对外直接投资的因素都称为间接诱发因素，包括政府的外资政策、国际投资协定以及宗教、社会的稳定性等。投资诱发要素组合理论认为，间接诱发因素同样对国际直接投资有重大的影响。一国企业对外直接投资是建立在直接诱发要素和间接诱发要素的共同作用之上的。由于发达国家与发展中国家要素禀赋的差异，导致两者对外投资的诱发因素往往有一定的差异。一般情况下，发达国家对外直接投资主要是本国资本与技术的输出，其诱发因素以直接诱发因素为主。而广大发展中国家往往在劳动力、自然资源等方面具有一定的优势，其对外投资诱因以间接诱发因素为主。投资诱发要素组合理论全面考虑了本国和外国的区位和经济因素，为发展中国家开展对外直接投资提供了新的理论支持。

2.3 对外投资潜力理论研究进展

2.3.1 中国对外直接投资潜力研究综述

许多学者在探讨中国对外直接投资的领域进行了大量研究。这部分研究可以分为宏观和微观两个方面：宏观方面的研究着眼于分析中国对外直接投资的动机、总体情况、区位选择以及对中国经济的总体影响；微观方面的研究主要考虑的是在对外投资过程中，具体企业的特征对投资结果的作用以及带来的经济效应。

在宏观方面，马修斯（Mathews）[①] 通过深入比较亚太地区的跨国公司和传统发达国家跨国公司行为的差异，指出新兴经济体跨国公司的创新模式不同以往，据此提出了联系—杠杆—学习（Linkage-Leverage-Learning）的 LLL 分析框架，认为其主要通过外部资源联系、杠杆效应和学习进行对外直接投资。其中外部资源联系指新兴经济

① J. A. Mathews, Dragon Multinationals: New Players in 21st Century Globalization, *Asia Pacific Journal of Management*, 2006, pp. 5-27.

体企业与发达国家跨国公司建立战略联盟或者建立合资企业的过程，杠杆效应指新兴经济体企业对资源的利用，学习是指对联系和杠杆效应的应用过程。LLL 分析框架可以在一定程度上解释新兴经济体企业加速对外投资的现象。此外，薛求知、朱吉庆[①]采用 1982—2003 年间的数据，针对中国经济发展水平和对外直接投资之间的关系进行了实证研究，认为就总体趋势而言，中国经济发展与对外直接投资的关系是符合投资发展周期理论的。同时，相对于中国经济整体发展水平，对外直接投资的发展有明显滞后。高敏雪、李颖俊[②]讨论了滞后现象的原因，指出中国企业在国际上的竞争力还有待于进一步提高。陶攀、荆逢春[③]借鉴异质性分析框架，强调企业的自我选择行为，实证检验了中国企业对外直接投资的区位选择。阎大颖、洪俊杰、任兵[④]在折衷理论的基础上，研究了中国企业对外直接投资决策的影响因素，指出对企业对外直接投资的动机和能力有重要影响的制约因素主要包括政策扶植、海外关系资源及自身融资能力。

在微观方面，蒋冠宏、蒋殿春[⑤]针对中国对外直接投资的出口效应进行了实证分析，认为中国企业对高收入国家的投资显著促进了出口，而对中低收入国家投资的“出口效应”不明显。毛其淋、许家云[⑥]揭示出对外直接投资企业创新之间的因果效应，并且这种积极作用是具有持续性的。其中多样化型对外直接投资对企业创新持续期的延长作用超过了研发加工型和贸易销售型对外直接投资的作用。肖慧敏、刘辉煌[⑦]检验了对外直接投资对中国企业技术水平的影响，结果表明中国企业通过对外直接投资显著提升了技术水平，即存在学习效应，并且投资于发达国家的企业比仅投资于发展中国家的企业拥有更强的学习能力。李梅[⑧]将人力资本、国内研发与中国对外直接投资的逆向技术溢出联系起来，指出对外直接投资对中国技术进步具有显著的正向促进作用。同时，相较于人力资本水平偏低，中国研发投入的不足对逆向溢出效应的产生起着更加严重的阻碍作用。

---

① 薛求知、朱吉庆：《中国对外直接投资发展阶段的实证研究》，《世界经济研究》2007 年第 2 期。

② 高敏雪、李颖俊：《对外直接投资发展阶段的实证分析——国际经验与中国现状的探讨》，《管理世界》2004 年第 2 期。

③ 陶攀、荆逢春：《中国企业对外直接投资的区位选择——基于企业异质性理论的实证研究》，《世界经济》2013 年第 9 期。

④ 阎大颖、洪俊杰、任兵：《中国企业对外直接投资的决定因素：基于制度视角的经验分析》，《南开管理评论》2009 年第 6 期。

⑤ 蒋冠宏、蒋殿春：《中国企业对外直接投资的“出口效应”》，《经济研究》2014 年第 5 期。

⑥ 毛其淋、许家云：《中国外向型 FDI 对企业职工工资报酬的影响：基于倾向得分匹配的经验分析》，《国际贸易问题》2014 年第 11 期。

⑦ 肖慧敏、刘辉煌：《中国企业对外直接投资的学习效应研究》，《财经研究》2014 年第 4 期。

⑧ 李梅：《人力资本、研发投入与对外直接投资的逆向技术溢出》，《世界经济研究》2010 年第 10 期。

此外，程、克万（Cheng & Kwan）[①]对中国区域投资的分析，吴、张（Woo & Zhang）[②]进行的中国对加拿大投资的因素考量和刘（Liu）[③]对中国企业对外投资的分析结果涵盖了广阔的区域这一因素。安德列夫（Andreff）[④]和邓宁[⑤]的研究印证投资目标国的产业结构、工业占比和城市化程度对企业投资决策具有重要影响。吴、翁（Goh & Wong）[⑥]对马来西亚，考洛陶伊等（Kalotay & Sulstarova）[⑦]对俄罗斯和董艳等[⑧]对中国对外投资的分析结果表明：投资目标国的当地市场规模和增长潜力对投资国的资本流入具有显著影响。董艳等分析中国对非洲投资决定因素包括家庭最终消费支出这一指标，该指标是衡量消费者购买能力和市场规模的重要指标。科尔斯塔德·I.、韦格·A.（Kolstad I. & Wiig A.）[⑨]通过使用六种主要指标：GDP、进出口占GDP比重、通货膨胀率、地理距离、制度和自然资源，专门分析了中国对外直接投资的结果，发现目标国GDP是中国对外直接投资的主要考虑因素，制度和自然资源呈现互补现象。袁凯宇[⑩]通过实证分析发现市场规模、劳动力成本和基础设施建设是影响FDI选择的显著性因素。杜群阳和邓丹青[⑪]利用中国对非洲43个国家的直接投资数据，发现目标国的硬环境、城镇化、市场化与投资有显著关系，而能源、市场规模与投资的关系表现不显著。

2.3.2 其他国家对外直接投资潜力研究综述

除以上理论之外，学者们在对外直接投资与贸易的关系以及对外直接投资对本国

① L. K. Cheng and Y. K. Kwan, What Are the Determinants of the Location of Foreign Direct Investment? The Chinese Experience, *Journal of International Economics*, 2000, pp. 379-400.

② Y. P. Woo and K. Zhang, China Goes Global: The Implications of Chinese Outward Direct Investment for Canada, *Horizons*, 2006.

③ Q. Liu, *Modern China's Housing Economics,* Beijing China's Building Industry Press, 1992.

④ W. Andreff, The New Multinational Corporations from Transition Countries, *Economic Systems*, 2002, pp. 371-379.

⑤ J. H. Dunning, The Eclectic Paradigm of International Production: A Restatement and Some Possible Extension, *Journal of International Business Studies*, 1988, pp. 1-31.

⑥ C. Y. Wong and K. L. Goh, Modeling the Behaviour of Science and Technology: Self-propagating Growth in the Diffusion Process, *Scientometrics*, 2010, pp. 669-686.

⑦ K. Kalotay A. Sulstarova, Modelling Russian outward FDI, *Journal of International Management*, 2010, pp. 131-142.

⑧ 董艳、张大永、蔡栋梁：《走进非洲——中国对非洲投资决定因素的实证研究》，《经济学》2011年第2期。

⑨ I. Kolstad and A. Wiig, What determines Chinese outward FDI?, *Journal of World Business*, 2012, pp. 26-34.

⑩ 袁凯宇：《影响FDI选择的主要因素研究——基于京津两地实证分析比较》，《天津经济》2014年第10期。

⑪ 杜群阳、邓丹青：《中国对非洲直接投资的空间分布及其影响因素研究》，《地理科学》2015年第4期。

的影响等方面也进行了深入探讨。马库森（Markuson）[①]利用非要素比例模型进行分析，认为在要素流动与商品贸易之间存在互补关系。程惠芳、阮翔[②]运用引力模型分析了 32 个对中国进行直接投资的国家，实证发现投资国与东道国的经济规模总和、人均国民收入水平及双边贸易量等变量对两国间的国际直接投资流量有显著的正向影响。王勋等[③]指出，发展中国家的对外直接投资，一定程度上是经济结构扭曲和经济失衡的结果，在金融抑制政策中，对金融市场的限制、信贷约束以及利率管制是导致对外直接投资的重要因素。沈坤荣、耿强[④]构建了内生增长模型，指出 FDI 可以通过技术外溢效应，使东道国的技术水平、组织效率不断提高，从而提高国民经济的综合要素生产率。许罗丹、谭卫红[⑤]通过局部调整模型分析了 FDI 的聚集效应，并且对出口导向型与市场导向型两种投资类型进行了比较分析。

① J. R. Markusen, Factor Movements and Commodity Trade as Complements, *Journal of international economics*, 1983, pp. 341-356.
② 程惠芳、阮翔：《用引力模型分析中国对外直接投资的区位选择》，《世界经济》2009 年第 11 期。
③ 王勋、Anders Johansson：《金融抑制与经济结构转型》，《经济研究》2013 年第 1 期。
④ 沈坤荣、耿强：《外国直接投资、技术外溢与内生经济增长 —— 中国数据的计量检验与实证分析》，《中国社会科学》2001 年第 5 期。
⑤ 许罗丹、谭卫红：《外商直接投资聚集效应在我国的实证分析》，《管理世界》2003 年第 7 期。

3 “一带一路”沿线国家投资潜力评价指标体系

“一带一路”沿线国家投资潜力评估是指中国对沿线65个国家进行直接投资的可能收益、发展潜力及方向进行研判。本书通过国内市场、人力资本、基础设施、制度环境、战略资源和对华关系6个一级指标和59个二级指标，构建了“一带一路”沿线国家投资潜力评价的指标体系。

3.1 国内市场

国内市场规模是企业对外投资决策重要的考量因素之一。

国内市场规模较大的国家往往具备较完整的工业体系与要素市场。跨国公司可以充分利用其市场要素来优化企业全球生产链管理，相反小型经济体内部生产要素不完备，较难组织大规模的工业生产，融入国际化大分工也比较困难。

国内市场规模包括经济发展水平、区域经济融合度、国内市场规模及其增长潜力、城市化率、产业价值链位置、消费者购买力以及工业基础等二级指标。

经济发展水平、国内市场规模以及增长潜力等二级指标分别用人均国内生产总值（购买力平价法）、国内生产总值（不变美元计价法）以及前五年国内生产总值平均增长率衡量。

城市化率与消费者购买力衡量该经济体居民消费能力。

工业基础、产业链位置等表征体现出投资目标国国内生产要素完备性以及现代化程度，包括工业总产值占国内生产总值比重、工业竞争力指数以及高科技产业占国内生产总值比重等指标。

表 3.1 国内市场指标体系

一级指标	二级指标	三级指标
国内市场	经济发展水平	人均GDP（PPP）
	国内市场规模	国内生产总值（不变美元）
	国内市场增长潜力	前5年GDP平均增长率

续表

一级指标	二级指标	三级指标
国内市场	城市化率	城市人口占比
	产业价值链位置	高新技术产业 GDP 占比
	消费者购买力	家庭最终消费支出占比
	工业基础	工业竞争力指数
		工业总产值占 GDP 的比重

3.2　人力资本

近年来随着中国劳动力成本上升，传统劳动密集型产业逐渐丧失比较优势，逐步向劳动力成本更低的东南亚、印度等国转移。但企业对外投资应更加综合地考虑目标国人力资源水平，包括劳动力素质、数量等因素。

衡量人力资本的二级指标包括劳动力密度、劳动力成本、劳动力质量和劳动力数量。

劳动力密度采用单位耕地劳动力数量来衡量。“一带一路”沿线国家大多为不发达经济体，其产业结构中第一产业占比较大，劳动力主要从事农业生产。劳动力密度衡量了该国劳动力产业转移的潜力。

劳动力成本、劳动力数量分别采用名义最低工资以及适龄劳动力人口数量衡量。

劳动力质量采用联合国开发计划署发布的国别教育指数衡量。教育指数为成人识字率（2/3 权重）及小学、中学、大学综合入学率（1/3 权重）的加权平均值。

表　3.2　人力资本指标体系

一级指标	二级指标	三级指标
人力资本	劳动力密度	土地劳动力比值
	劳动力成本	名义最低工资
	劳动力质量	教育指数
	劳动力数量	劳动力人口数量

3.3　基础设施

基础设施是经济社会发展必不可少的硬件。广义的基础设施包括电力、电信、水力、交通以及卫生等方面。“一带一路”沿线国家基础设施比较薄弱，企业投资应充分评估目标国基础设施质量，规避基础设施因素导致的运营风险。

电力是工商业最基本的动力源，充足的电力保障是工商业运营的前提。电力基础设施由三级指标人均发电量以及电力普及率衡量。

信息对公司运营必不可少。电信基础设施由每千人中拥有移动电话数量及每千人中互联网用户数量等三级指标衡量。

水利基础设施包括人均年度淡水供应量、使用净化水城市人口比重及使用净化水农村人口比重。

交通基础设施包括港口基础设施、运输成本以及航空运输量。

卫生基础设施包括污水、废气、垃圾处理率，人均医疗卫生支出以及使用基本卫生设施人口比重。

表 3.3 基础设施指标体系

一级指标	二级指标	三级指标
基础设施	电力基础设施	人均发电量
		电力普及率
	电信基础设施	每千人中拥有移动电话的数量
		每千人中互联网用户的数量
	水利基础设施	人均年度淡水供应量
		使用净化水城市人口比重
		使用净化水农村人口比重
	交通基础设施	港口基础设施
		运输成本（P）
		航空运输量（注册承运人全球出港量）
	卫生基础设施	污水、废气、垃圾处理率
		人均医疗卫生支出（现价美元）
		使用基本卫生设施人口比重

3.4 战略资源

“一带一路”战略的重要目标是打通沿线国家交通基础设施，推动设施联通与贸易沟通。此外，从中国对外投资实践来看，对外投资重要目的是满足国内经济发展对资源的需求。因此本书从国家战略高度构建了“战略资源”一级指标。战略资源指标评估目标国在中国对外投资布局中具有全局影响的重要资源的价值。

战略资源包括战略性交通资源以及战略性自然资源两个方面。

战略性交通资源包括区域经济中心、陆上交通枢纽以及枢纽型港口等三级指标。这些资源具有独占性与不可替代性，是“一带一路”战略推进中的重要节点，将成为中国对外投资的重点对象。

自然资源的衡量包括储量、产量、经济性以及出口占比四个方面。本书选取了石油、天然气、煤炭、森林以及其他矿产资源对目标国的自然资源价值进行评估。

表　3.4　战略资源指标体系

一级指标	二级指标	三级指标
战略资源	战略性交通资源	战略性区域经济中心
		战略性陆上交通枢纽
		战略性枢纽型港口
	自然资源租（经济性）	石油租
		天然气租
		煤租金
		森林租金
		其他矿产资源
	自然资源储量	石油
		天然气
		煤炭
	自然资源产量	石油
		天然气
		煤炭
		铁矿
		铜矿
	出口自然资源密度	自然资源出口占比

3.5　制度环境

制度是推动经济发展的重要因素，投资目标国的制度环境体现了其吸引外商投资的软实力。近年来随着中国企业“走出去”深度不断加深，企业与目标国在制度方面的冲突频发，因此好的制度环境是中国企业“走出去”的重要保障。本书将投资目标国的制度环境因素分解为商业制度、税收制度以及融资制度三个方面。

商业制度包括签订双边投资协定个数、政府对外商投资支持政策、营商便利度以及注册公司所用时间。签订双边投资协定个数体现了投资目标国对外商直接投资的态度与管理能力，营商便利度指数是评价目标国开办企业、办理施工许可证、获得电力、登记财产、获得信贷、保护少数投资者、纳税、跨境贸易、执行合同、办理破产等业务的便利程度的综合指标。对于绿地投资，在当地注册公司所用时间是企业进行投资决策的重要考量因素。此外，劳动法规严格程度与企业配置劳动力资源的灵活度高度相关。

税收制度包括公司税税率、进出口关税税率等。其中公司税税率衡量投资目标国企业综合税务负担，进出口关税税率对于出口导向型投资具有重要意义。

中国企业对外投资的融资方式主要包括投资目标国信贷融资与国内融资两种，以国内融资为主。因此对于融资制度这个二级指标，我们采用了投资目标国融资便利度与中国五大银行在当地分行数作为三级指标，分别体现两种融资方式的便利程度。

表 3.5 制度环境指标体系

一级指标	二级指标	三级指标
制度环境	商业制度	双边投资协定（BIT）
		政府对外商投资支持政策
		营商便利指数
		注册公司所用时间
	税收制度	公司税税率
		进出口关税税率
		WTO 非关税措施
	融资制度	信贷融资便利度
		中国五大银行在落地国分行数

3.6 对华关系

对华关系综合体现投资目标国与中国的地理距离、文化相似度以及双边政治、经贸关系的紧密程度。

根据传统的对外投资重力模型，地理距离是影响对外投资最重要的因素。从实证文献中也可以看出，地理距离对中国对外投资有重要影响。

文化相似度指目标国与中国文化相似程度，较高的文化相似度能够促进官方与民间的交流，从而推动双边投资的发展。

双边经贸关系包括是否与中国签订双边投资协定、是否与中国签订自贸协定、对中国的贸易依存度、投资依存度以及投资受阻指数等二级指标。其中投资受阻指数是指中国企业投资该国受阻项目金额占总投资金额比重。

双边政治关系也可能对双边投资产生影响，本书对“一带一路”沿线65个国家对华政治关系也进行了评估。

表 3.6 对华关系指标体系

一级指标	二级指标	三级指标
对华关系	是否签订BIT	是否与中国签订双边投资协定
	是否签订自贸协定	是否与中国签订自贸协定
	双边政治关系	是否签订战略合作伙伴关系
	贸易依存度	该国与中国进出口总额占该国国内生产总值的比重
	投资依存度	该国与中国互相投资占该国投资总流量的比重
	文化相似度	该国文化与中国文化相似度
	投资受阻指数	中国企业投资该国受阻项目数量与金额占比
	与中国距离	与中国的地理距离

4 “一带一路”沿线国家投资潜力综合评价

4.1 “一带一路”沿线国家投资潜力综合排名

基于上述投资潜力评价指标体系，本书采用层次分析法，对“一带一路”沿线65个国家投资潜力进行了综合评估。

从综合排名结果来看，新加坡排名第一。新加坡作为“一带一路”沿线主要的发达国家，在投资潜力综合指数中排名第一。其吸引投资优势主要表现在制度环境、对华关系、基础设施等方面，国内市场与人力资源也有优异表现，而战略资源，特别是自然资源是其短板。新加坡作为自由开放的世界金融中心，也是中国企业“走出去”的跳板国家，在中国对外直接投资中具有重要的战略地位。随着中国与东盟经贸往来的进一步加强，中国对新加坡投资具有极大的增长潜力。

俄罗斯在投资潜力综合指数中排名第二。作为中国对外投资重点国家，其在国内市场、基础设施、人力资源以及对华关系方面都表现优异，特别是战略资源在所有“一带一路”国家中排名第一，只有制度环境表现稍微逊色。克里米亚危机爆发后，俄罗斯面临西方国家的经济制裁，中俄经贸投资关系未来会有更长足的发展。

东盟国家是“21世纪海上丝绸之路”的第一站，也是近年来中国对外投资重点地区。东盟国家发展水平差异较大，其投资潜力也呈差异化的趋势。除新加坡外，越南（第3名）、马来西亚（第4名）、印度尼西亚（第6名）、老挝（第7名）、泰国（第9名）、柬埔寨（第16名）排名靠前，这些国家国内市场规模较大，但在基础设施、人力资本方面有待提升。而文莱（第21名）、菲律宾（第22名）、缅甸（第28名）等国家排名相对靠后。总体而言，基础设施、人力资源、战略资源是东盟十国的短板，而随着东盟经济一体化的逐步推进，东盟统一市场正在逐步形成，其区域市场必将进一步扩大，制度因素也会逐步完善。作为中国的重要邻邦国家，东盟对于中国优势产业转移具有战略投资价值。

西亚是古丝绸之路的重要节点，处于新亚欧大陆桥中枢。伊朗（第10名）、沙特阿拉伯（第13名）、阿联酋（第15名）、科威特（第17名）、卡塔尔（第18名）等中东资源禀赋较高的国家排名靠前。这些国家依靠丰富的石油资源，建立了现代化的基础设施，其国内市场与人力资本相对排名靠前，尽管制度环境有待提高，但相较于其他中东国家政治格局稳定，因此具有较高的投资潜力。土耳其（第19名）也是西亚地区的传统地缘大国，在国内市场规模、人力资本以及基础设施方面表现较好。土耳其作为出口导向型国家，在铁路、电力、电信等方面迫切需要中国投资。

独联体国家中，除俄罗斯排名靠前外，主要国家排名均在30—50名之间。这些国家制度环境与基础设施相对较好，但由于国家较小，而且没有形成统一的区域市场，因此其市场较小。另一方面“道路联通”的障碍导致独联体国家与中国投资贸易额相对较小。随着“一带一路”战略的推进，亚欧大陆桥建设必定会促进独联体国家与中国的互联互通，因此独联体国家也具有一定的投资潜力。

中东欧国家作为苏联加盟国家，在基础设施、人力资本、制度环境等领域具有一定的历史积淀，表现优异。但由于其资源相对贫乏、国内市场较小，因此排名不高。中东欧国家中，排名靠前的分别是波兰（第25名）、罗马尼亚（第36名）、捷克（第39名）等。波兰是中东欧的大国，国内工业体系完备，与中国贸易、投资关系密切。

南亚八国中，印度投资潜力排名第5，巴基斯坦排名第12，孟加拉排名第14，其余国家排名均在30名之后。在“一带一路”战略定位中印度与巴基斯坦具有重要战略意义。印度即将成为世界人口最多的国家，其国内市场规模在“一带一路”沿线国家中排名第一，其境内煤炭、天然气储量丰富，而且是“21世纪海上丝绸之路”的关键节点。印度作为未来潜在的大国，需要在投资的制度环境、基础设施等领域继续改善。巴基斯坦在与中国投资、贸易、政治等关系方面表现优异，“中巴经济走廊”将被打造为“一带一路”的样板工程。未来，随着巴基斯坦瓜达尔港到中国新疆基础设施的打通，中国对巴基斯坦的投资必将进一步增加。

中亚具有重要的地缘与战略资源优势。中亚五国与中国传统友好，且处于第二亚欧大陆桥核心位置。哈萨克斯坦、乌兹别克斯坦与土库曼斯坦的石油、天然气等战略资源储备在“一带一路”沿线国家中分别排名第8名、第20名与第32名。

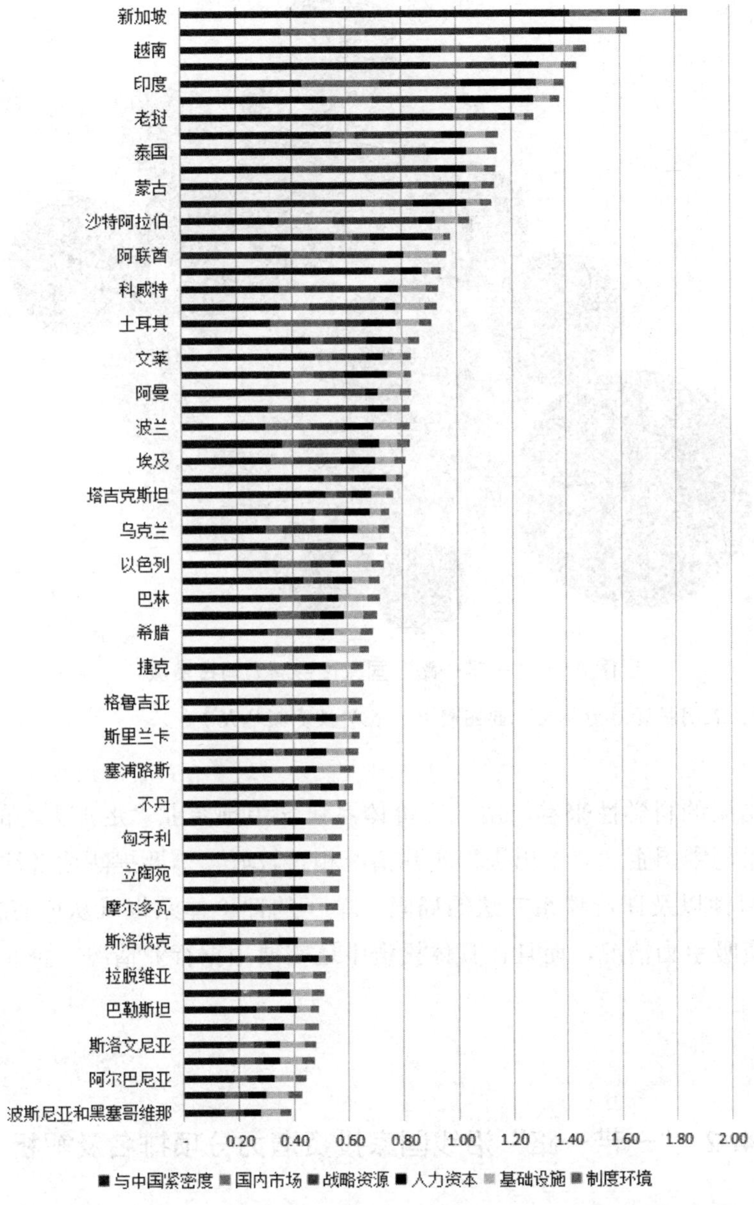

图 4.1 "一带一路"国家投资综合潜力排名

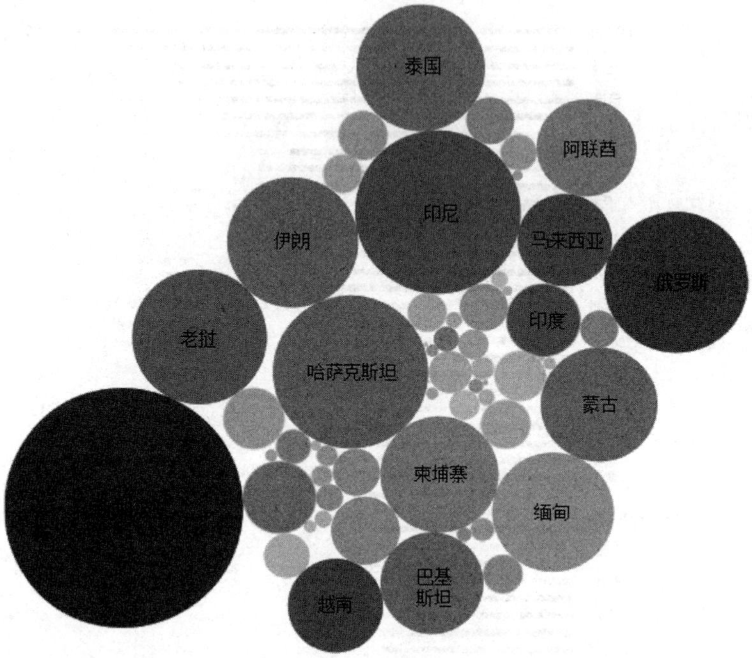

图 4.2 “一带一路”国家投资潜力与投资额

（注：颜色越深，表明投资潜力越大；圆圈越大，表明投资额越大）

从排名结果的科学性来看，由于评价体系包含中国企业“走出去”的主要因素，因此排名结果与中国企业“走出去”实际情况相符较好。需要提醒读者注意的是：由于数据的可得性以及评价体系方法的局限，单一的评价体系很难从所有方面体现 65 个国家的投资吸引力情况，而且在具体投资中还需要根据行业情况、企业自身情况等酌情分辨。

4.2 “一带一路”沿线国家投资潜力分项排名及解析

4.2.1 国内市场

国内市场指标从人均 GDP、与其他国家签订自贸协定的个数、国内生产总值（不变美元）、前 5 年 GDP 平均增长率、城市人口占比、高新技术产业 GDP 占比、家庭最终消费支出占比、工业竞争力指数、工业总产值占 GDP 的比重 9 个方面对投资目标国国内市场规模进行衡量。

从评价结果来看，“一带一路”国家市场规模分布不均衡，呈现出较大的国别差异。其中俄罗斯在综合国内市场表现位列第一，俄罗斯除了国内GDP总量领先外，其余方面表现比较均衡。而印度作为人口大国，其国内市场规模在“一带一路”沿线排名第二，发展潜力也十分突出。其余在国内市场指标表现突出的包括土耳其、沙特阿拉伯、波兰、印尼、新加坡等。其中新加坡在工业竞争力水平等诸多方面都表现突出。

表 4.1 国内市场前十名国家及其得分情况

排名	国家	得分
1	俄罗斯	1.00
2	印度	0.92
3	土耳其	0.74
4	沙特阿拉伯	0.60
5	波兰	0.51
6	印度尼西亚	0.49
7	新加坡	0.41
8	马来西亚	0.36
9	阿联酋	0.36
10	以色列	0.32

4.2.2 基础设施

从评价结果来看，独联体、中东欧国家以及中东富油国基础设施相对完善，基础设施排名靠前的国家主要有新加坡、巴林、卡塔尔、阿联酋、科威特等。而中亚、东南亚国家基础设施相对薄弱。排名靠后的国家除了也门、阿富汗等战乱国家外，还包括缅甸、柬埔寨、老挝、孟加拉、蒙古等国家。根据亚洲开发银行2012年估算，亚开行32个成员国今后10年基础设施投资需求总额将达到8.22万亿美元，其中50%是能源基础设施，35%是交通基础设施，还有电信、卫生等。而印度计划从2012年到2017年在公路、港口、电力和其他基础设施投资1万亿美元。在发达经济体疲弱不振以及发展中经济体表现平平的情况下，基础设施建设很可能成为政府宏观调控重要的“抓手”以及未来世界经济增长重要的支撑点。

从世界银行发布的交通物流绩效指数来看，表现较好的国家主要为“海上丝绸之路”国家，其中新加坡作为发达的港口型城市，扼马六甲海峡咽喉，物流绩效远远高于其他的国家，连续被评为服务最好的国际中转港口之一。世界经济论坛（WEF）公布《2012年全球贸易促进报告》称，阿联酋交通基础设施建设排名中东首位、全球第11位，位居美国、芬兰、比利时等发达国家之前。马来西亚作为东盟重要的货物集散地，国际航运业发达，其国营的马来西亚国际航运有限公司属于全球6大联盟集团之一，航运成本低廉且货物追踪能力较强。

交通物流绩效表现较差的国家以“丝绸之路经济带”国家为主，主要包括中亚五国、蒙古国以及中东局势动荡、交通受到不同势力干扰的国家，比如也门、利比亚、伊拉克等。

表 4.2 基础设施排名前十国家及其得分情况

排名	国家	得分
1	新加坡	1.00
2	巴林	0.96
3	卡塔尔	0.96
4	阿联酋	0.95
5	科威特	0.94
6	以色列	0.88
7	爱沙尼亚	0.87
8	希腊	0.84
9	捷克	0.83
10	斯洛文尼亚	0.82

4.2.3 人力资本

从评价结果来看，东盟国家、印度、巴基斯坦等在人力资本上优势比较明显。而中东欧及独联体中的小型国家、西亚与北非国家的人力资本处于劣势。人力资本排名前十的国家见表4.3。

表 4.3 人力资本排名前十国家及其得分情况

排名	国家	得分
1	印度尼西亚	1.00
2	印度	1.00
3	俄罗斯	0.79
4	孟加拉国	0.79
5	巴基斯坦	0.64
6	越南	0.57

续表

排名	国家	得分
7	菲律宾	0.48
8	泰国	0.45
9	埃及	0.35
10	土耳其	0.35

从人力资本的具体三级指标来看，劳动力成本、教育指数、人口数量的前十名国家列表如下：

表 4.4 人力资本三级指标排名情况

排名	劳动力成本	教育指数	人口数量
1	土库曼斯坦	立陶宛	印度
2	吉尔吉斯斯坦	捷克	印度尼西亚
3	格鲁吉亚	斯洛文尼亚	孟加拉国
4	印度	爱沙尼亚	俄罗斯
5	塔吉克斯坦	以色列	巴基斯坦
6	斯里兰卡	波兰	越南
7	马尔代夫	白俄罗斯	菲律宾
8	孟加拉国	拉脱维亚	泰国
9	乌兹别克斯坦	匈牙利	缅甸
10	巴基斯坦	斯洛伐克	埃及

4.2.4 战略资源

从评价结果来看，战略资源在“一带一路”沿线国家中地理分布十分不均衡。前十名国家战略资源合计 45 分，占整个战略资源总得分 86 分的一半多，而排名靠后的 30 个国家战略资源总得分仅为 5 分。这与全球资源分布不均衡有密切的关系。

表 4.5 战略资源排名前十国家及其得分情况

排名	国家	得分
1	俄罗斯	1.00
2	伊朗	0.69
3	哈萨克斯坦	0.53
4	沙特阿拉伯	0.52

续表

排名	国家	得分
5	印度尼西亚	0.52
6	印度	0.49
7	伊拉克	0.47
8	卡塔尔	0.46
9	科威特	0.45
10	阿联酋	0.37

战略性交通资源在“一带一路”建设中扮演了重要角色，是“道路联通”的重要着力点，也是“贸易畅通”的基本保障。目前“一带一路”战略已经规划重点建设“中蒙俄”、“新亚欧大陆桥”、“中国—中亚—西亚”、“中国—中南半岛”、“中巴”、“孟中印缅”六大交通经济走廊。在战略性交通资源得分较高的是新加坡、印尼、印度、哈萨克斯坦、俄罗斯、巴基斯坦等国家。

图4.3　“一带一路”重点建设六大走廊

图片来源：《南京城报》

从自然资源分布地区来看，俄罗斯、中东、中亚以及蒙古是资源分布集中地区。俄罗斯是“一带一路”国家中战略资源最丰富的国家，煤炭、石油、天然气以及森林资源分布都位居前列，而伊朗、沙特阿拉伯、科威特、伊拉克、卡塔尔、也门等中东国家石油资源一枝独秀。中亚五国中哈萨克斯坦的石油与煤炭资源相对丰富，而土库曼斯坦与乌兹别克斯坦在天然气方面储量丰富。自然资源租是定义为消费者所付出的价格高于厂商生产的边际成本的部分。它体现这种资源开采的经济性指标。相对于单纯的自然资源储量与品位，自然资源租占 GDP 比重更能体现一个经济体其自然资源的可开发程度，是比较好的自然资源禀赋指标。下表是主要自然资源租的排名情况（表 4.6）：

表 4.6 “一带一路”传统战略资源排名前十国家列表

排名	石油租	天然气租	煤炭租	森林租	矿产资源租
1	科威特	土库曼斯坦	蒙古	不丹	蒙古
2	沙特阿拉伯	文莱	哈萨克斯坦	缅甸	老挝
3	伊拉克	卡塔尔	乌克兰	老挝	吉尔吉斯斯坦
4	阿曼	乌兹别克斯坦	印度尼西亚	尼泊尔	乌兹别克斯坦
5	阿塞拜疆	巴林	印度	柬埔寨	乌克兰
6	哈萨克斯坦	伊朗	越南	拉脱维亚	亚美尼亚
7	文莱	也门	爱沙尼亚	越南	哈萨克斯坦
8	卡塔尔	阿曼	俄罗斯	爱沙尼亚	马其顿
9	伊朗	叙利亚	马其顿	印度	菲律宾
10	阿联酋	缅甸	塞尔维亚	印度尼西亚	约旦

4.2.5 制度环境

制度因素越来越成为影响对外投资环境的软约束。对于制度环境的评价，我们选取了政府对外商投资的支持政策、营商便利度、公司及进出口税率以及融资便利度等诸多方面对投资落地国制度环境进行评价。

从评价结果来看，制度环境相对较好的是中东欧国家，这些国家发展历史长久，生产水平较高，制度也相对完善。在营商便利度、政府对外商支持政策等方面评分高。而其余制度环境较好的国家主要是区域发展水平较好的国家，其中新加坡在多个方面均表现优异。

表 4.7 制度环境排名前十国家及其得分情况

排名	国家	得分
1	新加坡	1.00
2	马来西亚	0.72

续表

排名	国家	得分
3	阿联酋	0.72
4	格鲁吉亚	0.70
5	罗马尼亚	0.67
6	马其顿	0.66
7	塞浦路斯	0.60
8	匈牙利	0.59
9	亚美尼亚	0.59
10	土耳其	0.59

营商便利度指数是世界银行发布的衡量经济体商业制度环境的综合指数，其评价因素包括开办企业、办理施工许可证、获得电力、登记财产、获得信贷、保护少数投资者、纳税、跨境贸易、执行合同、办理破产等影响经营的诸多方面。新加坡在营商便利程度方面排名第一，中东欧国家、泰国、马来西亚等排名靠前。

4.2.6 对华关系

从对华关系指标来看，东盟国家与中国经贸关系最密切。这是因为改革开放以来，中国经济的重心转移到东南沿海，而东盟与中国东南隔南海相望，在交通便利程度上有天然优势，经济、投资交流密切，同时东盟率先与中国建立了“中国—东盟”自贸区，双边经贸投资壁垒少。因此在与中国关系方面表现突出。特别是新加坡，不仅在地理上与中国接近，更与中国同根同源。近年来中国奉行“睦邻、安邻、富邻”的外交方针，与周边国家政治、经贸关系进一步发展。因此在“一带一路”投资中，周边国家也将成为投资重点，这也与中国当前的外交战略相契合。

表 4.8 对华关系紧密度排名前十国家及其得分情况

排名	国家	得分
1	新加坡	1.00
2	老挝	0.67
3	越南	0.63
4	马来西亚	0.60
5	蒙古	0.52
6	柬埔寨	0.43
7	巴基斯坦	0.41

续表

排名	国家	得分
8	泰国	0.40
9	孟加拉国	0.32
10	哈萨克斯坦	0.31

5 "一带一路"沿线国家投资潜力国别分析

本章节所分析国家的基本国情参考自：

（1）中华人民共和国商务部网站：对外投资合作国别（地区）指南

（2）中华人民共和国外交部网站：国家（地区）介绍

5.1 东盟国家

5.1.1 老挝

（1）基本国情

老挝是中南半岛北部唯一的内陆国家，北邻中国，南接柬埔寨，东接越南，西北达缅甸，西南毗连泰国，国土面积23.68万平方公里。老挝总人口680万（2015年），全国共16个省、1个直辖市。首都万象，面积3920平方公里，人口85万（2015年），是全国的政治、经济、文化和科研中心。其他主要的经济中心城市包括位于老挝北部的古都琅勃拉邦市、中部的沙湾拿吉市以及老挝南部占巴塞省的巴色市。

老挝全国200公里以上的河流有20多条，国内蕴藏着丰富的水能，东南亚重要河流湄公河大部分水能蕴藏在老挝境内。矿产资源丰富，目前已发现各类金属矿床矿点及矿化点约450处，矿产资源丰富多样，老挝目前开采的资源十分有限，仅有金、锡、铜、钾盐、煤等矿产资源得到了开发利用。森林资源丰富，森林面积约900万公顷，全国森林覆盖率约42%，产柚木、酸枝、花梨木等名贵木材。

（2）得分结果

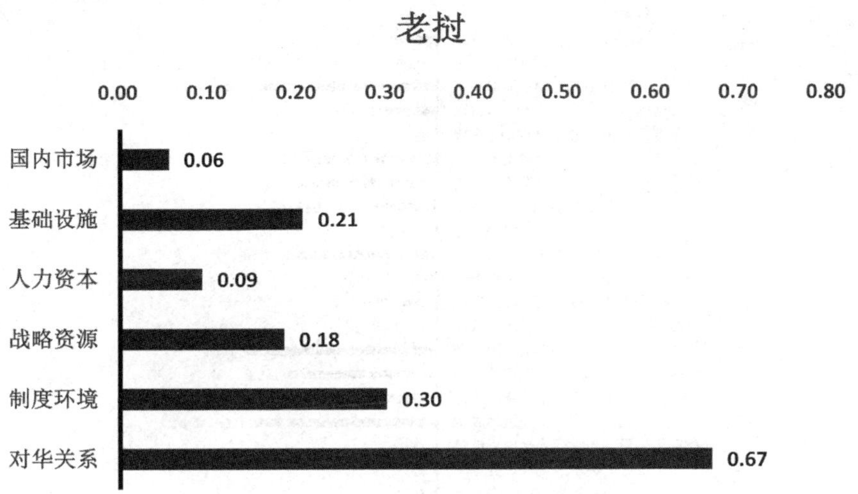

图 5.1 老挝投资潜力各一级指标评分结果

（3）得分评析

老挝由于历史上长期遭受殖民主义剥削和封建君主专制的压迫，经济发展基础较差。从评分结果来看，除了战略资源和对华关系之外，其余指标都处在中等以下的较低水平。其中评分最低的一级指标是国内市场，这主要是因为老挝的国内生产总值太低。但是，归功于积极进取的老挝执政党，其前 5 年 GDP 平均增长率指标很高，近十年老挝基本保持 GDP 每年以超过 7% 的速度快速增长，这反映出其国内市场是具有较大的增长潜力的。

采矿业是老挝的一大投资亮点。老挝作为东南亚成矿带的重要组成部分，境内拥有丰富的矿产资源尤其是铜金矿床，但由于经济和技术等方面的原因，老挝丰富的矿产资源大多都处于待勘测、待开发状态。目前老挝政府重视矿业发展，鼓励外资进入，中国与老挝毗邻，具备地缘优势，且两国政治关系友好，中国企业进行矿业投资可多关注老挝境内的投资机会。

另外，老挝的基础设施条件欠佳，这可能会削弱中国企业投资者的积极性，但近年来政府加大对基础设施的投入，也鼓励外资合作，这对从事基础设施建设的企业来说也是有利可图的投资机遇。例如，近年来为开发老挝丰富的水电资源，许多中国企业投资于老挝的水电站建设项目，典型的有中国水电的南立 1-2 水电站项目、中国电建的南欧江项目，等等。这些项目产生的经济、社会综合效益显著，为中老电力能源合作做出了良好的示范。除了采矿业和水电业等基础设施建设产业，以旅游业为主的第三产业近年来在老挝异军突起，正在成为老挝经济新的增长点，这也是中国企业可投资开发的领域。

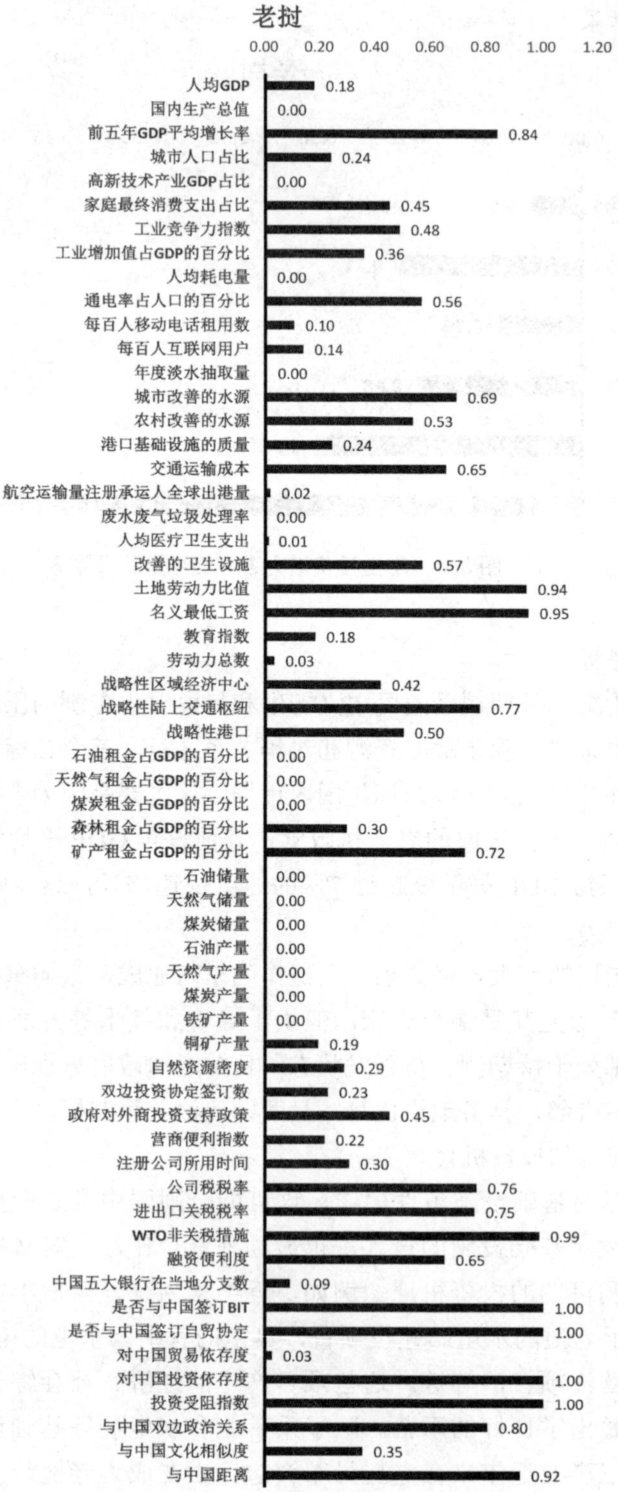

图 5. 2　老挝投资潜力各三级指标评分结果

老挝的人力资本评分很低，这主要是因为老挝劳动力总数少，且国民受教育程度较低，数量和质量不能满足总体需要，中国企业在承建项目时可能需要从国内带出劳务，涉及证件、手续等费用；另外由于老挝人口少，市场小，企业在当地较难规模化生产制造，此外，当地大部分物资靠进口，尽管老挝政府对于进口原材料、设备等有一定的税收优惠，中国企业仍需注意成本核算与调查。

虽然老挝对华关系较好，但是两国仍存在较大的文化差异，老挝有其独特的文化习俗和禁忌，中国投资企业应尊重当地风俗习惯。另外，在投资中要尽量保证当地居民的利益。例如，中国水电在当地建设水电站时，还免费在当地修路、修桥、修学校，受到了当地居民的欢迎；对建设中被水库淹没的地方，中国水电对当地百姓进行了一次性赔偿等，投资行为得到了当地居民的认可。

（4）投资建议

第一，老挝经济基础差，但近年经济增长速度较快，工业发展迅速，国内市场增长潜力大。

第二，老挝矿业发展总体较落后，大量矿产资源仍待开采，目前老挝政府给予采矿业较多政策扶持，采矿业投资空间较大。

第三，老挝基础设施条件差，在给投资带来不便的同时也给中国投资企业带来投资机遇。得益于老挝丰富的水利资源，水电站工程尤其具有较大的投资价值。

第四，老挝旅游资源丰富，以旅游业为主的第三产业近年来异军突起，中国企业也可重点关注其中的投资机会。

第五，老挝劳动力人口较少且素质较低，市场小，中国企业在引入中国劳务人员以及进口原材料、设备等时要注意成本核算等问题。

第六，中老两国文化差异较大，中国投资企业应注意尊重当地风俗习惯，与当地居民形成和谐关系，保障当地群众的合理利益。

5.1.2 泰国

（1）基本国情

泰国地处中南半岛中部，东南临太平洋泰国湾，西南濒临印度洋安达曼海。西部及西北部与缅甸交界，东北部与老挝毗邻，东连柬埔寨，南接马来西亚。泰国国土面积 51.3 万平方公里，在东南亚地区仅次于印度尼西亚、缅甸。泰国全国分北部、中部、南部、东部和东北部五个地区，共有 77 个府，府下设县、区、村。首都曼谷既是唯一的府级直辖市，也是泰国最大的城市。泰国人口 6895 万（2013 年人口普查数据），有三十多个民族，泰族是主要民族，占人口 40%。90% 以上的民众信仰佛教，马来族信奉伊斯兰教，还有少数民众信仰基督教、天主教、印度教和锡克教。

泰国矿产资源分为三类，即燃料矿、金属矿和非金属矿。燃料矿有天然气、石油、煤炭和油页岩。金属矿有锡、钨、锑、铅、锰、铁、锌、铜及钼、镍、铬、铀、钍等。非金属矿有萤石、重晶石、石膏、岩盐、杂盐（光卤石）、磷酸盐、高岑土、石墨、石棉、石灰岩和大理石等。其中钾盐储量4367万吨，居世界首位；锡的总储量约150万吨，占世界总储量的12%，居世界首位；石油总储量2559万吨；褐煤蕴藏量约20亿吨；天然气蕴藏量约3659.5亿立方米。

（2）得分结果

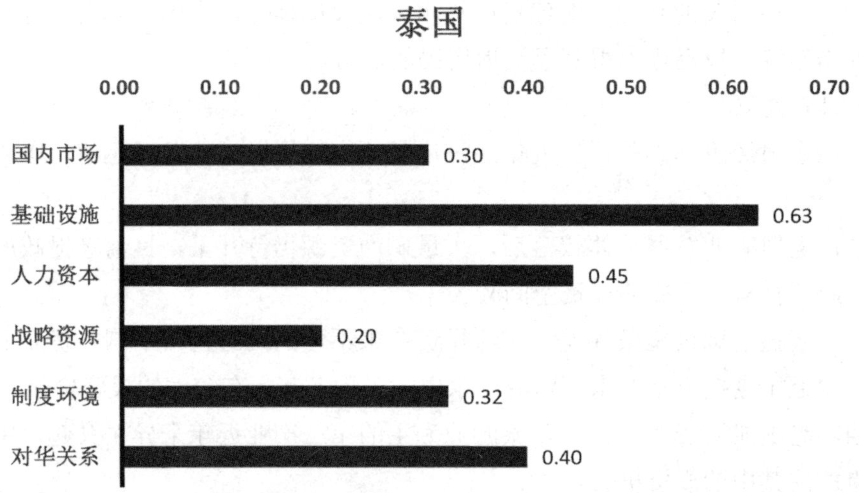

图5.3　泰国投资潜力各一级指标评分结果

（3）得分评析

从评价结果来看，泰国的综合得分在所有国家中居于第9位，排名较为靠前，是具有较大投资吸引力的国家，下面是对泰国各项得分的具体分析。

泰国的人力资本和对华关系得分排名较高。泰国的劳动力数量较多，最低工资水平虽因地区而异，但总体也处于较低水平，这使得泰国的人力资本优势较为明显。但是近年来随着泰国经济复苏，劳动力呈现出略有短缺的趋势，泰国人性格虽然温和，但行事拖沓、效率不高，总体受教育水平一般，这些因素企业要综合考虑。

对华关系方面，双方民间关系良好，政府交流也较为频繁，两国政府签订有2012年《中华人民共和国和泰国经贸合作五年发展规划》、2013年《中泰关系发展远景规划》等一系列协议。在《中泰关系发展远景规划》中，双方同意密切在橡胶产业、生物塑料产业和绿色产业的投资合作，加强农业企业投资的合作等，因此，中国企业可以多关注橡胶产业、生物塑料产业和绿色产业的投资机会。

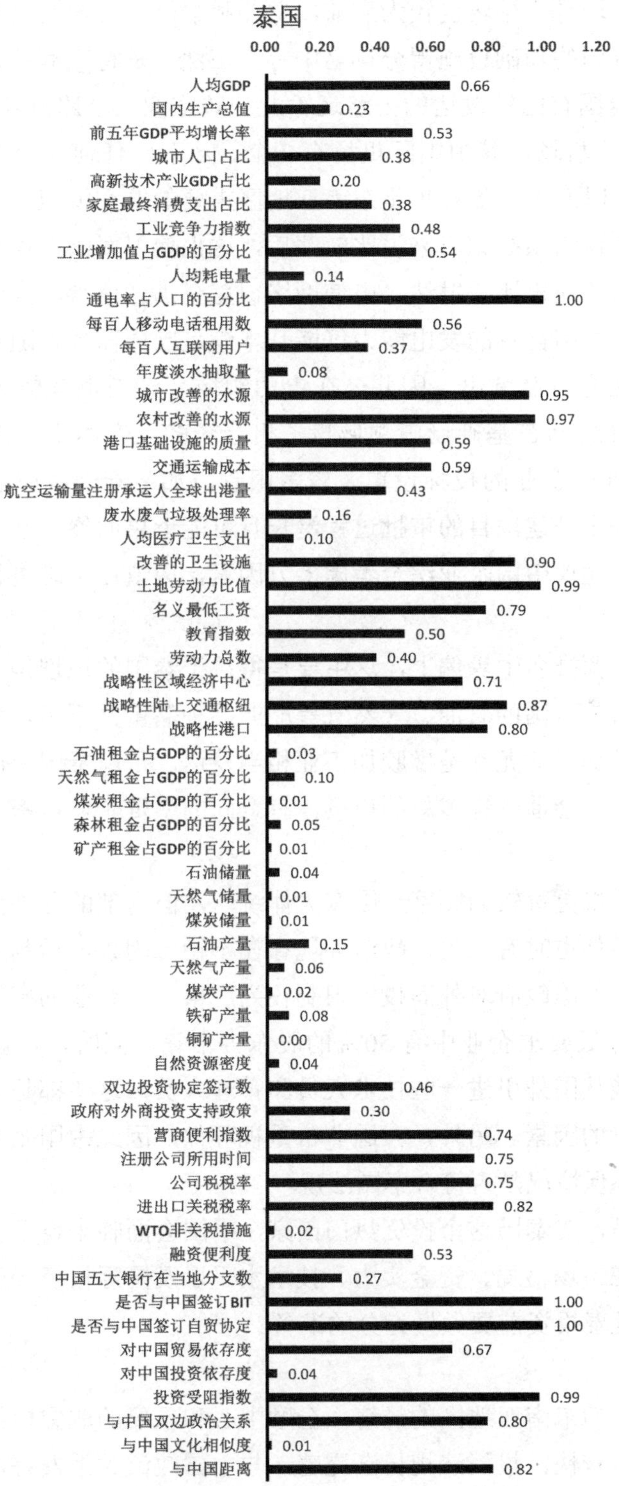

图 5. 4 泰国投资潜力各三级指标评分结果

泰国的国内市场得分排名也较为靠前，主要和泰国居民消费占收入比重较高以及人口较多有关。泰国的基础设施得分排名中等，虽然不是特别靠前，但其基础设施建设也基本完善。泰国有比较发达的公路运输业和航空业。公路网覆盖全国城乡各地，全国共有 38 个大小机场，其中国际机场有 7 个。从泰国任何一个省份或地区到曼谷的飞行时间仅 1 小时左右，曼谷也是东南亚地区重要的航空枢纽。此外，泰国的水运也比较发达，但是铁路系统相对来说比较落后，这也使得泰国在铁路建设领域有较大的投资潜力。泰国的通讯比较发达，电信网络覆盖全国。值得注意的是，泰国的供电比较紧张。目前，泰国自身的发电能力仅能基本满足国内需求，随着经济的发展，未来的电力供需矛盾会日益突出，因此，在电力领域，泰国也有较大的投资空间。必须注意的是，虽然泰国在基础设施领域投资机会较多，但由于泰国政府出于对本国企业的保护，对外商企业的投标设置了较多限制，加之泰国政府的不稳定和本身办事效率的低下，许多基建项目的审批过程漫长且可能无果而终，并伴随着大量的前期成本投入。因此，建议中国企业综合考虑多方因素，谨慎在泰国进行基础设施建设领域的投资。

泰国的战略资源排名中等偏上，这主要是得益于泰国的地理位置较为重要，且港口资源也较为丰富。泰国的石油、天然气等能源品种储量并不多，但是泰国有丰富的农业资源，农产品加工业尤其是橡胶加工业相当发达。目前泰国提出要将基础农业向高增值农业转变，这会催生许多新的市场，有意向的中资企业可密切关注其中的投资机会。

泰国近年来政权更替较为频繁，国家大体统一，但南部的分裂势力依然有一定的力量，恐怖袭击事件也时有发生，政治环境存在不稳定因素，给制度环境带来了一些负面影响。此外，泰国政府对外商投资限制较为严格，对企业的泰籍持股比例要求非常高，许多行业最低要求企业中有 50% 的股东为泰籍，同时，泰国禁止外籍普通劳动人员进入，只能从国外引进一些技术人员和管理人员，这些都是我国企业在进行投资决策时必须考量的因素。另外，泰国非常重视环保，因此中国企业在进入泰国投资前要评估自己的环保情况是否符合泰国法规。

需要注意的是，在泰国这个投资热门国家，中国会面临来自于美日韩等国的激烈竞争，中国企业在市场格局、资金实力、技术水平以及国际投资经验方面没有特殊优势，因此企业在赴泰投资前要做好充分的准备。

（4）投资建议

第一，泰国作为东南亚地区的经济、金融中心和重要的航空枢纽，具有重要战略地位，其经济发展较快，投资法规日渐完善，与中国政治关系友好，是一个具有良好投资环境的国家。

第二，泰国是一个传统的农业国，农业资源极其丰富，农产品加工业尤其是橡胶加工业相当发达，目前泰国提出要将基础农业向高增值农业转变，这会催生许多新的市场，有意向的中资企业可密切关注其中的投资机会。

第三，泰国政府近期出台相关政策，尤其欢迎中国企业赴其境内对汽车、电子、光伏等制造业进行投资，另外，泰国在互联网、通讯、环保材料等领域都表现出较大的投资潜力，中国企业可积极关注泰国这些领域的市场动向，寻找合适的投资机会。

第四，泰国政府效率较低，并且存在一些“制度成本”，企业需要做好准备。另外，泰国重视环保，社区群众和个别非政府组织对投资项目在环保方面的影响力较大，中国企业需要做好应对准备。

第五，泰国投资市场竞争激烈，中资企业在泰国要面对日本、美国、欧盟、韩国、新加坡等国企业的竞争，中资企业在竞标时并无明显优势，企业要充分考虑到投资中可能面临的困难。

5.1.3 文莱

（1）基本国情

文莱，全名文莱达鲁萨兰国，又称为文莱伊斯兰教君主国。位于加里曼丹岛西北部，北濒中国南海，东南西三面与马来西亚的沙捞越州接壤，并被沙捞越州的林梦分隔为不相连的东西两部分。海岸线长约162公里，有33个岛屿。沿海为平原，内地多山地。属热带雨林气候，终年炎热多雨。全国划分为4个区：文莱-穆阿拉、马来奕、都东、淡布隆。人口41.72万（2015年）。其中马来人占66%，华人占10%，其他族群和外籍人口占24%。马来语为国语，通用英语，华语使用较广泛。伊斯兰教为国教，其他还有佛教、基督教等。首都斯里巴加湾市，位于文莱-穆阿拉区，面积100.36平方公里，人口约14万。

文莱已探明原油储量为14亿桶，天然气储量为3900亿立方米。有11个森林保护区，面积为2277平方公里，占国土面积的39%，其中86%的森林保护区为原始森林。

（2）得分结果

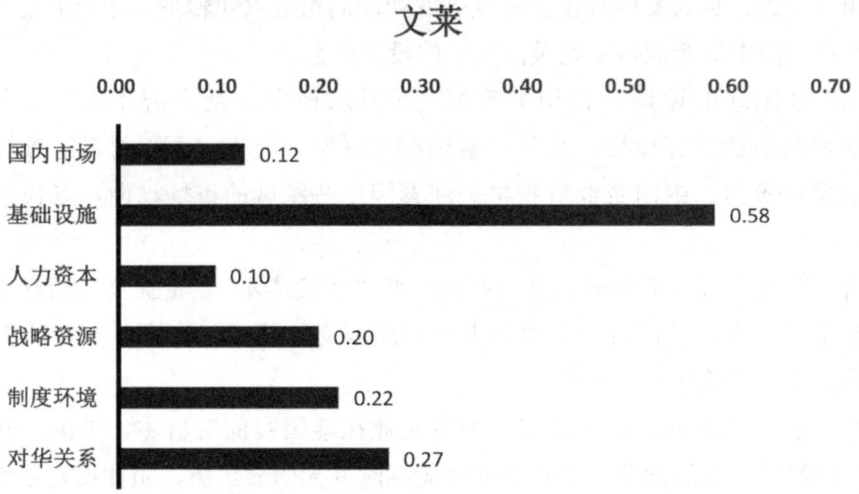

图 5. 5　文莱投资潜力各一级指标评分结果

（3）得分评析

从评分结果来看，文莱综合评分较高，同中国关系良好，是企业对外投资不错的选择。

文莱是一个富裕的国家，人均 GDP 居世界前列。出口石油和天然气是国家的主要经济来源。近年来，文莱也开始走转型的道路，侧重油气下游产品开发和港口扩建等基础设施建设，积极吸引外资，促进经济向多元化方向发展。众多产业中，建筑业和服务业相对发展较快。

作为东南亚地区的交通枢纽，文莱的战略地位很重要，其港口便利，陆上交通发达。文莱的进出口关税较低，融资便利，公司税率较低，且与中国签订了自贸协定。为了吸引外资，实现经济发展多元化，促进私营经济发展，文莱政府实施了一系列优惠政策，包括免除个人所得税、进出口税、薪工税、销售税、营业税和生产税，外国投资者还可以享受免除 20 年公司税的优惠待遇。与其他国家和地区相比，文莱所征收之税相对较少，可以降低企业生产成本。目前中国企业在文莱进行旅游业、建筑业、服务业等领域投资有较大前景，进出口贸易也是不错的选择。

值得注意的是，文莱国大部分居民都信奉伊斯兰教，所以在文莱的相关贸易活动中应尊重当地社会习俗，尊重当地宗教信仰，避免引发不必要的争端。

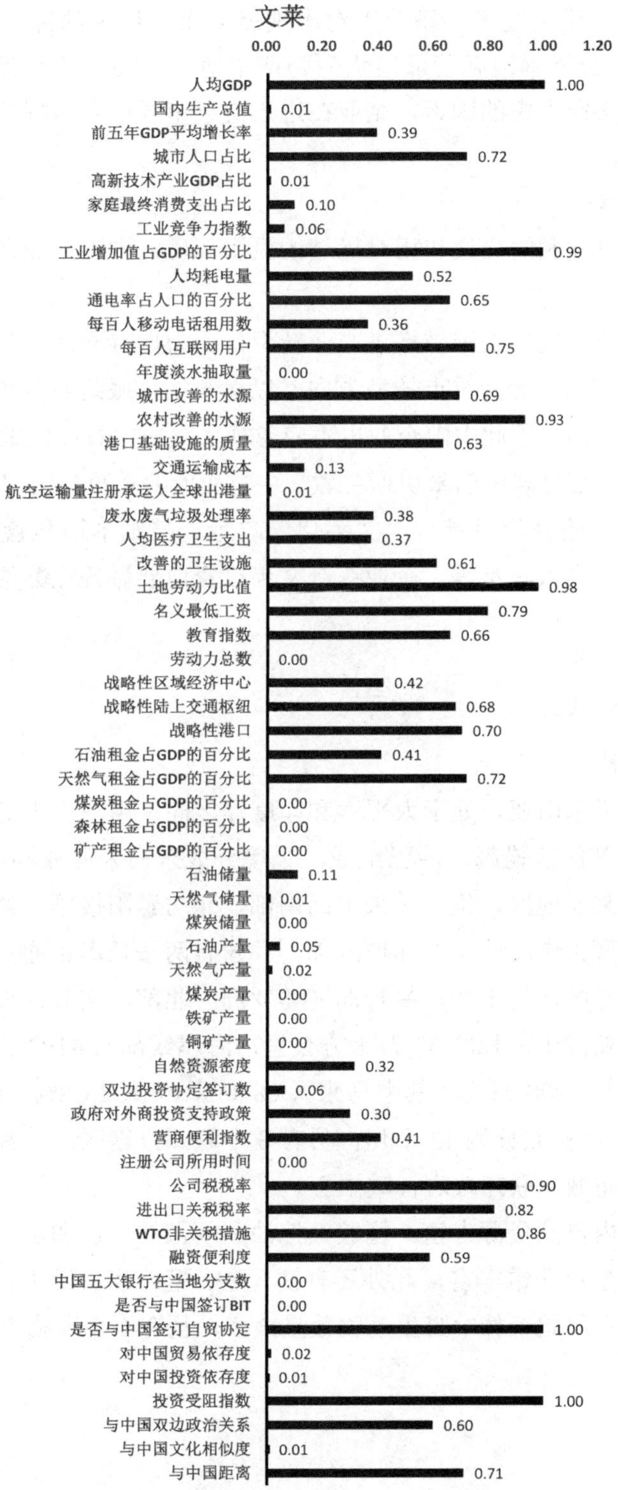

图 5.6 文莱投资潜力各三级指标评分结果

近年来文莱为避免过多外籍劳工对本地就业市场造成的冲击，开始分阶段推行“文莱化”政策，鼓励本地私营部门优先聘请本地人、收紧外籍劳工准入政策等。这是企业在用工时必须考虑的因素，企业在进入文莱市场前需做好相关调研工作，制定合理的用工策略。

（4）投资建议

第一，文莱有便利的交通和相对优越的投资环境，中国企业在其境内的投资有着广阔的前景。

第二，文莱政府近年来积极推进产业转型，大力扶持非油气领域的发展。中国企业对文莱的投资可以参考其重点转型方向，以建筑业、服装业等领域为主。同时，文莱是一个油气出口国，因此中国企业也不应忽视文莱境内石油化工领域的投资机会。

第三，文莱大部分居民信奉伊斯兰教，中方企业要尊重当地习俗，避免冲突。

第四，文莱开始分阶段推行“文莱化”政策，鼓励本地私营部门优先聘请本地人、收紧外籍劳工准入政策等。企业在赴文莱投资前要做好充分的前期规划，制定合理的用工策略。

5.1.4 马来西亚

（1）基本国情

马来西亚位于东南亚，处于太平洋和印度洋之间，由马来半岛南部的马来亚和位于加里曼丹岛北部的沙捞越、沙巴组成。全境分成东马来西亚和西马来西亚两部分。西马来西亚为马来亚地区，位于马来半岛南部，北与泰国接壤，西濒马六甲海峡，东临中国南海，南濒柔佛海峡与新加坡毗邻，并建有两条长堤相通；东马来西亚包括沙捞越地区和沙巴地区，位于加里曼丹岛（婆罗洲）北部，文莱则夹于沙巴州和沙捞越州之间。马来西亚国土面积约33万平方公里，海岸线部长4192公里。截至2015年，马来西亚总人口约3000万人，其中马来人68.1%，华人23.8%，印度人7.1%，其他种族1.0%。马来西亚共分为13个州，另有3个联邦直辖区：首都吉隆坡、纳闽和布特拉再也（简称布城，联邦政府行政中心）。

马来西亚境内自然资源丰富。橡胶、棕油和胡椒的产量和出口量居世界前列。马来西亚的石油储量也非常丰富，此外还有铁、金、钨、煤、铝土、锰等矿产。马来西亚盛产热带硬木，原始森林中野生动物数量众多，且有不少濒临灭绝的奇珍异兽。

（2）得分结果

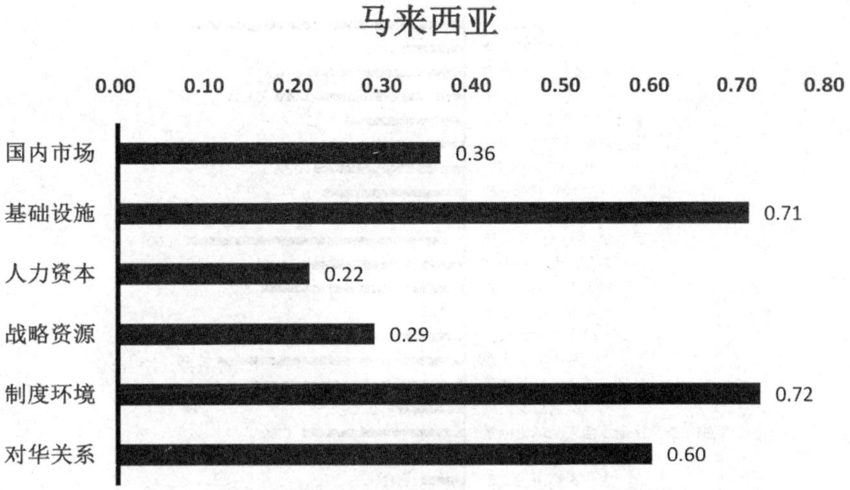

图 5.7 马来西亚投资潜力各一级指标评分结果

（3）得分评析

从评分结果上来看，马来西亚的综合评分非常高，是东南亚地区最具吸引力的国家之一。得益于开放的市场经济体系和积极引进外资的政策支持，加上比较完善的基础设施建设，马来西亚经济近几十年来增长迅速，且早已于 20 世纪 70 年代迈入中等收入国家行列。近年来，中马经贸关系十分密切，位于东南亚核心地带的马来西亚作为“一带一路”的重要支点，对于中国企业来说充满了投资机遇，而两国关系于 2013 年提升为全面战略伙伴关系，这更是为中国企业向马来西亚投资提供了重要契机。下面是对马来西亚各项指标得分的详细分析。

根据马来西亚国家统计局数据，2014 年马来西亚的国内生产总值为 3269 亿美元，年增长率为 6%，人均国内生产总值为 1.08 万美元。根据世界银行的标准，马来西亚于 20 世纪 70 年代已经迈入中等收入国家行列，国民人均收入在 1 万美元以上。收入和经济的快速增长必然带动投资与消费的发展，较高的人均 GDP 和经济增长水平为马来西亚创造了一个可观的国内市场。同时，从产业结构来看，第三产业是马来西亚的支柱，农业、制造业、旅游业、采矿业和建筑业等都是其重点产业，产业多元化为投资者提供了更多的选择和更广阔的市场空间，因此，建议中国企业重点考虑马来西亚的投资机会。

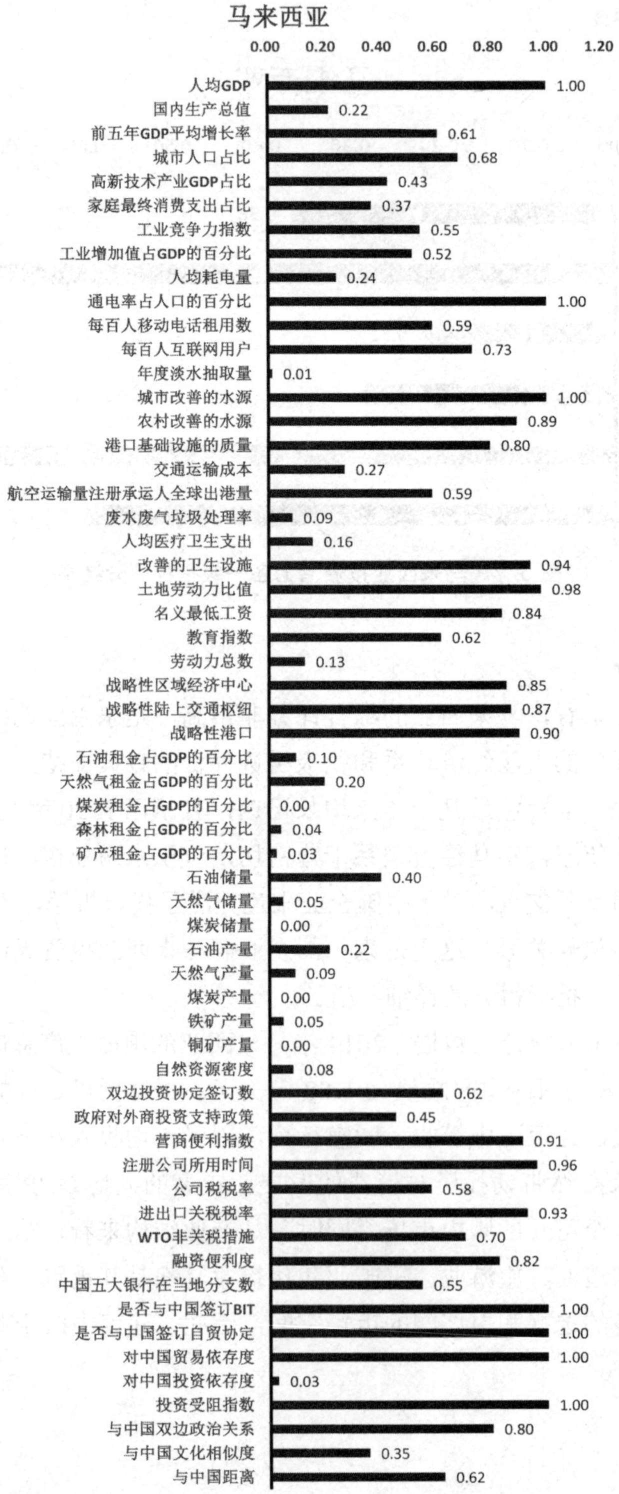

图 5.8 马来西亚投资潜力各三级指标评分结果

马来西亚最具优势的指标体现在制度环境和对华关系上，分别排在第二和第四位。优越的制度环境离不开国家政策的大力支持。马来西亚政府近年来一直积极打造良好的外商投资环境，对外商利益给予充分的法律保障，同时，马来西亚通关给予国外投资者最惠国待遇等一系列投资激励来鼓励外国投资者投资。查阅原始计算结果能够看到，马来西亚的营商便利指数很高，注册公司所用时间短，公司税率较低，进出口关税又有很大优惠。2010 年马政府提出“新经济模式”，明确提出要通过强有力的政策提高市场透明度和公正度。同年，马政府提出“经济转型计划”，将油气能源和通讯设施等列为国家经济发展的关键领域，并推出 1380 亿美元的“切入点计划”予以支持。这些都是从国家层面为经济发展提供支持和保障。

中马之间密切的经贸往来关系更是为马来西亚增添了投资亮点。从贸易方面来看，中国已连续 7 年成为马来西亚最大贸易伙伴。根据 WTO 于 2014 年 9 月公布的数据显示，中国是马来西亚 2013 年第一大进口国和第二大出口国，分别占马来西亚进口和出口额的 13.5% 和 16.4%。从投资方面来看，中马在一系列重要项目上有合作关系。例如，中国在马来西亚投资了广垦集团橡胶种植项目、华为公司通讯项目和首钢集团综合钢厂项目等；马来西亚在中国有金狮集团投资的百盛商场和郭氏集团投资开办的香格里拉酒店等。两国之间投资规模较大，截至 2014 年 11 月底，马对华投资 67.4 亿美元，中国对马非金融类投资 9.6 亿美元。良好的经贸往来关系为中国企业投资开辟了良好的合作前景，重大项目的成功经验对于中国企业的投资而言更是具有借鉴意义。

然而同时要注意的是，尽管中马之间签订了 BIT 和自贸协定，且马来西亚对中国的贸易依存度很高，但计算结果中显示马来西亚对中国的投资依存度很低，两国之间的经贸往来更多集中在贸易方面。实际上，马来西亚在积极鼓励外商投资的同时，也在一定程度上对外国企业的投资进行了限制。目前，对于高新技术产业及外向型制造业，马来西亚对外商的政策较为宽松，投资的审批门槛低且允许外商独资控股。但是，对于由政府引导的大型项目，马来西亚很少对外资开放，基本上由当地企业负责实施。此外，对于部分诸如烟酒生产的特殊行业，马来西亚虽允许外商投资，但是对外资的比例和马籍股东的最少人数做了严格规定。建议中国企业在投资前对将要进入的行业进行充分了解，做好企业注册及申办各类执照的充分准备，并且注意当地法律环境的复杂性，事先听取专业律师的意见。

马来西亚的战略资源评分并不是很高，主要以石油资源为主，石油储量较为丰富，天然气、煤炭等较为匮乏，但是拥有诸多战略性港口和作为海上交通枢纽和区域经济中心又使得其在战略资源上的排位较为可观。质量较高的港口基础设施建设也使马来西亚在基础设施指标上评分较好。而人力资本指标虽然评分不高，但排名较好。马来西亚的人力资源素质较高，且工资成本较低，没有最低工资限制，非常具有劳动力优势，但是由于劳动力数量不多，因而一定程度上拉低了评分。但其实其劳动力数量已经基本上可以满足中国企业在其境内对于劳动力数量上的需求。如果是要投资高科技产业，那么高素质的人口能够形成绝对优势。目前中方企业主要通过派出劳务的方式来应对当地劳动力不足的问题。据中国商务部统计，2013 年中国公司在马新签承包工程 80 份，合同总额为 24.68 亿美元，当年派出各类劳务人员 7807 人。综合来看，中方企业在马来西亚涉及的投资领域非常丰富，主要包括原产品领域、石化行业、机械制造业、IT 类高新技术产业、生物医药业和产品出口至东盟其他国家的制造加工业等。

（4）投资建议

第一，马来西亚地理位置优越，石油资源丰富，经济增长前景较好且拥有广阔的国内市场，人力资源素质较高且价格较低，特别是开放的经济政策所带来的优越的制度环境和良好的对华关系使得马来西亚非常具有投资吸引力。

第二，马来西亚可投资的领域较为丰富：鉴于丰富的石油资源可考虑投资石油化工行业；工业竞争力较强加上原材料资源丰富可投资原产品领域、发展制造加工业；马政府鼓励高科技产业的投资，IT 类高科技产业、生物科技业也是不错的选择。

第三，尽管马来西亚对华关系友好，但社会中仍然存在排华势力，特别是作为一个多民族和多宗教国家，社会中仍然存在对华人的排斥和歧视。因此中国企业要客观评估投资环境，注意当地的人文、语言及宗教环境。

第四，由于马来西亚与金三角距离较近，所以尽管马来西亚对毒品犯罪的量刑较高，毒品交易仍然猖獗。毒品带来的社会治安问题可能对经济造成不良影响，中国投资者赴马投资还应注意投资地的社会治安状况，以避免不必要的麻烦。

5.1.5 菲律宾

（1）基本国情

菲律宾地处亚洲东南部，向北与中国台湾省隔巴士海峡，向南与印度尼西亚、马来西亚隔海相望，西临中国南海，东接太平洋。总面积为 29.97 万平方公里，有大小岛屿共 7000 多个，其中吕宋岛等 11 个主要岛屿占菲律宾总面积的 96%。海岸线长约 18533 公里。全国行政区划分为 13 个地区，下设 82 个省，135 个市和 1493 个行政市。菲律宾人口总数为 1 亿 98 万（2015 年 8 月），主要城市有宿务、达沃、奎松等，首都大马尼拉市是菲律宾最大的港口，人口 1288 万人（2015 年 8 月）。

菲律宾矿产资源丰富，是环太平洋成矿带上十分重要的矿产资源岛国，境内矿产资源达 20 余种，包括铜、金、银、铁、铬、镍等。铜蕴藏量约 48 亿吨，镍 10.9 亿吨，金 1.36 亿吨。地热资源预计有 20.9 亿桶原油标准能源。巴拉望岛西北部海域有石油储量约 3.5 亿桶。森林覆盖率达 53%。

（2）得分结果

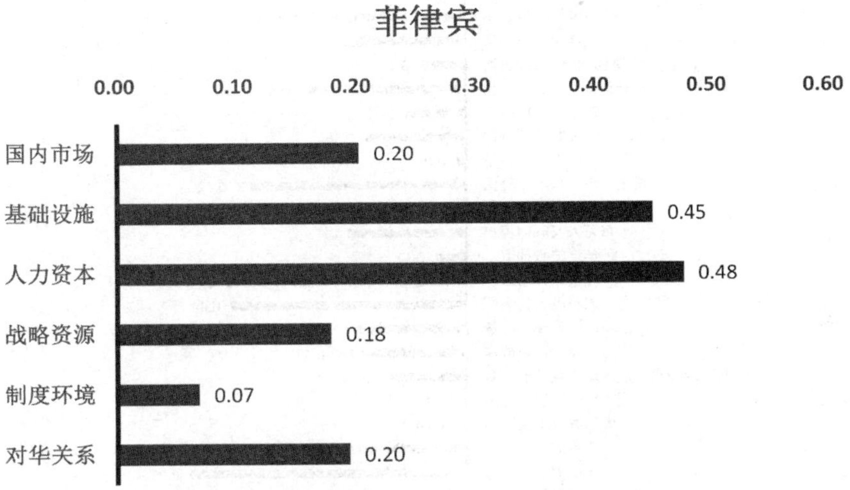

图 5. 9　菲律宾投资潜力各一级指标评分结果

（3）得分评析

从评分结果上看，菲律宾各项指标的得分均较为一般，综合得分为中等偏上，人力资源市场巨大，拥有丰富的矿产资源，但政坛腐败问题一直存在，且与中国在南海归属问题上存在分歧，所以中菲两国的合作可谓充满了机遇和挑战。下面是对菲律宾各项指标得分的详细评析。

菲律宾人口总数排名世界十二，居民识字率超过 90%，处于亚洲前列。拥有大量廉价、受过教育并且会讲英语的劳动力是菲律宾最大的优势。所以若要投资菲律宾，应以劳动密集型和服务型行业为主。纵然菲律宾有人力资本的优势，国内家庭消费需求旺盛，但其高新技术较为落后，拖慢了其经济发展速度。菲律宾是一个农业国家，但是其农业发展却很缓慢，这主要归咎于落后的基础设施以及政府未能出台相关政策来合理利用土地资源。据粗略估计，全菲约有五分之一的农业处于废耕状态，可见其土地市场的潜力巨大。缓慢的农业发展不仅影响了农民收入的提高，更是放缓了其工业化的步伐，最终成为经济发展重要的制约因素，因此投资者可多留意菲律宾土地政策的动向并做出适时的投资。

与人力资本的高得分相比，菲律宾的基础设施及制度环境指标得分显得很低。伴随着菲律宾近年经济的飞速发展，其落后的基础设施需要逐渐改善及升级，特别是公路、铁路、空运、水运、通信等公共设施。目前，菲律宾的重要基础设施是根据《建设、经营和转让法》（即 BOT 法）来建设的。该法律允许私有投资者建设和经营基础

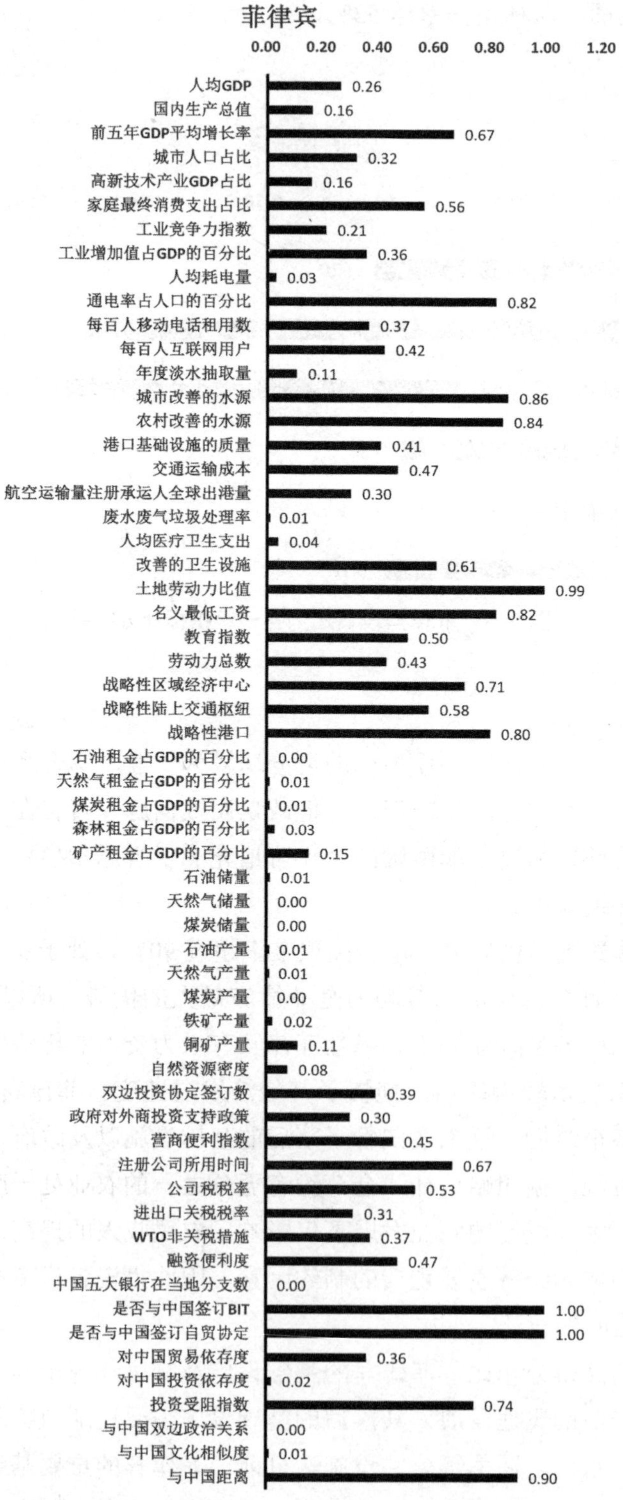

图 5.10　菲律宾投资潜力各三级指标评分结果

设施，在一定时间后再移交菲政府。近年，中国与菲律宾已有较成功的基础设施投资建设及劳务承包合作经验，中国公司已为菲律宾提供工程服务400项，包括公路、桥梁、港口、码头、发电及输变电、农村供水、矿山开采等。这些成功的合作经验必将为双方的进一步合作创造有利的条件。中国企业可抓住投资良机参与菲律宾的公共工程投资、兴建及运营。同时，菲律宾的废气、废水、垃圾处理及医疗卫生十分落后，其目前技术又未能有效的改善这些项目，必定依赖国外的先进技术。中国企业可密切关注其中的投资机会。

在战略资源方面，菲律宾的石油、天然气、煤炭等重要战略资源品种相对匮乏，影响了其战略资源指标的总体分数。但是菲律宾的金属矿产较为丰富，优势矿种有铜、镍、金等。由于菲律宾与中国在地理上相互毗邻，具有距离优势，在金属矿产投资领域值得中国企业关注。

在对华关系当中，菲律宾的得分中等偏上。建交以来，中菲高层互访不断，保持较为顺畅的高层互访机制。但是近两年来，两国关系因南海岛礁问题面临严重困难。中国和菲律宾之间如何重新回到共识的基础上相向而行，成为摆在中菲两国面前的共同难题。

值得注意的是菲律宾的政治和商业腐败问题较为突出，腐败及官僚主义严重，投资者在与当地的行政部门往来时应多加考虑此问题。

（4）投资建议

第一，菲律宾人力资源市场巨大，具有大量优质劳动力，投资者应以劳动密集型和服务型行业为主。

第二，菲律宾土地资源市场潜力巨大，投资者可多留意菲律宾土地政策的动向并做出适时的投资。另外，菲律宾现处于建设及完善基础设施的阶段，投资者应抓紧良机优质参与菲律宾的公共工程投资、兴建及运营。

第三，中菲关系因南海问题存在矛盾，助长了菲律宾民间的反华情绪，投资者应多加留意事态的发展。另外，菲律宾国内政商环境较为恶劣，腐败及官僚主义严重，投资者在与当地的行政部门往来时应多加考虑此问题。

5.1.6 越南

（1）基本国情

越南地处东南亚中南半岛东部，北部与中国广西、云南相连，西部与老挝、柬埔寨接壤，紧邻南海，海岸线长3260多公里。国土呈狭长状，面积约33万平方公里。越南是以京族为主体的多民族国家。越南是社会主义国家，共产党是该国唯一合法执政党，2001年越南在全国范围内确定建设社会主义市场经济体制。全国划分为58个省和5个直辖市，河内作为越南的政治、文化中心，首都，历史名城，中央直辖市，水、陆、空交通便利，面积3340平方公里，人口756万（2015年）。

越南拥有种类多样、储量丰富的矿产资源，如近海油气、煤、铁、铝、锰、铬、锡、钛、磷等，其中煤、铁、铝均有较大储量。在海洋生物的种类上也达到了6845种，其中鱼类2000余种、蟹类300余种、贝类300余种、虾类70余种。森林面积约1000万公顷。

（2）得分结果

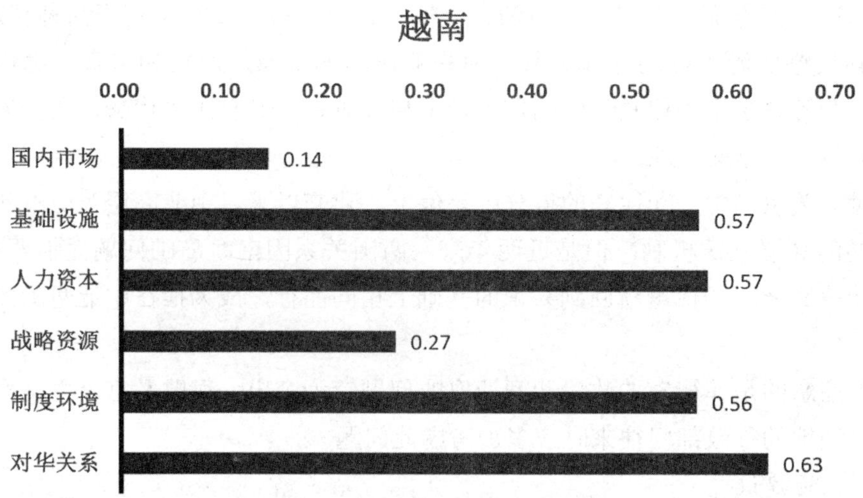

图5. 11 越南投资潜力各一级指标评分结果

（3）得分评析

从评价结果来看，越南的综合得分位列第三，仅次于新加坡和俄罗斯，具有很强的投资吸引力，但也存在一些需要注意的现实问题，下面是对越南各项得分的具体分析。

越南得分最高的一项是对华关系。首先越南与中国接壤，地理位置优势一定程度上促成了两国较高的文化相似度；另外越南与中国签订了BIT和自贸协定，中越是全面战略合作伙伴关系，投资受阻指数较小。但值得注意的是，近期越南屡次在南海问题上制造争端，挑起矛盾，这将带来中方企业在越投资环境的不确定性。

越南不仅劳动力数量多，而且最低工资水平很低，即使是与周边东南亚国家相比也具备优势，因此企业可以充分利用当地的人力资本优势，发展劳动密集型产业。

越南的战略资源排名也较为靠前，一方面其拥有较为丰富的港口资源，是重要的区域经济中心；另一方面，自然资源较为丰富，尤其是石油储量较大，还有天然气、煤炭、铁矿、铜矿等资源，森林面积达1000万公顷。

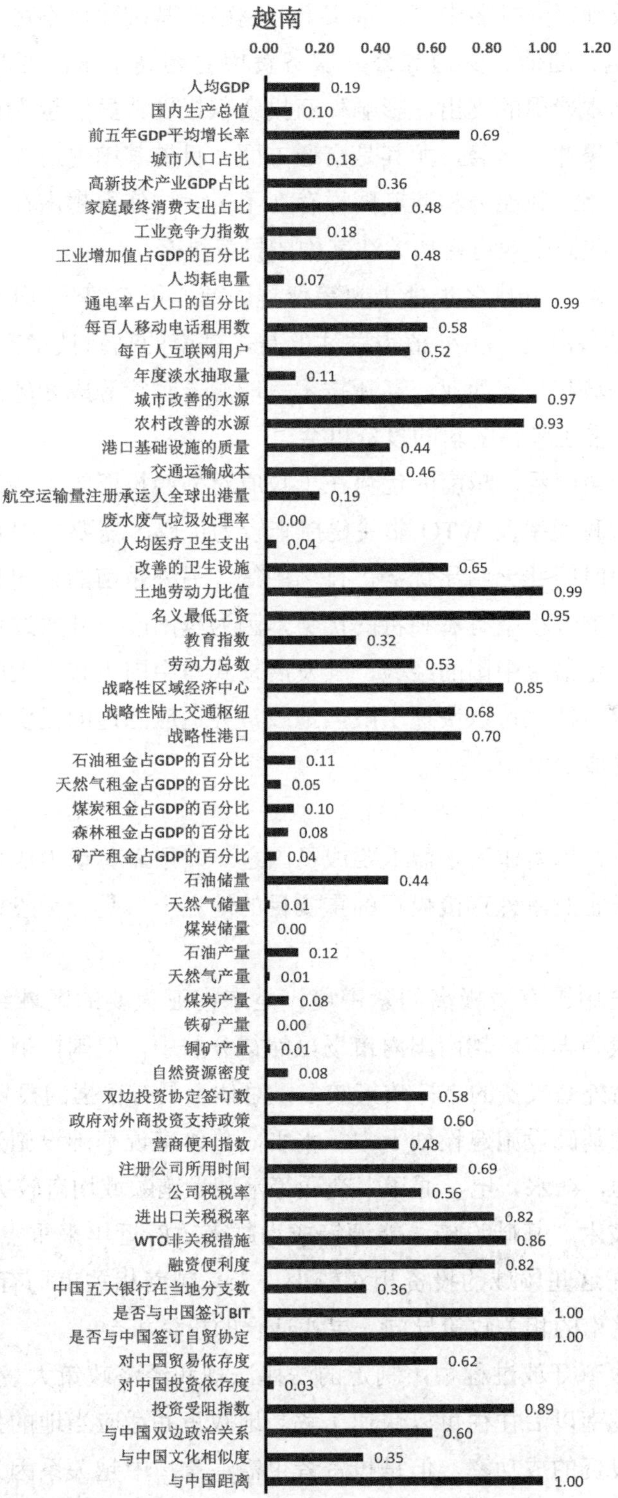

图 5. 12 越南投资潜力各三级指标评分结果

越南的基础设施得分排名中等。事实上，越南的基础建设不足，缺乏必要的产品配套能力。水、电、通信、交通等公共服务费用普遍高于东南亚其他国家，增加了外国投资者相应基本费用的支出，影响外商投资积极性。虽然越南正在尽全力改变现状，但是短期内效果并不显著，尤其是交通方面，目前其国内还没有一条符合国际标准的高速公路，铁路运载能力和速度同样存在不足。这使得越南在基础设施建设领域有较大投资空间，我国企业可密切关注其中的投资机会。

越南的国内市场得分排名也处于中等位置。前 5 年 GDP 平均增长率较高，反映出国内市场增长具备潜力。另外值得关注的是，越南的高新技术产业 GDP 占比非常靠前，仅次于新加坡和马来西亚。高新技术、能源、医疗等成为越南政府近年来重点支持的投资领域，催生了许多新的投资机会。

从制度环境的角度看，越南的优势在于政府对外商投资的支持政策较多，融资便利度高，进出口关税税率及 WTO 非关税措施较为优厚。需要我国企业注意的是，在越南注册公司所用时间并无明显优势，排名中等，另外越南的公司税税率也较高。中资企业在投资越南的过程中有着独特的优势，因为越南改革开放过程中，制定的法律法规和经济政策大量借鉴中国的经验，其发展模式与中国也有很大的相似之处。中国企业在进入越南以后往往可以快速了解当地政策并适应当地的投资环境，很大程度上增加了企业投资的成功率。

（4）投资建议

第一，近年来，越南作为东盟重要成员国之一，依靠劳动力成本较低、地缘相近等优势，成为种子企业海外直接投资的重要目的地之一，是一个投资前景较为广阔的国家。

第二，越南与中国有着极高的紧密度，是东南亚重要的区域经济中心，港口资源、自然资源都较为丰富。越南国内市场虽然得分居中，但国内消费需求旺盛，市场广阔，加上政府对外商投资的支持政策较多，总体上具有很强的投资吸引力。

第三，越南的基础设施建设处于中等水平，总体来说基础设施建设不足，缺乏必要的产品配套能力，在水、电、通讯、交通等基础设施领域均有较大的投资空间。

第四，高新技术、基础设施、能源等成为越南政府近年来重点支持的投资领域，目前中国对越南在这些领域的投资相对较少，未来越南相关市场有很大的增长潜力，建议企业多关注越南的相关政策导向，寻找适合的投资机会。

第五，越南改革开放过程中，制定的法律法规和经济政策大量借鉴中国的经验，中国企业在进入越南以后往往可以快速了解当地政策并适应当地的投资环境，很大程度上增加了企业投资的成功率。但是投资者也需注意，中越关系因为领土问题一直存在较多不稳定因素，增加了投资风险。

5.1.7 新加坡

（1）基本国情

新加坡位于马来半岛最南端，毗邻马六甲海峡南口，处于赤道以北约137公里处，北与马来西亚隔柔佛海峡相邻，南与印度尼西亚隔新加坡海峡相望。海岸线长193公里，土地面积719.1平方公里（2015年），由本岛和63个小岛组成，其中新加坡岛占全国面积的88.5%。新加坡将全国划为五个社区，由相应的五个按地区划分（东北、东南、西北、西南和中区）的社区发展理事会（简称社理会）管理。新加坡总人口553.5万（2015年），公民和永久居民390.2万。

新加坡资源比较匮乏，主要工业原料、生活必需品需进口。岛上保留有部分原生植物群。

（2）得分结果

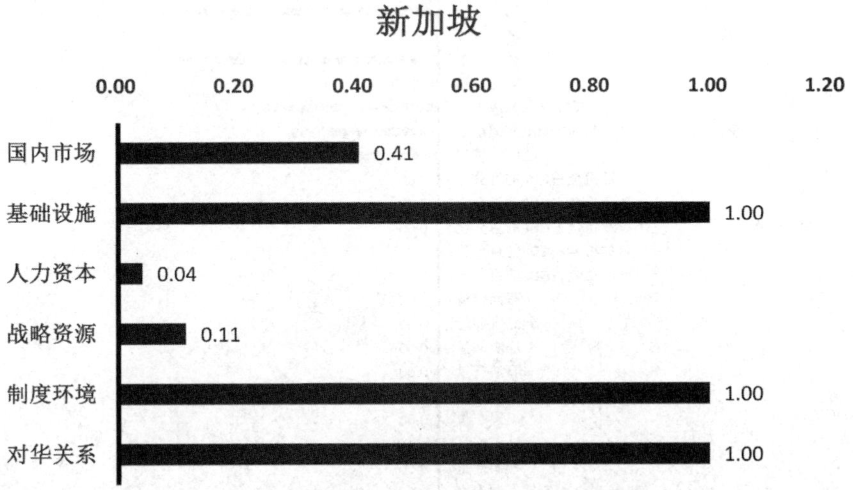

图5.13 新加坡投资潜力各一级指标评分结果

（3）得分评析

新加坡的经济增长属于外贸驱动型，其经济发展高度依赖于外商投资。评分结果显示出新加坡优异的外商投资环境，在我们选取的六项一级指标中，新加坡除了战略资源这一指标的得分明显很低外，其基础设施、制度环境和对华关系这三项指标的得分在所有国家中高居第一，国内市场和人力资本的评分也是居于最前列。事实上，即使战略资源这一指标得分较低，新加坡在能源领域也有着其独特的投资价值。下面对各指标的得分情况进行详细评析。

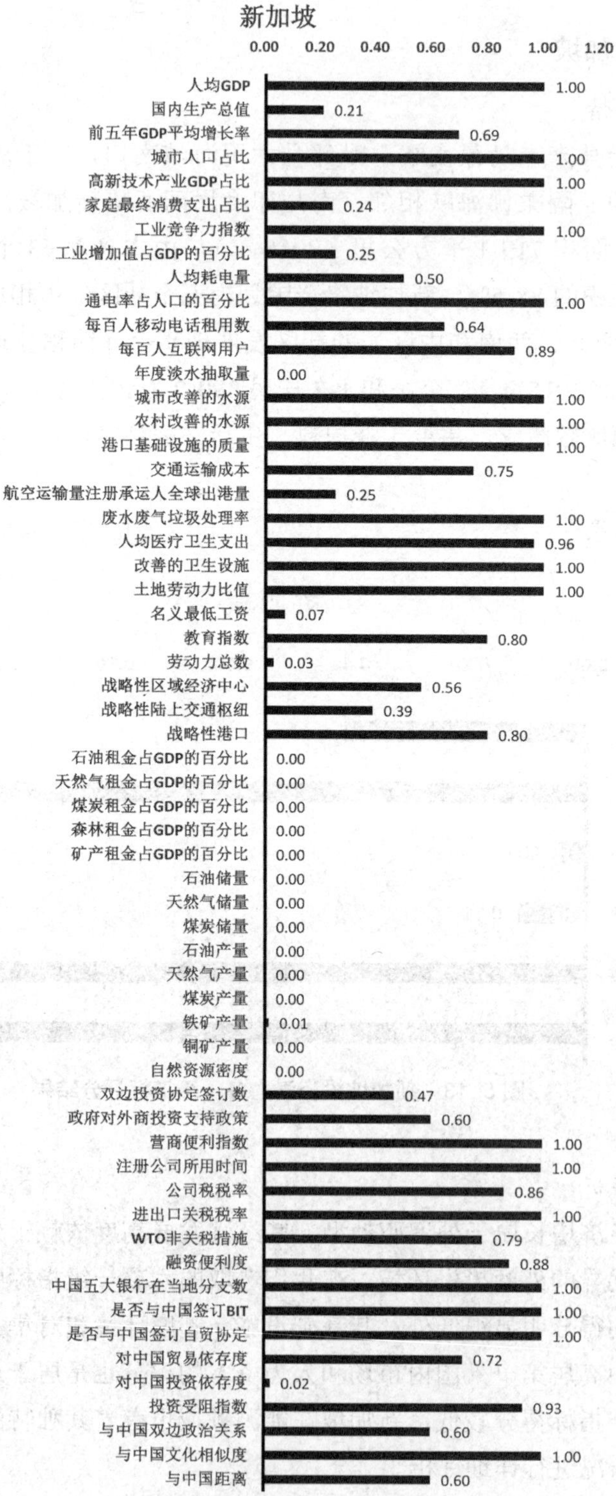

图 5. 14　新加坡投资潜力各三级指标评分结果

从得分上看，新加坡战略资源这一指标在标准化后的得分仅有0.11，似乎不具有任何投资价值。但实际情况是，新加坡是中国在能源领域的重点投资国家，且未来新加坡在中国能源领域对外投资布局中的地位会进一步提高。本书在评价战略资源这一指标时，更多地考虑到的是各个国家的资源禀赋情况，由于新加坡是一个国土面积相当有限的岛国，自然资源极度匮乏，因此在资源储量和资源产量这两个二级指标的得分很低，严重影响了新加坡这一指标的整体得分。但众所周知，新加坡有着亚洲最大的原油期货市场，是亚洲的原油定价中心，如果考虑到在金融市场的非实物投资，新加坡可以说是中国企业在能源期货与期权领域最为重要的投资国。

除了能源金融产品，新加坡的能源加工产业也是中国重点投资的领域。虽然新加坡自然资源贫瘠，几乎不出产任何矿产，但是新加坡的能源加工能力却是世界一流的。以原油炼制产业为例，新加坡是世界三大炼油中心之一，拥有亚洲规模最大的原油炼厂。此前，新加坡原油的炼制业务一直由新加坡石油公司负责，但2009年，中石油耗巨资将新加坡公司收购，收购完成后，中石油保留了新加坡石油公司原有管理框架，并加强中新两方人员的轮岗交流，保证了公司管理的平稳过渡和资源的有效整合。这对新加坡和中石油是一笔双赢的投资。完成收购后，中石油为当地创造了大量的税收和工作岗位，促进了当地经济发展。对中石油来说，在新加坡新开发的业务延伸了其业务领域，同时吸收了原公司大量的国际管理经验。

新加坡人力资本的得分很高，但这项指标的高得分更多地依赖于其在劳动力质量（受教育程度）这项二级指标的优异表现。新加坡科教文卫事业高度发达，国民受教育程度很高，著名高等院校云集，科研实力位居世界前列，但必须注意的是，在各三级指标的评分中，新加坡在劳动力最低工资和劳动力数量这两项指标的得分劣势明显，不适合进行劳动密集型行业的投资。新加坡最大的人力资本优势应该说就是它的人才优势，为了充分发挥这一优势，中国企业可考虑在其境内进行更多的例如成立产业研发基地等对人才要求较高的投资。

新加坡其他的各项指标，无论是总得分，还是各二级指标、三级指标的得分都非常优异，可以说是世界上外商投资环境最好的国家之一。中国企业应牢牢把握住新加坡这一市场，将其作为重点国家加以投资。

（4）投资建议

第一，新加坡的综合评分非常优异，外商投资环境居于世界最前列，应是中国企业的重点海外投资国。

第二，新加坡因为资源贫乏，其战略资源的得分相当靠后，但是新加坡能源领域有着特殊的投资价值，突出表现在原油期货投资领域和原油炼制领域。

第三，新加坡在劳动力数量及最低工资这两个三级指标的得分较低，并不适合进行劳动密集型行业的投资。

第四，总体来说，除去资源密集型和能源开采这两个行业，中国企业在新加坡可进行的投资领域可以说是全方位、无死角的，无论是在基础设施建设、贸易服务、机械制造、电力通讯等领域，还是在金融衍生品、高新技术研发等领域，新加坡都有着巨大的投资市场。

5.1.8 柬埔寨

（1）基本国情

柬埔寨位于中南半岛，西部及西北部与泰国相连，北部与老挝接壤，东部及东南部是越南，南部则是暹罗湾。柬埔寨共有约1500万人口，包含20多个民族，其中主体民族为高棉族，约占总人口的80%。少数民族则包括如占族、普农族、老族、泰族和斯丁族等；约有华人华侨100万。柬埔寨分为20个省和4个直辖市，首都金边是柬埔寨政治、经济、文化和宗教中心。

柬埔寨矿藏主要有金、磷酸盐、宝石、石油、铁、煤等。柬埔寨森林覆盖率高，具有丰富的果木资源。柬埔寨渔业资源丰富，东南亚最大的天然淡水渔场洞里萨湖素有“鱼湖”之称。西南沿海也盛产鱼虾。但随着生态环境失衡和过度捕捞，水产资源正在减少。

（2）得分结果

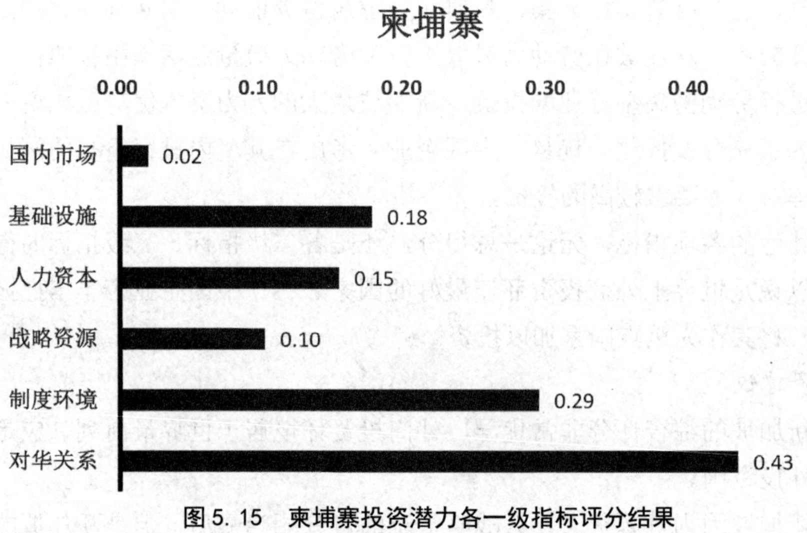

图5.15 柬埔寨投资潜力各一级指标评分结果

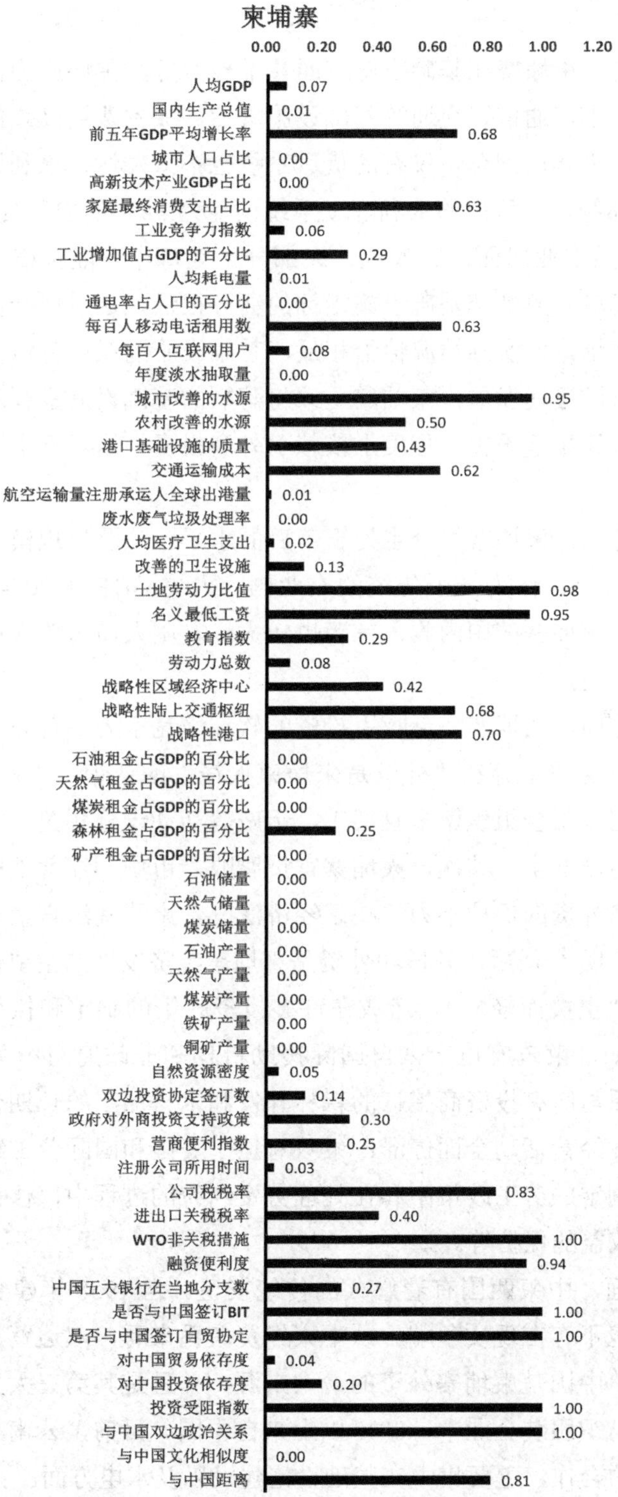

图 5. 16　柬埔寨投资潜力各三级指标评分结果

（3）得分评析

但从评分上看，柬埔寨在基础设施方面并不被看好，主要原因在于基础设施等硬件条件较差，水、电、通信、交通等基础设施落后，成本费用高。例如，柬埔寨仅有南北两条铁路线，无客运列车，仅有的货运系统也不太发达；水利设施匮乏，据其政府水资源与气象部统计，目前的水利灌溉系统仅能为48%的农民提供充足的农用水，“靠天吃饭”的落后农业局面没有改观，大部分土地每年只能种植一季稻谷，单产远低于邻国越南和泰国。柬埔寨基础设施指标的评分很低，这看似会在一定程度上减弱外国企业的投资热情，但实际情况恰恰相反，基础设施的低评分恰恰是外国企业的机遇，因为随着经济的迅速发展，柬埔寨亟须将落后的基础设施进行升级，同时受国内技术限制，其基础设施建设很大程度上依赖于外商投资，这对于中国企业来说不失是一个机遇。

在国内市场方面，柬埔寨得分也处于落后的水平。从总量规模的角度来看，柬埔寨国民经济规模较小，作为一个传统的农业国，人均GDP在2014年尚且不足1100美元；另一方面，柬埔寨的国内收入差距也较大，贫困人口占总人口的比例较高，社会的消费力严重不足。

在制度环境方面，柬埔寨缺乏吸引投资的软环境竞争力。首先，柬埔寨社会对于资方认识片面，社会普遍存在“外资是来挣柬人钱”的认识，人民对“外国资本家”有较大的抵触情绪，工会组织繁多且罢工、示威等活动十分频繁，时常威胁企业正常经营甚至人身、财产安全。其次，柬埔寨官员腐败，市场、经营秩序混乱，法制不健全。法律、司法对外资的保护不力，缺乏经济法庭。柬法院法官素质普遍不高，贪赃枉法的现象时有出现。最后，外援和外资是柬埔寨经济发展的主要依赖，二者发生冲突时，政府常会“重援而轻资”，造成在许多投资政策的制定和执行过程中受到“外援”的左右。例如，柬政府迫于来自国际援助机构和非政府组织关于保护环境的压力，单方面终止原与所有投资商签订的森林开发和木材加工的长期合作协议，造成在此领域投资的企业经营活动全面停滞；柬政府迫于美国和国际劳工组织对劳工权力问题的压力，在其制定的劳工政策中和在处理劳资纠纷的过程中，往往重劳工权益的保护而轻资方合法权益的保护等。

对华关系方面，中柬两国有着悠久的传统友谊。自1958年建交以来，双方既无历史遗留问题，也不存在现实争端。从中柬经贸关系来看，双边贸易额总量虽小，但增长较快。目前，中国是柬埔寨外资的最大来源，并且是其第三大外贸伙伴。而在柬埔寨的200余家纺织服装企业中，80%以上来自中国。目前，云南省已经与柬埔寨方面有了一定程度的合作，主要集中在基础设施建设以及水电方面。

在战略资源方面，柬埔寨发展潜力巨大，可投资利用资源众多。首先，柬埔寨拥有丰富的矿产资源，例如金、铁、铝、石油、磷酸盐等，但是基本没有进入实质性开采阶段，因而一定程度上拉低了得分。但是柬埔寨在能源开采领域有很大的发展空间。以石油为例，柬埔寨本国并不缺石油，然而受自身开采技术的限制，石油大量依赖进口，在获取技术支持与资金投入后，柬埔寨本国的石油工业有一定发展前景。其次，由于柬埔寨地理位置上处于赤道和北回归线之间，气候适宜林木业发展，国内地形又是以山地为主，因而森林覆盖率高，热带林木产量丰富。最后，柬埔寨的旅游资源也非常丰富，但是利用率比较低，因而还有较大的开发空间。

在人力资本方面，柬埔寨劳动力资源充足，劳动力成本在东南亚地区也是最低的。同时，柬埔寨人口年轻化明显，年轻人口比重大。这为中国企业在柬埔寨投资劳动力密集型产业提供了很好的条件。但是一个不利的方面在于，自70年代以来柬埔寨长期遭受战乱的冲击，国内的文教事业受到严重破坏，因而相当一部分劳动力的文化水平较低，因此不适宜投资需要高素质劳动力的领域，中国企业在该国投资时要注意这一问题。

（4）投资建议

第一，柬埔寨国内政党斗争可能对经济造成不良影响，中国企业在柬投资一定要提前做好调研，对时局进行全面评估，以防风险。

第二，柬埔寨在评分系统中虽然不太被看好，但是柬在劳动力资源方面具有优势，适宜发展劳动力密集型的制造业。对于柬埔寨来说，其工业发展过度依赖加工原材料的制衣业，其产品的市场和原材料均在国外，工业结构单一，目前亟须外商提供资金及技术发展工业，因而在工业开发方面存在巨大前景，中国企业在投资时可以考虑这方面存在的机遇。

第三，柬电力缺口很大，需要大量从国外购电，但是其拥有约1万兆瓦的发电水力资源，而目前已开发利用的水力资源仅占3%，具有巨大的开发潜力。

第四，由于柬埔寨现阶段欠发达的经济表现和较为低下的行政效率，建议中国企业在投资建厂前做好调研工作，了解当地的市场环境和行业规则，做好与当地政府打交道的准备。

5.1.9 印度尼西亚

（1）基本国情

印度尼西亚（下称印尼）是东南亚国家，地处亚洲东南部，跨赤道，沟通着两大洲（亚洲和大洋洲）、两大洋（太平洋和印度洋），地理位置十分重要。印尼是世界上最大的群岛国家，是马来群岛的一部分，由约17508个岛屿组成，也是多火山多地震的国家。印尼目前人口数量居世界第四位，目前总人口约2.5亿，仅次于中国、印度和美国。印尼分30个省、2个特别行政区和1个首都地区，有396个县、93个市。首都雅加达是全国的政治、经济和文化中心。

印尼自然资源丰富，盛产棕榈油、橡胶等农林产品，其中棕榈油产量居世界第一，天然橡胶产量居世界第二。主要矿产资源有石油、天然气、锡、铝、镍、铁、铜、金、银、煤等，储量均较为丰富。

（2）得分结果

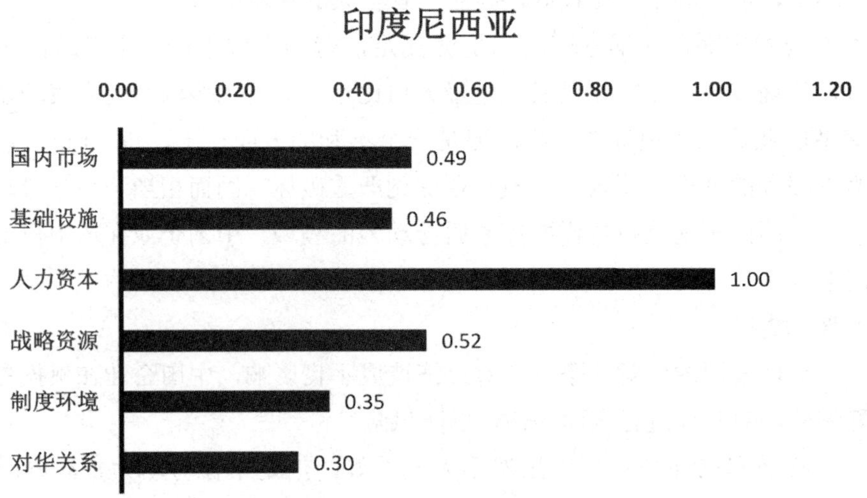

图5.17 印度尼西亚投资潜力各一级指标评分结果

（3）得分评析

综合来看，印度尼西亚的投资潜力巨大，在所有65个参评国家中位列第五位。在各项一级指标中，以人力资本方面评分最为乐观，位列所有参评国家中的第二位。其在基础设施方面的得分相对落后，但鉴于“一带一路”的政策重点在于投资基础设施建设，该国相对落后的基础设施建设现状反而会带来更多的机会。

国内市场方面，印尼国内总体经济发展水平无论按总量还是人均，都处在所有参评国家的前列，且从近五年的GDP增长趋势上看，经济总量仍有着十分可观的增长率。且印尼在地区范围内有着较好的区域贸易融合度，如与中国签订了BIT和自贸协定两大重要协定，融资便利度高。工业基础方面，印尼重工业发展非常落后，国家有着较大的发展重工业的需要，该领域未来有较大投资空间。轻工业方面以加工制造业为主。从地理上看，印尼的工业发展其实十分不平衡，超过80%的大中型企业都集中在爪哇岛，外岛分布不足20%，在“一带一路”政策中，加大在外岛的投资力度以求实现地区间平衡很有必要。

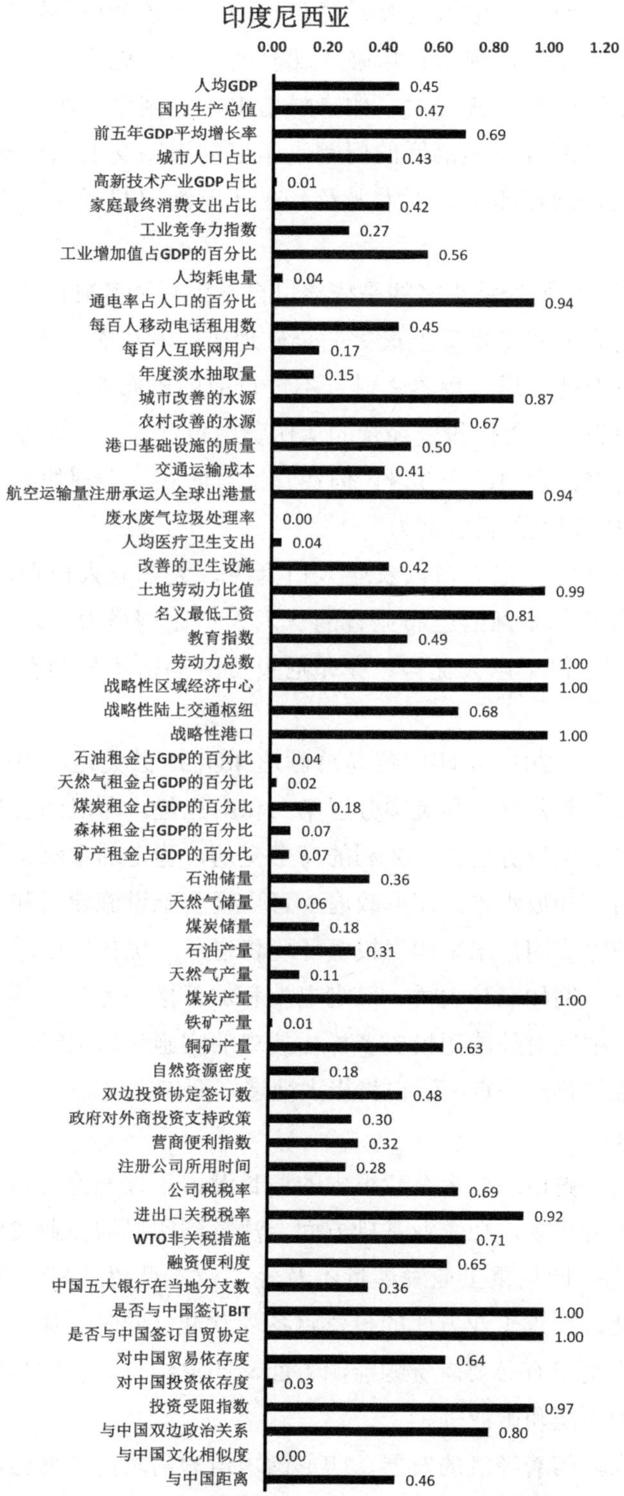

图 5. 18 印度尼西亚投资潜力各三级指标评分结果

基础设施方面，印尼在电力资源开发和利用方面较为成熟，但近年来，随着经济的发展，印尼国内电力需求持续增强，配套的电力设施不完善，部分地区会出现电荒。当地政府采取一些措施应对，如错峰用电、拉闸限电等，显然这些措施不能从根本上解决印尼的基础设施落后的问题。印尼的道路交通系统横向比较之下比较完善。但互联网的使用在印尼并不太普及，在环境治理和医疗卫生方面的政策也不够成熟。

资源能源方面，印尼经济更多的是依靠以自然资源为基础的出口，如种植园和矿业等。据勘探，巴布亚省是世界上最大的金矿地带，其中金矿含量达到 72470 万吨，铜矿含量达到 730 万吨，堪称世界之最。不过目前的巴布亚省是印尼最贫穷的地区，基础设施的严重缺失，让外国投资经营的运作费用也远远高于印尼其他地区。从以上分析可见，印尼有着较大的矿产存量，但在开发方面缺乏合理的方式。总体来说，在资源能源方面印尼有很大的投资潜力。

劳动力成本方面，印尼人口以农业人口为主，大部分人口在农村，首都雅加达的贫困人口比例最小，东部的巴布亚省的贫困人口比例最大。这部分人口使得印尼在劳动力价格方面取得了巨大优势，在印尼投资劳动密集型的重工业类项目前景十分广阔。

在对华关系方面，2014 年印中贸易总额达 469.21 亿美元，中国目前是印尼非油气产品第一大贸易伙伴，日本和美国分居第二和第三位。印尼的贸易投资环境具有以下主要优势：大量的廉价劳动力，便利的海上交通，稳定的金融市场环境，丰富的自然资源，高度的对外开放水平。印尼政府一直重视基础设施建设和招商引资，致力于增加工作岗位和消除贫困，未来印尼投资环境将进一步优化。中国企业近年积极参与印尼基础设施建设，例如泗马大桥、风港电站和加蒂格迪等多个项目，极大地方便了当地人民的生活。中国对外能源投资多样化战略的实施和印尼能源开发的迫切需求促使能源成为中印合作新的亮点，这也将极大地造福两国人民。

（4）投资建议

第一，印尼的国内市场需求有着很大的增长潜力，且无论是当前的经济总量还是区域融合程度都十分可观。在工业基础方面要注意到印尼的工业发展在产业和地区分布上都十分不平衡：印尼重工业发展远不及轻工业，且超过 80% 的大中型企业都集中在爪哇岛。因此，在重工业方面的投资将备受欢迎，同时，加大在外岛的投资力度以求实现地区间平衡很有必要。资源能源方面，印尼经济更多的是依靠以自然资源为基础的出口，如种植园和矿业等。

第二，近年来，随着经济的发展，印尼国内电力需求持续增强，配套的电力设施却没有完全跟上，着眼于这一点也可以使投资战略更为高效。

第三，可能的投资风险在于印尼的法律体系虽然整体比较完整，但很多法律规定模糊，不同的部门法之间存在冲突，法律的可操作性不强，且在印尼开办公司注册手续繁多，审批时间较长。公司注册需要投入更多精力做好相关方面的准备工作，可以聘请专业律师、公证员、投资顾问等专门人员代为办理。

第四，印尼国内的民族主义情绪可能引发排华事件。在目前较为关注的南海岛礁问题中，印尼虽然与中国不存在岛礁主权矛盾，然而在海洋划界问题上依然存在一些分歧。随着中国在南海施工的进度升级，后续在南海可能与印尼之间也会有利益交织点。

5.1.10 缅甸

（1）基本国情

缅甸位于亚洲中南半岛西部，东北与中国毗邻，西北与印度、孟加拉国相接，东南与老挝、泰国交界，西南濒临孟加拉湾和安达曼海。西南部与印度洋相接。其海岸线长达3200公里，国土面积67.66万平方公里，具有良好的生态环境。缅甸有约5390万人口（2015年），缅族约占总人口的65%。法定少数民族主要包括掸族、克伦族、孟族、克钦族、钦族、若开族等。官方语言为缅甸语。缅甸共下辖7个省、7个邦和1个联邦特区。首都为内比都，人口约115.8万。

缅甸拥有丰富的石油和天然气，约有1.6亿桶石油和0.569万亿立方米天然气，其他还有矿产、农林、渔业、旅游等资源，是东南亚国家里第二大天然气出口国，仅次于印尼。缅甸拥有种类多样的矿产资源，主要有锡、钨、锌、铝、锑、锰、金、银、宝石、玉石等。

（2）得分结果

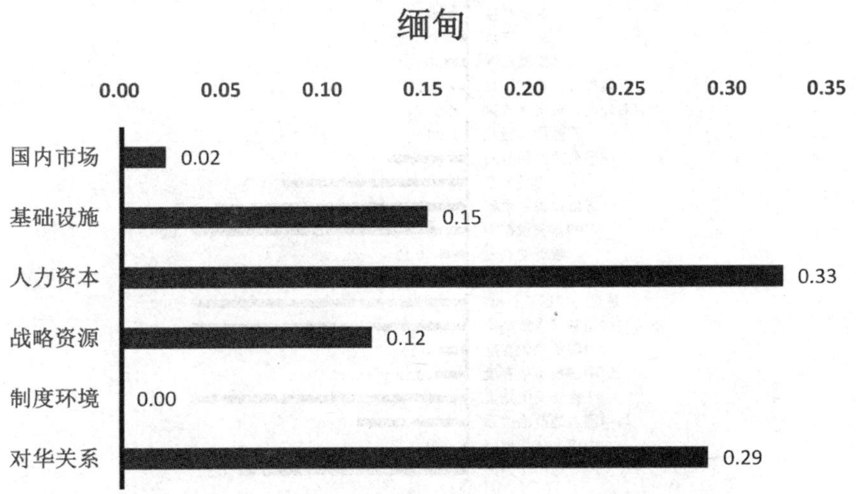

图5.19 缅甸投资潜力各一级指标评分结果

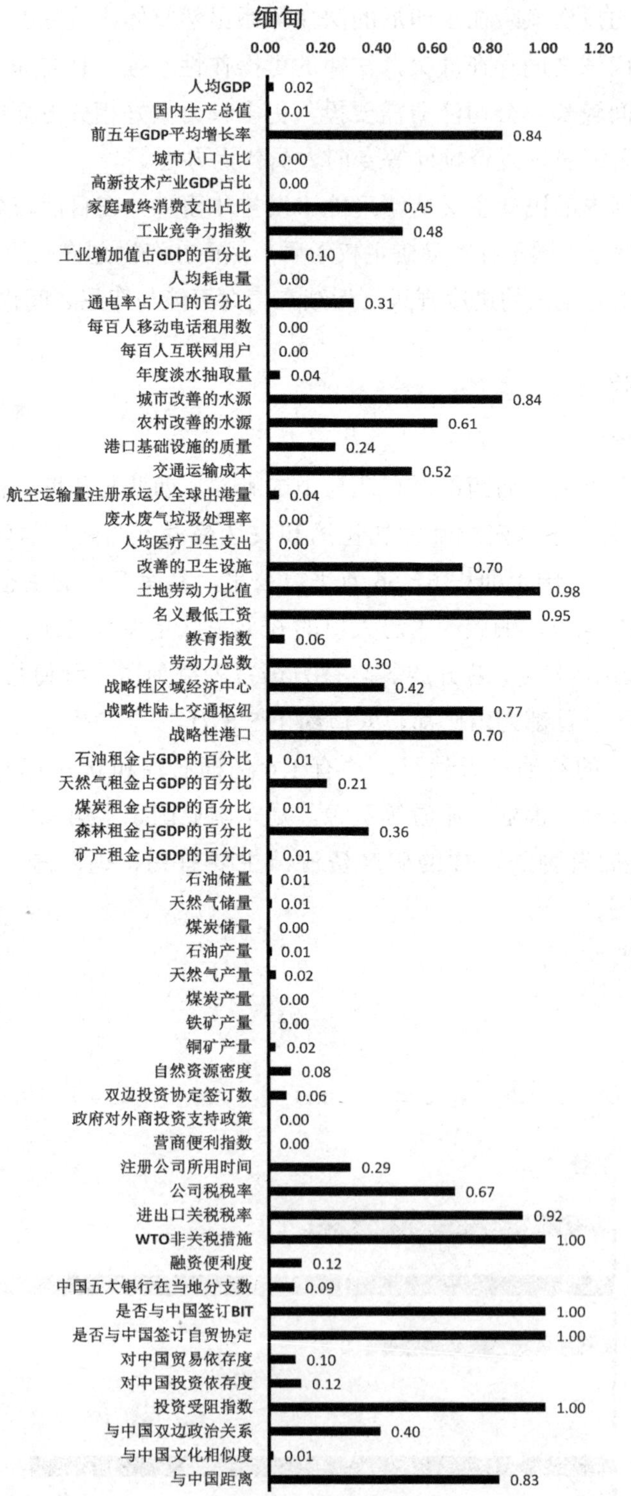

图 5. 20 缅甸投资潜力各三级指标评分结果

（3）得分评析

缅甸的综合得分在所有国家中排在第28位，处于中等偏上水平，对华关系和人力资本指标是其相对具有优势的两项一级指标，具备一定的投资吸引力，下面是对缅甸各项得分的具体分析。

缅甸的劳动力数量相对较多，最低工资水平也较低。而且中缅地方交往活跃，两国已有7对友好城市和省区。目前，中国旅缅华人华侨约有250万，其中华侨约有17万，主要来自云南、福建和广东。

从基础设施角度看，缅甸的交通以水运为主，港口资源丰富，仰光港是最大的海港。近几年政府大力修筑公路和铁路，陆路运输有了较大发展。缅甸的国际机场包括仰光、内比都和曼德勒机场，仰光机场开通了很多重要的国际航线，连接北京、昆明、广州、南宁、香港、曼谷、清迈、新加坡、吉隆坡、河内、胡志明市、东京、首尔、多哈、法兰克福等城市。

缅甸的宝石和玉石在世界享有盛誉，另外值得注意的是，缅甸水利资源丰富，伊洛瓦底江、钦敦江、萨尔温江、锡唐江四大水系纵贯南北，水利资源占东盟国家水利资源总量的40%。由于水利设施建设不完善，当地的水利资源没有得到充分利用，中国企业可以关注这方面的投资机会。

需要企业注意的是，缅甸的制度环境并无明显优势，公司税税率较高，注册公司所用时间也较长，融资便利度低，只有进出口关税这一项在东南亚国家中稍显优势。

从国内市场指标来看，缅甸经济发展水平在东南亚国家中排名靠后，但前5年GDP平均增长率表现亮眼，具备较强的市场增长潜力。农业是缅甸的国民经济基础，旅游业也是政府重点发展的领域。

缅甸的政治环境存在较大的不确定性，政治风险高。主要表现为：第一，缅甸民族成分复杂，中央与地方分权，部分地方动乱频发。尤其需要注意的是缅甸北部的克钦邦和掸邦两个自治邦，投资该地区的企业要充分考虑武装冲突可能对企业生产造成的影响。第二，在缅投资企业要充分考虑群众的诉求对当地政府政策的影响，注重企业的公众形象，积极参与当地公益事业，实现企业和当地居民利益的双赢。第三，缅甸新政府实行平衡外交政策，逐步减少对中国的依赖，积极发展同西方国家的外交关系。在美国“亚太再平衡”战略大背景下，中国企业应该考虑该因素对投资的不确定性影响。

（4）投资建议

第一，缅甸的劳动力数量相对较多，最低工资水平也较低，加上中缅地方交往活跃，缅甸也体现出较强的市场增长潜力。中方企业可以关注其长期发展情况，进行投资决策。

第二，缅甸水利资源丰富，但由于水利设施建设不完善，当地的水利资源没有得到充分利用，中国企业可以重点关注这方面的投资机会。

第三，需要中方企业注意的还有缅甸的制度环境，缅甸的公司税税率较高，注册公司所用时间也较长，融资便利度低，只有进出口关税这一项在东南亚国家中稍显优势。

第四，中方企业投资时还要综合考虑当地人办事效率低等特点。此外，缅甸的政治环境存在较大的不确定性，政治风险高，中国企业应该考虑相关因素对投资的不确定性影响。

5.2 西亚国家

5.2.1 埃及

（1）基本国情

埃及地处北非和西亚的交界处，领土大部分位于北非东部，还包括亚洲西南的西奈半岛。埃及是亚、非之间的陆地交通要冲，也是大西洋与印度洋之间海上航线的捷径，坐拥100万平方公里国土。埃及是中东人口最多的国家，也是非洲人口第二的大国，截至2014年统计数据人口数量达8339万人，人口密度为91.8人/每平方公里。由于埃及的人口出生率非常高，其中大约1000万人没有登记在册，所以埃及的真实人口数量可能已经过亿。埃及划分为27个省、8个经济区，每个区包括一个或数个省。其首都开罗是埃及最大的城市，同时也是非洲最大城市。

埃及拥有丰富的石油和天然气等能源，磷酸盐和铁等矿产资源储量也丰富。已探明的资源及其储量包括：石油约44.51亿桶，天然气约2.18万亿立方米，磷酸盐约70亿吨，铁矿6000万吨。此外还有锰、煤、金、锌、铬、银、钼、铜、滑石等。埃及原油的日产量达到71.15万桶，天然气日产量达到1.68亿立方米，国内消耗的天然气数量占天然气总产量的70%，其余30%供出口。

（2）得分结果

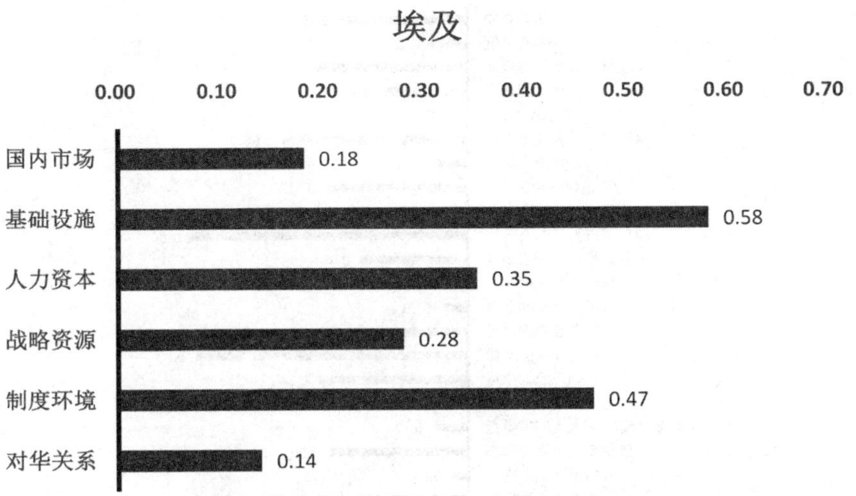

图 5. 21 埃及投资潜力各一级指标评分结果

（3）得分评析

从评分情况来看，埃及存在着贫困劣势与交通优势共存的状况。对于中国投资者来说，如果投资领域得当，实际上可以化劣势为优势，在投资获益的同时帮助埃及解决经济发展停滞的问题。

埃及国内市场一级指标评分较低，这主要是因其大面积的贫困导致。近年来，埃及人口呈爆炸性增长，但是大约 95% 的国土面积为无法居住的荒漠，资源匮乏，因而存在严重的贫困问题。埃及政府通过食品和能源补贴的方式，降低食品和能源的价格，来满足居民的基本生活需求。一方面这显示埃及经济的市场性极弱，产品进口无法以正常的价格销售；另一方面，补贴开支已经导致政府财政赤字连年快速上升。人口快速增长的同时，埃及尚未能够找到一条适合的经济发展道路。为了解决贫困问题，埃及政府积极谋求经济转型，在一定程度上依赖外资。这对中国企业来说是值得关注的投资机遇。

从另一个角度看，大量廉价劳动力也成为埃及吸引投资的一大亮点。据评分数据显示，埃及拥有大量的失业或半失业劳动力，但是受教育程度相对偏低。因此，比较适合向埃及转移或投资的产业应当集中于廉价劳动力密集型的简单加工行业。埃及目前的工业结构以轻工业为主，重工业为辅。轻工业以纺织和食品加工为主，重工业以石油化工业、机械制造业及汽车工业为主。中国企业对埃及投资，不仅可以充分利用当地已有的工业基础和人力资源，还可以协助缓解埃及严重的失业问题，提供大量新增就业岗位。

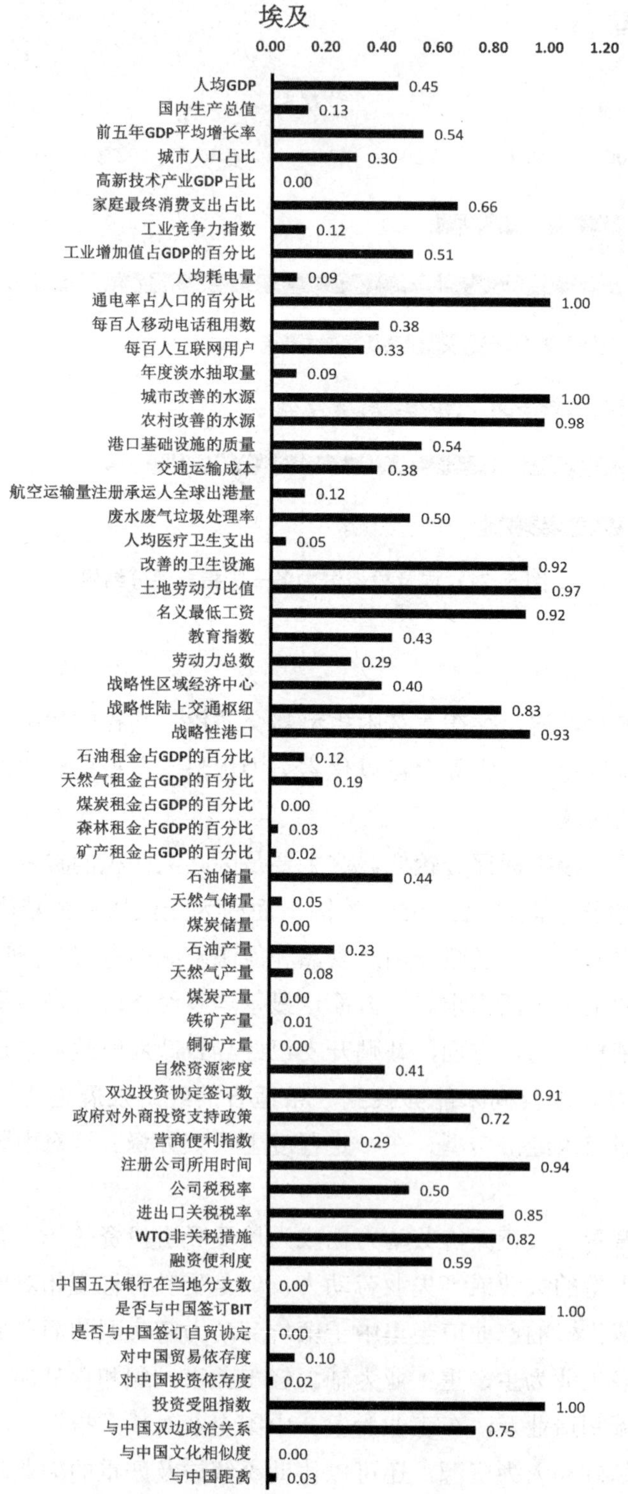

图 5. 22　埃及投资潜力各三级指标评分结果

埃及拥有优良的港口与交通设施，陆运、水运及空运航道均相当发达便利。埃及现有铁路28条，总长超过一万公里，全境现有客运站约800个；埃及现有机场30余座，其中国际机场11座，规模最大的开罗机场是国际上重要的航空枢纽；埃及现有港口60余座，苏伊士运河是国际上最为繁忙的水上航道之一，是连接欧亚非大陆的重要枢纽。

2008年以来，中埃两国经贸合作不断加深，双边贸易额增长态势良好。2014年，中埃双边贸易额达到116亿美元。中国向埃及主要出口工业制成品，包括机电产品和纺织服装等；埃及向中国主要出口原材料，包括原油、液化石油气、大理石等。2014年12月22日至25日应中华人民共和国主席习近平邀请，阿拉伯埃及共和国总统阿卜杜勒-法塔赫·塞西阁下对中华人民共和国进行国事访问，两国正式建立了全面战略伙伴关系。

总之，埃及与中国双边贸易关系良好，双边投资协定签订数很多，中方投资可以利用政策优势；但同时，中埃两国地理距离较远，埃及对中国贸易依存度低，所以从地缘经济的角度考虑中方投资并不占优。因此中国企业投资需要权衡这两点，综合做出选择。

（4）投资建议

第一，埃及国内市场潜力巨大，但目前生活水平低下致使消费需求较低，中国企业在其境内的投资，如果正确引导当地市场，可以有广阔的前景。

第二，中国投资者对埃投资需要充分尊重当地人的文化和礼仪。埃及文化是具有非洲特点的阿拉伯文化，民族传统和欧美礼仪都是埃及人交往礼仪的重要组成部分，普通的当地人倾向于民族传统礼仪，而上层人士倾向于欧美礼仪。当地人的许多生活细节需要注意，比如埃及人（穆斯林皆如此）认为“右比左好”，做事从右手和右脚开始被认为是尊重。例如握手、用餐等必须用右手，用左手是被认为极不礼貌的。

第三，埃及科教文卫事业较为落后，不适合进行高科技领域的投资，中国企业对埃及的投资应以劳动密集型行业和服务型行业为主。

第四，埃及地理位置扼要，连接亚非大陆，毗邻中东，周围国家的宗教、政治环境复杂，导致对其投资需要考虑到其周边各国的不同宗教文化和复杂的市场关系，合理地做出选择和判断。

5.2.2 叙利亚

（1）基本国情

叙利亚地处亚洲大陆的西部，地中海东岸。北部靠土耳其，东部交伊拉克，南连约旦，西南与黎巴嫩和巴勒斯坦（以色列）接壤，西与塞浦路斯隔地中海相望，总面积为185180平方公里（含戈兰高地）。2015年，叙利亚人口官方估计为1980万（2015年），阿拉伯人占总人口的80%以上。叙利亚全国划分为14个省市，首都大马士革人口450万（含农村省），是叙利亚的政治、经济、文化中心。

叙利亚矿产资源丰富，石油、磷酸盐、天然气、岩盐、沥青、磷灰石等是叙利亚主要矿产。已探明石油储量约25亿桶，可自给石油及其产品，并实现部分出口。已探明天然气储量为6500亿立方米，磷酸盐储量为6.5亿吨，岩盐储量为5500万吨。

（2）得分结果

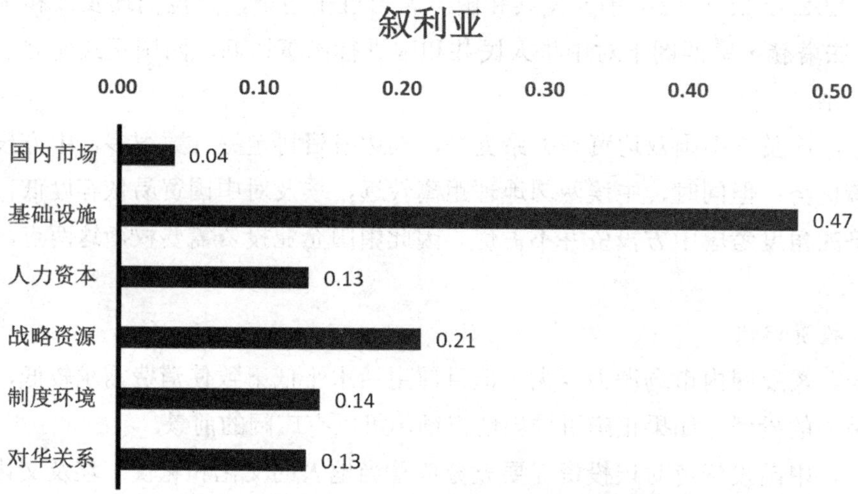

图5.23 叙利亚投资潜力各一级指标评分结果

（3）得分评析

从评分情况来看，叙利亚在各个指标方面的表现都处于中下水平，除了拥有储量尚可的油气资源外，没有其他特别突出的优势来吸引投资。另外鉴于叙利亚目前动荡复杂的局势，不建议企业前往投资。

叙利亚是一个农业大国，盛产各种粮食作物，但其工业基础非常薄弱，经济发展水平滞后，且高度依赖石油产业，产业结构单一。除了能源领域外，其他有投资吸引力的行业不多。

叙利亚独立后，一直面对复杂的国内局势，加之国际纷争的涉入，政变不断，战争频发。尤其是2011年，叙利亚政府和反对派之间的冲突不断升级，最终演变成了武装冲突，随后不满总统巴沙尔的原政府军官兵开始携带轻武器离队，成立“自由军”，调转枪口与政府军作战。随着冲突的愈演愈烈，大量逊尼派官兵选择叛变。极端武装势力“伊斯兰国”（ISIS）和基地组织随后介入，教派之间的冲突越发明朗。

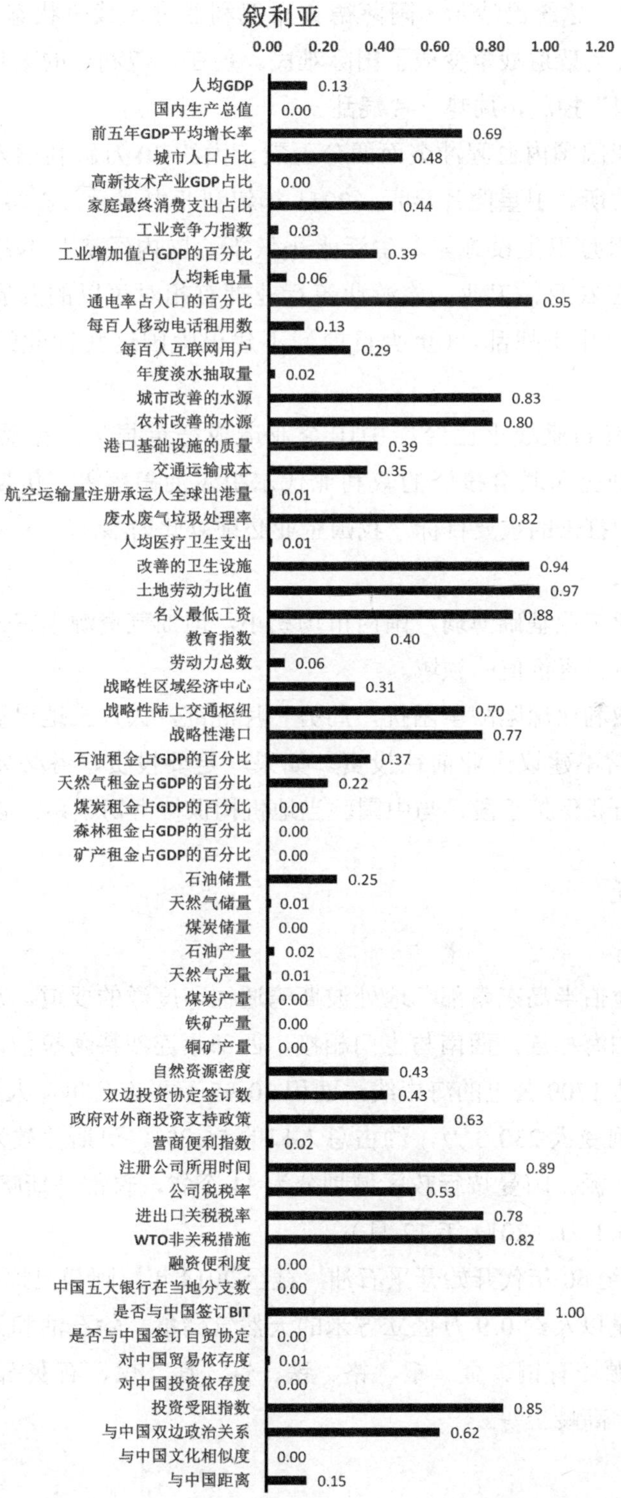

图 5. 24 叙利亚投资潜力各三级指标评分结果

2012年6月26日，总统巴沙尔·阿萨德宣布叙利亚进入战争状态。2012年9月起，大量的叙利亚人民为躲避战争变成了国际难民。现在，叙利亚的大片土地已被极端武装势力“伊斯兰国”控制，局势一片混乱。

目前的叙利亚因国内血腥冲突而四分五裂。大约20万叙利亚人死于内战，国内近一半平民流离失所。卫星照片显示，2011年叙利亚内战后，叙境内夜光减少83%。人民流离失所，医疗卫生设施差，生活水平低下，国内经济基本停滞，市场极为狭小。因此虽然其在农业、工业、旅游业等行业拥有相对可以的发展基础和潜力，并有支持政策，但是由于战乱，（至少目前）不建议中国这些行业的投资者对其进行投资。

不仅如此，叙利亚战火已经给中国企业造成严重损失。据悉，中石油与印度ONGC Videsh石油公司联合投资的叙利亚代尔祖尔油田落入“伊斯兰国”武装的手中，沦为盟国空中打击的重要目标。我国企业必须以此为鉴。

（4）投资建议

第一，叙利亚工业基础薄弱，国内市场狭小，但油气资源丰富，能源开采与加工是其为数不多的有投资价值的领域。

第二，目前叙利亚深陷战争困扰，局势一片混乱，大片土地已被极端武装势力伊斯兰国控制，非常不建议企业前往投资。如果一定要投资，务必要保证人员人身安全，掌握必要的自我保护手段，与中国驻当地机构保持密切联系，必要时寻求庇护。

5.2.3 阿曼

（1）基本国情

阿曼位于阿拉伯半岛东南部，地处波斯湾通往印度洋的要道，东北和东南部分别与阿曼湾和阿拉伯海相连，西南与也门相接，西部紧连沙特阿拉伯，西北部则是阿联酋。阿曼拥有长达1700公里的海岸线，面积30.95万平方公里。人口409.2万（2014年12月），其中阿曼人230.3万，约占总人口的56.3%。伊斯兰教为国教，90%本国穆斯林属伊巴德教派。阿曼按行政区域划分为11个省，首都马斯喀特面积约3900平方公里，人口125.1万（2014年12月）。

阿曼于20世纪60年代开始开采石油。截至2014年，阿曼已探明约7.4亿吨（55亿桶）的石油储量以及约0.9万亿立方米的天然气储量。除石油和天然气外，阿曼境内发现的矿产资源还有铜、金、银、铬、铁、锰、镁、煤、石灰石、大理石、石膏、磷酸盐、石英石、高岭土等。

（2）得分结果

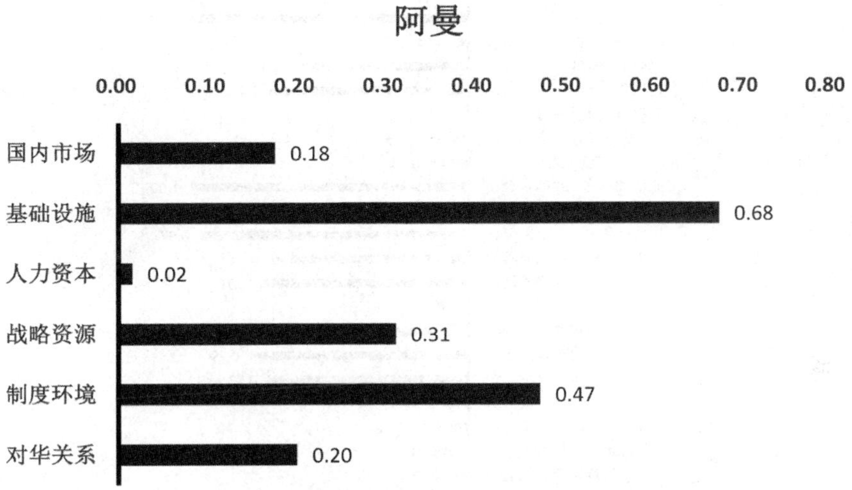

图 5. 25 阿曼投资潜力各一级指标评分结果

（3）得分评析

从评分结果来看，阿曼的投资环境较好，是一个比较适合投资的国家。下面对阿曼各指标的得分进行详细评析。

阿曼是典型的资源输出型国家，油气产业是国民经济的支柱。油气业产值占国内生产总值（GDP）的 41%，其收入占政府财政收入的 75%。近年来，阿曼为改变过度依赖油气产业的单一经济结构，全面推进经济多元化战略，大力招商引资，努力发展基建、制造、物流、旅游、渔业等非油气产业，鼓励和支持私营企业特别是中小企业在经济建设中发挥更大作用。这对中国企业来说是巨大投资机遇，相关企业可密切关注其中的投资机会。

阿曼的基础设施得分比较高，交通运输成本低，城市化程度高，互联网普及率高，非常利于投资活动。同时还是非常重要的战略性路上枢纽和战略性港口。拥有丰富的石油和天然气储量，以及尚待开采的矿产资源。这也是外资主要的投资方向，但是我国企业要想成功进入市场需面临欧美企业及海湾国家企业的竞争，竞争压力相对较大。

当前中阿贸易以石油及相关产品为主，阿曼超过一半的石油出口都是输往中国，阿曼也是中国在中东的第四大贸易伙伴。双方还签订了 BIT 协议，是关系友好的贸易伙伴。

但要注意以下几个问题。首先，虽然阿曼的交通设施比较完善，但是未能形成良好的水电网络，导致水电匮乏，国家经常面临缺水、缺电等问题。第二，阿曼

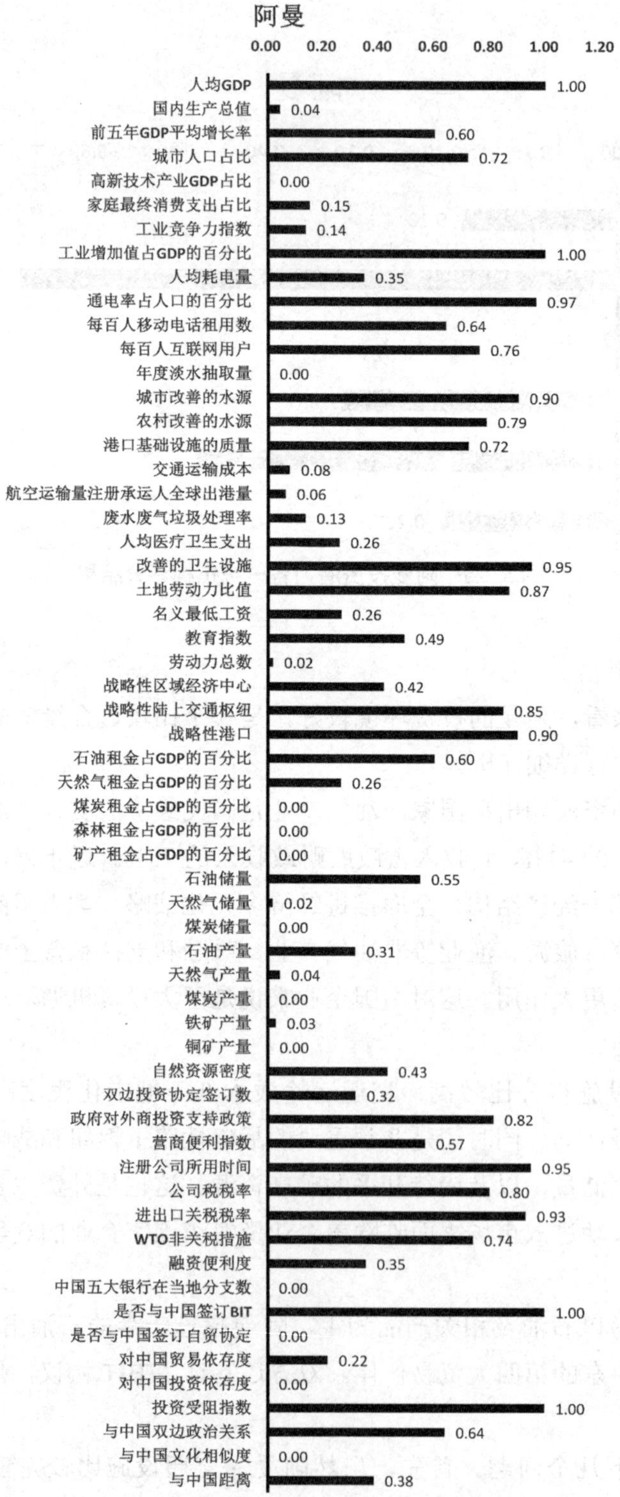

图5.26　阿曼投资潜力各三级指标评分结果

非常注意保护本国劳工权益。作为海湾国家，阿曼人一般不从事重体力劳动，而由于技术限制，也难以胜任管理职务。因此，投资者往往需要从本国或者其他国家招募相关工作人员。在进入阿曼前，阿曼劳工部一般会要求阿曼员工必须达到一定的比例，保护阿曼就业市场。因此对于初次投资阿曼的企业来说，这点需要注意。第三，阿曼制定了严苛的环保法，政府也特别重视环保问题和施工安全问题。中国企业在阿曼投资，尤其是在石油领域，要严格按照当地的环保标准和安全标准建设和运营。

（4）投资建议

第一，阿曼的投资环境在西亚诸国中排名靠前，整体上适合中国企业投资。但是也存在一些问题，例如法律不健全、政府工作效率低、国内市场小、缺乏熟练工人等，需要引起投资企业注意。

第二，对于传统的石油、天然气等行业，中国企业在投标时需要面对欧美国家及其他海湾国家的激烈竞争，企业在投资前应做好前期调研工作，全面把握阿曼的市场环境特点与行业规则。也可避开油气产业，寻求新兴发展产业。

第三，阿曼制定了严苛的环保法，政府特别重视环保问题和安全生产问题。同时，在阿曼投资，阿曼劳工部要求阿曼员工到达一定比例。这需要投资者注意。

第四，伊斯兰教是阿曼的国教，要尊重当地宗教信仰与风土人情，入乡随俗，避免引起不必要的争端与麻烦。

5.2.4 巴勒斯坦

（1）基本国情

巴勒斯坦由加沙和约旦河西岸两部分组成。巴勒斯坦位于亚洲西部，地处亚、非、欧三洲交通要冲，战略地位重要。约旦河西岸东邻约旦，面积5884平方公里。加沙地带西濒地中海，面积365平方公里。目前巴方控制着包括加沙和约旦河西岸的约2500平方公里的土地。巴勒斯坦总人口约1200万，其中加沙地带和约旦河西岸人口为481万（2016年3月），其余为在外的难民和侨民。通用阿拉伯语，主要信仰伊斯兰教。耶路撒冷为巴勒斯坦首都。目前巴勒斯坦总统府等政府主要部门均设在拉马拉。

巴勒斯坦矿藏储量丰富，其中天然气4920亿立方米、石油1.84亿桶、煤1850亿吨、铁4.3亿吨、铝土7400万吨，还有大量的铬矿、大理石和宝石。

（2）得分结果

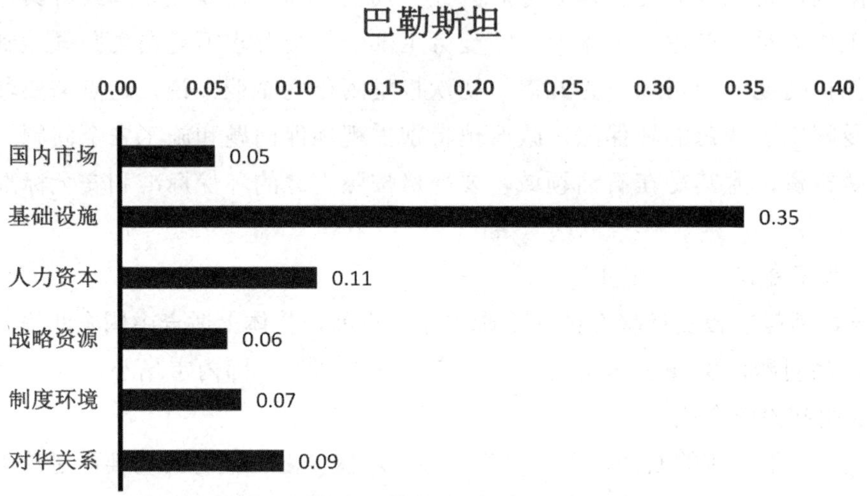

图 5.27　巴勒斯坦投资潜力各一级指标评分结果

（3）得分评析

从评分结果上看，巴勒斯坦的各项评分都比较低，但是巴勒斯坦矿产丰富，且尚未建立起完整的经济体系，国内市场尚未对外完全放开，现在正是我国企业在当地抢占市场的良好时机。目前中国在巴勒斯坦投资主要受不稳定的政治环境和安全局势所阻。中国企业对巴勒斯坦的投资可谓既有机遇，也有风险。下面是对巴勒斯坦各项指标得分的详细分析。

所有一级指标中，得分相对较高的是人力资本，查询原始数据后发现巴勒斯坦土地劳动力比值和最低工资评分较高，但是受巴以冲突影响，巴教育状况总体落后，巴目前文盲率为9.1%，加之巴勒斯坦科技水平不高，所以不推荐高新技术企业落地。

基础设施方面，除电力普及情况较好外，当地电信、水利、交通基础设施缺乏，交通运输成本高，卫生设施尚可。完善基础设施必是政府未来的工作重点，中国企业可积极争取这方面的招标项目。

巴勒斯坦是一个农业国，工业基础薄弱，尚未建成成熟的工业体系，但巴勒斯坦油气资源开发利用程度低，未来在能源领域进一步开发利用的空间较大。我国企业可关注其中的投资机会。

中国企业在投资过程中还要注意到巴勒斯坦有诸多不稳定因素存在。近两年以来因外部财政援助到位不及时，巴以持续冲突等原因的影响，巴勒斯坦财政出现严重困难。巴勒斯坦国内政局虽总体稳定，但巴以冲突时有发生，导致长期的政治风险，巴

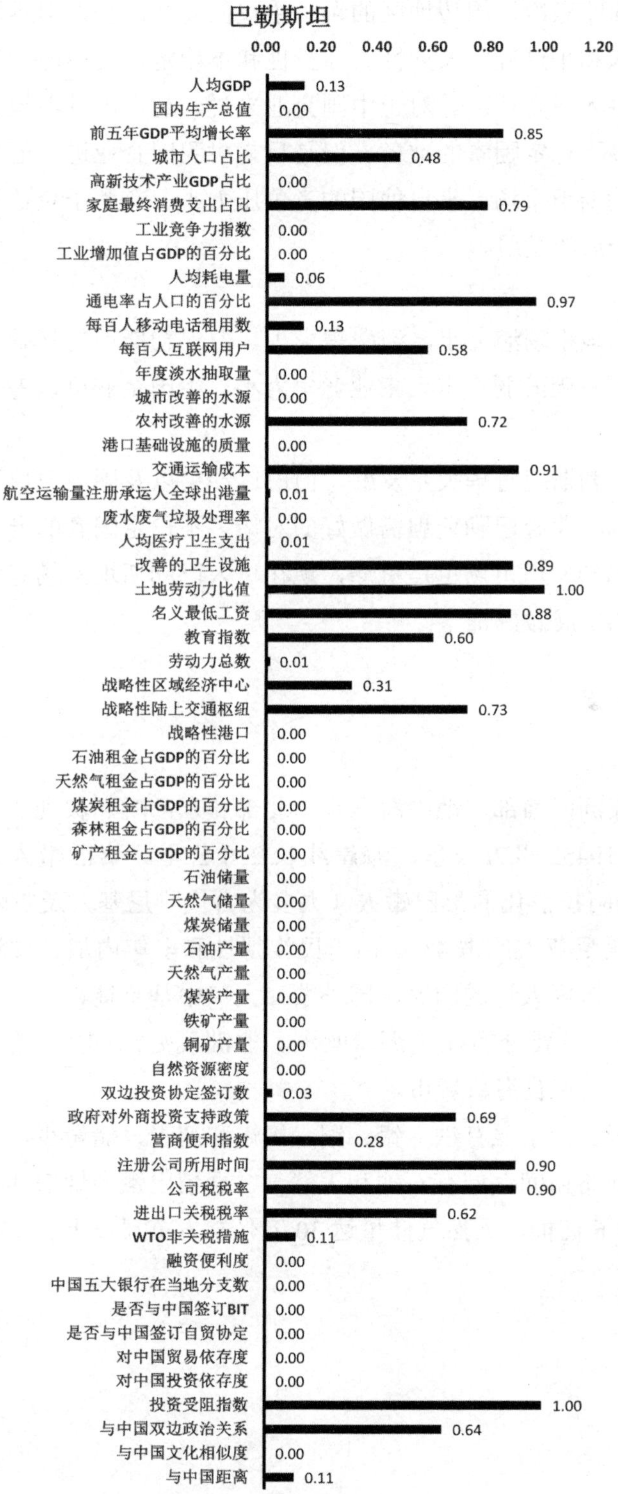

图 5. 28 巴勒斯坦投资潜力各三级指标评分结果

以冲突主要涉及耶路撒冷及周边地区的领土主权问题和巴勒斯坦难民问题。中东局势的复杂性以及中东和平进程的长期性、曲折性和不稳定性使得巴勒斯坦今后在很大程度上将长期难以融入中东社会。对于中国企业来说，想在巴勒斯坦投资并不容易，这要求做好面对诸多不稳定因素的准备。但是目前对我国企业进入巴勒斯坦市场也是机遇，现在进入巴勒斯坦市场，来自他国的竞争压力小，有利于企业抢占市场份额，一定程度上有益于今后的发展。

（4）投资建议

第一，巴勒斯坦市场潜力小，消费需求少，但巴勒斯坦的基础设施缺口较大，且巴勒斯坦工业水平基础薄弱，本土工业竞争力小，中国企业可以考虑引入技术，在当地投资建厂。

第二，虽然巴勒斯坦对华关系友好，但巴以冲突以及国内政局不稳定导致了投资风险的加大，中国企业赴巴勒斯坦需做好面对诸多不稳定因素的准备。但是目前对我国企业来说进入巴勒斯坦市场也是机遇，现在进入巴勒斯坦市场有利于抢占当地的市场份额，为今后的发展做好铺垫。

5.2.5 黎巴嫩

（1）基本国情

黎巴嫩位于亚洲西南部，地中海东岸，北部和东部毗邻叙利亚，南部与以色列接壤。国土面积为10452平方公里，海岸线长220公里。黎巴嫩人口约462万（2015年），主体民族为阿拉伯化的黎巴嫩人（大多为古代腓尼基人及古阿拉米人的后裔），占95%，另外亚美尼亚人约占4%。由于民族特性和多年内战，黎还是世界上鲜有的国外黎裔人口多于国内人口的国家，国外黎裔人口中基督徒占大多数，世界各地的黎裔人口约1500万，主要分布在美洲、欧洲、非洲及海湾国家。黎巴嫩首都贝鲁特，是地中海东岸最大的优良海口城市。

黎巴嫩矿产极少，主要有铁、铅、铜、褐煤和沥青，储量少，开采也不多。已经证明黎巴嫩与塞浦路斯间海域有石油和天然气，据黎巴嫩当地媒体报道，该海域石油储量约6.6亿—8.6亿桶，天然气储量达30万亿立方英尺以上。

（2）得分结果

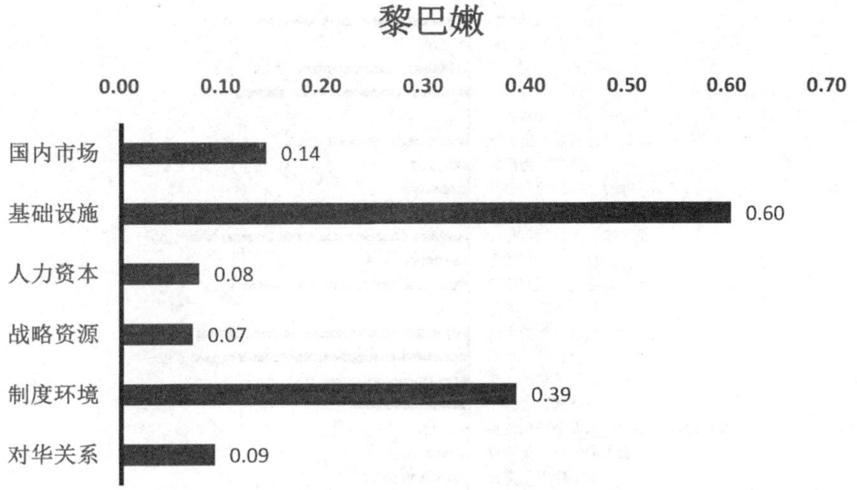

图 5. 29 黎巴嫩投资潜力各一级指标评分结果

（3）得分评析

从评价结果上看，黎巴嫩综合评分较低，投资吸引力不大。

1975 年内战爆发前的黎巴嫩曾被称为“中东小巴黎”，然而经过长达十五年的内战和以色列的入侵以及之后不断的局部冲突，国家经济受到了较为严重的破坏，也对外国投资产生了不利影响。

六项一级指标中，除了国内市场和基础设施的得分排名处于中等左右，人力资本、制度环境、战略资源和对华关系的得分排名都较为靠后。

黎巴嫩国家人口少，国内市场不大，经贸往来中，黎巴嫩商人对华订单中商品数量也比较少。目前中国对黎巴嫩投资的案例只有华为公司和中国港湾工程有限责任公司承建的的黎波里港集装箱码头项目。同时，外商进入黎巴嫩市场通常采用代理制度，即由黎巴嫩公司代理。在寻找代理的时候需要找寻信誉好、实力强的公司。

黎巴嫩的金融市场较为开放稳定，对资金、资本收益、汇款、股份分红的国内流动以及跨国流动没有任何限制，为外商投资营造了良好的金融环境。金融银行业是黎巴嫩的支柱型产业之一，但是外资进入银行业需要接受严格的审查，因此，外资一般难以投资黎巴嫩金融银行业。

旅游业也是黎巴嫩的支柱型产业之一，2014 年黎巴嫩入境游客达 130 万。黎巴嫩鼓励旅游业的投资，对进口本地不能生产的宾馆设备只收 6% 的关税，此外还有其他一系列针对旅游业投资的优惠政策。

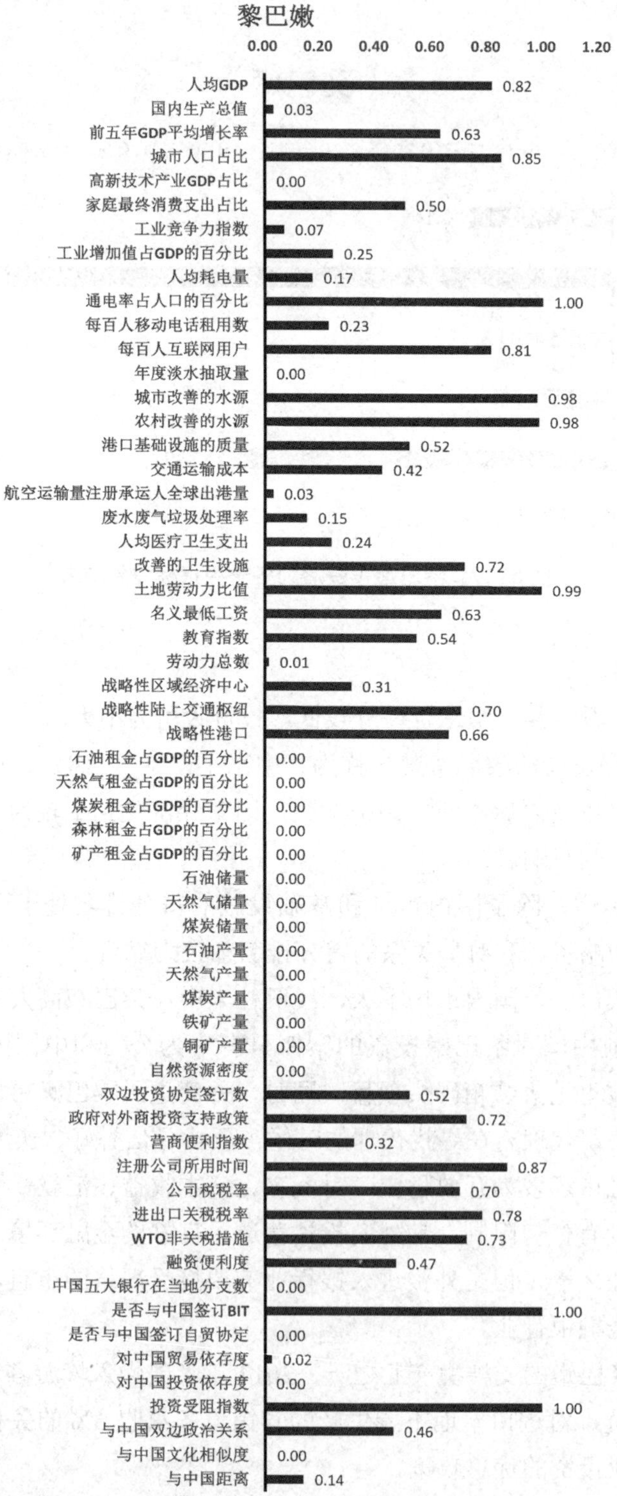

图 5. 30　黎巴嫩投资潜力各三级指标评分结果

常年战争和冲突对黎巴嫩的基础设施造成了严重的破坏，但同时也为中国对黎巴嫩投资提供了机遇。黎巴嫩对除了涉及国家安全的工程承包之外基本没有限制。基础设施领域是较为推荐的投资方向。可以特别关注的是电力供应方向，黎巴嫩电力短缺，2010 年曾发布电力改革说明书，近年进行多个电站的公开招标，中国企业可以关注这方面的机遇。

至于战略资源，在基本国情里也有所介绍，黎巴嫩是一个资源匮乏的国家，自然资源很少，大部分食物依赖进口，城市生活成本高。

黎巴嫩的人力资本优势不大。黎巴嫩的人口数量少，且政府规定的最低工资水平标准为每日 20 美元。但是黎巴嫩有大量低工资的叙利亚难民，因此并不排除考虑劳动密集型产业。然而，黎巴嫩政府有雇佣黎巴嫩本国员工数量的最低限制，这也是需要考虑的。此外，黎巴嫩本国人民一般受教育水平很高，大多从事较高层次职业，因此较高知识需求的岗位也可以雇佣黎巴嫩本国员工。

黎巴嫩的对华关系得分排名也相对靠后，但是黎巴嫩人民没有明显反华倾向，主要因为两国距离遥远且没有直达航班，两国对各自国家风俗民情也不甚了解。黎巴嫩是一个东西方交融很深的国家，风气较为开放，但是民族、宗教复杂，国内企业前往投资需要尊重相应习俗。目前中黎两国签订的协议主要有 1996 年的《两国政府经济、贸易和技术合作协定》和《两国政府鼓励和相互保护投资协定》。两国未签署避免双重征税的协定。

在黎巴嫩投资的制度成本较高。首先，黎巴嫩是唯一一个不以伊斯兰教为国教的阿拉伯国家，有着人数相当的基督教和伊斯兰教信徒，而其各自又有不同派系。宗教的复杂性也使黎巴嫩的政治变得复杂。在黎巴嫩投资需要注意不能表现出较强的政治倾向，也不要与宗教立场清晰的人员有太多密切交往。其次，外商在黎巴嫩申请投资需要办理许多繁杂的手续，这其中还存在职责不清的地方，因此，审批过程会比较漫长，同时需要付出一定的“申请成本”。外商在黎巴嫩投资最好要和相应的职位负责人搞好关系。此外，黎巴嫩的法律不清，本地法院判案随意性大，因此建议寻找国际法院裁决案件并且在整个商业活动中要坚持使用符合国际标准的合同等。总之，投资黎巴嫩需要做好付出一定制度成本的准备。

黎巴嫩政治环境复杂，局部冲突较为频繁，和一些周边国家关系紧张，因此有意投资于黎巴嫩的企业需要做好安全评估和防范。

（4）投资建议

第一，黎巴嫩的基础设施领域存在较大的投资空间，尤其黎巴嫩电力系统正在不断改革，2015 年以来，黎巴嫩就多个电站进行了公开招标，中国企业可以继续关注。同时，旅游业也是传统的较好的投资方向。

第二，黎巴嫩的投资申请手续较为复杂，制度成本较高，需要联系并熟悉政府相应负责人但是不要表现出宗教和政治倾向。

第三，黎巴嫩宗教问题复杂，局部冲突时有发生，对企业财产和施工进度构成潜在威胁，企业在投资前要做好评估和相应保险措施。

5. 2. 6 希腊

（1）基本国情

希腊地处欧洲东南角，位于巴尔干半岛的南端。希腊本土从西北至正北部分别邻阿尔巴尼亚、马其顿、保加利亚三国，东北与土耳其接壤。周围则自东而西分别濒临爱琴海、地中海本域与伊奥尼亚海。希腊的国土面积约为 13 万平方公里，其中，岛屿有 1500 多个，总面积约为 2.5 万平方公里。大陆部分三面临海，河流短急，海岸多曲折港湾。海岸线绵长，长约 15021 公里。希腊全国总人口为 1079 万，全国共分为 13 个大区，52 个州。其首都雅典面积约 412 平方公里，人口约 75 万人，是希腊最大城市，也是欧洲第八大城市。

希腊的自然资源并不丰富，主要矿产资源包括铝矾土（储藏量约 10 亿吨）、褐煤（储藏量 56 亿吨）、重晶石（硫酸钡）、镍、铬、镁、石棉、铜、铀、金、大理石等。全国森林覆盖率为 17%。

（2）得分结果

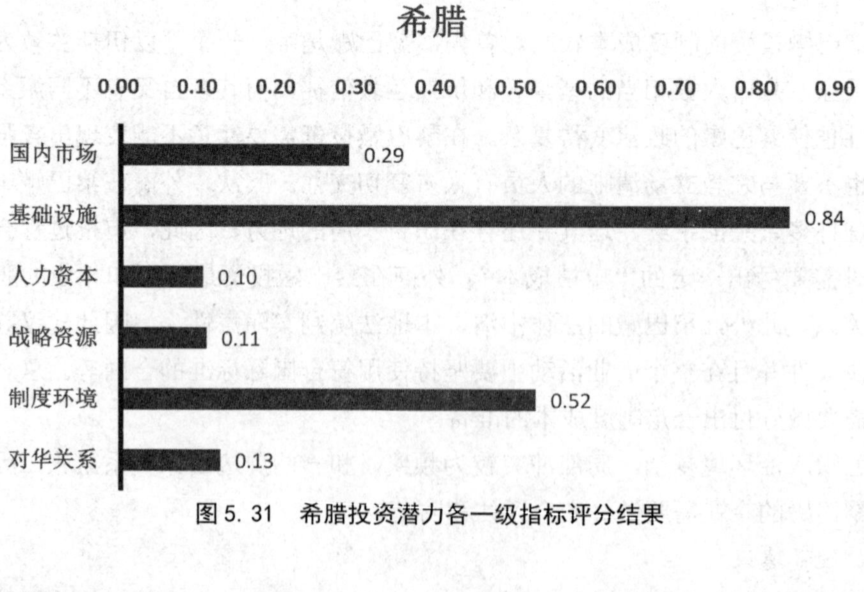

图 5. 31 希腊投资潜力各一级指标评分结果

（3）得分评析

从评分结果看，希腊的综合评分在 65 个国家中列第 37 位，处于中等位置，具有一定的投资潜力。

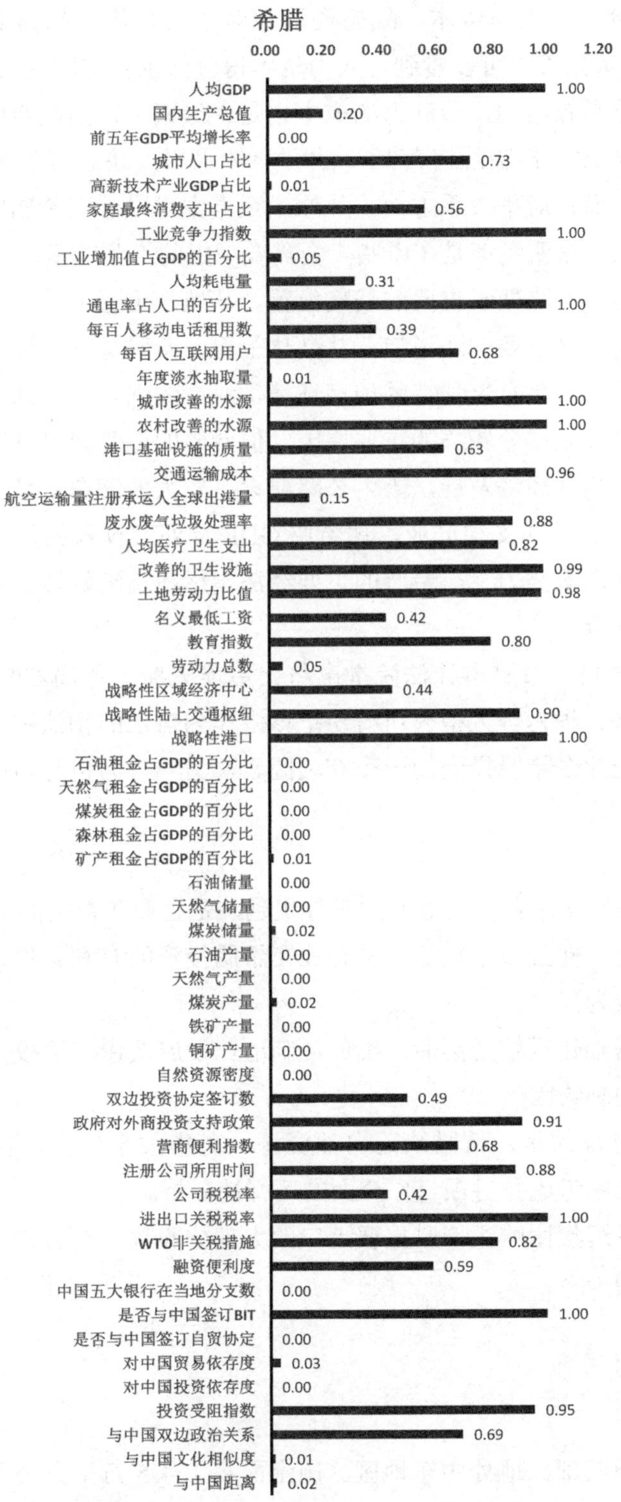

图 5. 32 希腊投资潜力各三级指标评分结果

希腊各项评分当中人力资本、战略资源和对华关系得分都偏低，标准化后只有0.1左右。从原始数据表中可以看到，人力资本得分低主要是因为希腊劳动力数量少，而其教育指数得分是较高的，劳动力的成本也是中等偏下，因此希腊可以提供种类丰富、成本较低的人才。希腊经济落后于欧洲整体水平，缺乏有价值的自然资源，工业、制造业落后。而在对华关系方面，从原始数据中可以看到希腊的对华贸易依存低且投资受阻指数高。这两者都是在希腊投资需要考虑的不利因素。

不能忽视的是，希腊处于重要的战略位置。从地理位置上看，希腊位于欧盟东南欧、中东和巴尔干地区主要的通道口，从文化上看，希腊与这些地区也有非常好的文化交际纽带。另外，希腊有着独特的地理环境，海岸线绵长，交通运输业发达，这也是其一级指标基础设施得分较高的重要原因。但希腊的道路建设基础较薄弱，高等级公路较少，直接影响其经济发展，国内公路建设有较大的潜在市场。另外，希腊的旅游资源丰富，旅游业是其支柱产业，占希腊GDP及外汇收入的很大部分。在欧盟的援助及希腊政府的政策努力下，希腊的主要经济指标在逐渐好转。希腊的旅游业和运输业是较好的投资点。

2016年3月8日，希腊审计法院批准将比雷埃夫斯港务局67%的股权出售给中国中远集团，中兴、华为等大型公司纷纷把该港作为自己的物流中心。这一私有化项目一方面是中国企业在希腊投资的一个有利因素，另一方面也是希腊向国际市场发出投资邀请的一个信号。

（4）投资建议

第一，希腊发展旅游业、交通业的条件优越，是企业在希腊的重要投资点。

第二，劳动力多样且成本较低，是企业在希腊投资的有利条件，但要注意在劳动力数量方面希腊较为欠缺。

第三，希腊基础建设较为落后，工业、制造业发展缓慢，给投资者提供潜在市场的同时也是投资的制约因素。

第四，不可忽视的是，希腊缺乏自然资源，对华关系欠佳，存在不少的投资障碍，在投资时须慎重考虑并对项目作全面的可行性分析。

第五，随着中远集团购买希腊重要港口的大部分股权，在希腊投资将为中国企业带来更多的潜在增长点。

5.2.7 伊朗

（1）基本国情

伊朗位于亚洲西部，地处中东地区。国土面积164.5万平方公里。伊朗中北部紧靠里海，南靠波斯湾和阿拉伯海。伊朗东邻巴基斯坦和阿富汗，东北部与土库曼斯坦接壤，西北与阿塞拜疆和亚美尼亚为邻，西接土耳其和伊拉克。伊朗总人口约 7847 万，行政区划上有 30 个省，主要大城市有德黑兰、伊斯法罕等。首都德黑兰，人口约 1100 万，是伊朗及西亚地区最大的城市。

伊朗有丰富的石油、天然气和煤炭资源。截至 2013 年底，已探明石油储量 1545.8 亿桶，天然气储量 33.69 亿立方米，分别占世界总储量的 11% 和 17%，石油和天然气生产量均列世界第四位。伊朗其他的矿产资源也很丰富，已探明矿山 3800 处，矿藏储量达 270 亿吨。其中，铁矿 47 亿吨；铜矿 30 亿吨，约占世界总储量的 5%，居世界第三；锌矿 2.3 亿吨，居世界第一；铬矿 2000 万吨；金矿 150 吨。此外，还有锰、锑、铅、硼、重晶石、大理石等矿产资源。

（2）得分结果

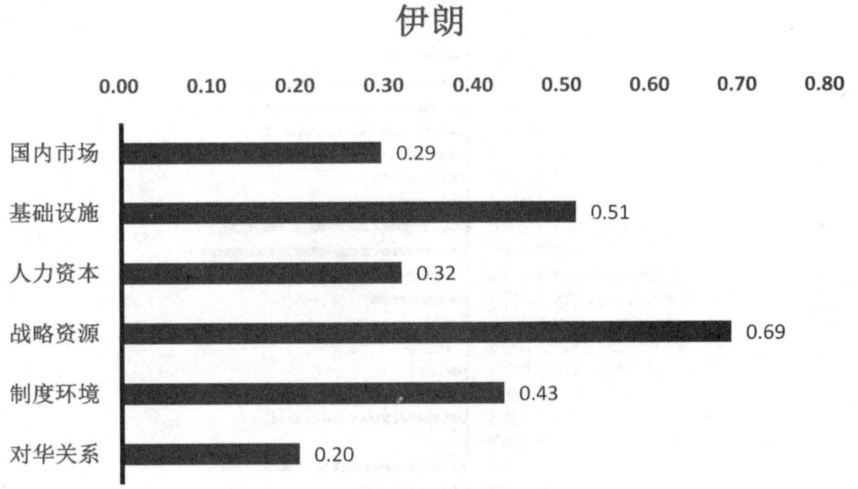

图 5. 33　伊朗投资潜力各一级指标评分结果

（3）得分评析

从评价结果上看，伊朗的综合评分较高，是中东地区最具投资吸引力的国家之一。

两伊战争以后，伊朗受到西方国家的制裁，西方国家企业在伊朗国内投资逐渐减少，伊朗本国政府及企业十分愿意与中国合作，积极吸引中国企业到伊朗投资。从数据中可以看到，伊朗的制度环境较好，其中政府对外商投资更是大力支持。

从一级指标数据结果中更可以看出，伊朗的投资亮点是其战略资源丰富。从数据结果可以看到，伊朗的石油、天然气储量与产量均位于世界前列，且自然资源密度也较高。石化工业成为伊朗政府近几年来重点发展的产业之一。伊朗第三个五年计划的提出，为该领域吸收外资和私人资本创造良好环境，有利于国家石化工业的深化发展

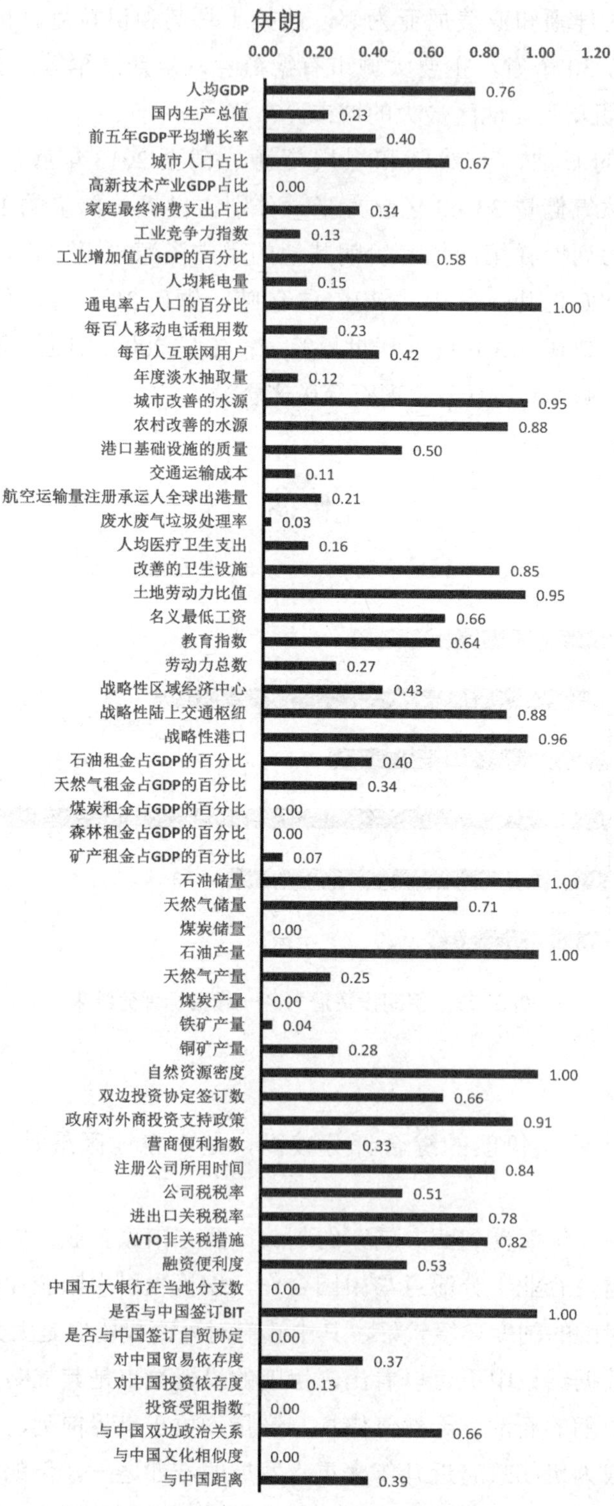

图 5. 34　伊朗投资潜力各三级指标评分结果

和国际合作。在最近的第五个五年计划中，石化产业仍然作为伊朗重点发展的支柱产业。伊朗在建的经济特区中，PETZONE（Petrochemical Special Economic Zone）和PARSEZ（Pars Special Economic/Energy Zone）均为石化工业特区，这两个特区内的外商投资石化企业可以享受包括税收、审批手续在内的各种优惠政策。

而在钢铁资源方面，伊朗钢铁厂的现有设备和技术已经落后和老化，急需更新和改造。伊朗政府准备提高钢铁行业的发展速度，增加钢铁产能，成为周边地区的钢铁供应中心。为此，伊朗政府拟加速老企业改造，给予资金扶持，鼓励外商投资并给予优惠政策，投资比例不设限，国家将减少钢铁厂的负担，提高钢铁企业的经济活力和市场竞争能力，建设以市场为主导的钢铁产业。

近年来伊朗大力推行“向东看”政策，重点是与中国关系的进一步发展。而随着国际社会对于伊朗核制裁的逐渐松绑，中国与伊朗也有更加广阔的合作前景，其中基础设施建设将是一个重要领域。数据显示，伊朗在基础设施方面得分不高，投资空间很大，中国在伊朗的基建行业有较好的口碑，伊朗境内的许多基础建设都有中国企业的参与，其中，首都德黑兰的地铁工程即是中国企业承接并完成建设的。

但不能忽视的是，在一级指标数据中，伊朗的对华关系得分较低，虽然伊朗政府支持外商投资，但其国内制度体系严格且未与国际接轨，为投资带来了阻力。国内保守派和改革派的冲突不断也加深了伊朗政局的不稳定性。较长期投资的前期准备时间和政府随时出台的各种税费，是项目承包商必须随时应对的风险。政府部门之间缺乏协调，办事不公，效率较低，腐败现象较严重。需要重视的是，伊朗国内绝大部分物资的价格都受政府管制，遭遇市场动荡时，企业须获得政府的批准才能够调整物价。

在伊朗的投资面对不小的资金风险。从国家到企业，伊朗的资金链都很脆弱，双方协议的资金保障不能被确保。2014 年 3 月，中方某企业与伊方 Pacific Blue Shore(PBS) Shipping CO., LTD 签订铁矿石统销合同，中方支付预付款后，伊方拒不向中方发货，并且不退还所收款项。中方企业到伊朗协商也无果，此案涉案值约 50 万美元。中国之前一些国家层面的投资都要求伊朗使用在中国银行的账户作为担保才实施投资计划，以保障合作项目的资金安全。

另一个是制裁方面的风险。随着伊朗核问题的不断恶化，为促使伊朗弃核，西方不断加码对伊朗的经济制裁。2012 年经济制裁效果开始显现。2012 年与 2013 年，伊朗的经济缩水了 8.6%，经济遭受重创。近年来随着国际油价下跌，让以石油出口作为财政支柱的伊朗经济状况雪上加霜，导致财政赤字和失业率居高不下。在制裁最严厉的时期，与伊朗特定行业进行贸易的企业不得以任何方式进入欧美市场。2012 年 7 月，美国总统奥巴马宣布，美国将对伊朗石油行业实施新一轮制裁，其中中国昆仑银行和伊拉克艾拉法穆斯林银行因与伊朗银行有业务往来而被列入制裁名单，新的制裁行动将切断昆仑银行和艾拉法穆斯林银行与美国金融系统的联系，并阻止它们涉足美国金融体系。此外，美国政府也要求任何持有这两家银行的账户的金融机构必须在10天之内关闭。获取一个伊朗市场面临着失去世界范围内大市场的风险，企业应做好风险收益的评估。

总体而言，伊朗的投资前景风险与收益并存，在中东地区，伊朗仍是政局相对稳定的国家，国际制裁的逐渐松绑以及政府的鼓励外资政策有利于国际投资，但在投资时不得不考虑伊朗特殊的政治环境和制度制约。

（4）投资建议

第一，伊朗是中东地区大型工程项目最多的发展中国家之一，油气、石化、交通、电力、通讯等项目对中国企业而言都有投资的空间。

第二，优越的地理位置和丰富的自然资源是伊朗吸引外资的重要因素，而且随着国际制裁的松绑，政府相关鼓励政策的出台，使伊朗成为较好的投资选择。

第三，伊朗法律法规未与国际接轨，政府部门协调差，效率低，执行的政府办事原则多倾向于本国，企业注册程序复杂、时间长，因此需要做好投资项目的可行性分析研究。

第四，伊朗国内资金链脆弱，在伊投资面临支付不到位的风险。且国际范围内对伊朗的制裁将很大程度上影响到企业在世界范围内大市场的发展，企业在投资以前应做好充分的风险收益评估。另外，伊朗国内保守派和改革派仍是冲突不断，企业投资也应当考虑当地的政治情况。

第五，企业应当对伊朗当地的风土人情有所了解，如伊朗人讲交情，合同意识不强，政府官员较懒散等等，在商业往来当中需要注意掌握主动权以防不必要的纠纷。

5.2.8 巴林

（1）基本国情

巴林位于波斯湾中部，是卡塔尔和沙特阿拉伯之间的岛国。巴林国土总面积767平方公里，由巴林岛等36个大小不等的岛屿组成，其中最大的是巴林岛。巴林人口约131.4万，外籍人口占总人口的51%，主要为印度、巴基斯坦、孟加拉、伊朗、菲律宾和阿曼人。巴林全国分为5个省，分别是首都省、穆哈拉克省、北方省、中部省和南方省，其首都麦纳麦市面积达30平方公里，是巴林的第一大城市。

巴林拥有十分丰富的矿产资源，包括金、银、铅、锌、铜、锡等金属资源和珍珠岩、花岗岩等非金属资源在内的30余种矿种。同时，巴林最为重要的自然资源是石油和天然气，至今已探明2055万吨的石油储量和1182万亿立方米的天然气储量。

（2）得分结果

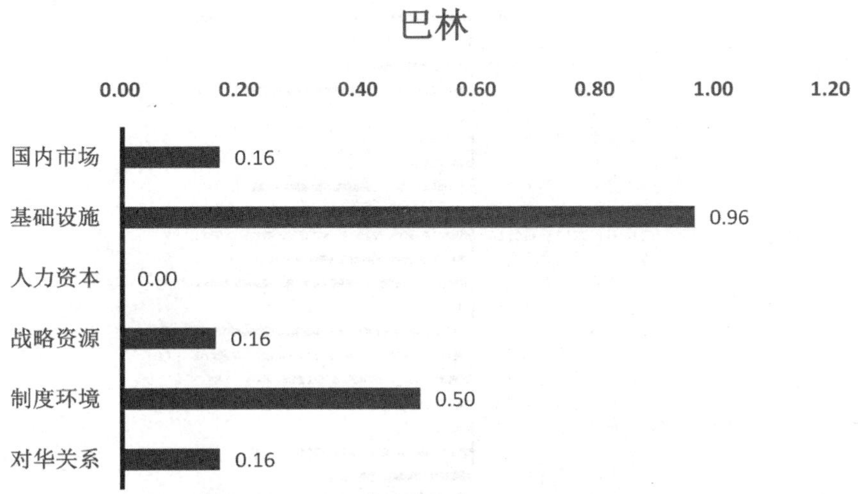

图 5. 35 巴林投资潜力各一级指标评分结果

（3）得分评析

从评价结果上看，巴林的综合评分在西亚地区处于中等位置，投资吸引力一般。

巴林王国曾经为英国的保护国，英语普及水平和开放程度在西亚都属于较高水平。在巴林王国的评分中，人力资本评分较低，在 65 国中处于倒数。然而巴林实行免费教育，普及九年制中等教育制度，文盲率仅为 4.9%，15 岁至 25 岁青少年受教育率达 99%，是中东海湾地区受教育程度最高的国家，并且为了提高巴林本国人的职业素养，巴林政府还对本国人实施免费的职业培养。巴林的人力资本劣势主要在于较为稀少的人口和较高的工资水平，因此不建议在巴林投资劳动密集型产业。

同时由于较少的人口，巴林的国内市场并不大，但是巴林作为海湾地区主要的银行和金融中心，可以辐射到周边国家，且巴林的金融市场开放程度较高，秩序规范，经营成本较低，金融领域是巴林一个比较有吸引力的投资领域。

巴林王国的基础设施得分在“一带一路”65 个国家排名第二，有完善的基础设施和配套设施，便利的公路、海运和航空系统。为投资提供了方便的环境。此外，巴林有深化基础设施建设的计划，因此，基础设施投资仍是一个较好的投资方向。

巴林是一个资源较为匮乏的国家，石油产业是它的支柱型产业，由于今年油价较低并且巴林政府对油气产业管理较为严格，并不建议投资石油产业。但是由于巴林本国天然气供不应求，需要从俄罗斯进口，因此相关管道建设也给投资带来了机会。

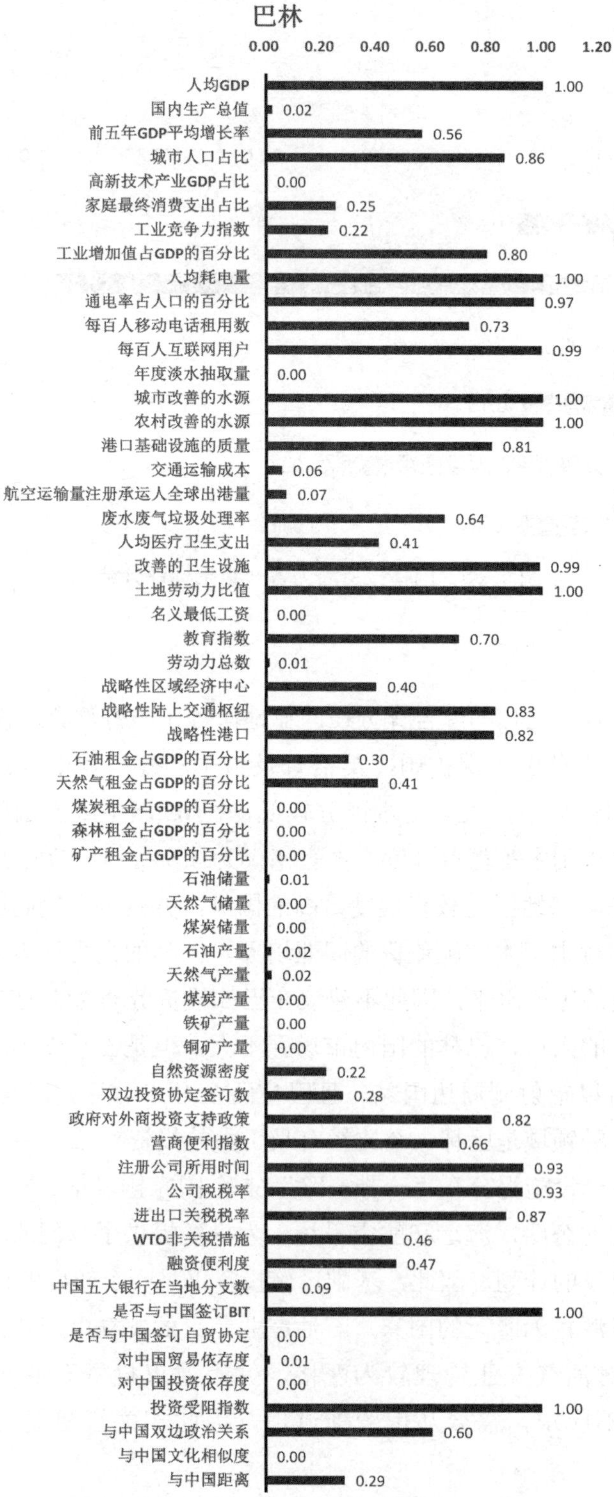

图 5. 36 巴林投资潜力各三级指标评分结果

巴林的制度环境综合得分总体排名中等，主要是三级指标中双边投资协定签订数得分较低。双方签订的投资协定有1999年的《鼓励和互相保护投资协定》和2002年的《关于对所得避免双重征税和防止偷漏税的协定》。巴林政府是非常希望和中国加强经贸联系的。此外，巴林也是一个注重法制且法规健全的国家，因此，中国在巴林投资并不需要太多担忧。需要注意的是，巴林很重视环保，因此中国企业在对巴林进行投资前要做好评估。税务方面，巴林没有所得税和增值税，商务成本低。

巴林的对华关系总体得分排名一般，主要是两国交流较小、贸易依存度低。但是实际上巴林民间对华友好，政府也与中国关系良好。中国华为公司在巴林优秀的投资先例也使中国给巴林人民留下了良好的形象。巴林人民热情健谈，尽管处于伊斯兰文化中，社会氛围仍然较为宽松，官方场合对服装也没有特殊要求。同时巴林商人信誉良好，信守承诺，小额交易有提前付款的习惯，中国企业也要维持好自己的信誉。

巴林社会治安良好，刑事犯罪案件较少。但是2011年2月，受西亚北非地区部分国家政局突变影响，巴林爆发大规模反政府抗议活动，要求国王解散政府、改善民生、促进民主。应巴林政府要求，海合会军队进驻巴林协助维持秩序。2012年以来，巴林国内局势逐步恢复稳定，但小规模示威游行仍有发生，投资企业需要注意到一定的风险。

（4）投资建议

第一，巴林基础设施完善，法规健全，没有所得税和增值税，开放度也较高，投资环境良好。

第二，巴林人口少且工资较高，不建议投资于劳动密集型产业，作为海湾地区的金融银行业中心，金融市场开放、规范，巴林的金融产业投资潜力较大。此外，由于政府要进一步完善基础设施建设，基础设施领域仍存在投资空间。

第三，巴林社会风气宽松，对华友好，但仍需要尊重当地风俗，注重信用和礼仪。由于严格的环保规范，国内企业在进行投资前需要做好评估。

第四，2011年的动乱给在巴林的外国投资者蒙上了阴影，但是目前巴林政局较为稳定，企业可以较为放心地进行投资，但仍需注意反对派针对巴林王室的示威活动。

5.2.9 科威特

（1）基本国情

科威特位于亚洲西部，阿拉伯半岛东北部，波斯湾西北岸，西、北与伊拉克为邻，南部与沙特阿拉伯交界，东濒波斯湾，同伊朗隔海相望。科威特全国面积17818

平方公里（包括阿拉伯半岛的东北角及其附近的布比延、费莱凯等岛屿），人口约396.5万。科威特共分六个省，其首都是科威特城，位于科威特湾南岸，是科威特的政治、经济中心，同时是阿拉伯半岛东岸最重要的深水港。

科威特石油和天然气储量丰富，2013年已探明的石油储量为140亿吨，占世界储量的10.8%，居世界第四位。南部的布尔干油田为世界最大油田之一。除开采石油外，现正开采丰富的海底气田。天然气储量为1.78万亿立方米，占世界储量的1.1%。

（2）得分结果

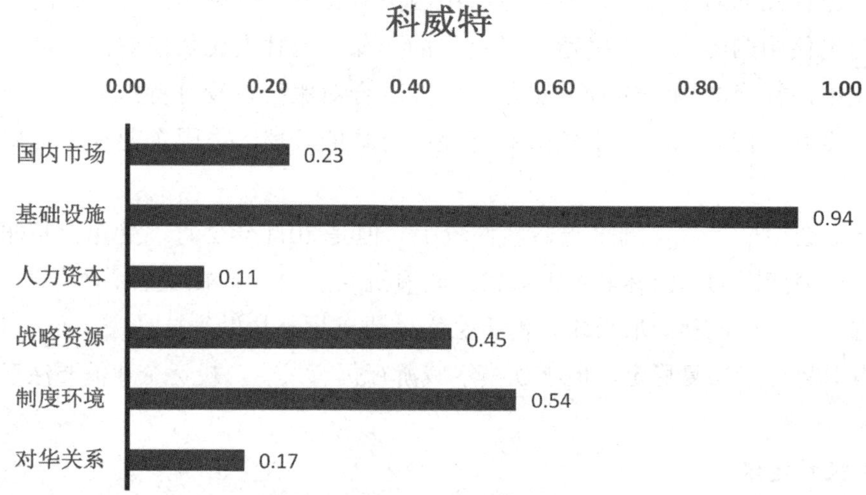

图5.37 科威特投资潜力各一级指标评分结果

（3）得分评析

科威特的各项指标总得分排在65个国家中的第17位，是中东地区的国家中投资吸引力较高的一个国家。

科威特基础设施指标的评分达0.94分，在所有国家居于最前列。科威特目前电力、电信、水利等基础设施都已经相对完备，交通运输十分发达，全国公路总长4万公里，现代化的多通道高速公路通往全国各地，有交通便利的国际机场，有通往中东、欧洲和亚洲的定期航班，可供世界上最大的飞机起降，另外还拥有两个现代化港口。在硬件方面，这为企业在当地的投资给予了足够的信心。

科威特的战略资源指标的得分也较为不错，这主要得益于当地丰富的石油和天然气资源，科威特现已探明的石油储量为140亿吨，居世界第6位；天然气储量为1.78万亿立方米，居世界第18位。石油、天然气工业一直以来都是科威特国民经济的支柱。近期，科威特政府在未来发展规划中提出要通过与外商的合作进一步发展完善本国的石油工业，国内相关企业可持续关注科威特在石化领域的投资机会。在继续大力

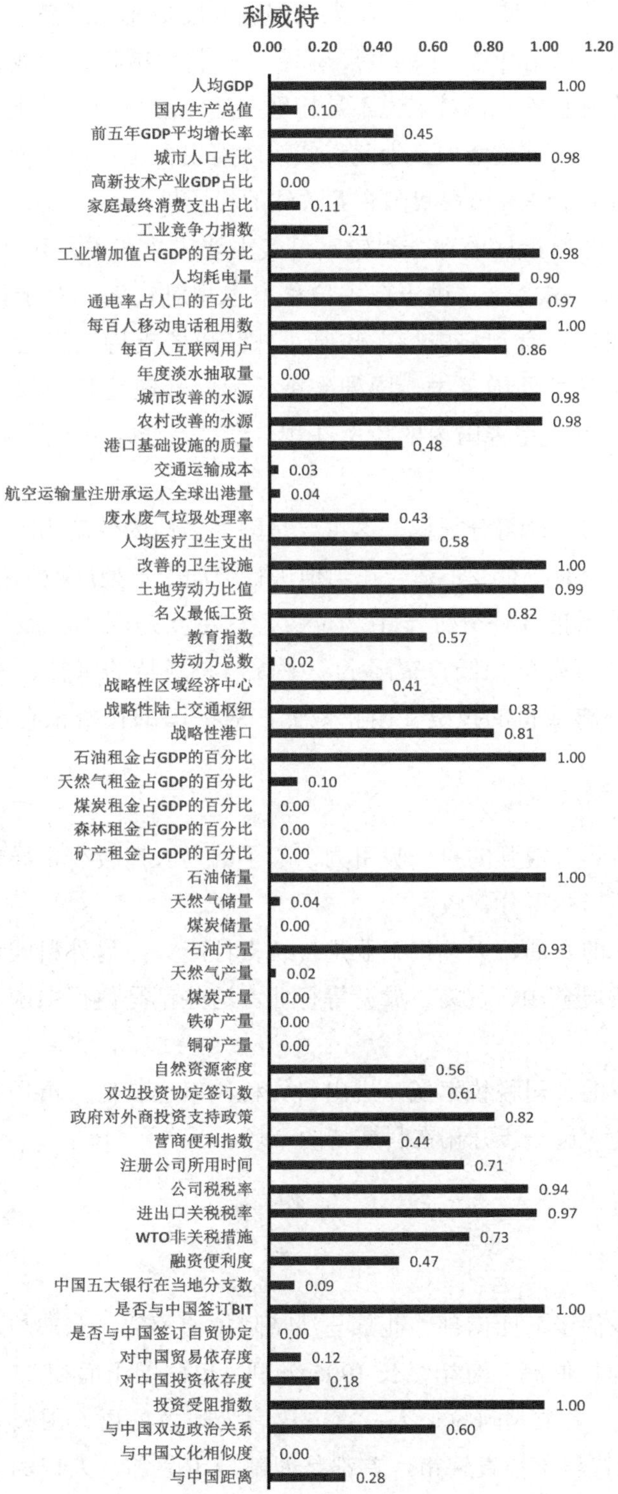

图 5. 38 科威特投资潜力各三级指标评分结果

发展石油产业的同时，科威特政府近年来也强调发展多元化经济，着力发展金融、贸易、旅游等行业，并提出2035年的发展愿景——将科威特建设成为地区商业和金融中心。目前科威特的服务业相对来说不是特别发达，但是当地居民在医疗、通信、网络、保健等方面的需求日益增加，为此科威特政府出台了一系列相关政策推动本国服务业的发展，也催生了许多值得我国企业关注的投资机会。

科威特的制度环境指标的评分也较高，其主要优势在于，科威特是65个国家中公司税税率最低的国家之一，进出口关税税率也相对较低，对于投资者具有较强的吸引力。另外，我们也看到科威特在政府对外商投资支持政策这一指标上的得分较高，事实上，为了鼓励外国资本、国外先进技术、管理经验和国际市场营销技能的进入，科威特政府不断完善国内的投资法规，给予了外商税收、行政审批等多方面的便利。

科威特人力资本指标得分很低，这主要是因为当地的劳动力数量不是很充足，且科威特的工资水平较高。企业不适合在当地进行劳动密集型产业的投资。

科威特对华关系指标评分处于中等位置，这主要是因为科威特与中国距离和双边政治关系两项指标得分稍低。实际上，中国与科威特的来往在不断深化，双边关系较为稳定。此外科威特的投资受阻指数低，对中国的投资依存度相对于其他中东国家较高。

（4）投资建议

第一，科威特具有很强的投资吸引力，除了因为人口较少，导致人力资本指标表现平平，其他各项指标得分都较高。

第二，科威特的石油、天然气工业是传统支柱产业，另外科威特政府强调发展多元化经济，着力发展金融、贸易、旅游等行业，这些都是值得中国企业重点关注的投资机会。

第三，科威特的公司税税率低，进出口关税税率也较低，市场竞争较为激烈，中国企业应抓住机会，进一步开拓在科威特的市场。

5.2.10 也门

（1）基本国情

也门位于阿拉伯半岛西南部，北部与沙特阿拉伯相邻，东部与阿曼接壤，同时濒红海、亚丁湾和阿拉伯海，海岸线长1906公里。也门国土面积55.5万平方公里，人口约2360万，绝大多数是阿拉伯人，官方语言为阿拉伯语，国教为伊斯兰教。也门行政上分为20个省与1个直辖市，首都是西部城市萨那，人口约200万，是也门政治、经济、文化中心。

也门是一个典型的资源型国家，石油和天然气是其重要的自然资源，目前已探明的石油可采储量约40亿桶，已探明天然气储量约5200万立方米。也门的非石油资源也非常丰富，主要包括铜、铁、铝、铬、镍、钴、金、银、煤、盐、大理石、硫黄、天然气、石膏等。

（2）得分结果

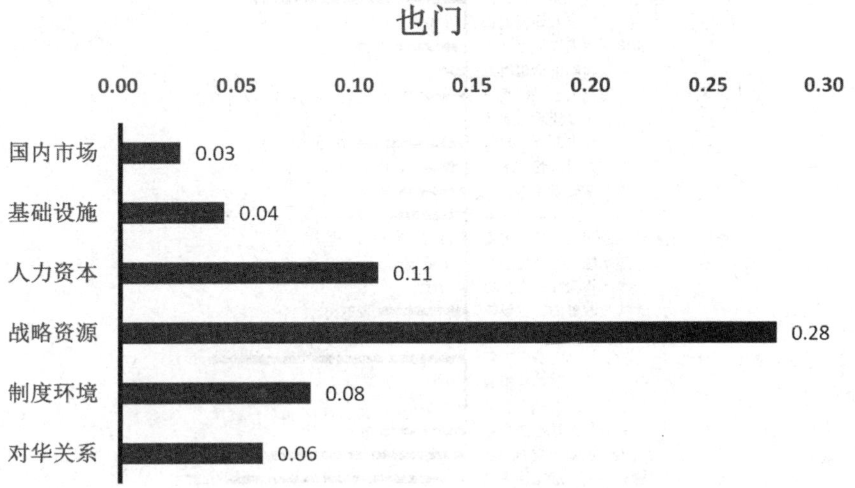

图5.39 也门投资潜力各一级指标评分结果

（3）得分评析

从评价结果上看，也门的总得分在65个国家中排名第56位，各项指标得分都比较靠后，投资吸引力相对较弱。

基础设施建设是也门最为薄弱的环节，电力、电信、水利、卫生等各项指标均显示出很大的提升空间。另外也门全国没有铁路，航运承载量也比较有限。

从人力资本领域看，也门最大的限制就是劳动力数量少。虽然有着非常低的最低工资标准，劳动力成本优势突出，但也不适合进行劳动密集型产业的投资。

也门的国内市场评分也不高，工业基础较为薄弱，市场规模以及发展潜力均无突出表现。也门的经济发展主要依赖石油出口收入。2010年后受国际金融危机、油价下跌的影响，也门的石油出口收益也大幅减少，失业率上升，经济增速放缓。2011年国内政局动荡后，也门经济困难进一步加剧。但也门也有其独特的优势，因其未参加任何石油组织，不受国际石油组织配额限制，在生产上自主性较强。

我国企业在也门投资时还要注意，在也门注册公司所用时间相对较长，公司税税率也比较高，在制度环境上并无明显优势。而从对华关系这一指标来看，也门没有与我国签订自贸协定，与中国的距离很远，文化差异也较大，共同导致了这一指标得分

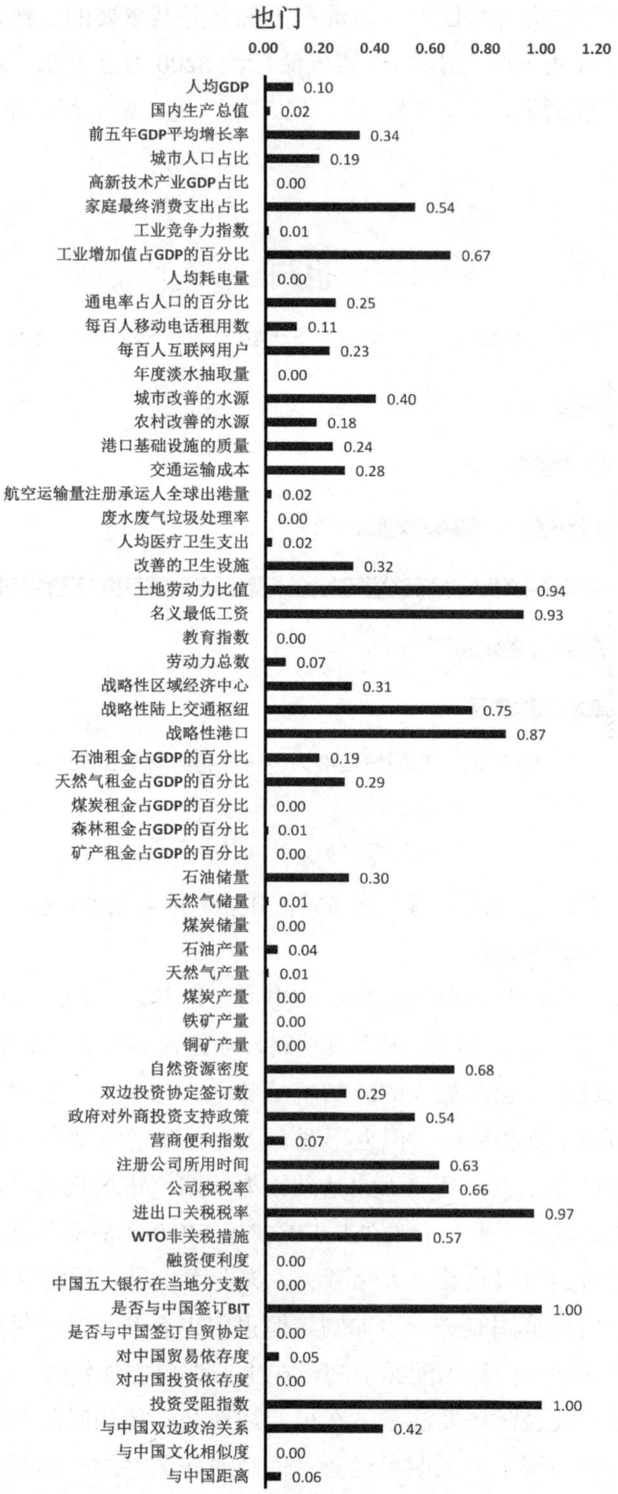

图 5. 40　也门投资潜力各三级指标评分结果

较低。

投资者也要考虑到也门政局的不稳定性。自 2011 年，受突尼斯、埃及政局剧变的影响，也门发生了反政府示威。2014 年也门总理辞职。2015 年，胡塞组织武装攻占总统府、总统、总理官邸等地，总统哈迪和总理巴哈赫双双辞职。同时，也门国内长期活跃着“基地组织半岛分支”，在国际上策划了一系列的恐怖袭击事件，影响也门的安全形式和外国投资者的信心。

另外，也门国内仍然盛行部落政治和部落文化，部落作为一个相对封闭的体系，以伊斯兰教规和部落惯例作为行为准则，与现代法治社会有着很大区别。因此在经济和投资领域，外国的投资者不仅需要同也门中央政府和有关部门进行疏通，而且还需要同地方政府与部落力量进行协调。

（4）投资建议

第一，也门在中东地区国家中经济发展相对比较落后，国内基础设施建设也并不完善，但是也门具有非常丰富的石油和天然气资源，由于也门未参加任何形式石油组织，石油生产的自主性很高。因而在石油天然气领域具有较高的投资吸引力。

第二，中方企业要特别注意也门政局的不稳定性。近年来也门反政府组织多次行动，也门总统、总理双双辞职，恐怖组织在也门也有一定的势力，政局不稳定将为投资带来较大风险。

第三，企业要注意到国内仍然盛行部落政治和部落文化，以伊斯兰教规和部落惯例作为行为准则，与现代法治社会有着很大区别。

5.2.11 约旦

（1）基本国情

约旦地处亚洲西部，位于阿拉伯半岛西北部，国土面积达 8.9 万平方公里。约旦以西邻近以色列和巴勒斯坦，北方连接叙利亚，东北与伊拉克接壤，东南及南部与沙特阿拉伯相接，西南部临红海亚喀巴湾，而且该湾为约旦唯一出水口。约旦人口约为 950 万，全国共划分为 12 个省，主要大城市有安曼、亚喀巴等。其首都安曼人口约 253 万，是约旦最大的城市。

自然资源上，约旦的石油、天然气储量很少，但其他资源性材料储量丰富，其中磷矿的产量居世界第六位，铀矿探明储存量达 14 万吨，此外，约旦的钾盐、油页岩、硅砂等资源也较为丰富。

（2）得分结果

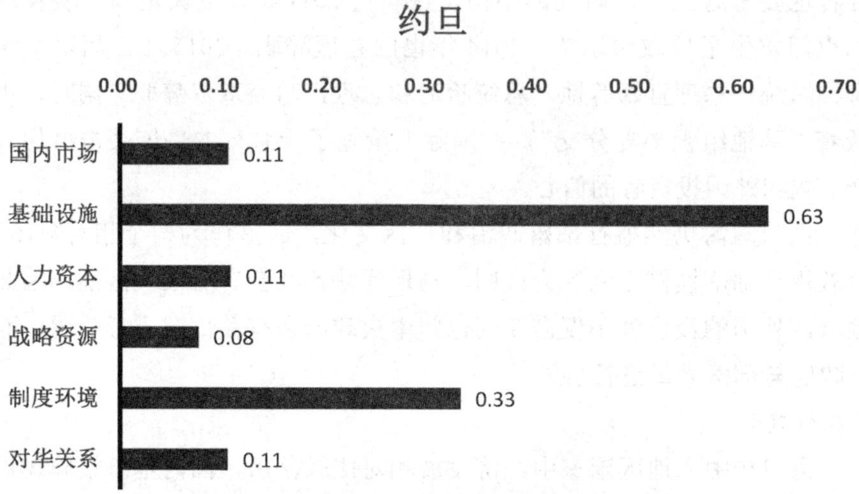

图 5. 41　约旦投资潜力各一级指标评分结果

（3）得分评析

从整体评分上看，约旦得分一般，相比起西亚地区多个大型国家有着较大落差。约旦在基础设施上处于中上水平，从全国网络（公路）延伸至周边国家（铁路），以及与世界接轨（水、空运）。良好的信息和通信技术，配合国家的中长期规划中对基础设施的完善政策，这对于中国企业在约旦的投资有着直接的帮助。由于基础设施等领域上有国策支持，完善更新势在必行，而中国无论在技术到生产链都有完整配套，中国企业可大力加强在基础设施中对约旦的双方合作，建立贸易合作伙伴关系，借助约旦的地理优势和与邻近以及世界多国签订自由贸易协议的便利，为日后与中东国家进一步合作打下基础。

在国内市场方面，约旦评分较低，当地经济主要为旅游、侨汇和海外资助。由资料上虽得知约旦 GDP 增长率近 5 年来都介于 2.5%—3.1% 并且逐年上升，但当地的经济基础落后，自身经济能力有限，生活必需品要依赖进口，对外国依赖性大令贸易逆差巨大，同时当地政府债务问题日益严重，加上现今战乱问题令难民大量涌现，令通胀增加，亦加重约旦经济负担，而当地主要生产业工矿业中多间本地经营生产商拥有长期开发以及独家开采权，外界新型企业进入工矿业难度大，故建议中国企业应谨慎选择投资，避免有关对约旦民生、工矿业的投资项目出现亏损。

在吸引外商投资政策上，约旦态度积极，自 1999 年加入世界贸易组织（WTO）以来，积极进行对外贸易往来，又与世界多国签署了自由贸易协议，与此同时，约旦订立《投资促进法》，所有非约旦投资者可享有固定资产免税 3 年，又免缴进口

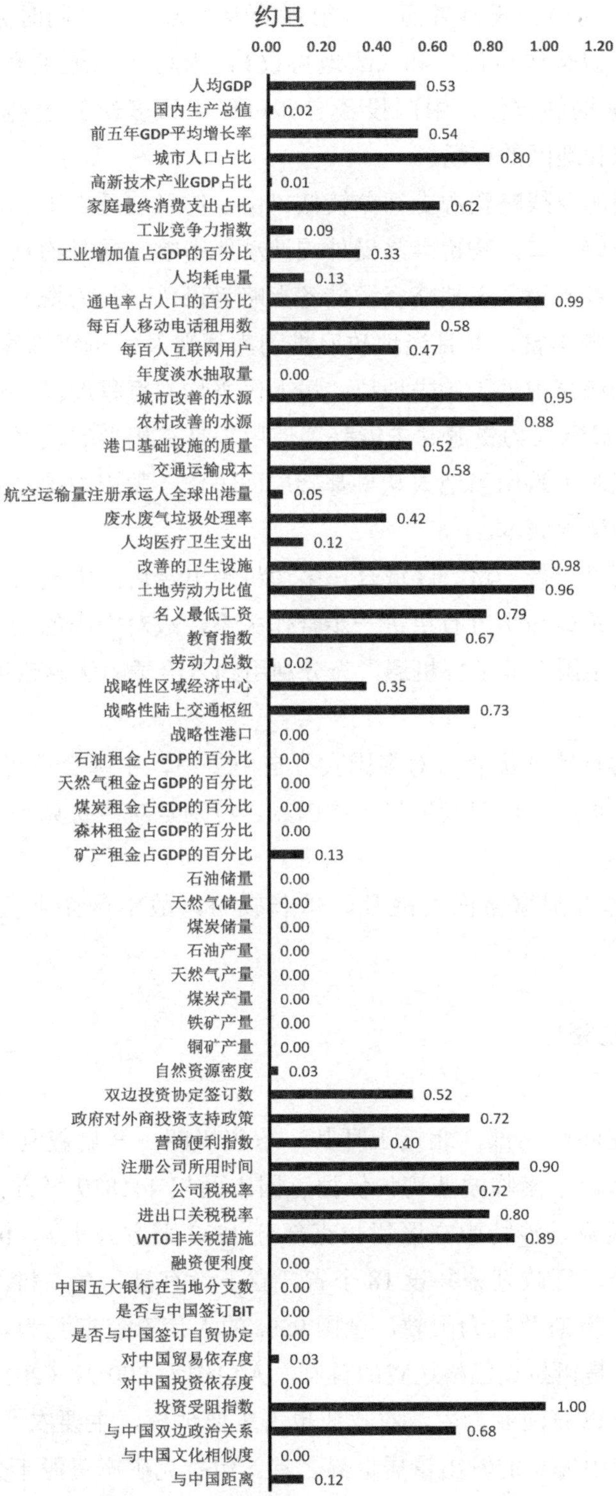

图 5. 42 约旦投资潜力各三级指标评分结果

原料关税的优惠，对中国投资者而言有很强的吸引力。约旦同时亦签订合格工业区（QIZ）、《约旦-欧盟合作协议》和《欧地协议》，为将在当地生产的产品送入欧洲、美国、阿拉伯国家提供方便，中国投资者亦可借由该多次协议透过约旦开发在欧、美、阿拉伯等国家和地区的市场。

约旦在人力资源及战略资源上评分较低。由于约旦缺乏农田、水资源，大部分生活必需品都需要依赖进口，物价容易受外国波动所影响，同时约旦大部分出口为资源性材料，如磷矿、铀矿等，在战略资源储备上略为逊色。人力资源上，当地为多民族国家，本土人力资源丰富，并且当地政府推动教育普及，每年国家GDP比例中教育支出部分在阿拉伯国家中处于领先地位，虽人民平均教育程度高，但失业率在近年达到10%—11.9%，显示人力资源并未能妥善使用，具有相当的发展空间，鼓励中国企业在当地投资发展时可聘用当地人从事基础层面工作，聘用中国同胞从事管理层面工作，有效降低人力资源成本。

自从近年中国“一带一路”区域合作多边机制出台后，中国与约旦的经济贸易关系更趋良好，约旦希望与中方有更进一步合作关系，故对中国的企业将提供更便利和优惠的政策，建议中国企业把握机遇，充分利用约方给予的优惠政策。

（4）投资建议

第一，由于约旦地理优势及对多国实行自由贸易，中国企业可把约旦视为跳板，借由向约旦投资，把产品出口到世界不同国家，特别是对伊拉克等因战乱需要大力发展经济的国家。

第二，约旦邻近国家常面对战乱、恐袭威胁，故中国企业需关注人身及财产安全。

5.2.12 伊拉克

（1）基本国情

伊拉克位于亚洲西南部，北接土耳其，东邻伊朗，西毗叙利亚、约旦，南连沙特阿拉伯、科威特，东南临波斯湾。伊拉克国土面积441839平方公里（包括924平方公里水域和伊拉克、沙特中立区伊拉克部分3522平方公里）。伊拉克全国人口约3600万（2015年），行政划分共设18个省，省下设有县、乡、村。此外，伊拉克是一个伊斯兰国家，伊斯兰教为国教，全国95%的人信奉伊斯兰教。巴格达是伊拉克的首都，同时它也是伊拉克巴格达省的首府，人口约为800万（2015年）。

伊拉克的经济以石油业为主，农牧业也占重要地位，主要农产品有小麦、黑米、大麦、椰枣等，其中椰枣的输出量居世界之首。伊拉克矿产资源十分丰富，尤其是石油和天然气。伊拉克的原油储量仅次于沙特阿拉伯和伊朗，位居世界第三，占世界储量额的 9.6%。天然气已探明可采储量为 3.2 万亿立方米，占全球总储量的 2.4%。除了石油和天然气，其他主要矿产资源还包括硫黄、磷、铁、铜等。

（2）得分结果

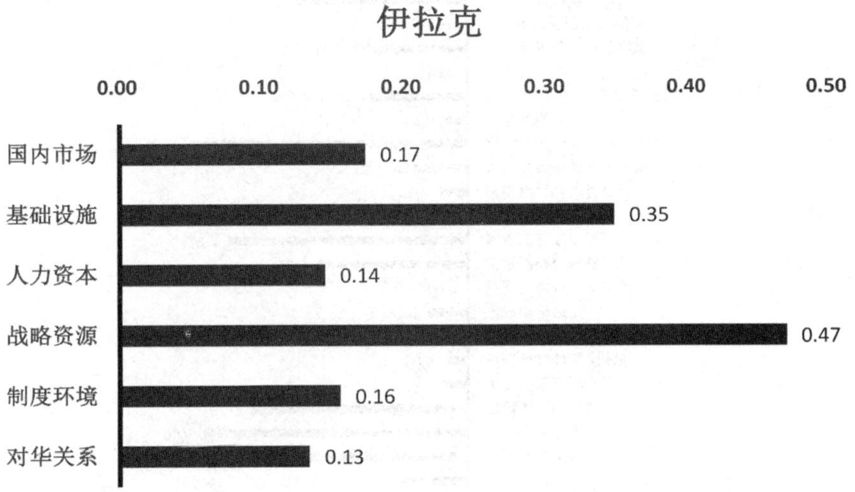

图 5. 43 伊拉克投资潜力各一级指标评分结果

（3）得分评析

从评价结果上看，伊拉克的评分较为一般，不具有太大的投资吸引力。

具体分析各项一级指标，就会发现伊拉克除了战略资源指标在所有国家可以排到第六，其他指标情况就都不容乐观。

伊拉克国内生产总值较低，这与近年来几次大的战争有必然的关系，国内基础建设也因战争停滞不前，很是落后。但伊拉克前 5 年 GDP 在西亚 18 个国家范围内平均增长速度仅次于卡塔尔，全部国家中排名第 5，表示着伊拉克经济处于战后高速发展阶段，具有较大的投资需求，催生了一定的投资市场。

伊拉克的人力资本指标很低，根据数据分析，主要原因是伊拉克的劳动力教育水平低、劳动力数量不足。伊拉克不太适合发展劳动力密集型企业，因为企业很可能会雇佣不到足够的劳动力。由于劳动力专业素质较低，受教育水平普遍不高，伊拉克也不适合进行高新技术产业的投资。由于伊拉克的动荡局势，中国与其的经济交往在过去很不稳定，而且没有签订双边投资协定，所以其对华关系指标得分比较低。伊拉克的制度环境指标得分较低，根据数据可以看出，此项一级指标下各项三级指标的得分都不理想，而融资便利指标的评分几乎位于世界之末，说明企业在伊拉克融资格外困难。

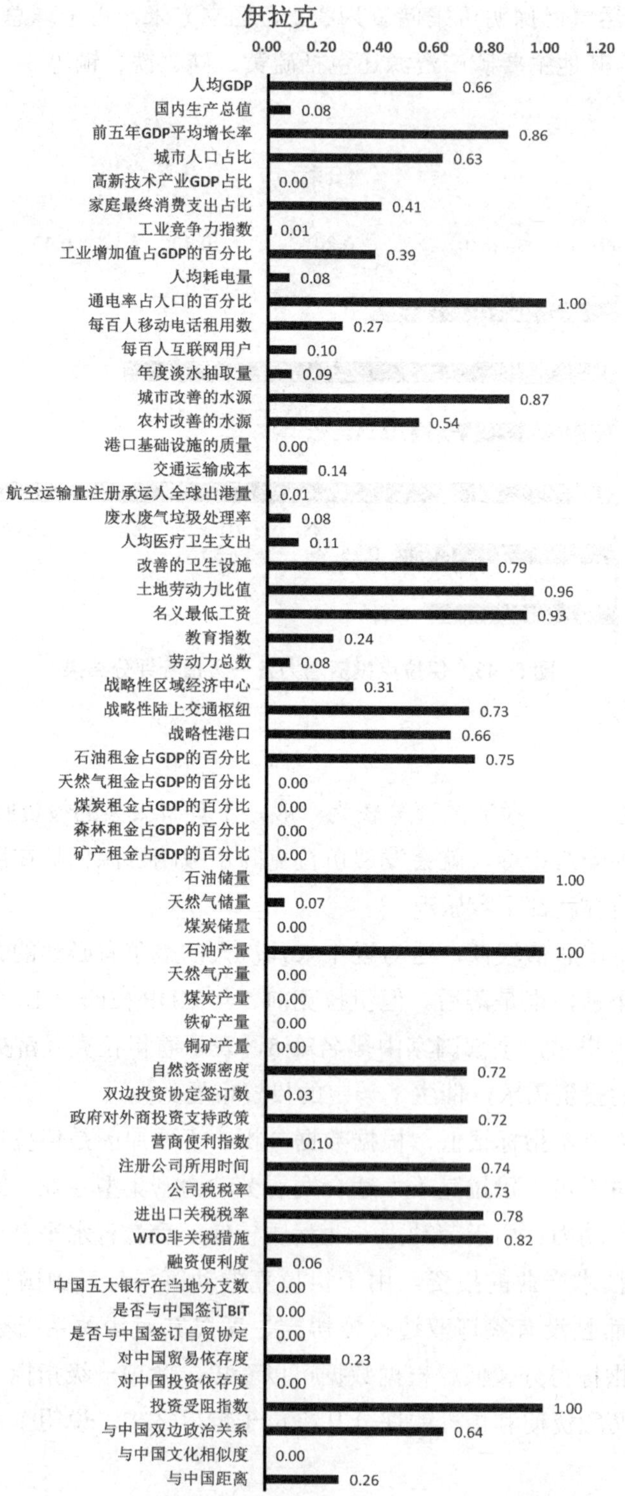

图 5. 44 伊拉克投资潜力各三级指标评分结果

伊拉克的投资亮点就是石油、天然气产业。伊拉克石油的储量和产量都居于世界前列，天然气储量也是相当丰富，油气产业是伊拉克为数不多的有价值的投资领域。但是其国内安全情况是投资者必须考虑的因素。目前，伊拉克国内面临着日益严重的教派和民族分歧，中央政府孱弱且与库尔德地方政府矛盾重重，政治风险较大。此外，伊拉克的基础建设落后，投资的前期投入较大，这也是企业必须要考虑的因素。

（4）投资建议

第一，伊拉克总体来说投资环境不是很理想，不具有太大的投资吸引力。伊拉克不太适合劳动力密集型的产业投资，因为当地的劳动力虽然廉价，但是并不充足。受制于落后的科技发展水平，伊拉克也不适合高新技术产业的投资。

第二，伊拉克国内存在的不安定因素是企业必须要考虑的风险，企业需要结合行业认真分析在伊拉克可能面临的各种动荡局势，对可能出现的投资风险提前做好应对措施。

第三，伊拉克的石油产业较为发达，是伊拉克较有价值的投资领域，但是企业在投资前也必须考虑到伊拉克基础设施建设落后，投资的前期投入较大，需慎重进行投资决策。

5.2.13 以色列

（1）基本国情

以色列地处亚洲西部，北部与黎巴嫩接壤，东北部与叙利亚、东部与约旦、西南部与埃及为邻，西濒地中海，南临亚喀巴湾。以色列国土面积约 2.5 万平方公里，人口约 846.2 万（2016 年 1 月）。以色列全国划分为 6 个区，30 个分区，31 个市，115 个地方委员会，49 个地区委员会。以色列建国时定都于特拉维夫，现绝大多数国家驻以色列使馆也设立在特拉维夫；耶路撒冷是以色列宣称的首都，人口约 78 万，面积约 126 平方公里，是以色列人口最多、面积最大的城市。

以色列自然资源比较贫乏，主要资源是死海中含有的较丰富的钾盐、镁、溴等矿产。近年，以色列在地中海海域连续发现了多个大型天然气田，目前已进入开发阶段。以色列水资源主要来自约旦河、加利利湖和一些小河，水资源极度缺乏。动植物资源相对丰富，已识别植物超过 2800 种，常见的鸟类达 300 多种，还有 80 多种爬行动物等。

（2）得分结果

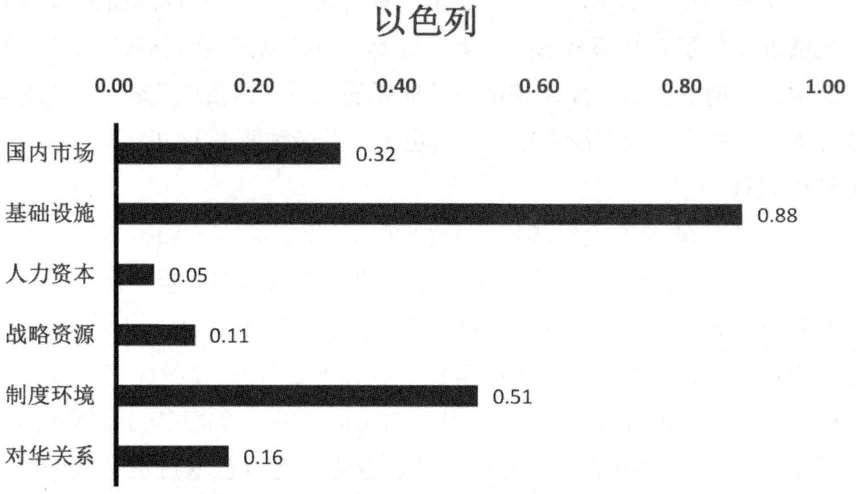

图 5.45 以色列投资潜力各一级指标评分结果

（3）得分评析

以色列是中东地区经济发展程度、商业自由程度、新闻自由程度和整体人类发展指数最高的国家。以色列与中国关系良好，对国际贸易的接受程度高，尽管其境内自然资源匮乏，但依靠良好的人文包容性和投资融洽度仍然不失为中国企业对外投资的良好选择。

以色列交通运输便利，以陆地运输为主，全国公路通车里程超过 18000 公里，铁路长度超过 1000 公里。海运占货物运输的 1/4，主要港口有海法、阿什杜德和埃拉特。航空运输占货物运输 1/4，主要机场是本·古里安国际机场，主要航空公司是以色列航空公司（ELAL）。

教育是以色列显著的优势之一。以色列超过 1/4 的劳动人口拥有大学学历，1/10 以上劳动人口拥有大学以上学历，以色列人的受教育程度是工业国家里仅次于美国和荷兰，是世界第三高的国家。较高的人口素质成功推动了国家科技和经济的快速发展。

以色列高科技产业在多个领域内闻名世界并且有超过 80 家高科技企业在美国纳斯达克上市，例如医疗领域的 TEVA 公司（全球最大非专利药制药企业），电子科技领域的 CheckPoint 软体科技公司（全球网络保全产品巨头），军事科技领域的 Elbit（著名国防承包商）。根据世界银行的资料，以色列有着中东地区管理最完善、对财产权利保护最佳的经济体制。但是也正是由于其发达的经济水平和高素质的劳动力水平，以色列的人力雇佣成本远高于其他国家。因此，不建议劳动密集型产业到以色列投资，相反，去以色列进行智力密集型、高新技术产业领域的投资可以充分发挥其人才优势和技术优势。

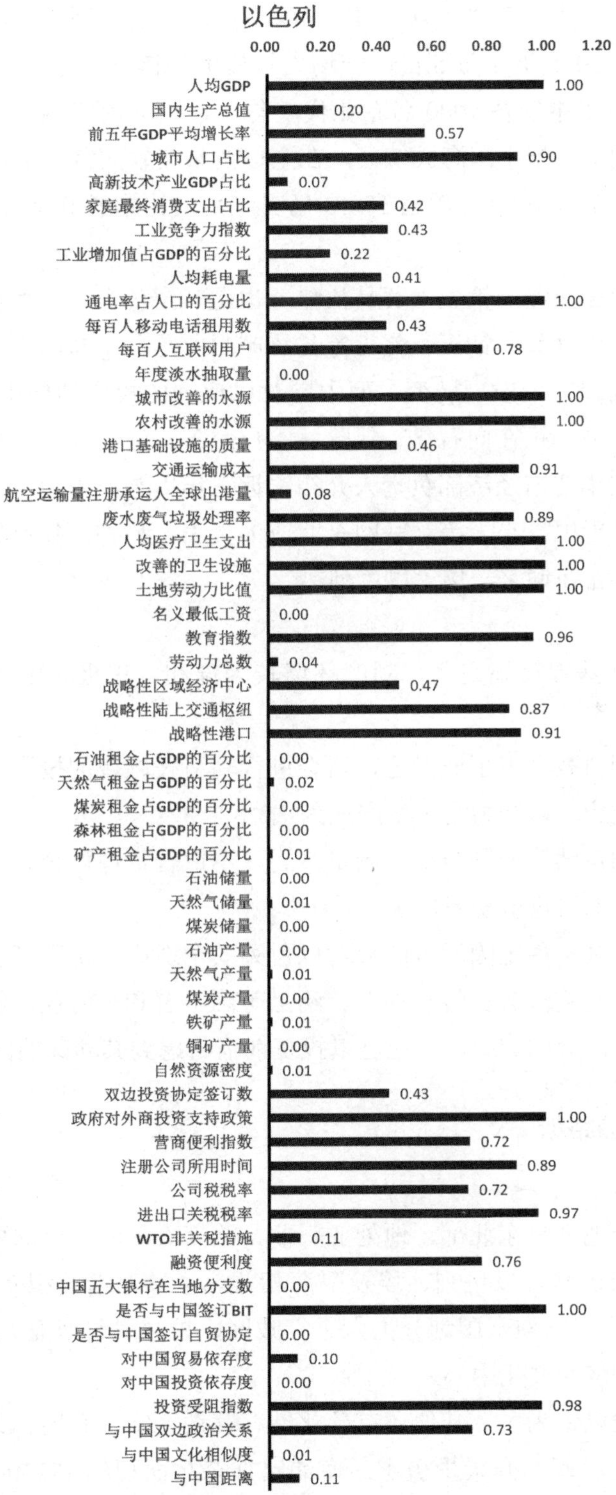

图5. 46　以色列投资潜力各三级指标评分结果

随着中国政府大力推动“大众创业、万众创新”，以色列正在和中国建立越来越紧密的经济联系。2016 年 1 月 5 日，一场大规模的中国—以色列科技创新投资大会在北京开幕，吸引了中以各 1000 名企业代表与会，大会内容涵盖智慧城市、医疗器械等多个高科技领域。据中国海关统计，在全球贸易疲软的背景下，2014 年中以贸易继续保持稳步增长，进出口总额达 108.8 亿美元，同比增长 0.5%，占以色列对外贸易总额的 8.5%。

中国是以色列在亚洲的第一大贸易伙伴，也是其全球第二大贸易伙伴。中以贸易结构持续优化，从以食品、钻石、化工等传统产品贸易，不断向高科技、新能源、生物技术、现代医药等方向发展转变。而中国对以色列的投资结构也呈现多样化态势，除了传统的科技领域，正在向石化、保险、医疗服务、清洁技术、移动互联网等行业拓展。据以色列驻华使馆经济部负责人介绍，近三年以来，中国对以色列的投资增长迅速，百度、阿里巴巴、小米等互联网企业成为代表，另外，复星集团也进行了大量的投资。中国投资正在迎来一场“以色列热”。

（4）投资建议

第一，以色列基础设施完善，制度环境较为温和，积极与中国企业寻求合作关系，利于投资。

第二，以色列科教文卫事业发达，适合进行高科技领域的投资，中国企业与以色列企业合作或投资应当以智力密集型产业为主。

第三，以色列自然资源种类少，储量匮乏，不适合资源型企业投资，但可以利用地缘优势从周边国家引进资源发展生产。

第四，中东地区不稳定因素可能会对以色列安全造成一定程度上的影响。虽然近些年国内安全相对稳定，且已经与埃及、约旦等国签署和平协议，但是仍然面对来自阿拉伯国家的武装冲突的威胁，企业赴以投资前需考虑到其动荡的国际关系环境。

5.2.14 塞浦路斯

（1）基本国情

塞浦路斯位于地中海东北部，地处亚、非、欧三大洲海上交通要道，与希腊、土耳其、叙利亚、黎巴嫩、以色列、埃及隔海相望。塞浦路斯面积 9251 平方公里，总人口约 94.9 万。塞浦路斯全国划分为六个行政区，首都尼科西亚人口约 34 万，是塞浦路斯的政治、经济和文化中心。

塞浦路斯矿藏以铜为主，其他还有硫化铁、黄铁、铬、石棉、大理石、土性无机颜料等，但已接近枯竭，开采量极小。塞浦路斯森林面积约 173500 公顷，占国土面积的 19%。淡水资源紧缺。据初步勘探，塞浦路斯南部和西南部海域发现有石油、天然气储藏，现已探明天然气储量约1400亿立方米。

（2）得分结果

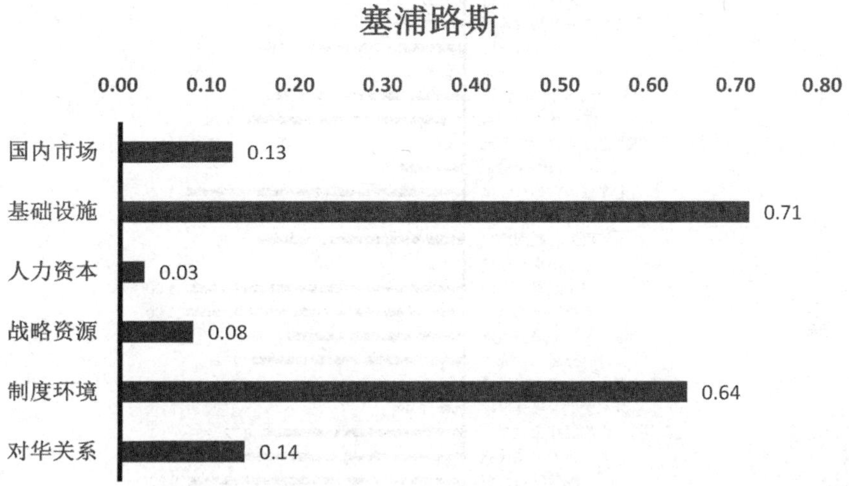

图5.47 塞浦路斯投资潜力各一级指标评分结果

（3）得分评析

从评分结果来看，塞浦路斯拥有较大的国内市场，基础设施较为完备，制度环境良好，具有一定的投资价值，但也面临着一些挑战，下面对塞浦路斯的评分结果进行详细的分析。

总的来说，无论从基础设施还是税收鼓励政策来看，塞浦路斯的海上油气工业都具备有利的投资条件。塞浦路斯是欧盟第三大船运管理中心，拥有世界第九大运输船队和发达的银行业，塞浦路斯本国能源公司的公司税率仅为10%，在塞浦路斯注册并悬挂塞浦路斯国旗的海运公司运输船队，可享受非常优惠的吨位税。从评分来看，塞浦路斯进出口关税税率和公司税税率较低，注册公司所需时间较短，融资也较为便利，这些因素使得塞浦路斯的制度环境评分很高。塞浦路斯的基础设施也较为完备，无论是城市还是农村都能获得较充分的改善的水源，医疗卫生设施齐全。另外，塞浦路斯的交通运输成本也是比较低的，这有利于企业降低成本。与此优势形成鲜明对比的是塞浦路斯的人力资本方面的劣势，我们从塞浦路斯的三级指标不难看出，它的劳动力成本和国民的受教育水平都比较低，不利于发展劳动密集型产业。

塞浦路斯的矿藏以铜为主，其他有硫化铁、盐、石棉、石膏、大理石、木材和土性无机颜料。近年来矿源开采量逐年下降。森林面积173500公顷。水力资源贫乏，已建立大型水坝6个，总蓄水量1.9亿立方米。塞浦路斯的陆上油气资源相对缺乏，为了减少进口和对外依赖，塞浦路斯政府近年在国内开展了海上油气勘查发证工作，

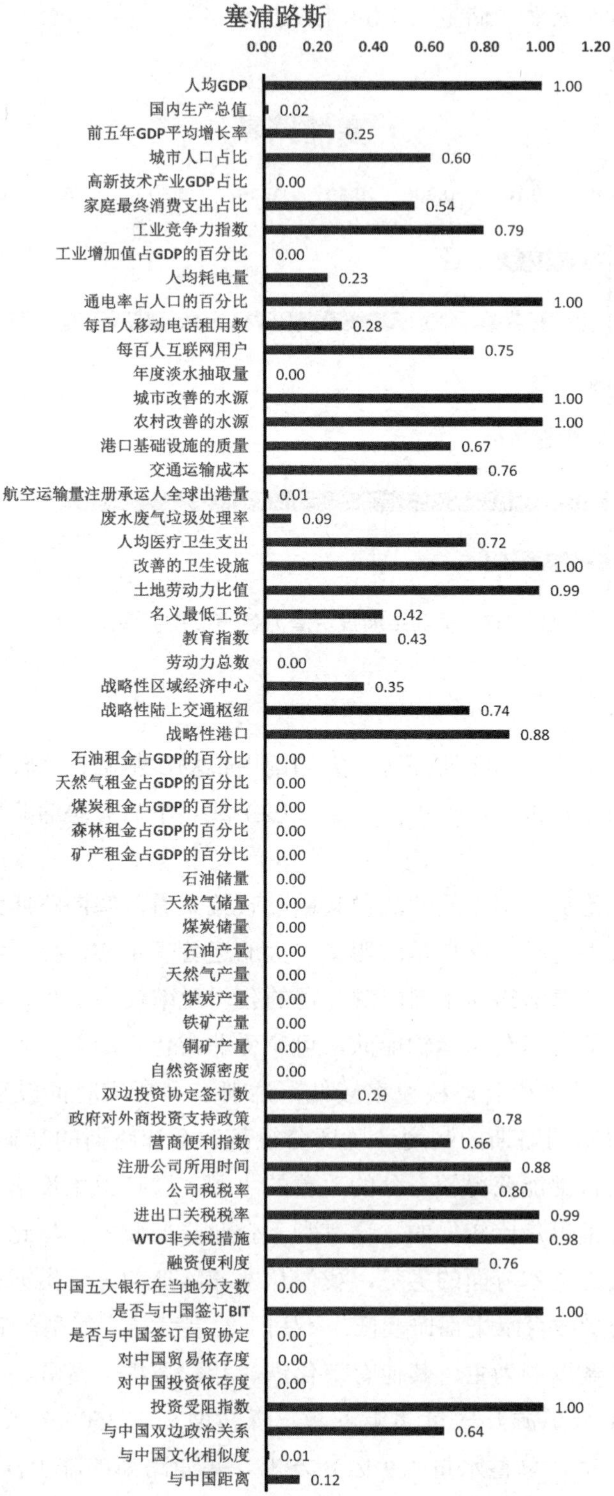

图5.48 塞浦路斯投资潜力各三级指标评分结果

对海上区块的油气勘察权进行了公开招标，且这项工作仍在继续，有意向的企业可关注其中的投资机会。

塞浦路斯有较大的国内市场，虽然前五年GDP平均增长率表现并不好，但工业竞争力指数指标评分还是比较高的，塞浦路斯的工业生产总值占国内生产总值约15.9%，塞浦路斯拥有较为完整的工业部门，工业企业以30人以下的小型私有企业为主，工业产品和加工农产品主要用于出口。塞浦路斯的服务业生产总值占国内生产总值约81.7%，金融、保险、服务及旅游业等较为发达，注重发展度假旅游产业，近年来旅游业已经成为国家外汇收入主要来源和拉动经济增长的支柱产业。

（4）投资建议

第一，总的来说，塞浦路斯拥有较大的国内市场，基础设施较为完备，制度环境良好，具有一定的投资价值，但也面临着一些挑战。

第二，塞浦路斯的海上油气工业具备投资所需的软硬件条件，具有良好的投资价值。目前当地政府对海上油气勘察权正在进行持续的招标，我国相关企业可密切关注其中的投资机会。

第三，塞浦路斯进出口关税税率和公司税税率较低，注册公司所需时间较短，融资也较为便利，有利于公司获取较高的利益。

第四，塞浦路斯的人力资本方面处于劣势，从塞浦路斯的三级指标不难看出，它的劳动力成本和国民的受教育水平都比较低，不利于投资劳动密集型产业。

5.2.15 土耳其

（1）基本国情

土耳其位于亚洲最西部，地跨欧亚两洲，三面环海。毗邻格鲁吉亚、亚美尼亚、阿塞拜疆、伊朗；东南有伊拉克、叙利亚；西有保加利亚、希腊；北部隔海与罗马尼亚、俄罗斯、乌克兰相望；南部隔海与塞浦路斯相对，与亚、欧八个国家相邻。土耳其国土面积为78.36万平方公里。全国总人口约7981万，其中80%是土耳其族。土耳其语为官方语言，99%的居民信奉伊斯兰教。首都安卡拉为全国政治中心、第二大城市，人口约535万；伊斯坦布尔是土耳其最大城市，位于博斯普鲁斯海峡两岸，战略地位重要。

土耳其矿产资源丰富，主要包括铬、大理石、硼酸盐、煤炭、锰、铜、汞、锑等。其中铬矿探明储量为1亿吨，大理石储量占世界总量的40%，硼酸盐储量约为1亿吨，均居世界前列。石油、天然气资源比较匮乏，需大量进口。水力资源极其丰富，底格里斯河和幼发拉底河均发源于土耳其境内。森林面积广大，约2000万公顷，森林覆盖率居中东国家之首。

（2）得分结果

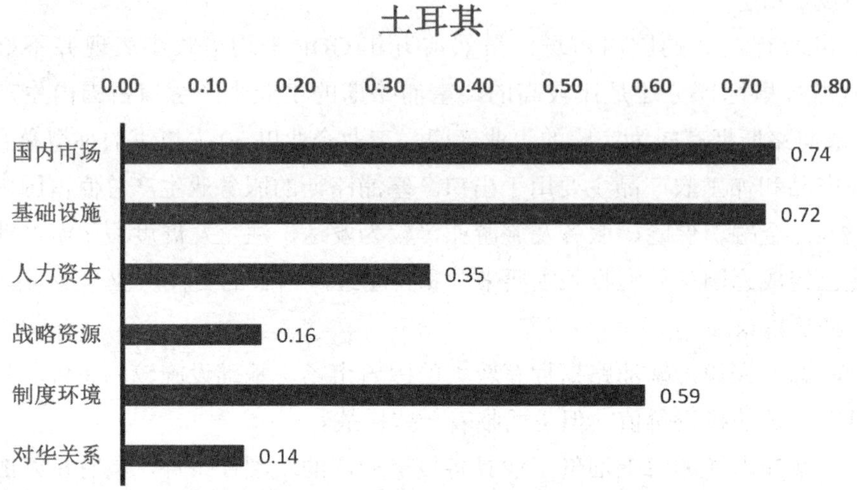

图5.49　土耳其投资潜力各一级指标评分结果

（3）得分评析

从评分上看，土耳其除了对华关系评分较低、战略资源评分中等以外，其他四项指标均得到了较高的评分，是一个具有较大投资吸引力的国家。

土耳其地处亚、欧、非三大洲交界处，战略地位突出；国内基础设施条件良好；人口众多，人均GDP较高，消费力较强，内需充足，国内市场庞大，具有较大的投资潜力。土耳其的最低工资水平低，劳动力成本低且劳动力素质高，土耳其人平均年龄30岁，处于人口红利期，被称为“最年轻的国家”，具有充足的劳动力资源，因临近欧洲，许多欧洲国家在土耳其开展投资，市场竞争较为激烈；另外，由于当地的高失业率，土耳其对外来劳工控制严格，中国投资企业应当注意。劳动密集型产业如轻纺制造业是中国企业在土耳其的重点投资领域之一，这也是在土耳其经济中占据重要地位的行业，借助土耳其的劳动力优势，中国企业可继续关注其中的投资机会。

土耳其的战略资源评分在中等水平。土耳其优越的战略区位使其在战略性路上交通枢纽和战略性港口等三级指标上获得了很高的评分；但由于土耳其储量丰富的铬矿、大理石和硼酸盐等矿产资源不属于重要的战略性资源，而天然气、石油等资源又比较匮乏，因而拉低了战略资源指标的得分。土耳其近年的行业政策重点是能源和交通行业，政府积极推动能源开发、石油和天然气的储备，加强基础设施建设力度。中国目前对土耳其的投资也较多集中在基础设施建设、矿产开发等领域，这些投资仍有较大的成长空间，中国投资企业可重点关注。

土耳其的另一个投资亮点是汽车业。近年来在土耳其政府引进整车制造和本地化

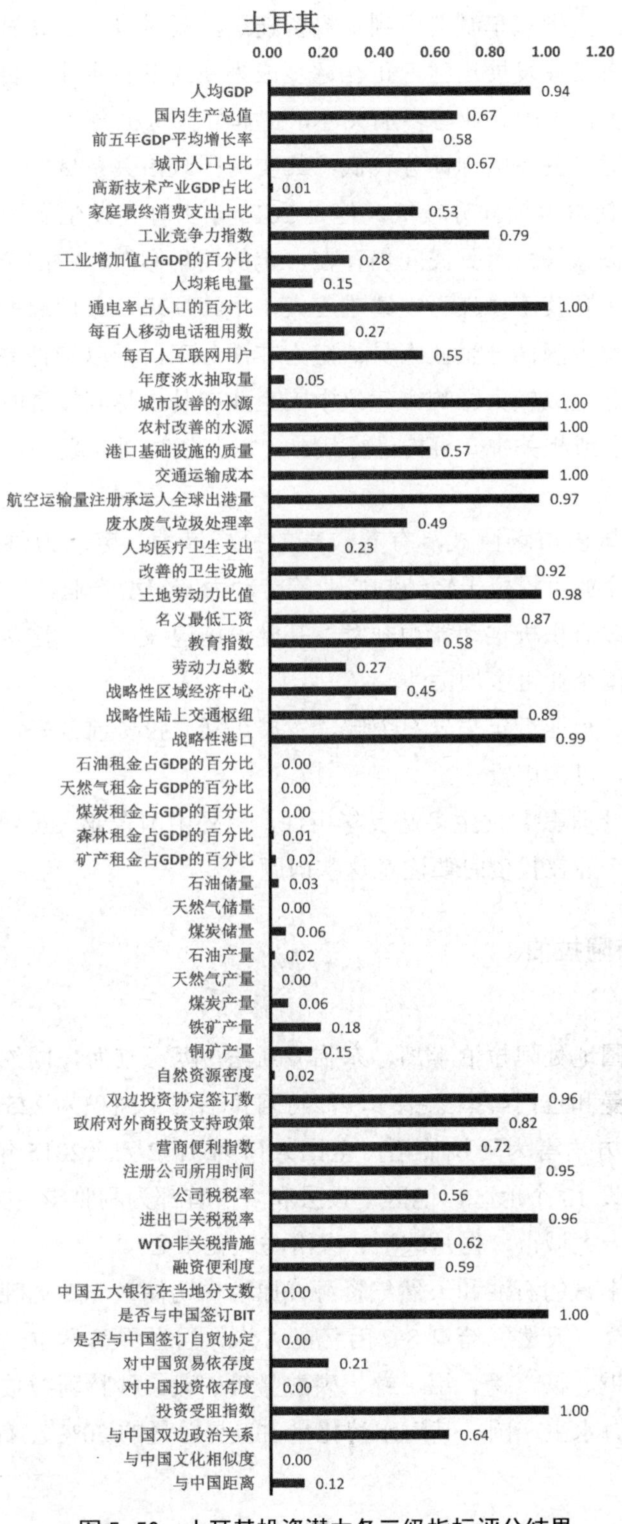

图 5. 50 土耳其投资潜力各三级指标评分结果

生产政策的引导下，大批整车制造商到土投资建厂，同时引进了先进的技术和管理经验，使得土耳其汽车工业发展迅猛，正在逐步成为新的龙头企业。目前中国在土耳其汽车业的投资仍较少，中国企业可多加关注，把握好投资机会。

另外，土耳其对华关系指标评分较低，其实两国政治关系良好，主要是两国文化差异大和相距较远使得该项评分较低。但是2015年土耳其发生了数起反华事件，包括游行、打砸中国商家等，可见民间仍存在一定的反华倾向，中国企业在土耳其投资时应注意。此外，土耳其工作许可申请难度大，手续烦琐，办理周期长，曾因工作签证难办，土方数次将中国部分企业人员认定为非法务工，予以拘押并遣返，对中资企业在土耳其开展业务造成较大影响。建议中国企业在赴土耳其投资时就这些问题提前联系好土方合作企业或相关中介机构进行代办，以节省时间、成本。

（4）投资建议

第一，土耳其国内市场巨大，有着较高的投资潜力。劳动力供应充足，且成本低、素质高，中国企业可投资于轻纺制造业等劳动力密集型产业。

第二，土耳其政府积极推动能源开发、基础设施建设产业，这两个产业目前仍有较大成长空间，中国企业可多加关注。

第三，土耳其汽车业近年来异军突起，发展迅猛，投资前景好，中国企业目前在这一行业投资较少，可考虑投资。

第四，2015年土耳其曾发生多起反华事件，另外中国企业人员曾因工作签证问题被土方遣返，中国企业在投资时要注意这些问题。

5.2.16 沙特阿拉伯

（1）基本国情

沙特阿拉伯王国地处阿拉伯半岛，东临波斯湾，西濒红海，同约旦、伊拉克、科威特、阿联酋、阿曼和也门等国家接壤。沙特阿拉伯国土面积为225万平方公里，国教为伊斯兰教，官方语言为阿拉伯语。全国人口为3152万（2015年），其中沙特公民约为67%。全国设13个地区，地区下设县和乡。首都为利雅得，人口约为525万，既是沙特阿拉伯第一大城市，也是政治、经济与文化中心。

沙特阿拉伯有丰富的石油和天然气资源，原油探明储量362亿吨，占世界储量的16%，居世界第二位。天然气储量8.2万亿立方米，居世界第六位。此外，矿产资源还包括丰富的金、铜、铁、锡、铝、锌、磷酸盐等矿藏。沙特阿拉伯水资源匮乏，是世界上最大的淡化海水生产国，其海水淡化量占世界总量的20%左右。

(2) 得分结果

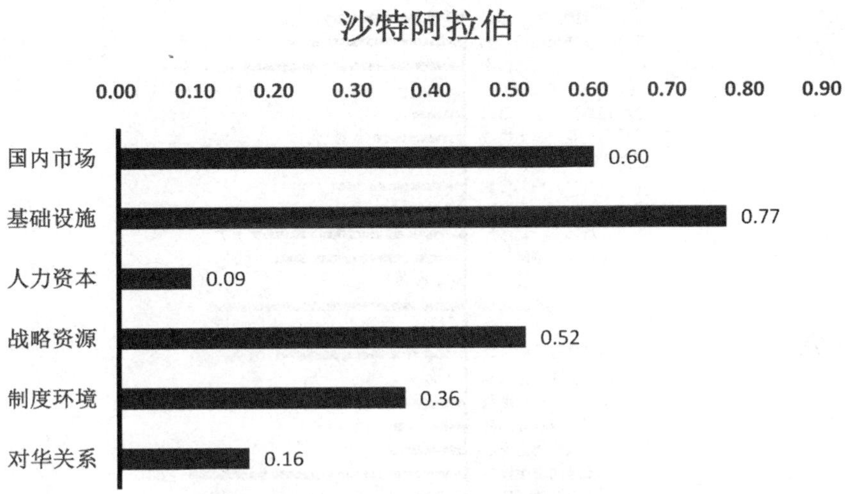

图 5.51 沙特阿拉伯投资潜力各一级指标评分结果

(3) 得分评价

沙特阿拉伯有着较高的综合评分，是一个比较理想的海外投资国。实际上，沙特阿拉伯的投资潜力要比评分结果显示得更加巨大，沙特阿拉伯拥有世界上最丰富的石油资源，为其提供了巨大的财富，同时也形成了沙特阿拉伯畸形的产业结构：过度依赖于原油产业，使得沙特阿拉伯经济发展受制于国际油价。随着低油价时代的到来，沙特阿拉伯经济一片低迷，为走出经济低谷，沙特阿拉伯阿拉伯正在主动地谋求转型发展，这为中国企业提供了巨大的投资机会。

石化炼制是当前沙特阿拉伯重点发展的领域之一，也是中国企业可以重点投资的领域。虽然沙特阿拉伯拥有着全球储量最大的石油资源，但是其石油深加工能力薄弱，而中国在石油炼化领域具有丰富的经验和成熟的技术，中沙双方在石油工业领域具有巨大的合作潜力。目前，该项目已经成为世界一流的全转化出口炼厂，生产的汽柴油质量可以满足美国标准和欧五标准。

此外，电力、机电设备、重工业、电子产品等行业也都是沙特阿拉伯当前大力发展的领域，为中国企业提供了巨大的投资机会。以网络信息化领域为例，现在沙特阿拉伯平均每人有两部手机，但目前沙特阿拉伯的网络建设并不是很完善，因此在该领域沙特阿拉伯有着巨大的需求缺口，中国较早在沙特阿拉伯开展相关业务的企业是华为公司，近年来，华为的沙特阿拉伯分公司成长迅速，已成为华为最大的海外子公司，充分显示了沙特阿拉伯在这一市场巨大的投资潜力。

沙特阿拉伯对国外投资者在税收和贷款等方面还提供了很多优惠政策，比如，免

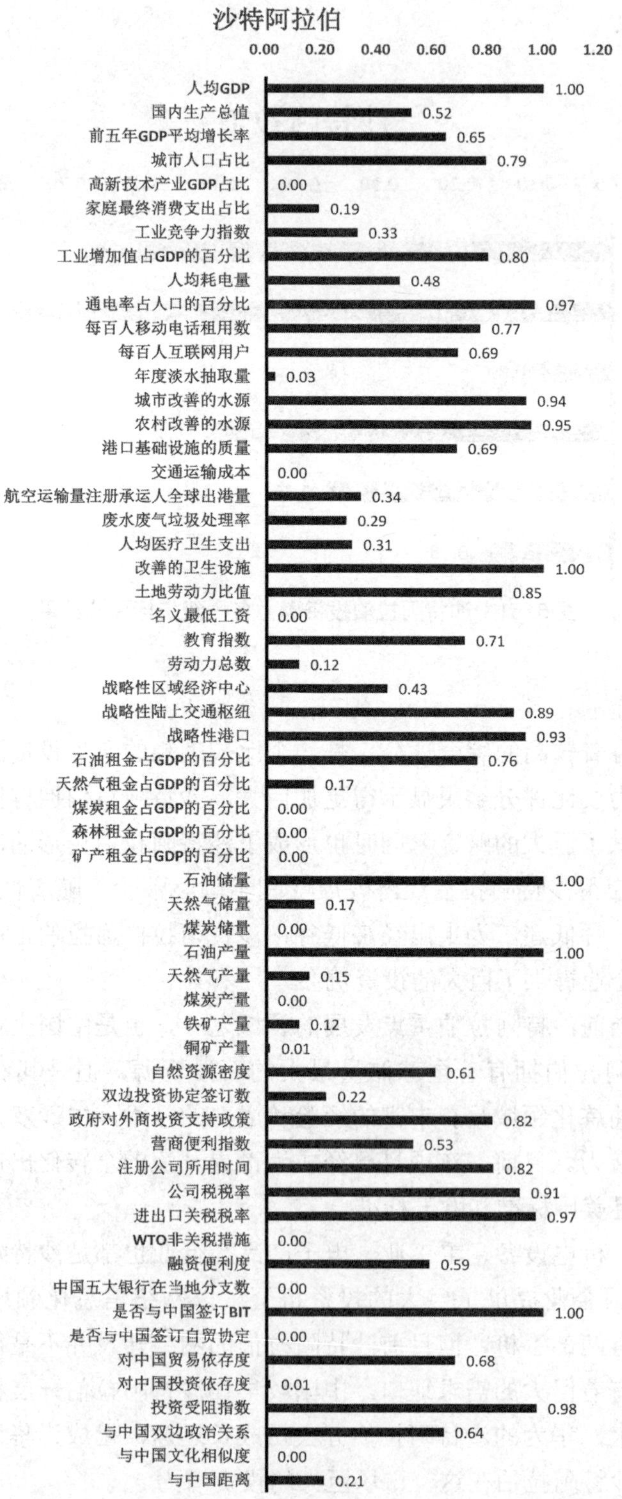

图5. 52　沙特阿拉伯投资潜力各三级指标评分结果

征个人投资税、增值税、房产税等，允许外资 100% 控股，还可以为企业提供低息贷款。例如，通过沙特工业发展基金会最多可以获得融资项目投资额 75% 的资金，最高额为 12 亿沙特里拉尔，最长可实现 20 年免息贷款。

虽然充满机遇，中国企业在沙特的投资不是没有过惨痛的经历，以中国铁建 2009 年在沙特阿拉伯的轻轨投资项目为例，整个投资亏损高达 40 亿美元，究其原因，在于中国铁建采用议标方式，而非投标方式承包工程，项目在签约时只有概念设计，而不包含具体的工程量，结果在施工过程中，沙特阿拉伯的业主不断提出新的功能需求使工程量增加，产生了巨大的额外投资成本。中国企业必须从中国铁建折戟沙特阿拉伯的案例中吸取教训，尽量以投标方式承包工程，否则以议标方式承包工程会为投资带来巨大的风险。

（4）投资建议

第一，沙特阿拉伯在低油价下积极寻求转型发展，无论是其传统的能源领域还是其他领域都有着巨大的投资潜力。

第二，在原油投资领域，中国企业除继续对原油开采业务进行投资，也可多关注原油炼制方面的投资机会。

第三，沙特阿拉伯政府大力鼓励电力、机电设备、重工业、电子产品等行业的发展，这些领域投资潜力巨大。

第四，中国企业要从中国铁建投资沙特阿拉伯轻轨项目的失败案例中汲取教训，以国际上更盛行的投标制承包工程，而非采用风险系数巨大的议标制。

5.2.17 卡塔尔

（1）基本国情

卡塔尔是一个阿拉伯国家，地处亚洲西部，位于波斯湾西南岸的卡塔尔半岛上，与阿联酋和沙特阿拉伯接壤。卡塔尔人口约 234 万，其中卡塔尔公民约占 15%，外籍人主要来自印度、巴基斯坦和东南亚国家。卡塔尔全国划分为 10 个区。首都多哈位于卡塔尔半岛东海岸，既是全国第一大城市，也是政治、经济、交通和文化中心，还是波斯湾著名港口之一，人口约 154 万，占全国总人口的 65%。

卡塔尔资源主要有石油和天然气。石油和天然气也是卡塔尔的经济支柱，近年来，政府大力开发天然气，卡塔尔已成为世界第一大液化天然气生产和出口国。截至 2013 年，已探明石油储量为 28 亿吨，居世界第 13 位，天然气储量 25.78 万亿立方米，仅次于俄罗斯和伊朗，居世界第三位。

（2）得分结果

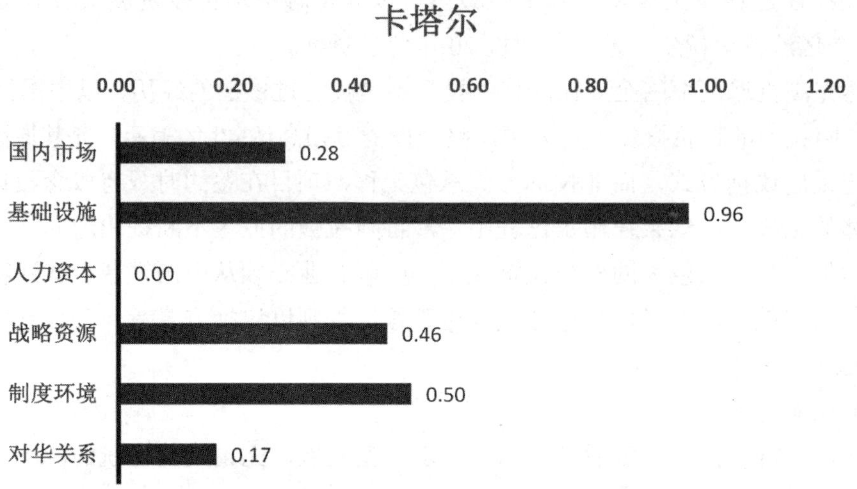

图 5. 53　卡塔尔投资潜力各一级指标评分结果

（3）得分评析

卡塔尔除人力资本外，其他指标得分均较好，特别是基础设施方面得分高，排名位列前茅，战略资源方面的评分情况也很好。从总体上来看，卡塔尔是中东地区最具投资吸引力的国家之一。下面是对卡塔尔各项指标得分的详细分析。

卡塔尔的基础设施评分尤为突出，特别是港口基础设施质量高，再加上政府支持、外商投资、公司税税率和进出口关税都有优势。低关税和便利的港口条件使得卡塔尔非常具有投资吸引力。同时，国际性会议经常在卡塔尔召开，阿拉伯国家地区性会议、国际赛事、小众赛事等卡塔尔也都有涉及，诸多赛事所带来的设施建设高潮给外国企业的进入提供了机遇与市场。

卡塔尔的战略资源也是其优势之一，丰富的石油、天然气为工业提供了保障。截至 2013 年，卡塔尔已探明石油储量为 28 亿吨，居世界第 13 位，天然气储量 25.78 万亿立方米，居世界第三位。卡塔尔的耗电量和通电率都很高，工业所占比重较高。虽然卡塔尔目前在寻求经济转型，但是依赖于石油、天然气的工业依旧是其支柱型产业，中国企业可关注相关投资项目。近年来随着向非能源产业转移和经济多元化发展进程的推进要求，卡塔尔的贸易、旅游和服务金融业亟待发展。对于人口少、人均收入高以及生活水平高的卡塔尔居民来说，能够提高生活水平的服务业需求具有潜力。

卡塔尔的人力资本评分很低，查阅评分结果的具体细则可知，这主要是因为卡塔尔人口很少，因此在卡塔尔不适合发展劳动力密集型工业，会面临劳动力短缺的问

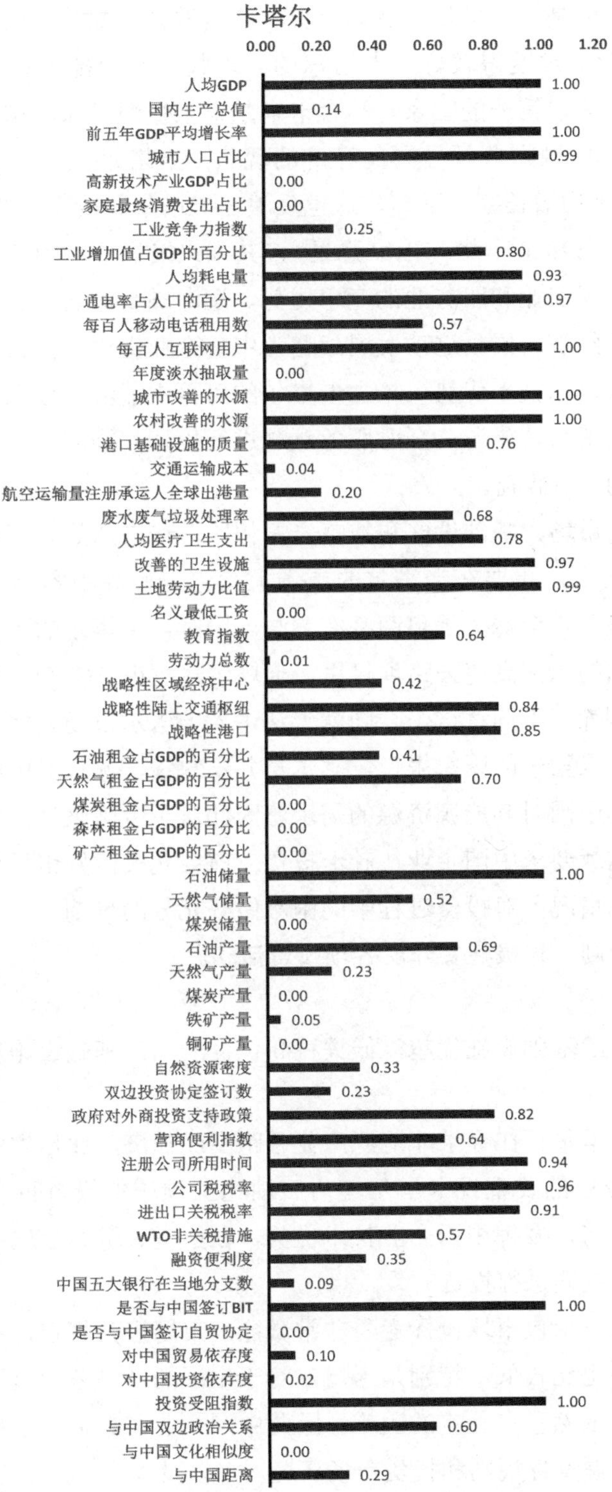

图 5.54 卡塔尔投资潜力各三级指标评分结果

题。同时要注意到的是，卡塔尔虽然人口少，但是教育指数并不低，且城市人口比重大，医疗卫生事业都发展得较好，卡塔尔的人均收入甚至能够达到10万美元左右，是全世界人均收入排位第一的国家。结合卡塔尔谋求资源国家转型，以航空、港口运输业为中心寻求非能源产业领导国民经济的现状，卡塔尔在未来的投资市场非常巨大，前五年GDP平均增长率非常高，这也反映在卡塔尔比较靠前的国际市场排名上。根据卡塔尔提出的《2030卡塔尔国家愿景》，其未来发展规划中的核心内容就是实现经济的多样化，扩展工业和服务业的竞争优势，逐渐减少对石油、天然气的依赖，保证稳定和可持续的经济发展。这项发展战略为中资企业提供了巨大的投资契机，中国企业可充分发挥自己的技术优势，抢占卡塔尔的可再生能源、核电、航天等高新领域市场，并且考虑在贸易、旅游、金融服务领域进行投资，顺应卡塔尔经济多元化进程的同时获得巨大的投资收益。

但是，与国内市场、基础设施和战略资源相比，卡塔尔的制度环境与对华关系评分较为一般。事实上，想要在卡塔尔的市场上承包工程并不容易。卡塔尔承包市场的投标竞争非常激烈，全球大承包商都有参与。同时，卡塔尔的工程合同条款非常苛刻，例如在卡塔尔的东部高速公路项目里，卡塔尔建筑市场将FIDIC条款里对承包商有利的部分全部删除，不同意这个合同就无法进入卡塔尔市场。并且对于卡塔尔这样一个全世界人均收入第一的国家来说，其本身并不缺钱，况且对中国的经济依存度也比较低，更多的是中国对其能源资源的需求。因此对于中国来说，想要在卡塔尔开拓市场存在难度，这就要求中国企业在赴卡投资之前要扎实做好市场调研工作，深入了解其他竞标企业的情况，对投资过程中的困难做好充分的预期，全面把握卡塔尔市场环境特点与行业规则，积极稳妥开展各项投资活动。

（4）投资建议

第一，卡塔尔的基础设施优越，低关税和优良的港口基础设施质量使其投资吸引力非常明显。

第二，尽管卡塔尔正在寻求非能源产业领跑国民经济，逐步摆脱对于能源资源的依赖，但中国企业依然要重视卡塔尔境内石油化工领域的投资机会，同时顺应其经济多元化的转型趋势，发挥中国企业技术优势，在航空、港口运输业，乃至贸易、旅游、金融服务抓住机遇进行投资。

第三，卡塔尔的承包市场投标竞争非常激烈，市场极其规范，签署的合同条件苛刻，工程的利润率也比较低，特别是卡塔尔对于中国的经济依存度不高，中国企业想在卡塔尔开拓市场依然存在一定的困难。因此中国企业在赴卡塔尔投资前应做好前期调研工作，全面把握竞标规则和投资市场环境。

第四，卡塔尔政府职能效率比较低，因此中国企业进入卡塔尔市场，在协调与当地政府的关系上需要一个适应和学习的过程。

5.2.18 阿联酋

（1）基本国情

阿联酋位于阿拉伯半岛东部，北濒临波斯湾，海岸线长734公里。西和南与沙特阿拉伯交界，东和东北与阿曼毗连，西北与卡塔尔为邻。阿联酋总面积约为8.3万平方公里。截至2016年，阿联酋人口930万，其中本国人口106.95万，占人口总数11.5%；外籍人口823.05万，占88.5%，主要来自印度、巴基斯坦、埃及、叙利亚、巴勒斯坦等国。居民大多信奉伊斯兰教，官方语言为阿拉伯语。

阿联酋是由阿布扎比、迪拜、沙迦、哈伊马角、富查伊拉、乌姆盖万和阿治曼七个酋长国组成的联邦国家，其中，阿布扎比是其首都。

阿联酋最重要的资源是石油和天然气，其中超过95%位于阿布扎比，目前已探明的石油储量为978亿桶，位居世界第七位。已探明的天然气储藏量为6.09万亿立方米，位居世界第七。其他矿产资源还有硫黄、镁、石灰岩等。

（2）得分结果

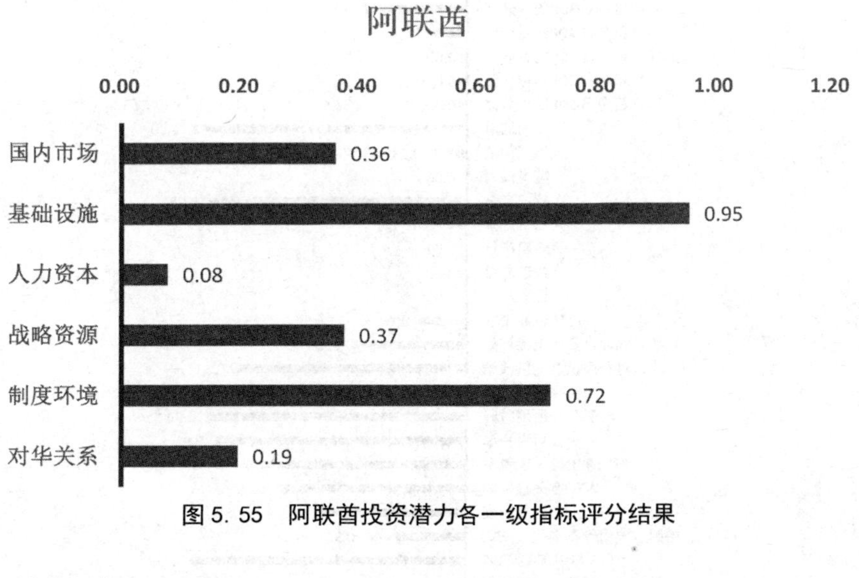

图5.55 阿联酋投资潜力各一级指标评分结果

（3）得分评析

从评价结果上看，阿联酋有着较高的综合评分，是中东地区最具投资吸引力的国家之一。

阿联酋制度环境和基础设施的评分在中东国家里尤为突出。事实上，阿联酋是中东和海湾国家中经济开放度最高的国家之一，尤其是在2010年后，随着中东北非地

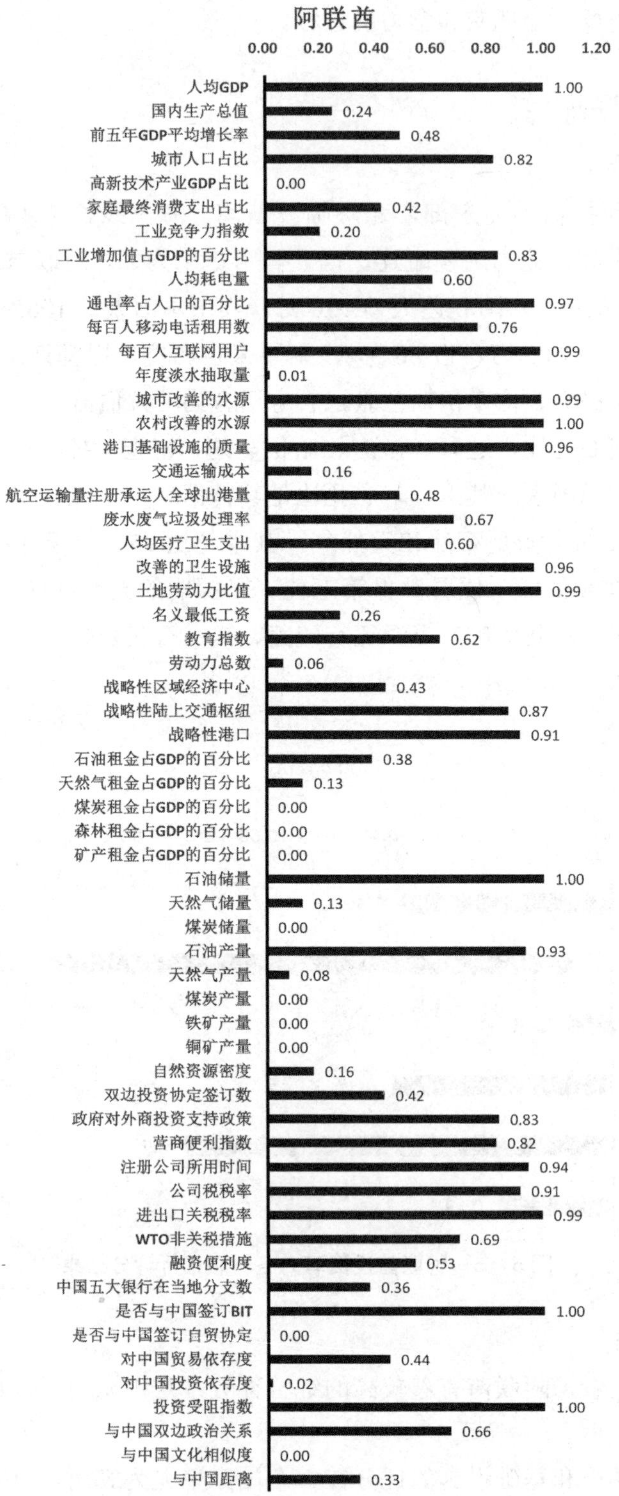

图 5. 56　阿联酋投资潜力各三级指标评分结果

区局势持续动荡，阿联酋凭借其稳定的政局、宽松的商业环境和发达的基础设施，已经成为地区的资金流、物流的避风港，是中东和海湾地区重要的贸易、金融、物流枢纽。查阅原始计算表可以发现，阿联酋的关税优势非常明显，一般商品的进出口关税不足5%，且其基础设施建设相当发达，本书中，阿联酋港口基础设施建设质量的评分高达6.5，在所有国家中是最高的。低关税和便利的港口物流使得阿联酋的投资吸引力非常明显，建议中国企业重点关注阿联酋的投资机会。

阿联酋国内市场的评分并不是很高，这主要是因为阿联酋是一个以石油为支柱产业的国家，近年来油价持续走低，使得阿联酋的GDP增长率比较迟缓，并且阿联酋的工业竞争力也不是很强，这些因素综合在一起，拉低了这一指标的总体评分。但事实上，阿联酋的情况与沙特阿拉伯十分相似，在低油价的不利局势下，阿联酋正积极推动产业的升级转型，以逐步摆脱对石油的依赖，这使得阿联酋在未来的投资市场非常巨大。根据2014年阿联酋发布的国家创新战略，阿联酋在未来将着力推动可再生能源、运输、教育、健康、技术、水、太空七大领域的创新发展，这项发展战略为中资企业提供了巨大的投资契机，中国企业可充分发挥自己的技术优势，抢占阿联酋的可再生能源、核电、航天等高新领域市场。

一方面，中国企业在阿联酋的通信、石油化工领域有较为深厚的合作根基，在通信领域，中国的华为公司和中兴公司已经成为阿联酋主流的通信设备供应商，华为和中兴的成功投资在当地为中资企业赢取了良好口碑，这对其他具有技术优势的中资企业前往阿联酋进行相关领域的投资是一个契机。另一方面，虽然阿联酋正在实施战略转型，但未来很长一段时间内，石油化工业仍会是阿联酋的支柱产业，中国石油化工企业可关注其中的投资机会，目前较为成功的投资案例有中化下属Atlantis公司阿联酋UAQ气田项目，目前，气田已正式投产，该项目已累计投资约1亿美元，UAQ气田预计高峰期日供气量为8000万立方英尺，供气年限为25年。

中国企业在阿联酋投资时也要注意，阿联酋由于经济高度开放，许多项目在投标时要面临欧美企业的激烈竞争，且阿联酋目前通行的是西方的标准体系，这就要求中国企业在赴阿投资之前要扎实做好市场调研工作，深入了解其他竞标企业的情况，对投资过程中的困难做好充分的预期，全面把握阿联酋市场环境特点与行业规则，积极稳妥开展各项投资活动。

阿联酋有两项指标得分很低，分别是人力资本和对华关系。人力资本确实是阿联酋的一大劣势，阿联酋人口较少，劳动力数量很不充裕，居民受教育程度一般，且工资水平很高，中国企业在赴阿投资前要考虑到这个问题，尽量避免在阿联酋进行劳动密集型行业的投资。至于对华关系这一指标，阿联酋得分不高主要是因为其与中国距离较远，且两国的文化差异巨大，但无论是阿联酋政府还是当地居民，都没有明显的反华倾向，或者说，与中国的关系其实较为友好，中国企业可放心前往阿联酋进行投资活动。

（4）投资建议

第一，阿联酋制度环境和基础设施的评分在中东国家里尤为突出，不到5%的低关税和便利的港口物流使得阿联酋的投资吸引力非常明显。

第二，在低油价下，以石油产业为支柱行业阿联酋正在积极推动产业战略转型，有巨大的投资空间，中国企业尤其可关注可再生能源、核电、航天等高新领域市场的投资机会。

第三，虽然阿联酋正努力逐步摆脱对石油行业的依赖，但中国企业不应忽视阿联酋境内石油化工领域的投资机会，中化下属Atlantis公司阿联酋UAQ气田项目就是一个典型成功案例。

第四，阿联酋市场开发程度高，国内通行西方标准，中国企业在投标时要面临欧美企业的激烈竞争，企业在赴阿投资前应做好前期调研工作，全面把握阿联酋的市场环境特点与行业规则。

第五，阿联酋政局十分稳定，政府、当地居民对中国的态度也都较为友好，对华关系指标的低评分主要反映的是阿联酋与中国在社会文化上的差异与地理距离的遥远，中国企业不必对中阿关系过多担忧，可放心前往投资，但要注意尊重当地的风土人情。

5.3 中东欧国家

5.3.1 爱沙尼亚

（1）基本国情

爱沙尼亚共和国位于波罗的海东海岸，东邻俄罗斯，南部与拉脱维亚接壤，北部为芬兰湾，与芬兰、瑞典隔海相望。爱沙尼亚国土面积约4.5万平方公里，全国总人口为131.3万（2015年）。全国有15个省，共有大小城镇254个，首都塔林是其政治、文化、经济中心，面积158.3平方公里，人口约41.1万。

爱沙尼亚的主要矿产有油页岩（探明的储藏量约60亿吨）、磷矿（储量约40亿吨）、石灰岩和泥煤等。此外，爱沙尼亚森林资源丰富，森林面积211.55万公顷，森林覆盖率高达48%。

（2）得分结果

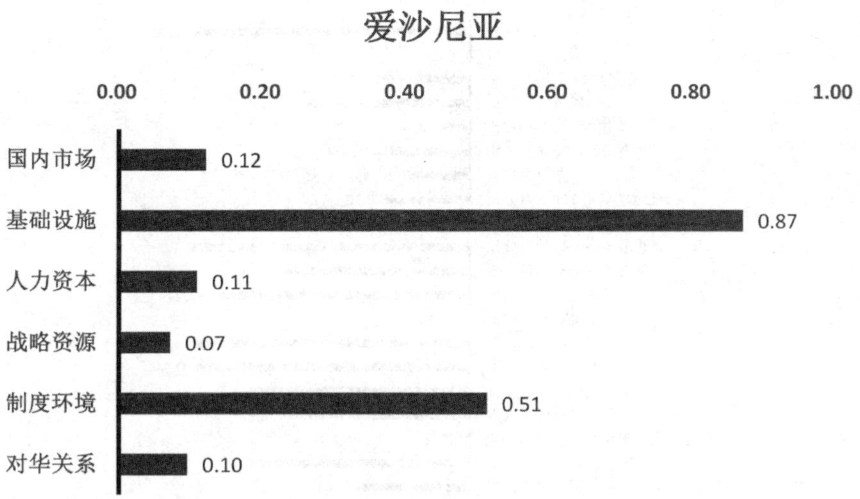

图 5.57　爱沙尼亚投资潜力各一级指标评分结果

（3）得分评析

就评分结果而言，爱沙尼亚在基础设施和制度环境上的优势，弥补了它在国内市场、战略资源和人力资本上的不足，使得它的总体评分仍能处在中等偏上的位置。爱沙尼亚位于欧洲东北部，东临俄罗斯，北又与瑞典、芬兰隔海相望，可谓是沟通俄罗斯、西欧、北欧的交易枢纽。由于当地的基础设施建设已经相对完善，所以新兴的投资需求主要集中在能源、旅游等方面。下面是对爱沙尼亚各项指标得分的详细分析。

爱沙尼亚在21世纪以来几次受到全球经济形势波动的影响，尤其是2012年的欧债危机，爱沙尼亚的实际GDP增速由2011年的8.3%迅速下降，2013年时甚至只有1.6%。到了2014年后，随着经济形势有所回暖，爱沙尼亚的GDP增速有所回升。因此，虽然爱沙尼亚由于其市场本身较小，对外依存度太高，评分较低，但是随着爱沙尼亚经济的复苏，不排除其内需有进一步扩大的可能。

爱沙尼亚的基础设施建设评分很高。尤其是公路、铁路和通信的基础设施建设十分完善，无论是客运还是货运都十分便利。这既为前来投资的投资者提供了投资便利，也意味着在基础设施领域的投资需求并不是很大。但是欧盟于2015年7月批准了爱沙尼亚、拉脱维亚和立陶宛提出的波罗的海铁路项目，这既创造了新的投资需求，又将进一步的增强爱沙尼亚的基础设施实力。同时，爱沙尼亚有些基础设施也存在问题，比如公路老化、电力过分依赖油页岩等，也是影响爱沙尼亚基础设施评分的负面因素。

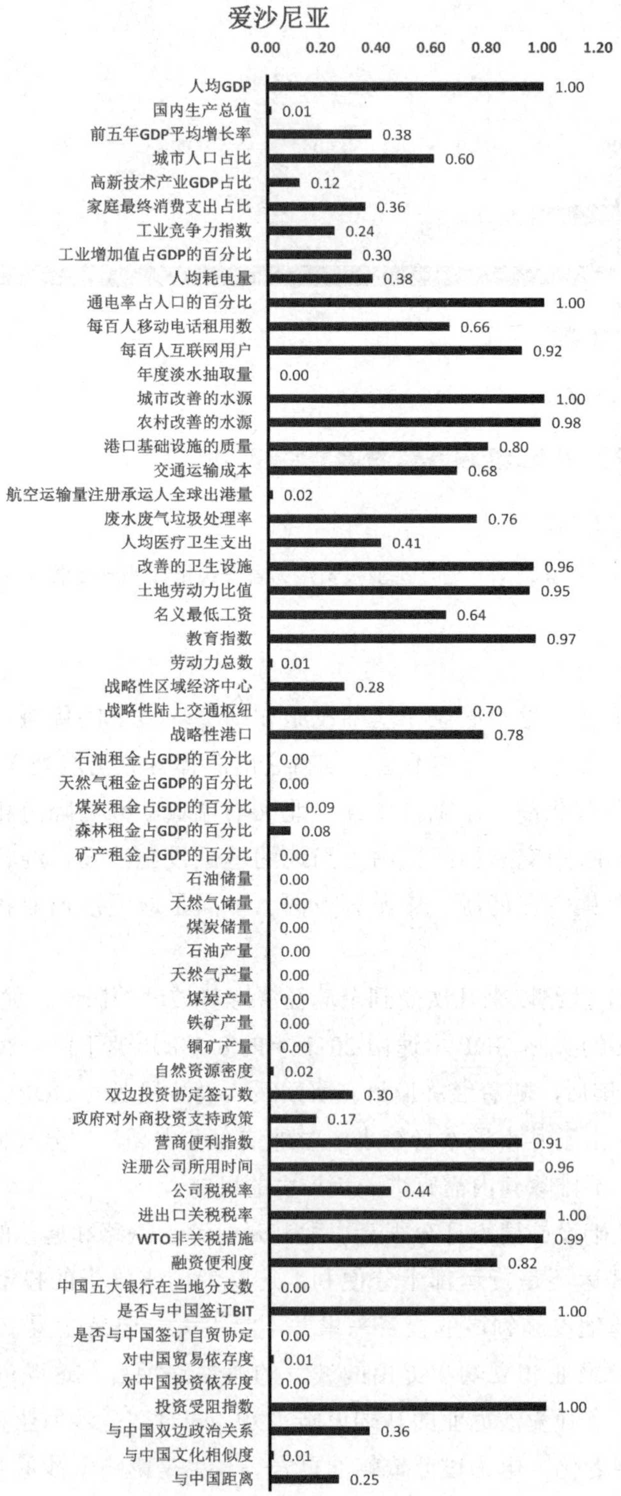

图 5. 58　爱沙尼亚投资潜力各三级指标评分结果

自中国与爱沙尼亚于1992年签订了《经济贸易协定》和于1993年签订了《投资保护协定》后，两国的经济贸易关系一直在平稳地发展着。到了2014年，中国向爱沙尼亚的直接投资达到了610万欧元。但是中国长期以来并不能算得上是爱沙尼亚最重要的贸易投资伙伴，双方的交易结构稳定，集中在电子通信、木材、通信产品及零配件等领域；爱沙尼亚最重要的贸易伙伴依旧是欧盟国家，尤其是北欧和波罗的海国家。这种情况有很大部分是出于爱沙尼亚本身的政治考虑——自1991年独立后，爱沙尼亚就致力于加强区域一体化程度，希望融入欧洲。因此虽然爱沙尼亚对中国关系的指标得分尚可，中国在爱沙尼亚也有孔子学院，标志着两国有一定的文化认同，但在其大的对外方针政策不变的情况下，中国想要将双方交易结构扩展到能源、农产品等领域，同时加大对爱沙尼亚直接投资，并不是一件容易的事。

爱沙尼亚的制度环境指标得分也很高，这是因为爱沙尼亚实行零关税和自由贸易政策，市场化程度很高，同时由于其本国市场具有很强的对外依存性，政府也鼓励招商引资，任何外国投资者都可以享受国民待遇。同时爱沙尼亚国内政治环境良好，2015年3月爱沙尼亚执政党改革党赢得议会选举，为此后相当长一段时间的国内稳定的政治环境铺平了道路。

爱沙尼亚的战略资源总体得分较低，但是爱沙尼亚的森林资源和油页岩资源十分丰富，同时爱沙尼亚得天独厚的位置，也使得它成了一个重要的交通枢纽。油页岩可以提取出页岩油制作出汽油等能源，是一种很重要的非常规油气资源。因此爱沙尼亚在油气资源上有着非常丰富的储备，这也是在今后的投资中，中国十分想与爱沙尼亚进一步加强合作的方面。

爱沙尼亚的人力资本得分并不高，这是由于爱沙尼亚人口总量较少，同时由于教育指数很高，工资水平高，使得在爱沙尼亚很难找到充足的廉价劳动力。因此在爱沙尼亚的投资应当尽量选择技术密集型产业。

（4）投资建议

第一，爱沙尼亚基础设施完善，公路铁路运输发达，再加上稳定的国内政治环境，开放完善的市场机制，构成了其吸引国际投资的最核心的竞争力。

第二，爱沙尼亚虽然总体自然资源储量不丰富，但是拥有着大量的森林资源和油页岩资源，而这两种资源都有着很大的战略价值。因此中国企业可以考虑在这些方面进行投资。

第三，爱沙尼亚与中国关系友善，但是本身奉行的是倒向欧洲的对外政策，同时中国在爱沙尼亚的贸易伙伴中地位也不高，这是中国投资者应当注意的一点。

5.3.2 立陶宛

（1）基本国情

立陶宛是欧洲中东部的一个国家，位于波罗的海东岸。北接拉脱维亚，东南邻白俄罗斯，西南是俄罗斯的加里宁格勒州和波兰，面积约为6.53万平方公里，海岸线长99公里。全国人口约285万，主要是立陶宛族，其余还有俄罗斯族、波兰族等。全国由7个城市、43个区、8个自治机构和2个疗养区共60个地方行政单位构成，大小城镇有100余座。维尔纽斯是立陶宛的首都，位于立陶宛东南部的内里斯河和维尔尼亚河汇合处，面积约为401平方公里，人口约为54.3万。其他主要城市还有考纳斯、克莱佩达、希奥利艾等。

立陶宛的矿产资源匮乏，主要有硫酸盐、石膏和泥炭等，立陶宛的沼泽地区有大量的泥炭，沿海地区还有少量的石油，石油、天然气等矿产资源主要依赖进口。立陶宛的森林资源和水资源丰富，森林和草地均达到土地面积的1/4，有三个大的天然植被区。

（2）得分结果

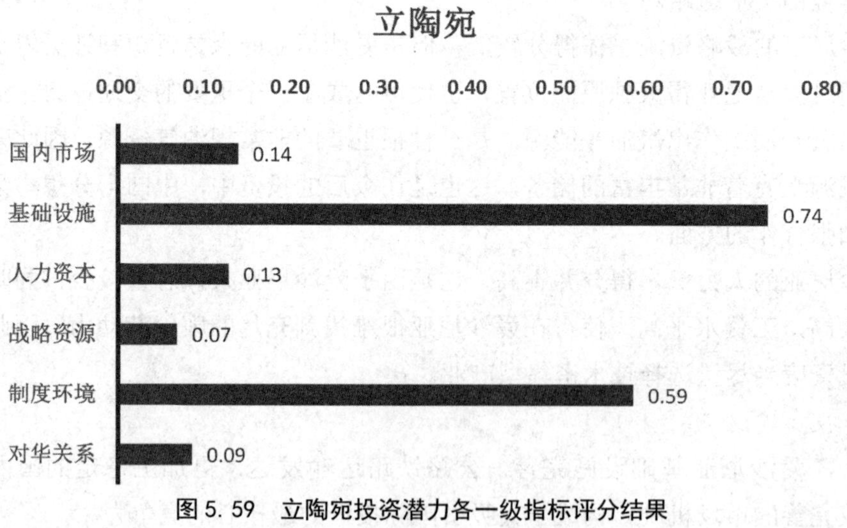

图5.59 立陶宛投资潜力各一级指标评分结果

（3）得分评析

从评价结果上看，立陶宛的总评分在全部65个国家排名第51，排名相当靠后，不是一个很有投资吸引力的国家。

观察一级指标，就会发现立陶宛的情况与保加利亚极其相似，都是基础设施和制度环境指标在所有国家中处于中等水平，国内市场、人力资本、战略资源和对华关系指标在所有国家中都处于极低的水平。

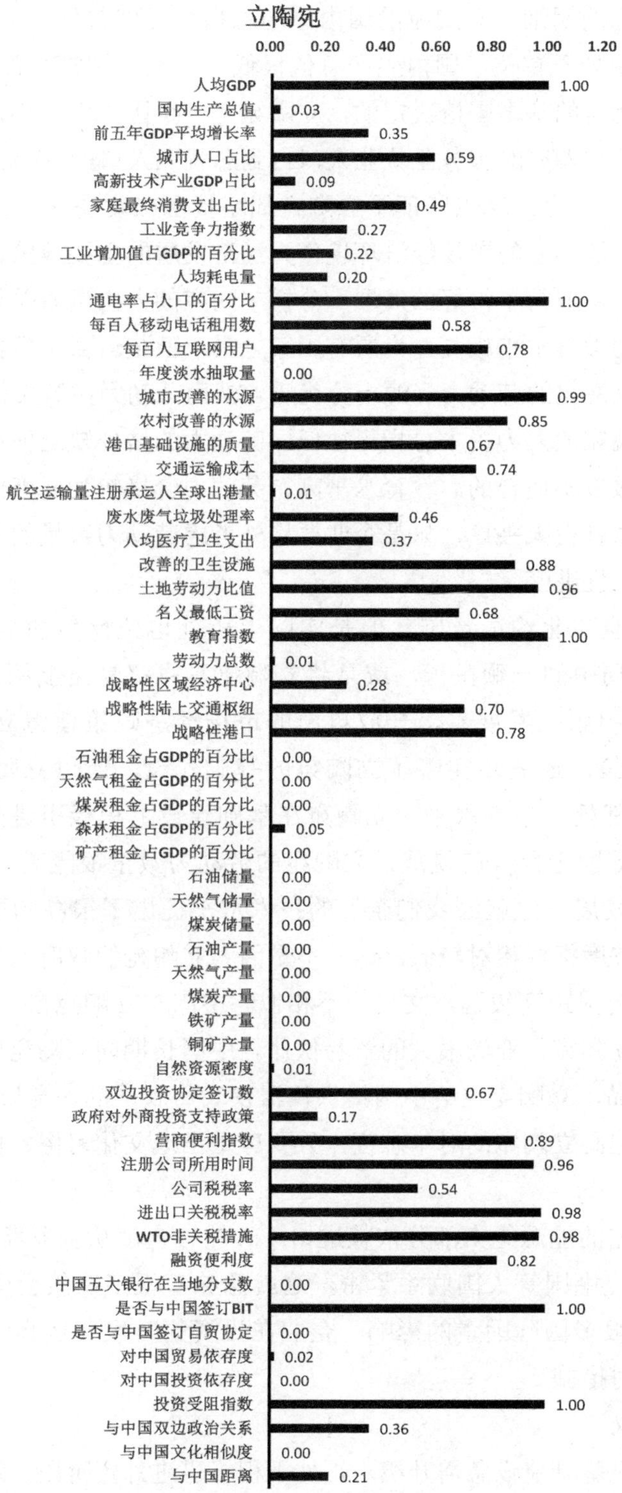

图 5.60 立陶宛投资潜力各三级指标评分结果

分析一级指标的明细，立陶宛的国内市场总指标虽然较低，但是人均GDP指标水平在所有国家中处于首位，国内生产总值极低，其他明细指标都处于下中等水平。当然这些都是立陶宛的基本国情决定的，立陶宛是一个国土面积小，人口稀少，以服务业为主的国家，立陶宛的服务业就业人口占到总就业人口的63%，第三产业在总体收入占比达到70%以上，这也印证了立陶宛战略资源极度缺乏的基本国情。除此之外，立陶宛还将开放自由的市场经济环境作为经济发展的主要政策，这都说明了立陶宛是借助外国之力才取得了很好的发展。分析立陶宛的人力资本总指标，我们就会发现立陶宛的劳动力教育水平极高，为所有国家之最，但是最低工资指标却处于一般中等水平，这说明立陶宛的劳动力资源十分优质，然而劳动力指数仅仅为0.01，极度缺乏，所以导致立陶宛的人力资本总指标很低。劳动力的格外缺乏使得在立陶宛投资劳动密集型产业是极度不适合的。教育水平高、劳动力价格较为低廉使得立陶宛发展资本密集型产业的条件得天独厚，只是企业要格外考虑劳动力数量的需求与供给，以防缺乏劳动力影响工程进度。

立陶宛是欧盟和北约成员国，但是实际上所处地位比较尴尬。西方国家更愿意把立陶宛当作局中的一颗棋子，或是将立陶宛看成贸易路上的一个“驿站”，立陶宛一直在夹缝中顽强发展着，开放自由的市场经济政策使得立陶宛不仅有良好的吸引外资的政策，还逐步完善了立陶宛的基础建设，所以立陶宛的基础环境和制度环境的指标都处于中等水平。立陶宛在基础建设上积极引进外资，这也是巨大的投资机会，也伴随着巨大的挑战，立陶宛的劳动力数量很匮乏，所以基础建设道路只能依靠技术发展，这就给我们企业的技术水平提出了很高的要求。

立陶宛对华态度指标相对较低，这并不是因为立陶宛的政府或者民众对中国有敌意。主要原因是两国距离较远，文化极不相似。中国与立陶宛自1991年建交以来互动频繁，中国是立陶宛在亚洲最大的贸易伙伴。中国长期向立陶宛出口电器、电子产品及通信技术产品，立陶宛也给中国提供仪器仪表、农产品、金属、纺织品等产品。所以投资者不必担心立陶宛的对华态度，只要尊重当地文化习俗，他们是十分欢迎中国企业去投资的。

另外，立陶宛的能源绝大部分依赖进口（天然气全部从俄罗斯进口），发展也与欧盟各国、美国、中国等大国联系紧密，这就意味着很多决策会受到外部环境的限制，政策会受到很多国际因素的影响，企业在投资的时候要认真考察所投行业的特点，做好风险应对措施。

（4）投资建议

第一，立陶宛基础建设急需升级，正处于积极引进外资阶段，这也是巨大的投资机会，也伴随着巨大的挑战，立陶宛的劳动力数量很匮乏，基础建设高度依靠技术发展，这就给我们企业的技术水平提出了很高要求。

第二，立陶宛的经济发展主要依靠自由的市场经济政策，立陶宛的发展也与很多大国联系紧密，而且能源80%依靠进口，这就意味着在立陶宛的投资比较容易受到国际因素的影响，投资者要认真研究情况，合理规避风险。

第三，中国与立陶宛自1991年建交以来互动频繁，中国是立陶宛在亚洲最大的贸易伙伴。立陶宛的政府和人民都没有反华倾向，所以投资者只要尊重当地风俗，友好相处，是可以放心投资的。

5.3.3 罗马尼亚

（1）基本国情

罗马尼亚位于东南欧巴尔干半岛东北部，北部和东北部分别与乌克兰和摩尔多瓦交界，西北部和西南部分别同匈牙利和塞尔维亚接壤，南部同保加利亚以多瑙河为界，东临黑海。罗马尼亚国土面积238391平方公里，总人口约2222万。罗马尼亚全国分为41个县和1个直辖市（首都布加勒斯特），县下设市、镇、乡。罗马尼亚首都布加勒斯特，面积605平方公里，人口约210万。是全国的经济、文化和交通中心，也是全国最大工业中心。

罗马尼亚主要矿藏有石油、天然气、煤和铝土矿，还有金、银、铁、锰、锑、盐、铀、铅、矿泉水等。现在已探明的石油储量为5880万吨，天然气储量约1092亿立方米。此外，罗马尼亚有许多盐山，岩盐储量达30亿立方米。

（2）得分结果

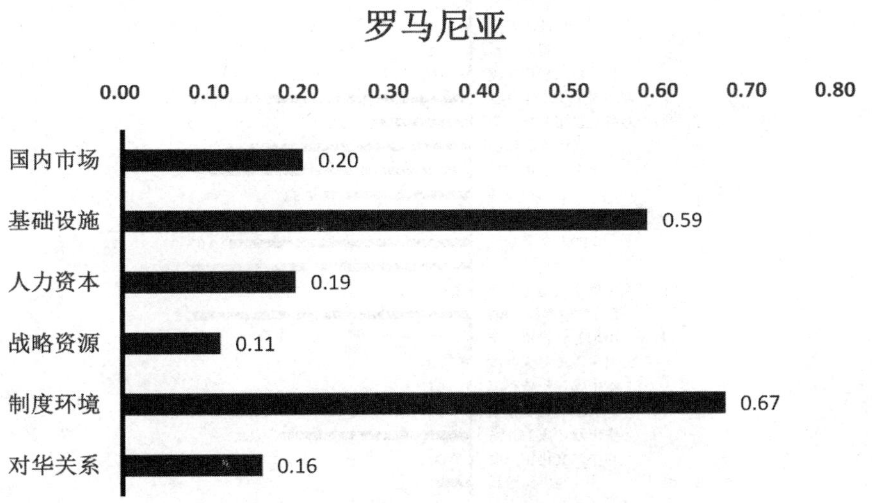

图5.61 罗马尼亚投资潜力各一级指标评分结果

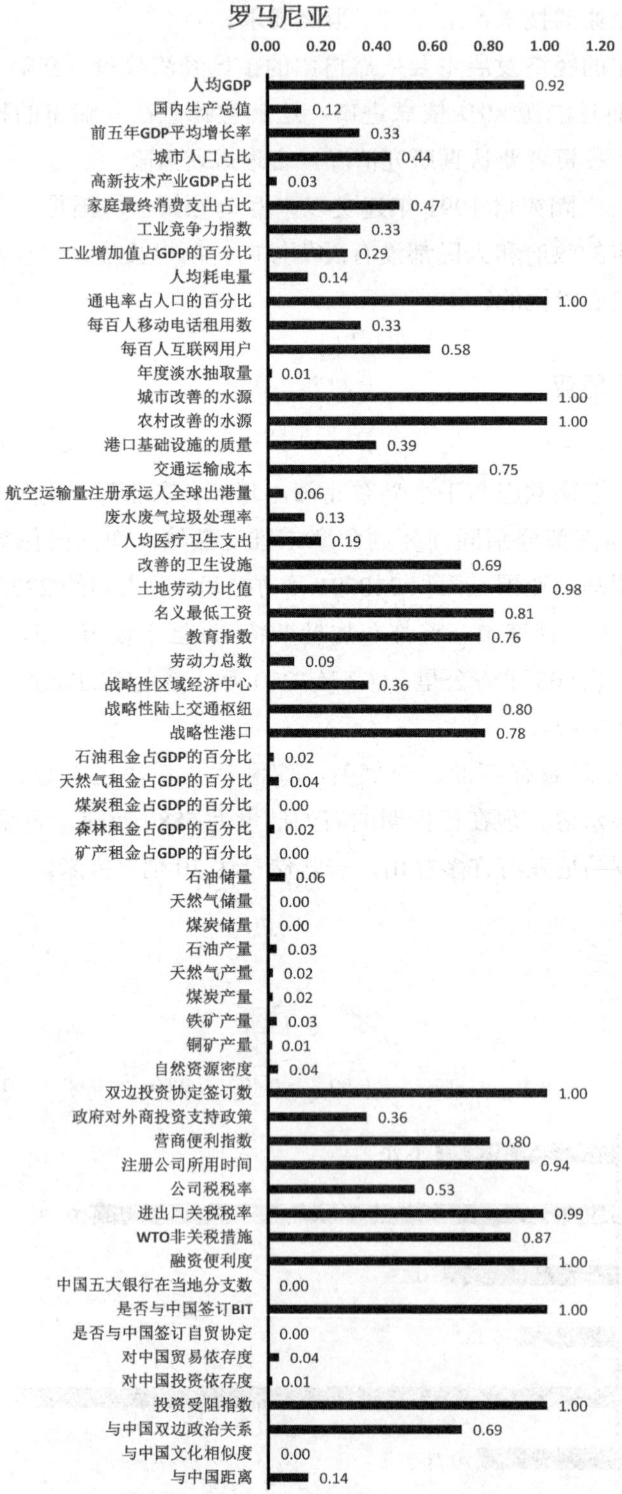

图5.62 罗马尼亚投资潜力各三级指标评分结果

（3）得分评析

总体来看，罗马尼亚各项指标得分不均衡，制度环境和基础设施两项指标得分较高，其余指标的得分均较为靠后。

作为欧盟的一个小国，罗马尼亚的经济增速在各国中名列前茅，但该国的人均GDP在欧盟属于较低水平。2014年欧盟28国人均GDP排名中，最后三名为保加利亚、罗马尼亚和克罗地亚，分别低于欧盟平均水平51%、45%和41%。且罗马尼亚地域狭小，人口不多，综合而言市场不够广阔。许多罗马尼亚人到西欧务工，成为这些国家的“农民工”。因而国内市场评分较低。

罗马尼亚在基础设施方面评分较高，主要是因为其迅速发展、较为完善的医疗体系和发达的陆运设施。罗马尼亚有发达的铁路网，并且是一个临海国家，多种交通方式都非常便利。在该国，私立医院的发展速度也非常快，医疗领域一直有着良好的投资空间。

罗马尼亚教育历史悠久，社会主义时期就已经建立了较为完善的国家教育体系，人口素质较高。但罗马尼亚的城市化水平较低，到2014年7月，罗马尼亚全国人口共2173万人，其中，城市人口所占比例约为54%，农村人口所占比例约为46%。劳动人口多在欧洲境内流动，寻求合适的打工机会，留在国内的高素质劳动力则相对较少。综合这些因素，罗马尼亚人力资本评分较低。

作为欧盟成员国的罗马尼亚在政策制定上采用欧盟标准，所以有着相对完善的商业、税收、融资制度，但严格的欧盟标准也提高了我国企业进入其市场的门槛。作为“一带一路”沿线的重要一站，罗马尼亚正表现出与中国加强经济合作的强烈愿望。罗马尼亚驻华大使多鲁·罗目鲁斯·科斯泰亚曾表示，凭借独特的地理位置，罗马尼亚能在中国“一带一路”建设中发挥重要作用。

（4）投资建议

第一，罗马尼亚在欧洲属于经济落后国家，国内市场较小，但其文化地理环境独特，交通运输发达，基础设施建设较为良好，并且是中国陆运通往西欧的重要一站，具有一定的投资吸引力。

第二，罗马尼亚的劳动人口出国打工现象比较普遍，这是由于国内缺乏足够的就业岗位和工资较低。鉴于此，我国企业在当地适当发展一些劳动密集型产业，对我国企业和当地的经济发展是有双赢效果的。

第三，罗马尼亚正对中国表现出较高的合作热情，两国政府表达了在未来进一步加强合作联系的意向，作为欧盟成员国的罗马尼亚会为中国走向欧盟市场提供稳固的桥梁。同时也需注意，作为欧盟成员国，罗马尼亚采用严格的欧盟标准，一定程度上提高了企业进入门槛。

5. 3. 4 塞尔维亚

（1）基本国情

塞尔维亚是位于欧洲东南部，处于巴尔干半岛中部，北部与匈牙利相邻，东北部与罗马尼亚相连，东部与保加利亚接壤，东南部和南部分别与阿尔巴尼亚和马其顿毗邻，西北部与克罗地亚相接，西部与波斯尼亚和黑塞哥维纳相接，东部与黑山接壤。全国面积约为 8.83 万平方公里，全国人口约 713 万。塞尔维亚分为 24 州和一个直辖市，首都贝尔格莱德为唯一的直辖市，州下再分区，全国有 78 区。贝尔格莱德是塞尔维亚的首都，面积约为 200 平方公里，人口约为 167 万。其他主要城市还有尼什、诺维萨德等。

塞尔维亚的矿产资源较为匮乏，主要矿藏有煤、铁、锌、铜等，森林覆盖率 25.5%，水力资源丰富。塞尔维亚的煤储量约为 92.8 亿吨，天然气储量为 43.5 亿吨，铜和铅锌储量为 27.1 亿吨，锂储量为 7.3 亿吨，辉钼矿储量为 28.5 亿吨。

（2）得分结果

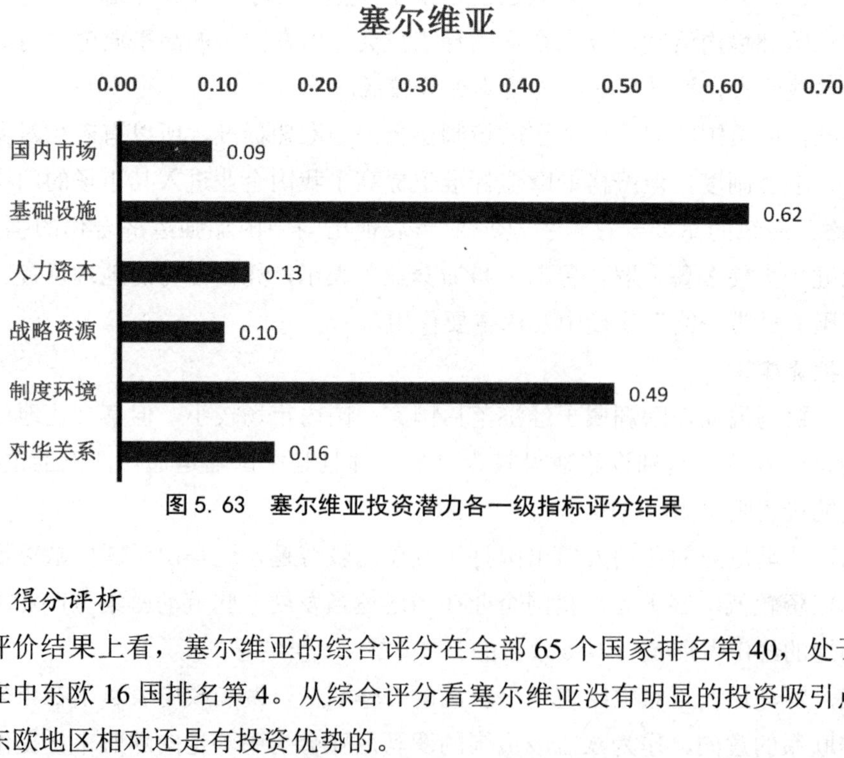

图 5. 63 塞尔维亚投资潜力各一级指标评分结果

（3）得分评析

从评价结果上看，塞尔维亚的综合评分在全部 65 个国家排名第 40，处于中下等水平；在中东欧 16 国排名第 4。从综合评分看塞尔维亚没有明显的投资吸引点，但是其在中东欧地区相对还是有投资优势的。

国内市场方面，塞尔维亚的国内市场评分很低主要是因其人均 GDP 低、国内生产总值不高、科技落后。这些是由塞尔维亚的基本国情决定的，战略资源指标数值的偏小也体现了这样的基本国情，塞尔维亚国土面积小、资源禀赋差，主要依靠外部发展。2008 年以后，塞尔维亚受到全球经济不景气和金融危机的影响，使得经济一直处于低迷状态，近年来才刚刚有了好转，可以说经济危机给本来经济基础就不太好的塞尔维亚带来了沉重的打击。塞尔维亚的人力资本评分同样不高，这主要是因为塞尔维亚教育水平较低和劳动力不充足。虽然塞尔维亚的整体教育水平较低，科技水平总体一般，但是塞尔维亚的汽车工业和信息通信技术产业的发展还较为不错，尤其是信息通信技术产业已逐步发展为塞尔维亚的支柱产业。目前，塞尔维亚共有 1600 余家 ICT 企业，微软也在塞尔维亚投资设立了研发中心，拥有 130 余名技术人员，未来塞尔维亚是非常适合进一步发展信息通信技术产业的，而且塞尔维亚的工程师、技术人员教育背景好、工资低，这使得知识密集型产业在塞尔维亚具有巨大的投资吸引力，我国企业可密切关注其中的投资机会。

塞尔维亚的制度环境和基础设施相对于其总的投资评价指标是相对较好的，具有相对优越的制度环境、税收政策。在基础设施中，移动通信和互联网设备发展仅仅处于一般水平，但是塞尔维亚目标在于把信息通信产业发展为支柱产业，所以目前的国内通信设备急需改革升级，这就带来了巨大的投资机会，优质的劳动力资源给投资带来了更多的利润，只是企业要做好劳动力需求预算，以防因为缺乏劳动力而影响企业的进度。道路、桥梁等基础建设塞尔维亚也急需升级，中塞在相关领域也有了较多的合作，合作效果良好。

塞尔维亚对华态度指标得分较低，但已经是中东欧地区国家里对华态度指标得分最高的。对华态度指标较低的主要原因是两国距离较远、文化极不相似。中国与塞尔维亚近几年逐渐交好，双边有很多合作，政府间的关系也比较融洽。所以投资者不必担心塞尔维亚的对华态度，只要尊重当地文化习俗，他们是十分欢迎中国企业去投资的。

另外，尽管塞尔维亚政府自 2008 年以来就开始逐步解决官僚习气严重的问题，但至今这一现象仍然比较普遍。另外，当地法律体系效率较低，这些都可能给企业的投资造成障碍，企业必须全面了解当地的情况，制定策略规避风险。

（4）投资建议

第一，塞尔维亚的基础建设市场巨大，除了桥梁、道路的建设外，通信设备也急需升级。虽然塞尔维亚的劳动力较为低廉，但是数量不足，这就使得在塞尔维亚发展劳动密集型产业比较困难。

第二，塞尔维亚国内社会安定，政府与中国关系日益交好，国内也没有明显的反华势力，所以只要投资者态度友好，尊重当地风俗，是可以放心投资的。

第三，塞尔维亚的官僚习气问题比较严重，而且法律有待完善，这些都可能给企业的投资带来障碍，所以企业在投资的时候应全面了解当地情况，提前制定策略，规

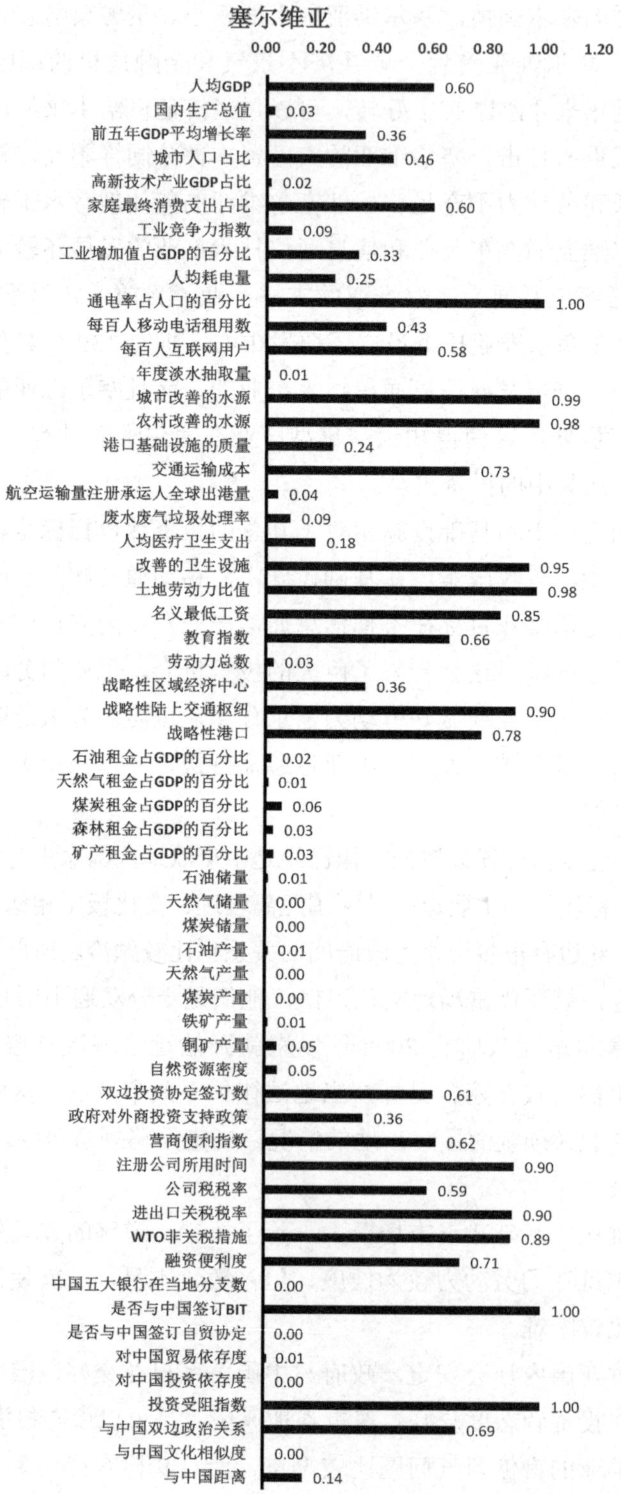

图 5. 64 塞尔维亚投资潜力各三级指标评分结果

避风险。

5.3.5 斯洛伐克

（1）基本国情

斯洛伐克共和国，简称斯洛伐克，东部与乌克兰相连，南部为匈牙利，西北部与捷克相连，北部则与波兰相接，位于欧洲内陆。国土面积 49037 平方公里，人口约 539.7 万。全国共分为 8 个州，79 个县。布拉迪斯拉发是斯洛伐克的首都，人口 41.7 万，是其政治、文化和经济中心。

斯洛伐克的主要资源品种为煤炭、陶瓷矿、黏土矿、白云岩砂和食盐等非金属矿，其油气资源及金属矿藏均较为匮乏，需大量从国外进口。此外，斯洛伐克的河流纵横，拥有较为丰富的水资源，全国的水资源总量约为 500 亿立方米，人均水资源量约为 9300 立方米。

（2）得分结果

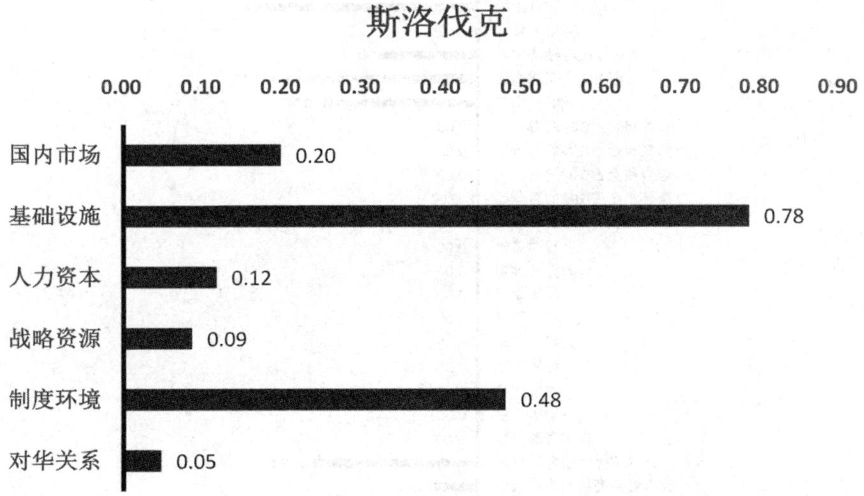

图 5.65 斯洛伐克投资潜力各一级指标评分结果

（3）得分评析

从整体来看，斯洛伐克大部分指标的得分均较一般，但也有较有优势的方面。斯洛伐克地理位置优越，有着得天独厚的条件，近年来经济增长迅速，拥有很大潜力，政府部门也采取了一系列政策措施引进外资，改善投资环境，包括减免税收、增加补贴、完善法律法规等。但是企业仍需要注意在斯洛伐克开展投资活动时要避开民族尖锐问题，尊重当地文化，与各方政党保持友好关系，密切关注政府政策导向，采取更加有利的经营战略。下面对斯洛伐克的各项指标进行详细的分析。

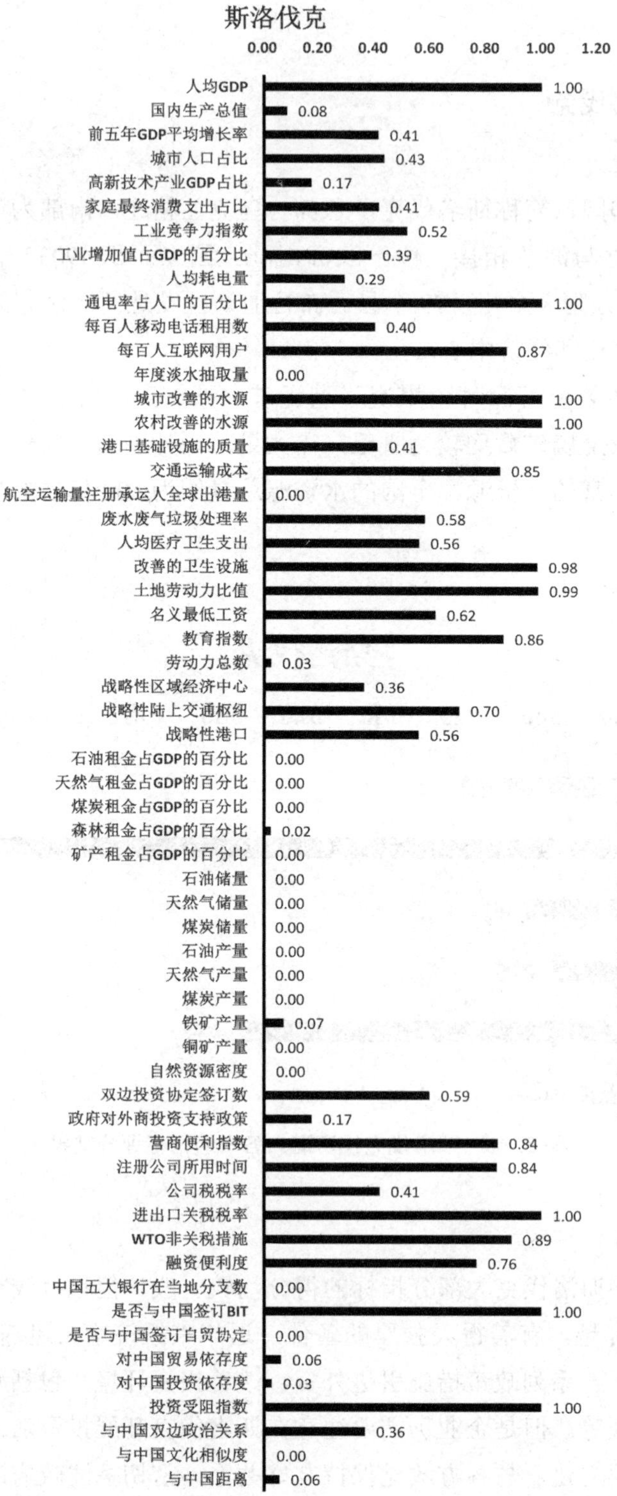

图 5. 66　斯洛伐克投资潜力各三级指标评分结果

斯洛伐克具有较大的国内市场，我们看到斯洛伐克的人均GDP指标得分很高，但需要注意的是，在加入欧盟以后由于连续受到次贷危机和欧债危机的影响，加上以出口为导向的对外贸易方针，欧洲金融市场和国际政治形势的波动都对斯洛伐克影响巨大。一方面，由于欧元区经济形势持续低迷，市场波动性增加，再加上丧失了通过货币政策来调节国内经济的可能性，竞争优势减弱，斯洛伐克的就业形势不容乐观。2014年失业率平均为13.2%，较前几年有所改善，但失业率排名仍是欧盟国家的第六位和中东欧国家第二位。另一方面，斯洛伐克2015年政府债务占GDP比重为53.6%，财政赤字21.6亿欧元，占GDP比重2.9%。这两项指标均接近欧盟规定的60%和3%的红线。而通货膨胀率2013年以来呈现持续下降趋势，连续多个月出现负值，通货紧缩风险进一步加大。斯洛伐克统计局2015年第一季度的数据显示，消费者价格同比下降0.4%，其中交通运输价格下降幅度最大。斯洛伐克经济波动，政府政策不断更新，因此企业在投资时要及时看清国际形势，考虑到斯洛伐克的实际情况，谨慎行事。目前中国对斯洛伐克出口的商品80%为电子、机械类产品，还包括无线电话、录放机、广播接收设备、数据处理设备、镁及其制品等。主要进口的商品90%为汽车，主要车型为大众途锐、保时捷卡宴和奥迪Q7等SUV汽车，除此之外还有钢材、电动机、发电机和轮胎生产设备等。汽车工业在斯洛伐克的经济中占有极其重要的地位，汽车产量一直处于世界前列，大众、起亚和标志雪铁龙都选择了在斯洛伐克投资。电子工业作为斯洛伐克经济产业的重要支柱，三星、索尼等公司都相继在斯洛伐克成立分公司，电子产品的产量和质量都得到了很大提升。冶金和机械制造业在斯洛伐克的历史很悠久，美国最大的钢铁垄断公司美国钢铁公司也在斯洛伐克建厂，建筑、林业、轴承等众多工业产品在国际市场上享有盛誉。在应对经济危机时斯洛伐克努力改进出口商品的结构，大力发展高附加值产品，IT相关技术和产品，加大基础设施投资，增修多条高速公路，刺激了经济的发展和就业。能源方面，斯洛伐克非金属矿产量丰富，同时斯洛伐克最大的电力供应商——斯洛伐克电力集团于2014年开始出售其66%的股权，有较大的发展潜力。除此之外，由于在中东欧国家中，斯洛伐克是为数不多的加入欧元区的国家，所以金融市场也比较稳定，银行业发展前景良好。因此，除了汽车、电子和冶金机械这些传统支柱产业外，高科技产业、基础建设、能源建设和银行业领域都有大的投资空间。

斯洛伐克的基础设施是很完善的，在互联网用户每100人、城市改善的水源获得改善水源的城市人口所占百分比、农村改善的水源获得改善水源的农村人口所占百分比、交通运输成本和改善的卫生设施等几项指标评分都很高。尤其是斯洛伐克的运输系统比较发达，多样性和低成本的交通运输对企业来说是个很明显的优势。

对于斯洛伐克的人力资本，从评分结果上看表现得并不是很好，在所有国家中处于中等偏下的位置。事实上，斯洛伐克的劳动力受教育程度较好，但是当地工资水平较高，不适合劳动密集型产业的投资。

斯洛伐克的战略资源评分表现并不是很好，指标排名在所有国家中处于中等偏下的位置。斯洛伐克林业资源丰富，森林覆盖率很高，超过国土面积的30%，山地两侧分布的树木种类不同，南坡主要是阔叶林，北坡主要是混交林和针叶林。但是其油气资源并不丰富，拥有的多为小型油田，零星分布在喀尔巴阡山脉及东部地区。斯洛伐克石油开采集中在扎里霍平原，年产量也仅仅约为5.3万吨。

在制度环境方面，斯洛伐克评分较高，在非关税措施、进出口关税税率、注册公司所用时间、融资便利度指标表现良好。斯洛伐克政府部门采取了一系列政策措施引进外资，改善投资环境，包括减免税收、增加补贴、完善法律法规等。

虽然斯洛伐克在对华关系上的评分较低，但并不是说两国之间的关系恶劣，斯洛伐克和中国建立了友好的外交合作关系，斯洛伐克独立以后，两国的贸易往来更是进入了一个新的发展阶段。斯洛伐克统计局表示，2015年1—8月，中斯双边贸易总额为38.4亿欧元，同比增长4%，其中斯洛伐克在中国的进口总额为32.7亿欧元，同比增长8.5%；出口总额为5.7亿欧元，同去年相比减少了35.9%。而根据中国的统计数据，近年来，双边贸易额超过60亿美元，保持中国在中东欧众多贸易伙伴国中的第四位多年，而中国也发展成为斯洛伐克第六大全球贸易伙伴，两国发展态势良好。

在双边协议方面，中斯两国签订了一系列有利于经贸合作的条约与协定，比如《部门间合作协定》、《经济合作协定》、《避免双重征税协定》，以及《投资促进协定》等，对双方的贸易往来进行了进一步的规范与促进。“中国—中东欧国家合作16+1平台”的建立，双边经贸联委会第十次、第十一次会议的成功举行，两国商协会之间合作协议的签署，以及“企业家理事会”的成立等活动都对两国经贸关系的发展起到了推动作用，企业家合作投资的热情空前高涨。宁波天胜轴承集团对ZVL公司的收购，联想设立欧洲中东非洲技术支持中心等项目的成功都是中国在斯洛伐克投资很好的范例。2014年中国企业对斯洛伐克的投资局面发生巨大变革，生产型投资项目数量迅速攀升。航天科工集团和南车集团旗下公司都收购了西欧企业的在斯投资，使得两国的经贸合作迈上新台阶。

（4）投资建议

第一，斯洛伐克地理位置优越，有着得天独厚的条件，近年来经济增长迅速，拥有很大潜力，政府部门也采取了一系列政策措施引进外资，改善投资环境，包括减免税收，增加补贴，完善法律法规等。

第二，企业需要注意在斯洛伐克开展投资活动时要避开民族尖锐问题，尊重当地文化，与各方政党保持友好关系，密切关注政府政策导向，采取更加有利的经营战略。

第三，斯洛伐克的劳动力教育水平较高，但同时也应注意到它的工人工资较高，所以对于企业来说劳动力成本较高，投资者应该注意到这一点。

第四，在中东欧国家中，斯洛伐克是为数不多的加入欧元区的国家，所以金融市场也比较稳定，银行业发展前景良好。除了汽车、电子和冶金机械这些当地传统支柱产业外，其高科技产业、基础建设、能源建设和银行业领域都有大的投资空间。

5.3.6 斯洛文尼亚

（1）基本国情

斯洛文尼亚位于中欧南部，毗邻阿尔卑斯山，西邻意大利，西南通往亚得里亚海，东部和南部与克罗地亚接壤，北接奥地利和匈牙利。面积为20273平方公里，人口约206.4万，全国共划分为12个行政区，共有194个城镇和区政府。其首都卢布尔雅那人口约28万，是斯洛文尼亚的政治、文化和经济中心。

斯洛文尼亚森林资源丰富，全国森林覆盖率达66%，位列欧洲第三。此外，国内有5593平方公里的草场、363平方公里的果园，以及216平方公里的葡萄园。斯洛文尼亚的矿产资源相对贫乏，主要有汞、煤、铅、锌等，储量不多，但矿泉、温泉和其他水力资源较为丰富。

（2）得分结果

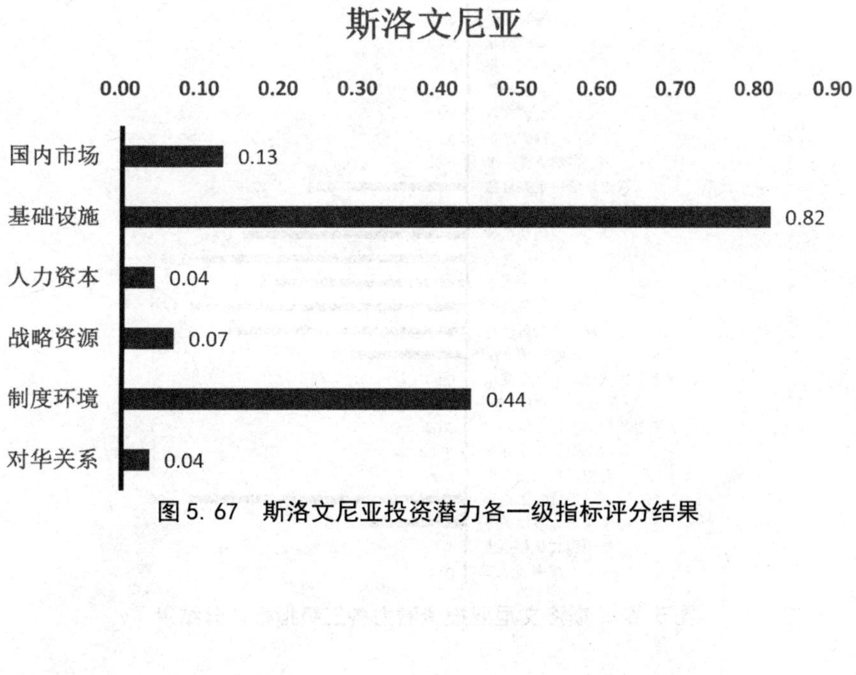

图5.67 斯洛文尼亚投资潜力各一级指标评分结果

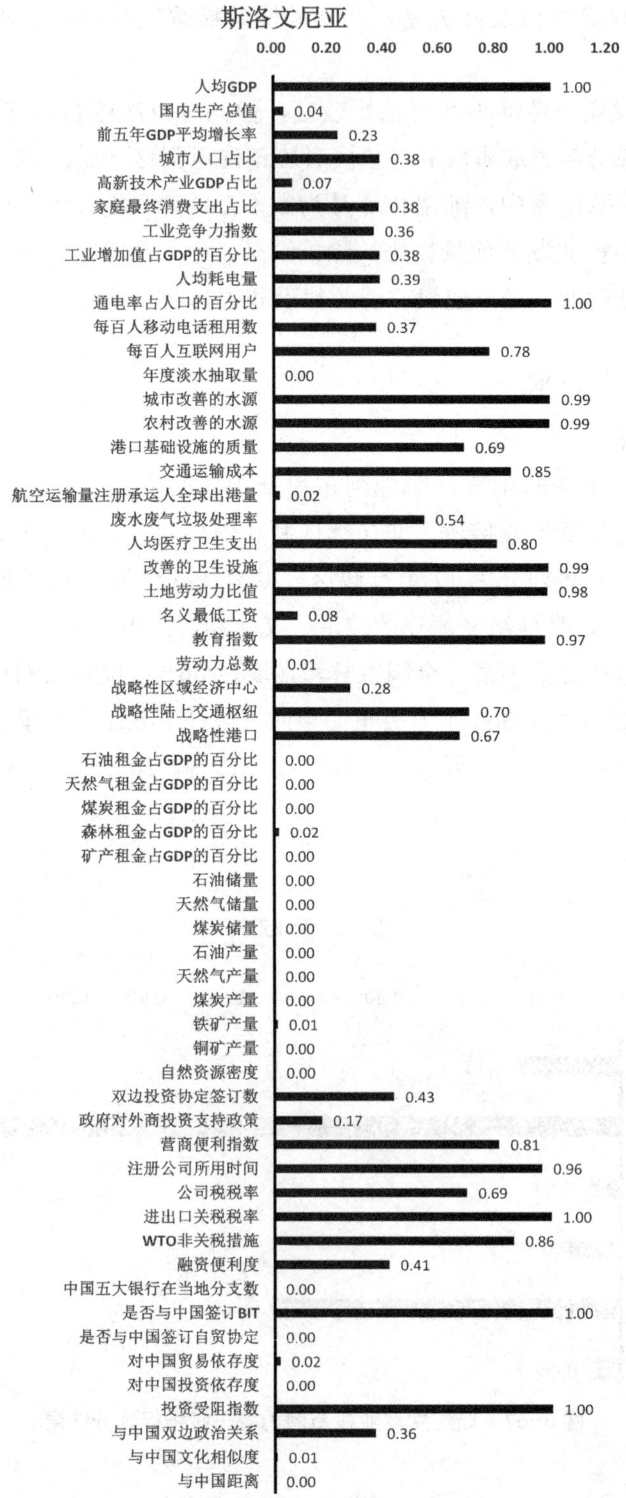

图 5. 68　斯洛文尼亚投资潜力各三级指标评分结果

（3）得分评析

从整体来看，斯洛文尼亚大部分指标的得分均较一般，但也有较有优势的方面。斯洛文尼亚经济属于高度外向型，出口是经济发展的主要动力。经济规模较小，受世界经济尤其是欧洲经济的影响很大。尽管自然资源比较匮乏，但其加工工业基础雄厚，电子、木材加工、食品、非金属矿产加工、有色金属、印刷等工业水平较高。此外，化工、汽车、纺织、建筑等工业也较发达。下面对斯洛文尼亚的各项指标进行详细的分析。

斯洛文尼亚的基础设施是比较完善的，公路、铁路、水运、空运等交通设施，以及通信、电力、能源工程等设施较为完备，三级指标交通运输成本的评分较高，这有利于企业降低运营成本。斯洛文尼亚处于国际陆路、海路、航空枢纽位置，陆路交通占比较大，截至2014年，铁路长1200多公里，公路18000公里。海港主要有科佩尔港、伊佐拉港和皮兰港。国际机场主要有卢布尔雅那-布尔尼克机场、马里博尔机场和玫瑰港机场，此外还有许多运动机场。另外，斯洛文尼亚的医疗卫生设施也是十分完备的，这也是改善的卫生设施和人均医疗卫生支出指标评分较高的一个重要原因。斯政府制定了基础设施发展规划，旨在加强交通运输、通信等基础设施建设，鼓励外商投资，这对于外商来说是一个较大的投资机会。

斯洛文尼亚是WTO的创始会员国之一，其经济属于高度外向型，出口是经济发展的主要动力。尽管斯洛文尼亚自然资源比较匮乏，但其加工工业基础雄厚，电子、木材加工、食品、非金属矿产加工、有色金属、印刷等工业水平较高。此外，化工、汽车、纺织、建筑等工业也较发达。受全球金融危机的影响，斯经济一度疲软，甚至出现负增长。但2013年以来，经济逐渐回暖，并于2014年实现正增长。斯洛文尼亚的主要贸易伙伴是欧盟成员国，占全部出口的70%，进口的80%。近年来，逐步加大同非欧盟国家的贸易，尤其是俄罗斯和乌克兰以及美国、澳大利亚、中国、印度、日本等国家。自1992年签署《经济贸易协定》以来，中斯两国已签署了多项贸易协定。斯洛文尼亚高度重视斯中双边经贸关系，将中国确立为其2013年海外战略目标市场；中国政府和企业也逐渐加大了对斯贸易的力度，数量和质量均有所提升。中国对斯洛文尼亚主要出口电脑及其零部件、家用电器、玩具、化工原料、电信器材和工具等；主要进口真空吸尘器、电动机、发电机及零部件、冷冻设备压缩机、齿轮装置、轴承、有机化学品、医药产品等。近年来，随着中国政府和企业“走出去”步伐的加快，中国对斯直接投资呈现出上涨的势头。

斯洛文尼亚的劳动力的受教育程度是非常高的，很高的教育指数评分很好地体现了这一点，与此优势形成鲜明对比的是，斯洛文尼亚的名义最低工资评分很低，也就是说斯洛文尼亚的劳动力成本是非常高的，所以不太适合在斯洛文尼亚发展劳动密集型的产业，但比较适合发展高新技术产业，如电子和通信行业。

斯洛文尼亚的矿产资源贫乏，这也是战略资源评分很低的一个重要原因。斯洛文尼亚的矿产资源主要有汞、煤、铅、锌等，森林和水力资源丰富，森林覆盖率接近50%，但是在评分体系中权重较高的油气等资源品种在当地较为匮乏，拉低了其战略资源指标的总体评分。

斯洛文尼亚的制度环境对投资者来说还是比较有利的，政府执行FDI成本优惠计划，对外资实行国民待遇，补贴外商投资；外资企业同样享受欧盟成员国之间关税减免等优惠政策；所有经济部门通过依法合资的形式对外资开放；外资可自由转让和回收投资资本。斯洛文尼亚完全采用欧盟的贸易政策，相关法律法规体系完善，条款清晰透明，有章可循。

斯洛文尼亚的对华关系评分并不高，在文化相似度和双边政治关系等方面表现一般。斯洛文尼亚独立后谋取与邻国的友好合作，致力于维持东南欧的稳定。2004年5月加入欧盟后，斯一直致力于全面融入欧盟体系，对外交往贯彻欧盟政策。2007年1月和12月先后加入欧元区和申根国。目前，斯洛文尼亚实行多元外交政策，不仅重视发展同德、法等欧盟内部大国关系，而且积极与盟外大国如美国、俄罗斯、中国发展友好关系，同时注重发展与其他原南斯拉夫国家关系。总的来说，斯洛文尼亚与中国关系良好。

（4）投资建议

第一，斯洛文尼亚地理位置优越，位于中欧和南欧的交汇处，科佩尔港位于中、远东地区与中东欧经贸中心国家的最短连接线上，是欧洲交通运输网的枢纽之一，交通运输成本低，在当地投资有利于企业降低运营成本。

第二，斯洛文尼亚的劳动力的受教育程度非常高，与此情况相应的是劳动力成本很高，所以不太适合在斯洛文尼亚发展劳动密集型的产业，但比较适合发展高新技术产业，如电子和通信行业。

第三，斯洛文尼亚的制度环境对投资者来说还是比较有利的，当地政府给予外资较多投资优惠，且当地法制相对健全，完全采用欧盟的贸易政策，相关法律法规体系完善，条款清晰透明，有章可循。

第四，目前，外资在斯洛文尼亚主要分布在金融中介、药剂制造、中介服务和批发业、汽车等行业，其他领域则很少。除上述行业外，未来对斯投资的重点领域有医药化工行业、电子和计算机行业以及旅游业等。

5.3.7 波黑

（1）基本国情

波黑位于东南欧巴尔干半岛中西部，东部和南部与塞尔维亚和黑山毗连，北部、西部和西南部与克罗地亚接壤，南部极少部分濒临亚德里亚海，海岸线长23公里。北部称为波斯尼亚，南部称为黑塞哥维那。波黑由两个实体和一个特区组成，即波黑联邦（占波黑领土51%）和塞族共和国（占波黑领土49%）以及布尔奇科特区组成。萨拉热窝市（以穆斯林为主的波族居多数）为波黑首都，人口约29万，是波黑的第一大城市，也是全国的政治、经济和文化中心，同时也是波黑联邦的首府及萨拉热窝州的首府。巴尼亚卢卡市（塞族居多数）是塞族共和国首府，人口22.5万，是塞族共和国的政治、经济和文化中心。莫斯塔尔市（克族居多数）是克族首府及黑塞哥维那地区的行政中心，人口6.4万，同时也是波黑联邦的主要行政中心之一。

波黑的主要的矿产资源有褐煤、铝矾土、铁矿。此外还有铅锌、石棉、岩盐、重晶石等矿藏。波黑拥有丰富的水资源，水力发电潜能400万千瓦以上，矿泉水资源丰富，可利用开发生产瓶装饮用水。波黑森林资源丰富，森林覆盖率占其国土面积的53%，是东南欧国家中森林覆盖率最高的。

（2）得分结果

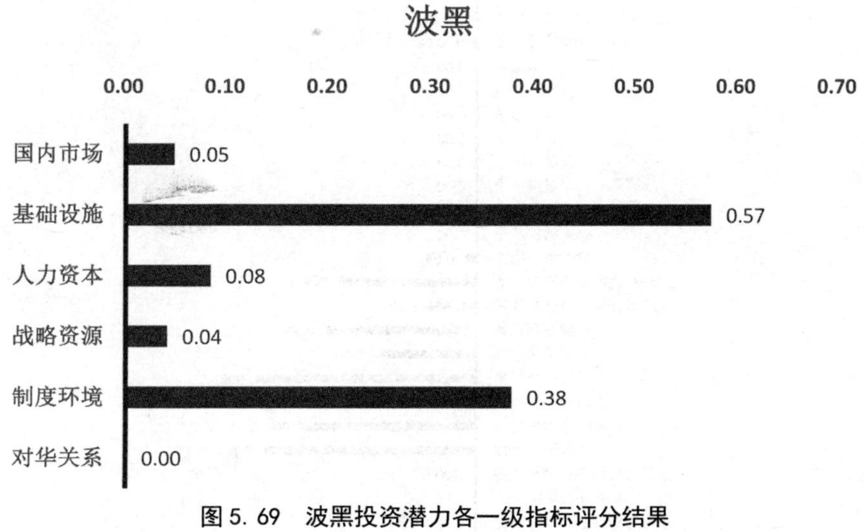

图5.69 波黑投资潜力各一级指标评分结果

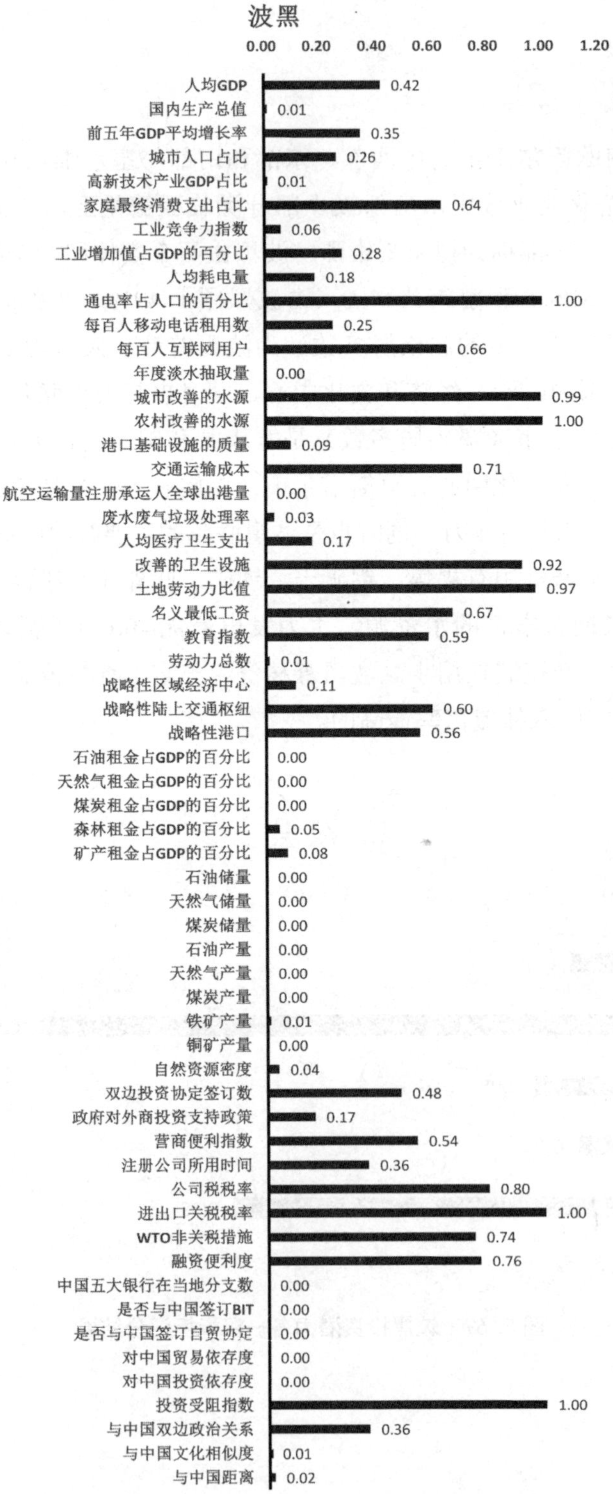

图 5. 70 波黑投资潜力各三级指标评分结果

（3）得分评析

从评价结果上看，波黑的指标评分综合结果属于下游水平，各项指标表现都不够突出。

波黑长期受内战困扰，经济一度停滞不前，2000年后波黑逐步脱离战争泥潭，经济正在逐渐复苏，但目前波黑总体经济状况仍比较落后，根据欧洲统计局统计，波黑是欧洲最穷的国家，波黑2013年人均GDP仅为欧洲国家人均GDP的28%。落后的经济发展水平加之稀少的人口（波黑人口不足400万），导致波黑国内市场部分的评分非常低，该国市场不是很广阔。但该国的基础设施评分相较于其余指标高出一些，因为在20世纪处于计划经济阶段时，在政府的统筹指导下波黑建设了一系列基础设施，这部分基础设施有许多至今仍在正常使用，即使如此，波黑的基础设施建设情况与欧洲其他国家相比仍处于较低水平。

波黑在人力资本这一项上评分很低，该国虽然有着较为完善的教育体系，但波黑人口较少，长期的战乱使波黑在人口结构上也欠佳，此外波黑科技水平较为落后，缺乏高新技术人才，综合而言无论是劳动密集型产业还是高新技术产业，波黑在人力资本上都明显缺乏吸引力。

在战略资源上，作为一个多山川处于地中海周围的小国，波黑缺少油气等战略资源，较为丰富的资源主要有煤炭、食盐和水力资源。波黑煤炭储量达38亿吨，其图兹拉地区的食盐储量更是居于欧洲之最，此外波黑水系发达，河流纵横，潜在的水力发电量超过150亿千瓦。有意向的企业可多关注波黑在这些领域的投资机会。

在对华关系这一项上，波黑的评分很低。这主要是由于两国距离较远，且两国之间文化差异较大，事实上，两国有着长期的友好合作关系，波黑与华关系良好。值得注意的是，此届波黑政府更注重发展与美国、欧盟的关系，为加入北约和欧盟做了积极的准备。目前波黑加入欧盟的申请已经进入实质性讨论阶段。若波黑加入欧盟，会对中国的投资带来双方面的影响：一是我国企业可以通过进入波黑辐射整个欧盟市场；二是波黑如果加入欧盟后，一系列的规章制度将采用严格的欧盟标准，增加了我国企业进入其市场的难度，且我国企业需面临激烈的与欧盟国家企业的竞争。因此建议企业谨慎进行投资决策，对当地未来的局势变化提前做好应对措施。

（4）投资建议

第一，波黑长期饱受内战困扰，经济发展水平较为落后，且人口稀少，科技落后，无明显人力资本优势，此外波黑的基础设施建设情况也不够理想，总的来说缺乏足够的投资吸引力。

第二，波黑缺乏油气等战略资源，较为丰富的资源有煤炭、食盐和水力资源，企业可多关注这些领域的投资机会。

第三，波黑与华有着传统友好关系，但此届波黑政府更重视发展与美国、欧盟的关系。目前波黑加入欧盟的申请已经进入实质性讨论阶段，企业要多方面评估波黑此项举动的影响，对未来的投资环境可能发生的变化做好积极的应对措施。

5.3.8 波兰

（1）基本国情

波兰位于中欧东北部，北濒波罗的海，西邻德国，南界捷克、斯洛伐克，东部和东南与白俄罗斯和乌克兰相接，东北和立陶宛、俄罗斯相连，海岸线长528公里。地势北低南高，中部下凹，国土面积为312679平方公里。波兰全国人口数量为3843万，行政划分为16个省，308个县，2489个乡。总人口中波兰族约占98%，此外还有德意志、白俄罗斯等少数民族。首都华沙是波兰的第一大城市，也是全国工业、贸易和最大科学文化中心及最大的交通运输枢纽。其他主要大城市还有克拉科夫、罗兹、弗罗茨瓦夫等。

波兰矿产资源较为丰富，最重要的矿产资源有：煤、铅、锌、硫黄、铜、天然气、钾盐和食盐。煤储量达1500亿吨左右，居欧洲第四、世界第八。硫黄储量超过1亿吨，居欧洲第一，出口量居世界第一。铅和锌储量为350万吨，居世界之首。铜储量约为1500万吨，居欧洲之首，约占世界储量的10%。此外，天然气储量约1800亿立方米，石油储量为6440万吨。而且波兰琥珀储量很大，价值近千亿美元，是世界琥珀生产大国。

（2）得分结果

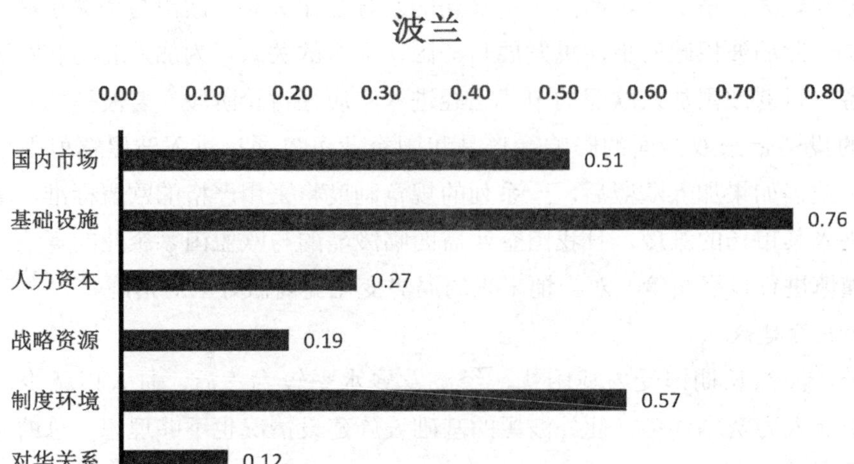

图5.71 波兰投资潜力各一级指标评分结果

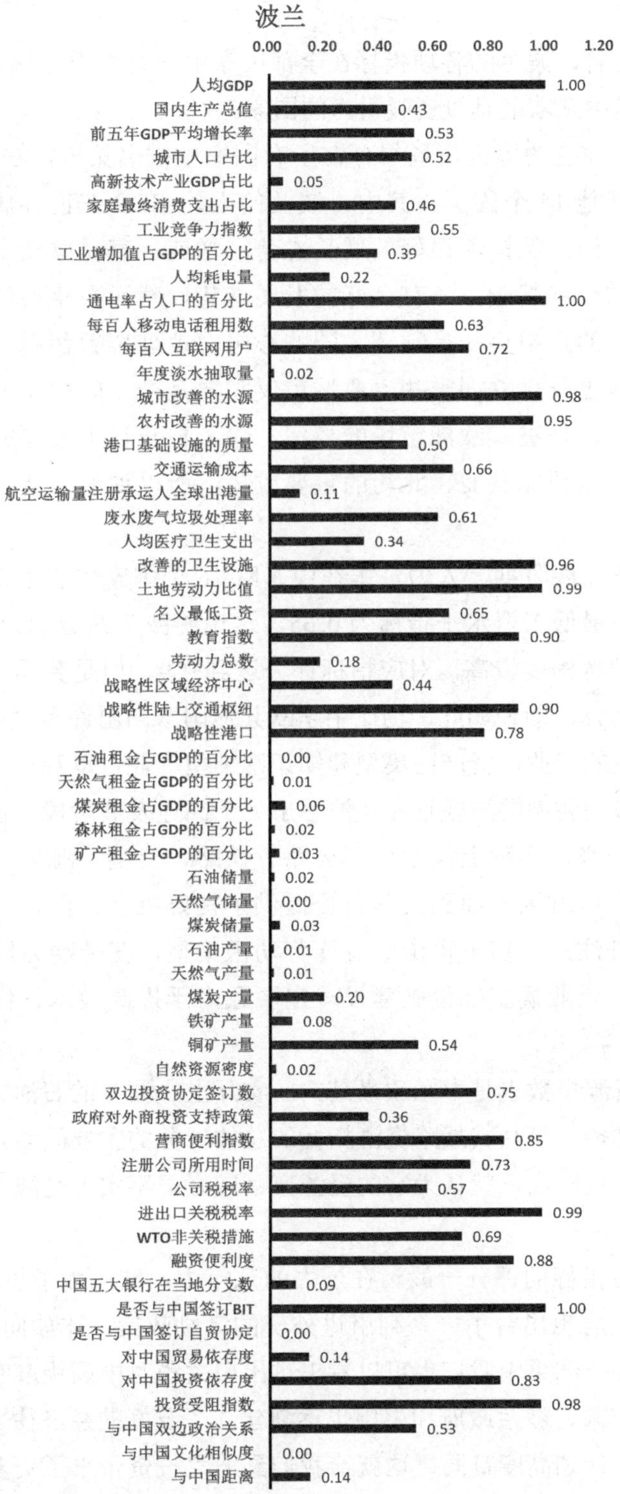

图 5. 72 波兰投资潜力各三级指标评分结果

（3）得分评析

从评价结果上看，波兰的各项指标在全部国家中都处于中等偏上水平，在中东欧地区处于首位，是中东欧最具投资吸引力的国家。

一级指标中，波兰的国内市场得分在所有国家中排名第五，在中东欧16国排名第一，远远高于其他15个国家。其中，波兰的人均GDP在世界居于较高水平，且近几年来，波兰的经济保持着很好的增长态势，增速一直是欧盟最高，这就说明波兰不仅具有良好的经济基础，还有良好的发展态势。然而更重要的是波兰的地理位置，波兰位于欧洲的正中央，是欧洲大陆的心脏，地理位置优越，辐射西欧和东欧地区，从首都华沙出发至欧洲一些主要城市仅需要几个小时的车程，使其成为欧洲地区最佳的突破口，是进入欧洲市场的枢纽。除了自身得天独厚的优势以外，波兰还分别是众多国际组织如欧盟、北约的重要成员，所以说波兰就是打开欧洲市场的钥匙之一。

波兰处于高速发展时期，人力资本在中东欧16个国家也居于首位，在所有国家中处于偏上水平，最低工资水平指标为0.65，这说明波兰的劳动力价格较高，此外，波兰的劳动力受教育程度较高，对应指标评分达到0.9，但是劳动力数量不充足，对应指标评分只有0.18，即使如此，仍比中东欧其他国家高出许多。可以看出波兰不适合投资劳动密集型的产业，资产密集型和知识密集型产业可以观望市场捕捉机会，比如可以投资波兰最为骄傲的游戏行业。波兰虽处于高速发展阶段，但其基础设施处于一般水平，急需升级，实际上波兰已把公路、铁路、空港、海运、互联网等基础建设作为投资重点，这就为外商到波兰投资提供了良好机会。但是，投资者在投资基础建设行业要格外注意，切不可走成发展劳动密集型，在劳动力较为昂贵的波兰这是高成本的行为，企业搞基础设施建设一定要致力于提高技术、优化设备，走资本密集型道路。

波兰的战略资源指数也是中东欧最高的。实际上，波兰的石油、天然气等重要战略资源品种相对贫瘠，拉高其战略资源指标的总体评分的主要因素是铜，所以企业切不可因波兰资源指数较高，就认为它的资源禀赋较好，事实上是波兰铜的储量及产出尤为突出的缘故。

波兰制度环境指标的评分一般。在过去的几年中，波兰为了引进外资发展经济、解决就业问题，政府也出台了一系列引进外资的激励政策，比如向投资者提供补助、优惠税务等，从评分结果中我们也可以看出进出口关税对中国极度有利，对应指标得分达到0.99。近年来，波兰政府和中国也逐渐建立了友好的经济往来关系，波兰对中国的“一带一路”计划高度赞同，这就给我们到波兰投资带来了更多的机会。例如华为、中兴在数年前就进入了波兰市场，并且取得了不错的成绩，柳工也以并购的形式进入了波兰市场。

波兰的对华关系指数明显偏低，标准化后仅为0.12，在65个投资国中明显处于偏下水平，这主要是因为其与中国距离较远，文化差异巨大，但无论是波兰政府还是当地居民，都没有明显的反华倾向，并且波兰是欧盟唯一一个加入亚投行的国家，中国企业可在当地放心投资。

（4）投资建议

第一，波兰不仅地理位置优越，处于欧洲的心脏位置，而且是欧盟、北约等国际组织的重要成员，这意味着企业进驻波兰将有更广的前景，特别适合期望开拓国际市场的企业投资。

第二，波兰经济基础本就不错，而且目前又处于高速发展阶段，市场潜力巨大，消费需求不断上涨，更重要的是基本设施急需全面升级，所以在波兰投资机会巨大。但是投资者在投资时，要注意到波兰较高的工资水平，在当地的投资不宜走劳动密集型路线，而是适合走技术密集型路线。

第三，波兰资源禀赋不是很好，但是铜的储量和产量很突出，以铜作为主要原料的相关生产领域会比较有投资价值。

第四，波兰国内社会安定，中波关系日益友好，积极赞成中国的“一带一路”政策，波兰民众并没有明显的反华动机，所以只要投资者态度友好，尊重当地风俗，还是可以放心投资的。

5.3.9 拉脱维亚

（1）基本国情

拉脱维亚共和国，是一个位于欧洲东北部的国家，西邻波罗的海，东与俄罗斯、白俄罗斯两国相邻，与在其北方的爱沙尼亚及在其南方的立陶宛共同称为波罗的海三国。拉脱维亚全国总面积64589平方公里，人口约196.6万，全国共分为五个区和一个区级市（首都里加）。首都为里加，人口63.8万，是拉脱维亚的政治、经济和文化中心。

拉脱维亚资源匮乏，仅有泥炭、石灰石、石膏、白云石、石英砂等少量矿产。此外，拉脱维亚森林资源丰富，全国森林面积349.7万公顷，覆盖率达50%。

（2）得分结果

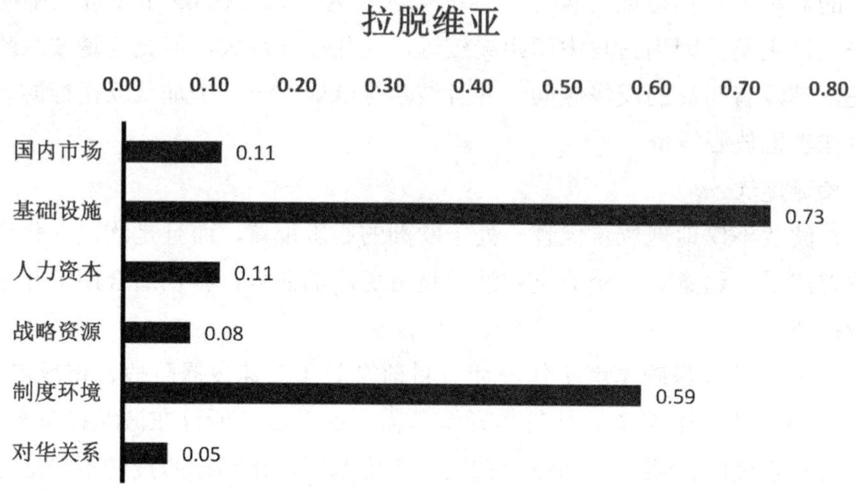

图 5. 73 拉脱维亚投资潜力各一级指标评分结果

（3）得分评析

从评分结果来看，拉脱维亚基础设施和制度环境两项指标的得分处于中等偏上位置，其余的指标评分较低，总体来说投资吸引力一般。

拉脱维亚的基础设施指标评分较高，这主要是因为拉脱维亚交通运输业较为发达。公路上，拉脱维亚公路总长近 60000 公里，从拉脱维亚乘国际巴士可前往欧洲主要城市。铁路上，拉脱维亚铁路总长约 2200 公里，自里加乘国际列车可达俄罗斯、乌克兰、立陶宛、波兰和德国等欧洲国家。空运上，拉脱维亚的国际航线总长 8400 公里，目前有三个国际机场，其中里加机场是波罗的海三国最大的机场。水运方面，拉脱维亚共有 10 个港口，其中有两个为全年不冻港，且港口设施完善。

在制度环境上，拉脱维亚排名也较为靠前。拉脱维亚是欧盟国家，拥有较为完善的制度体系。拉脱维亚重视引进外资，为吸引外资并为外资提供良好的环境颁布了给予外资特殊投资便利的特区法，此外，拉脱维亚在国内多个城市建立了自由经济区，以借助外商的投资发展经济。从评分中也可以看到拉脱维亚融资便利度这一项三级指标评分很高，事实也是如此，拉脱维亚金融体系完善，给予外商充分的融资便利。

拉脱维亚国内市场评分很低，这主要是因为其国内经济规模太小，其 2015 年的 GDP 总量仅有 270 亿美元。尽管如此，在欧盟大部分成员国受到欧债危机影响，经济增长乏力之时，拉脱维亚仍然保持了较快增长速度，其在 2012—2013 年的经济增速均位于欧盟首位，长久看来拉脱维亚经济发展潜力巨大，具有一定的投资空间。

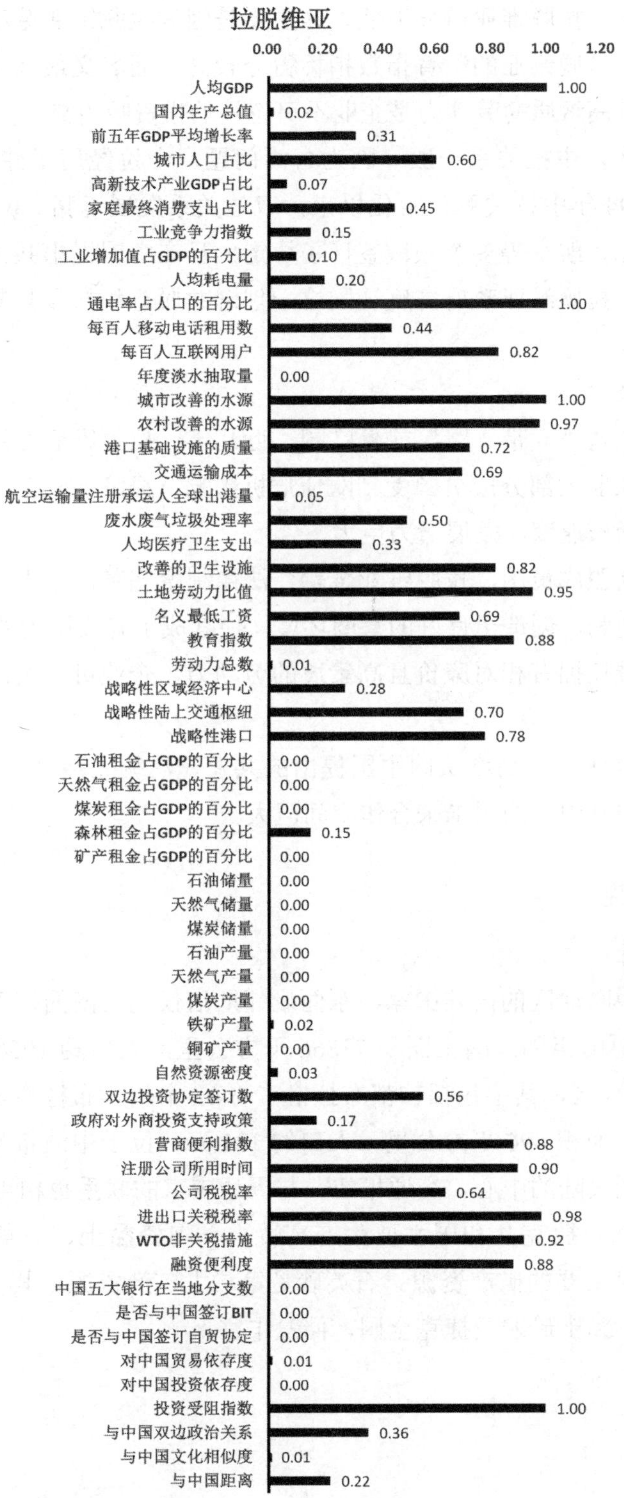

图 5.74 拉脱维亚投资潜力各三级指标评分结果

人力资本方面，拉脱维亚得分很低，这主要是因为拉脱维亚劳动力数量很少。但是我们也注意到，拉脱维亚的教育指数指标得分较高，而名义最低工资指标得分不是很高，相对廉价且高素质的劳动力是企业不可忽视的投资吸引点。

在对华关系上，中拉关系一般。因为台湾问题，中拉经历了建交—断交—建交的过程。但自 1994 年中拉关系正常化以来，双边关系发展迅猛，双方在经济、科技、外交、税收、文化、航空等多个领域签订了协定，且在中国提出共建“丝绸之路经济带”战略构想后，拉脱维亚政府高度认同这一理念并愿意积极参与其中，两国进一步合作的空间巨大。

（4）投资建议

第一，中拉共建“一带一路”前景广阔，近几年，拉脱维亚虽然国内市场规模较小，但当近年来欧盟大部分成员国受到欧债危机影响，经济增长乏力之时，拉脱维亚仍然保持了较快增长速度，发展潜力巨大。

第二，作为欧盟成员国，拉脱维亚金融、法律制度完善，且出台了大量政策给予外商充分的投资便利，创造了良好的营商环境，使其成了有吸引力的投资目的地。

第三，拉脱维亚拥有相对廉价且高素质的劳动力，企业可多关注拉脱维亚的此项优势。

第四，拉脱维亚政府高度认同中国提出的共建“丝绸之路经济带”的战略构想，表示愿意积极参与其中，两国未来合作空间巨大。

5. 3. 10　捷克

（1）基本国情

捷克是一个中欧地区的内陆国家，东面毗邻斯洛伐克，南面接壤奥地利，北面邻接波兰，西面与德国相邻。国土面积 78866 平方公里，人口约 1056 万。捷克全国共分为 14 个州级行政区，其中包括首都布拉格市与 13 个州。布拉格是捷克共和国的首都和最大的城市，面积 496 平方公里。人口约 121 万。位于中波希米亚州、伏尔塔瓦河流域。地处欧洲大陆的中心，交通枢纽，与周边国家的联系也相当密切。

矿产资源方面，捷克共和国主要生产高岭土、陶瓷黏土、石英砂、长石和石灰石。高岭土是捷克主要的矿产资源。石英砂是第二大矿产资源，其中，30%—50% 的石英砂需要出口。黏土矿遍及捷克全国，储量丰富。

（2）得分结果

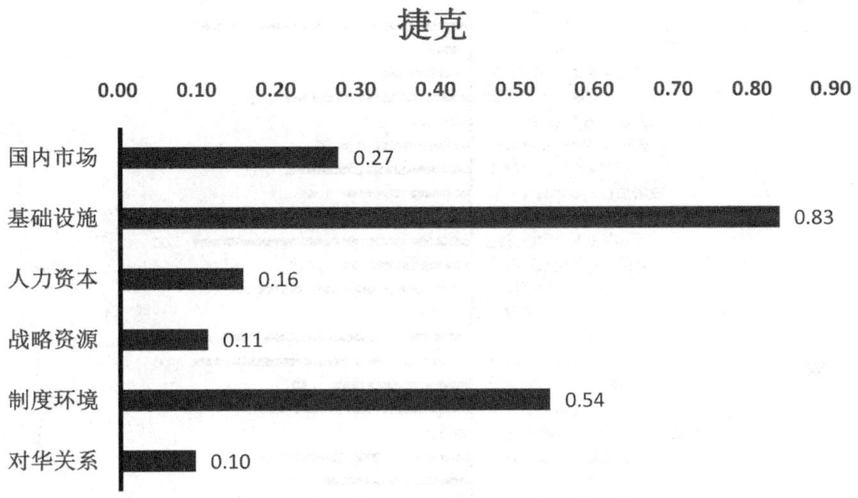

图 5. 75 捷克投资潜力各一级指标评分结果

（3）得分评析

从评分结果上看，捷克综合排名虽然不高，但是由于其经济基础良好，而且位于欧洲的核心区域，因而具有一定的投资吸引力。

捷克的基础设施和制度环境两项指标有着不错的评分。事实上，2006 年世界银行就已经将捷克列入发达国家行列，其良好的经济基础和完善的制度环境吸引了大量投资。捷克有便利的交通设施，捷克实施的铁路现代化项目将其和欧洲快速铁路网连接起来，实现了与整个欧盟的互通互联。二战前，捷克也曾是欧洲的老牌工业强国，工业基础雄厚。捷克原本雄厚的工业基础将会为投资捷克减少一定程度的建设阻力。

捷克的国内市场评分较高。捷克在 2004 年加入了欧盟，在 2007 年成为了欧洲申根会员国，在捷克的外资企业和本国企业可以享受同等欧洲成员国企业待遇，不受额外的关税壁垒限制。加之捷克地处欧洲大陆心脏，位置扼要，是连接欧盟国家与东欧转型国家的重要桥梁，在捷克投资的企业可以通过在当地的投资间接进入欧盟这个世界上最大的消费市场。建议中国企业可以关注对捷克的投资机会。

捷克的人力资本评分属于中等偏上水平，这主要得益于捷克劳动力的高素质。目前，捷克科研人员占世界科研人员总人口比例位于全球第二，仅次于德国，其劳动力的熟练程度及劳动生产率都不低。同时，近年来，随着捷克加入发达国家的行列，捷克的劳动力工资水平也在逐步上升，企业在当地投资时应当考虑到较高的劳动力成本。

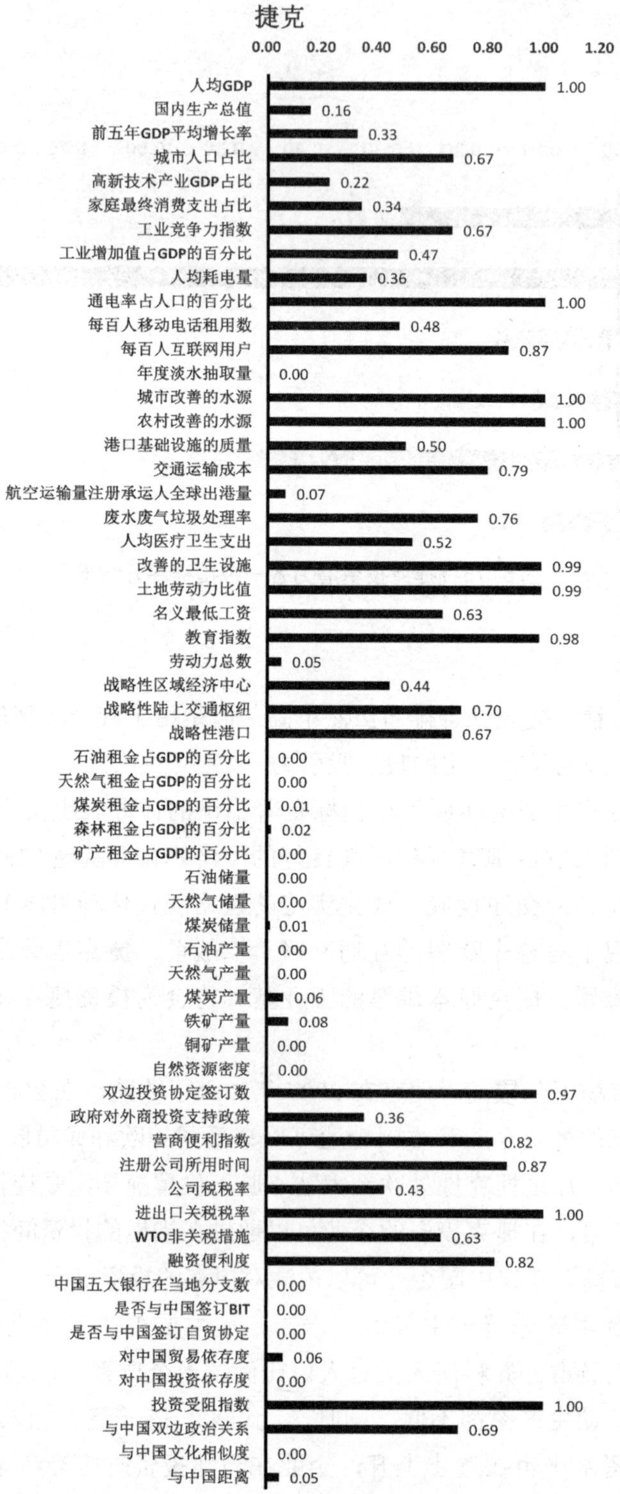

图 5. 76 捷克投资潜力各三级指标评分结果

捷克的战略资源和对华关系评分较为一般。捷克的主要资源为高岭土、石英砂和黏土等。在评分体系中拥有较高权重的煤、石油、天然气等重要的战略资源比较缺乏。近年来，捷克政府在对华关系上表现出积极改善同中国之间的关系的意向，但是捷克的反华组织依然有较大势力，民间也弥漫着或多或少的反华情绪。2014年，捷克外长和总统先后访华，他们在表露亲华态度后，迅速遭到了捷克反华势力的猛烈抨击。所以中国企业在投资时应当看清时局，尽可能减小因为政治因素为企业发展带来的不利影响。

（4）投资建议

第一，捷克良好的经济发展趋势、雄厚的工业基础和优越的地理位置使得投资捷克有一定的吸引力。

第二，捷克良好的基础设施和健全的制度提供了较为有利的投资环境，且捷克处于欧洲心脏地带的地理位置和欧盟成员国的身份为中国企业打开欧盟市场提供了有利的条件，这些因素值得中国企业关心对捷克的投资机会。

第三，捷克虽然劳动素质普遍较高，但是相应的劳动力的工资水平也较高，中国企业在进行投资时要考虑到可能支付的较高的劳动力成本。

第四，捷克政府近来虽然表达出同中国积极改善关系的意向，但是国内不稳定的政治形势仍是中国企业进行投资时所需要考虑的风险因素。

5.3.11 克罗地亚

（1）基本国情

克罗地亚位于欧洲中南部，巴尔干半岛西北部，东邻塞尔维亚、波黑、黑山，北靠匈牙利，西北接斯洛文尼亚，南与西南濒临亚得里亚海。国土面积56594平方公里，总人口440.3万，全国设20个省和一个省级直辖市。下设127个市和429个区。萨格勒布是克罗地亚的首都，面积284平方公里，人口79万（2011年）。其他主要城市还有奥西耶克、里耶卡、杜布罗夫尼克。

克罗地亚森林和水力资源丰富，全国森林面积223.2万公顷，森林覆盖率为40%。此外，还有丰富的石油、天然气、煤炭、铝和泥灰石等资源。

（2）得分结果

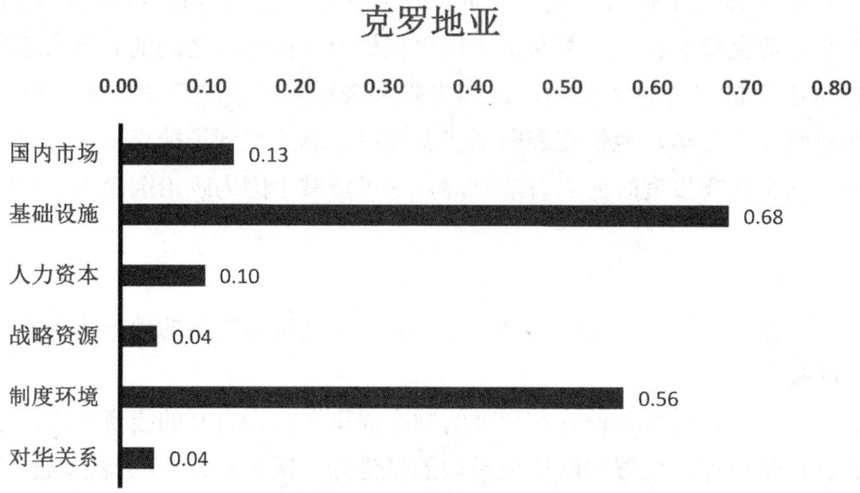

图5. 77　克罗地亚投资潜力各一级指标评分结果

（3）得分评析

从评价结果上看，克罗地亚各项指标得分较为一般，没有特别突出的投资亮点。不过克罗地亚经济基础良好，旅游、建筑、造船和制药等产业发展水平较高，具有一定的投资价值。下面是对克罗地亚各指标得分的详细评析。

在所有指标中，克罗地亚的基础设施和制度环境两项指标的评分属于中等偏上水平。克罗地亚西部和南部是亚得里亚海海岸，临海的地理条件使得克罗地亚港口设施较完善，此外克罗地亚的公路、铁路网络完善，交通便利。克罗地亚良好的基础设施足以吸引跨国企业考虑以此地作为东南欧地区的贸易枢纽。克罗地亚较好的制度环境也为投资者提供了有利的条件。当地政策透明度高，贸易和投资风险低。中国企业如果要对克罗地亚进行投资可以充分利用当地完备的基础设施和成熟的制度体系。

克罗地亚人力资本的评分不算太高。克罗地亚面积较小，人口总量也较少，劳动力在数量上没有优势。不过克教育普及程度较高，具备较为完整的教育体系，劳动力素质较高。克罗地亚的工资水平在欧洲来看虽然不高，但与东南亚国家相比还是高出许多。因而克罗地亚没有明显的劳动力优势，中国企业在对克罗地亚进行投资的时候应当尽量避免劳动力密集型的产业。

克罗地亚的国内市场评分较低，但是并不意味着克罗地亚的市场毫无价值。克罗地亚位于欧洲大陆中、东部与地中海交汇处，在“海上丝绸之路”的欧洲一端，地理位置优越，可以辐射西欧和东南欧。克罗地亚不仅拥有优良港口里耶卡和普罗切，其境内也有多条干线通向西欧，拥有三条连接欧洲与东南欧的泛欧洲运输走廊，可以提

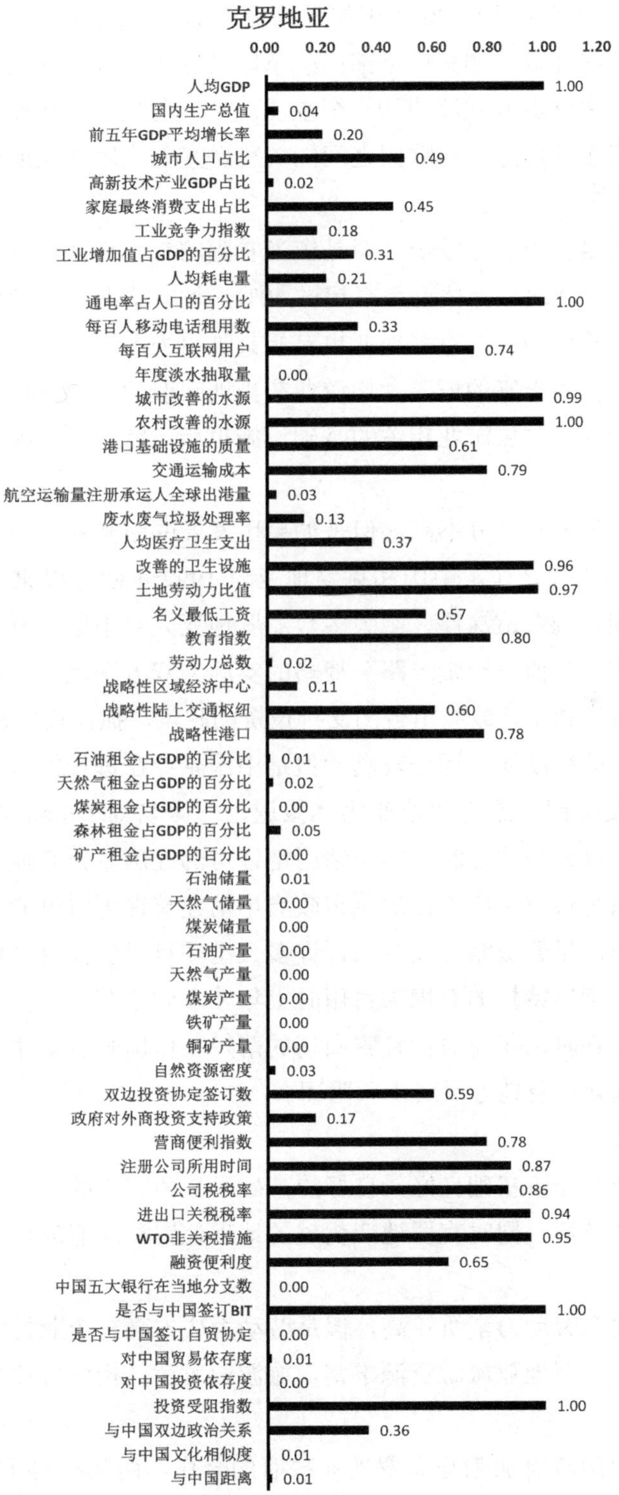

图 5. 78 克罗地亚投资潜力各三级指标评分结果

供货物输送服务。克罗地亚自2013年加入欧盟之后，当地政府积极利用欧盟建设基金重点投资运输网络建设，加紧铁路部门改革以及升级、改造其发达的铁路网，使得克罗地亚可以成为中国进入欧洲的又一个重要门户。而且克罗地亚作为欧盟成员国的身份也为外国投资企业消除了与欧盟之间的关税壁垒。克罗地亚所连接的市场使其具有了一定的投资空间。

克罗地亚的战略资源评分较低。但是应当看到的是，克罗地亚森林资源丰富，全国森林面积223.2万公顷，森林覆盖率超过40%，加之临海的地理位置，为其提供了丰富的自然景观。不仅如此，克罗地亚也有极具吸引力的历史文化遗址。这些为克罗地亚发展旅游业提供了丰富的资源。旅游业在当地政府的大力支持下，目前已经成为克罗地亚的支柱产业，与旅游业相关的基础设施也相当完善。中国企业可以考虑与旅游业相关的投资。

克罗地亚的对华关系评分不高，但是如果用发展的眼光看，中克之间有希望进一步加强双方之间的相互合作。中国和克罗地亚自1992年建交以来，双边经贸关系发展顺利。中克两国传统友谊深厚，绝大多数克罗地亚人对中国人有好感，支持中克进一步深化经贸合作。当前“一带一路”战略的实施为双方深化合作提供了难得有利的契机，中国企业可以利用好政府出台的支持投资的政策，抓住投资机遇。

尽管克罗地亚的制度环境评分较高，但是中国企业在进行投资的时候也要看清实际可能面临的投资障碍。据克罗地亚媒体报道，一家名为Jadran Kapital的公司在报纸刊登广告，广告以该公司历时七年申请用地许可的经历警告其他投资者。广告称申请用地许可成功只是接下来向希伯尼克市政府申请建筑许可将可能面临新的阻碍的开始。媒体同时指出，尽管战略意义重大，许多大型项目投资在克同样面临经年累月的投资障碍。例如，伊斯特拉的石棉项目用时七年才拿到运营许可；萨格勒布机场改扩建项目的文书工作耗时两年完成；宜家商场的落户工作历时五年才完成；而其他一些项目也正被环境因素以及地方反对声所阻碍。

（4）投资建议

第一，克罗地亚经济基础良好，良好的基础设施和完善的制度为中国企业的投资创造了有利的投资环境。同时克罗地亚优越的地理位置和欧盟成员国身份增加了其投资价值。

第二，克罗地亚劳动力素质较高，但是劳动力成本高，企业投资时应尽量避免劳动力密集型产业。克罗地亚旅游资源丰富，旅游业发达，投资价值大，中国企业可以考虑相关投资。

第三，近来中国政府加强与克罗地亚政府的合作，两国出台了一系列合作政策，为中国企业在当地的投资创造了极大便利，但是克罗地亚在行政审批程度、环保标准等方面存在的潜在投资障碍也应该成为企业进行投资决策时应当考虑的风险因素。

5.3.12 阿尔巴尼亚

（1）基本国情

阿尔巴尼亚位于东南欧巴尔干半岛西岸，北与塞尔维亚（科索沃地区）和黑山、东与马其顿、南与希腊接壤，西临亚得里亚海，隔奥特朗托海峡与意大利相望。国土面积2.87万平方公里，人口约288万，阿尔巴尼亚全国分为12个州，下辖36个区。首都地拉那人口约80万，是全国第一大城市，也是阿尔巴尼亚政治、经济、文化中心。

阿尔巴尼亚主要的矿产资源有石油、天然气、沥青、褐煤、石灰矿、铬和铜等。探明石油储量约4.37亿吨，铬矿储量3730万吨。阿尔巴尼亚曾是全球第三大铬矿生产国。目前，阿尔巴尼亚开采、出口的主要矿产资源是铬矿和石油。

（2）得分结果

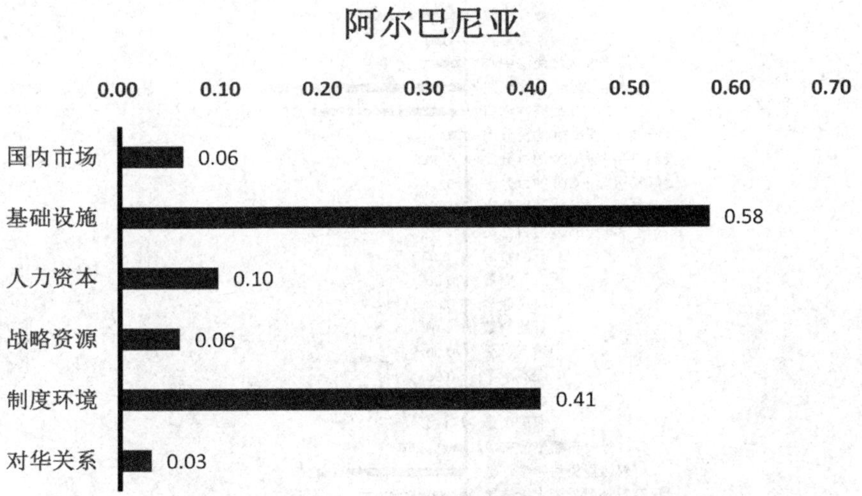

图5.79 阿尔巴尼亚投资潜力各一级指标评分结果

（3）得分评析

阿尔巴尼亚的各项指标得分都排在末尾，总体上投资吸引力非常低，在全部65个国家中排在第63位，下面对阿尔巴尼亚的各项指标得分进行逐一分析。

阿尔巴尼亚的国内市场规模较小，国内生产总值得分排名垫底，但前5年平均GDP增长率处于中等水平，超过了东欧一些国家，能看到市场增长的潜力。阿尔巴尼亚的高新技术产业极其不发达，工业增加值占GDP的百分比也排名靠后，工业基础相对薄弱。在大部分指标排名靠后的情况下，阿尔巴尼亚家庭最终消费支出占比排名

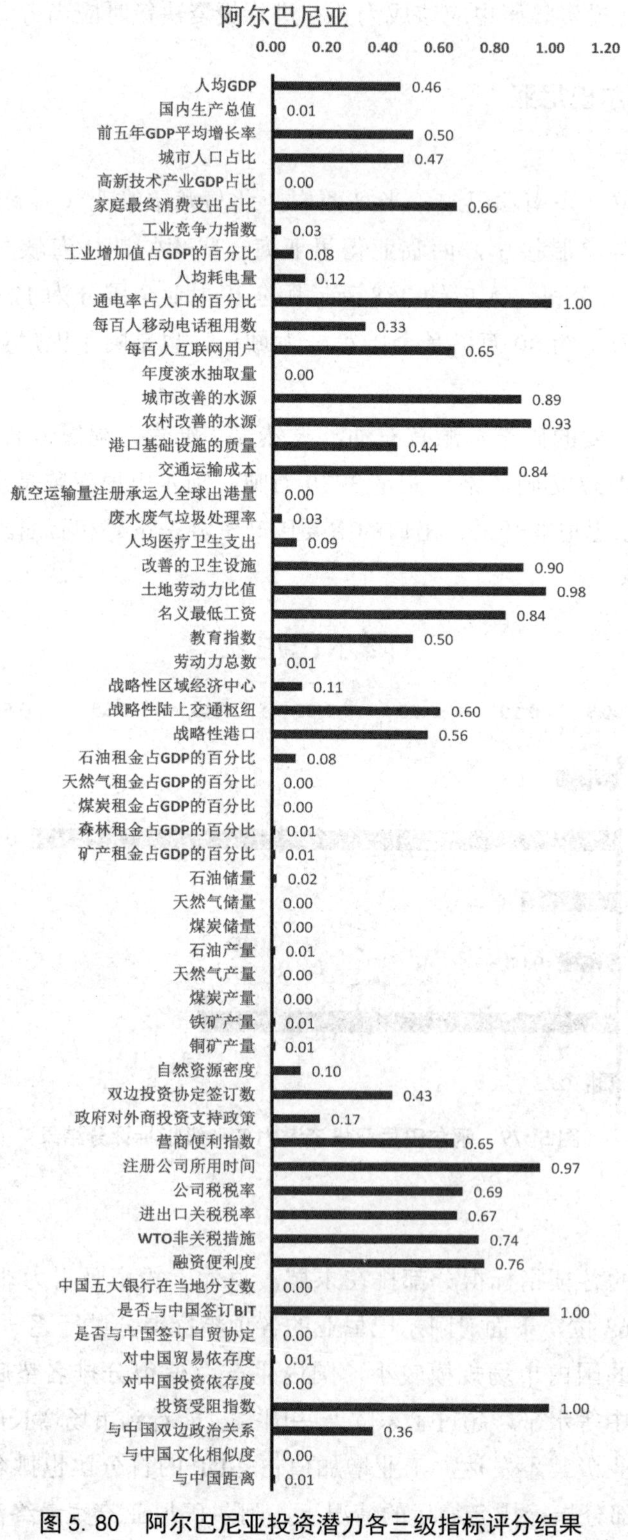

图 5. 80 阿尔巴尼亚投资潜力各三级指标评分结果

中等偏上，消费者购买力值得肯定。

从基础设施领域的现状来看，相对较好的是水利基础设施，阿尔巴尼亚的供电量并不充足，在电力、电信基础设施方面都有较大的建设空间。卫生基础设施领域，尤其是污水废弃垃圾的处理率非常低，这也许是中国企业可以考虑的投资方向。阿尔巴尼亚以公路运输为主，全国共有四个海港，一个民用机场，优势是交通运输成本较低。

阿尔巴尼亚战略资源的各项指标得分都排名垫底，水力资源相对丰富，矿产资源并无明显优势。近年来，阿政府更多地把旅游业作为优先发展产业。

虽然阿尔巴尼亚的最低工资很低，具有不错的竞争优势，但限于该国人口总量小，劳动力数量少，其在人力资本指标上总体也处于劣势。阿尔巴尼亚的制度环境也不具备优势，主要是由于公司税税率相对较高，其他指标也排名靠后。

另外，阿尔巴尼亚与中国在地理位置上相隔遥远，而且没有与中国签订自贸协定，两国的文化相似度也非常低。虽然两国双边政治关系友好，中方在阿的投资受阻指数很低，但也无法改变阿尔巴尼亚与中国的紧密度整体较低的现状。

（4）投资建议

第一，阿尔巴尼亚国内市场规模小，虽然能看到市场增长的潜力和相对不错的消费者购买力，但短期内仍需慎重考虑投资。

第二，劳动力稀少导致阿尔巴尼亚不具备人力资本的优势，不适宜在阿投资劳动密集型产业。阿尔巴尼亚在电力、电信基础设施，污水、废弃垃圾处理方面有较大提升空间，是中方企业可以考虑的投资方向。

第三，阿尔巴尼亚的制度环境不具备优势，公司税税率较高，政府政策支持力度也不够大，中方企业需要注意这些问题。

第四，阿尔巴尼亚与中国的亲密度非常低，并且这一点在短期内不会发生突破性进展，中国企业需慎重考虑在阿投资。

5.3.13 保加利亚

（1）基本国情

保加利亚是欧洲东南部巴尔干半岛上的一个国家，北面与罗马尼亚接壤，南面毗邻土耳其和希腊，西面邻接塞尔维亚和马其顿，东濒黑海。面积约为11万平方公里，全国人口总量约为717.8万，行政划分为28个大区和254个市。索非亚是保加利亚的首都，是全国政治、经济、文化中心，位于保加利亚西部，也是全国最大的城市，人口约为131.98万。其他主要城市还有普罗夫迪夫、瓦尔纳和布尔加斯等。

保加利亚的矿产资源贫乏，主要矿藏有煤、铅、锌、铜、铁、铀、锰、铬、矿盐和少量石油。保加利亚自然条件得天独厚，拥有山地、丘陵、平原等多种地形，湖泊、河流纵横，农业和旅游资源非常丰富，森林面积388万公顷，约占全国总面积的35%。

（2）得分结果

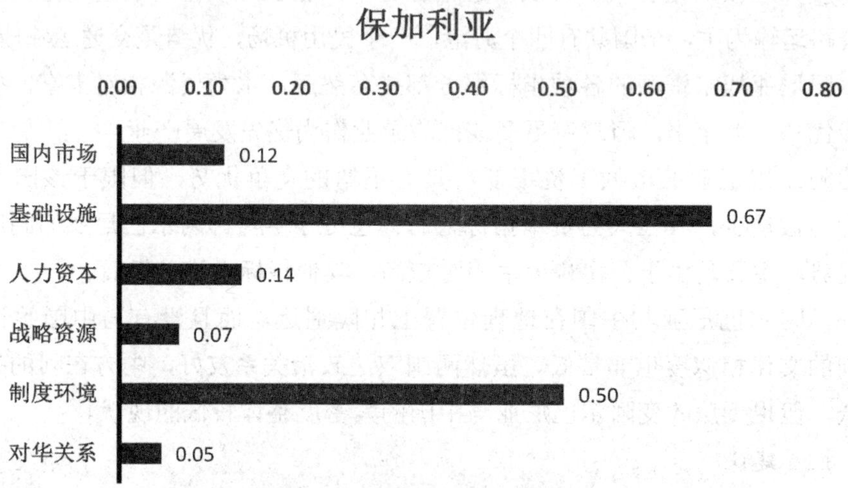

图5.81 保加利亚投资潜力各一级指标评分结果

（3）得分评析

从评价结果上看，保加利亚的总指标在全部国家中处于倒数第八的水平，在中东欧地区处于倒数第七的水平，事实上，在总指标倒数八位的国家中，中东欧就占了七个，不光是保加利亚，中东欧的总体投资形式并不太乐观。

一级指标中，基础设施和制度环境指标在所有国家中处于中等水平，国内市场、人力资本、战略资源和对华关系指标在所有国家中都处于极低的水平，唯一排名较高的二级指标是人均GDP水平，在所有国家中处于第六。这些是保加利亚的基本国情决定的，保加利亚是一个国土面积小、人口稀少、资源匮乏、旅游业发达的国家，保加利亚的第三产业在总体收入占比达到70%以上。分析保加利亚的人力资本总指标，发现保加利亚的劳动力教育水平很低，但是最低工资指标是中东欧地区最高的。在保加利亚这个严重依赖第三产业，且劳动力水平低、工资水平高的国家不适合发展劳动密集型产业，要发展资本密集型和知识密集型产业也是十分困难的，只有在发展旅游业上保加利亚才有得天独厚的优势。

保加利亚是欧盟和北约组织中的成员国，但是和西方很多完善的民主国家相比，法制基础设施建设情况和福利政策还是比较薄弱的。保加利亚的经济规模小，对外资依赖度高，经济发展严重依赖经济发达的欧盟大国，发展比较滞后，在基础设施和制度环境指标的低得分就体现了这一点。

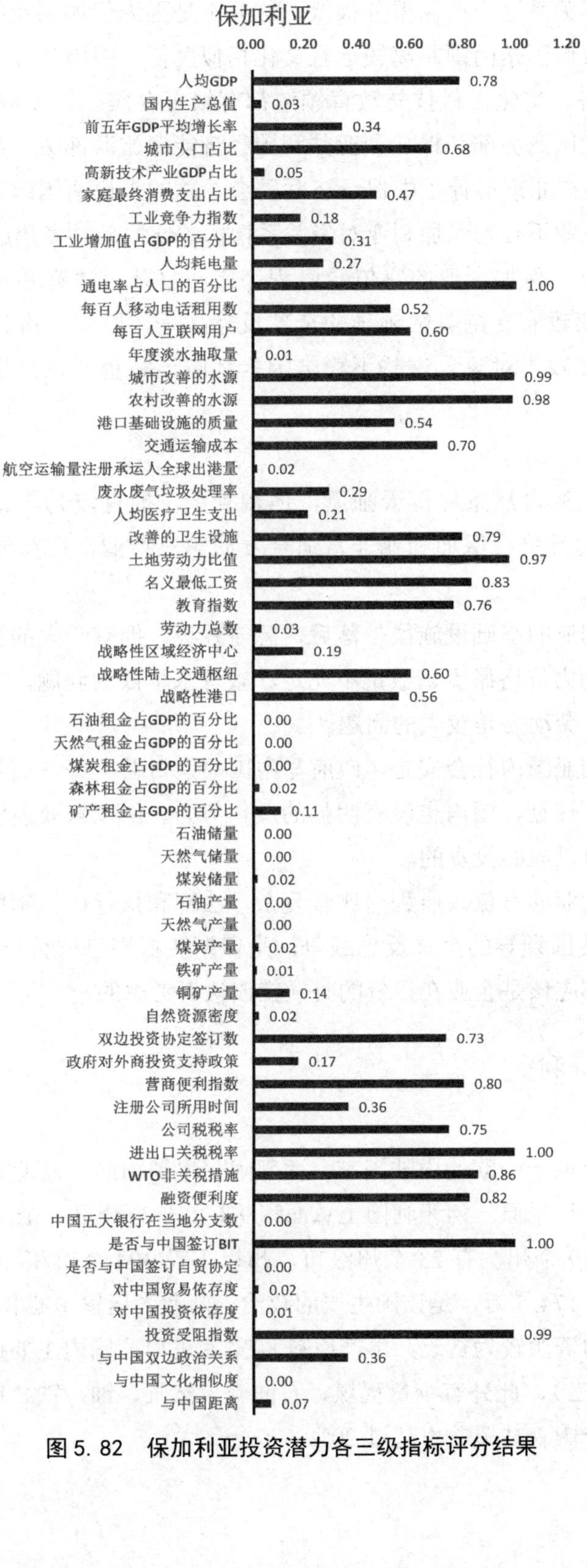

图5. 82 保加利亚投资潜力各三级指标评分结果

保加利亚对华关系这一指标得分极低，这并不是因为保加利亚的政府或者民众对中国有敌意，主要原因是两国距离较远且文化相似度低。中国与保加利亚近几年逐渐交好，双边在经济、文化、科技与教育领域都有很多合作。例如双方在2009年签署了《中华人民共和国商务部和保加利亚共和国经济能源旅游部关于经济合作的谅解备忘录》，2014年还在北京举行了中保经济联委会，总的来说两国政治关系稳定，经贸往来较为密切，企业不必为保加利亚对华关系指标的低得分过多焦虑。

需要注意的是，保加利亚的官僚政府程序比较复杂，法庭和执行机构制度不完善，而且保加利亚政府支持美国领导的全球反恐战争，原则上讲该国也是伊斯兰极端恐怖分子的潜在攻击对象，这些不稳定因素都应该是企业在投资的时候需要认真考虑的。

（4）投资建议

第一，保加利亚自然条件得天独厚，地貌复杂，拥有较为丰富的旅游资源，这是保加利亚最大的优势，保加利亚非常适合发展第三产业，在旅游业上投资有广阔的前景。

第二，保加利亚的基础设施很是落后，急需升级，拥有较大的投资机会，但是当地同时存在着劳动力价格昂贵、数量不充足、教育水平低的问题，所以要想在基础建设领域进行投资，劳动力是较大的问题。

第三，保加利亚国内社会安定，政府与中国关系日益交好，而且表示愿意参加中国的“一带一路”计划，国内也没有明显的反华势力，所以只要投资者态度友好，尊重当地风俗，是可以放心投资的。

第四，保加利亚的官僚政府程序比较复杂，法庭和执行机构制度不完善，而且保加利亚政府支持美国领导的全球反恐战争，是伊斯兰极端恐怖分子的潜在攻击对象，这些不安全因素都应该是企业在投资的时候应该认真考虑的。

5.3.14 匈牙利

（1）基本国情

匈牙利是一个位于中欧的内陆国家，西邻阿尔卑斯山脉，东北临喀尔巴阡山，主体部分为多瑙河冲积平原。匈牙利国土总面积93030平方公里，全国总人口987.7万，全国分为首都和19个州，有23个州级市，州以下设304个市和2826个乡。首都为布达佩斯，人口约174.5万，是该国主要的政治、商业、运输中心和最大的城市。

匈牙利自身的资源较为贫乏，生产原料80%靠进口。国内主要矿产资源是铝矾土（蕴藏量居欧洲第三），此外有少量褐煤、石油、天然气、铀、铁、锰等。匈牙利森林资源较为丰富，全国森林覆盖率超过20%。

（2）得分结果

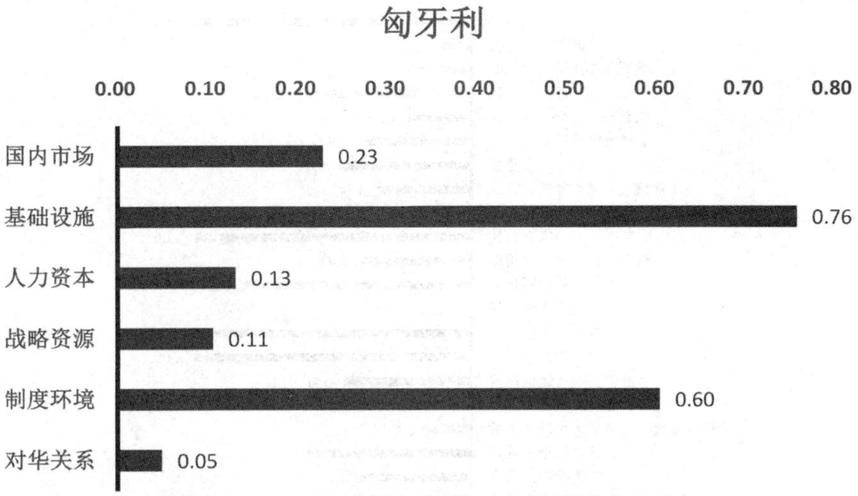

图 5.83 匈牙利投资潜力各一级指标评分结果

（3）得分评析

匈牙利位于欧洲中心，区位优势明显，起到连接中欧贸易的桥梁和纽带作用，是否能利用匈牙利这一桥梁很大程度上影响中国能否更好地扩大欧洲市场。下面是对各指标的详细评析。

在国内市场和基础设施指标上，匈牙利具有较高的得分。匈牙利经济发达，人均生活水平较高，已进入中等发达国家行列，但匈牙利的国内市场规模并不大，这是因为从自身条件来看，匈牙利人口较少。尽管匈牙利人口并不很多，但由于它连接着许多周边的欧盟国家，所以它的市场规模也是相当可观的。匈牙利工业基础较好，计算机、通信器材、仪器、化工和医药等知识密集型产业较为发达。汽车工业是匈牙利支柱产业，占匈牙利出口总额的 20%。匈牙利有机农业发展迅猛，为国家挣取大量外汇，是目前中东欧地区有机农产品生产和出口大国，这些领域内，中国企业的优势并不明显 。因为匈牙利人均收入已经步入了中等发达国家水平，市场增长潜力并不高。

匈牙利政府重视交通基础设施的建设，高速公路公里数不断增加，截至 2013 年，匈牙利公路总里程为 3.17 万公里。匈牙利有机场 43 个，其中国际机场五个。铁路总里程达到 7729 公里，平均每百平方公里国土就有 8.3 公里铁路，路网密度在欧盟成员国中居第五位，仅次于卢森堡、捷克、比利时和德国。水运航道里程，约有 1622 公里，在运输中起辅助作用。可以看出，匈牙利的交通是比较发达的，方便企业在此发展。在基础设施指标上匈牙利主要在通讯上存在一些问题，尽管它的电信网络技术

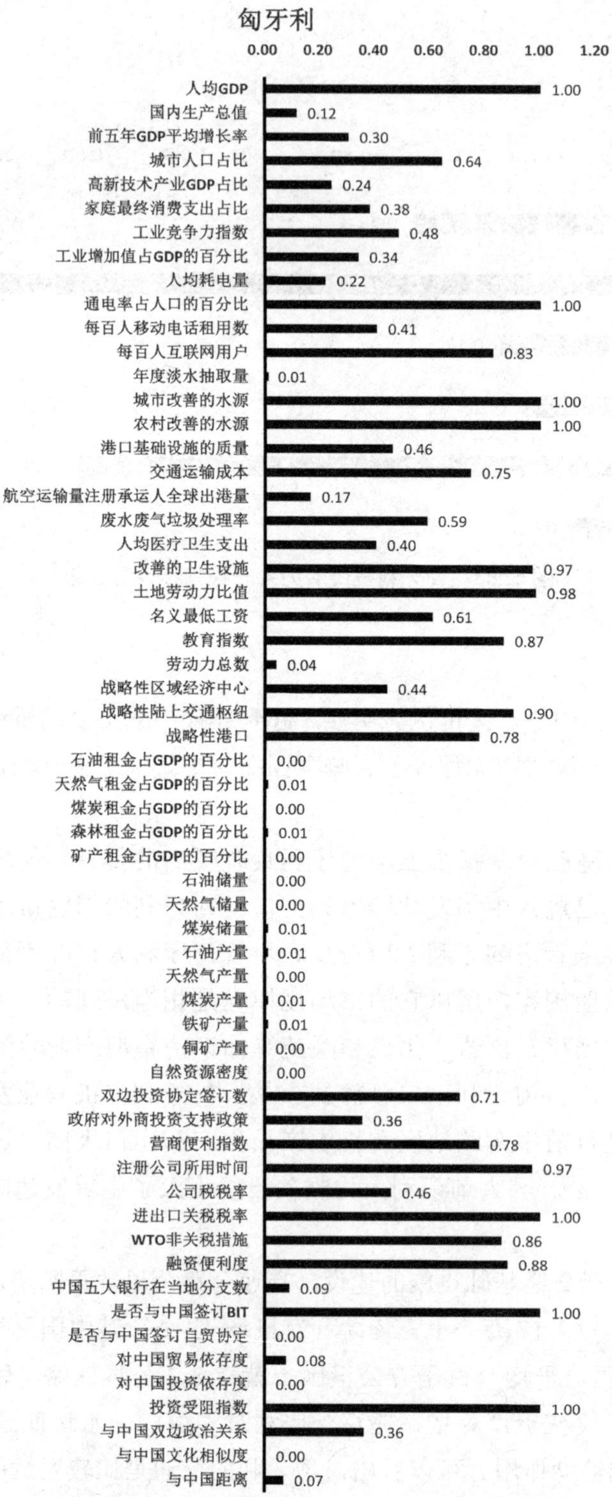

图 5. 84 匈牙利投资潜力各三级指标评分结果

并不滞后，但却未在全国普及。

与国内市场和基础设施相比，匈牙利的人力资本与战略资源则不容乐观，匈牙利的劳动力素质较高，大都受过高等教育且具有特定的技能和专长。但匈牙利仍存在劳动力短缺的情况，且匈牙利的工资水平偏高，中国企业在匈牙利并不存在劳动力成本优势。匈牙利自身的资源是较为匮乏的，生产原料80%靠进口，匈牙利需要进口的主要产品有石油、天然气、汽车零部件等，这些外部原材料的输入使得匈牙利对外部较为依赖。

在制度环境方面，匈牙利拥有较为完善健全的各种制度体系，且匈牙利一直积极与各国建立友好合作的贸易关系。目前，中国是匈牙利在欧洲以外第一大贸易伙伴，匈牙利是中国在中东欧第三大贸易伙伴和最大投资对象国，两国经济互补性强，合作潜力和空间很大。

尽管对华关系这一指标匈牙利得分似乎很低，实际上中国与匈牙利关系一直都是很友好的。不管是在政治上还是在经济上，中匈很早就建立了联系，匈牙利是最早承认中华人民共和国的国家之一。

匈牙利政府官员西亚托·彼得说，以现任匈牙利欧尔班总理为首的青年民主联盟政府十分重视匈中关系，提出“向东看”的策略，并且将匈牙利定位为中国商品进入（欧洲）市场的桥头堡。目前中国与匈牙利的政治经济关系已经达到前所未有的发展水平。中国前总理温家宝、现任总理李克强分别于2011年和2012年对匈牙利进行了国事访问。2012年，匈中贸易额达到了58.8亿美元。过去20年内中国企业在匈牙利的投资额约为23—25亿美元。西亚托·彼得特别指出，为了吸引中国投资者，匈牙利政府还特别出台优惠政策全力支持投资业务。比如在税收机制中实施精简策略，将税率最低降到了10%，大型企业的税率为19%，这在整个欧洲都属较低标准。同时，根据欧盟的规定，在匈牙利符合条件的投资项目还可以获得欧盟资金支持。

（4）投资建议

第一，匈牙利地处欧洲中心，地理位置优越，通过匈牙利有利于打开欧洲市场。

第二，匈牙利的工业和农业发展具备自身优势，知识密集型产品竞争力强，该领域内中国企业投资不占优势地位，与西欧相比匈牙利劳动力成本较低但对中国来说仍属于较高成本。中国企业或可另辟蹊径，投资服务业与轻工业等。

第三，近年来，匈牙利投资环境不断优化，是本地区最受外资欢迎的国家之一。中国企业进入匈牙利要面对与欧洲其他国家企业竞争的危机。中国银行、华为、中兴通讯、万华实业集团、比亚迪电子公司、Navismart太阳能设备公司、海信集团等一批中国企业已成功在匈牙利落户。

第四，在匈牙利进行矿业项目投资时，通常要求投资方使用匈牙利本国货币——福林作为交易和结算工具。然而，匈牙利福林的稳定性和保值性都比较弱，中国企业在进行矿业资源项目投资时面临着巨大的汇率风险。

5.3.15 马其顿

（1）基本国情

马其顿是位于南欧的巴尔干半岛中部的多民族国家，东邻保加利亚，南界希腊，西接阿尔巴尼亚，北部为塞尔维亚。国土面积25713平方公里，全国人口约209.6万，主要民族为马其顿族（64.18%）和阿尔巴尼亚族（25.17%），分别信仰东正教和伊斯兰教。马其顿下设85个市镇。首都斯科普里位于西北部，是马其顿最大的城市，也是其政治、经济、文化和交通中心，现有人口约56万。其他主要城市有比托拉、库马诺沃、普里莱普、泰托沃。

马其顿矿产资源品种比较丰富，有煤、铁、铅、锌、铜、镍等，其中煤的蕴藏量为1.25亿吨，铜矿的蕴藏量为3亿吨。还有非金属矿产煤炭、斑脱土、耐火黏土、石膏、石英、蛋白石、长石以及建筑装饰石材等。森林覆盖率为38.5%。

（2）得分结果

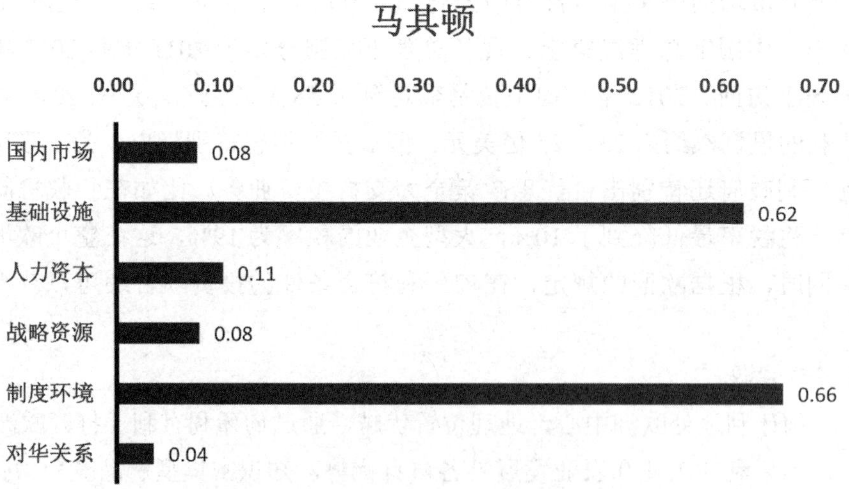

图5.85 马其顿投资潜力各一级指标评分结果

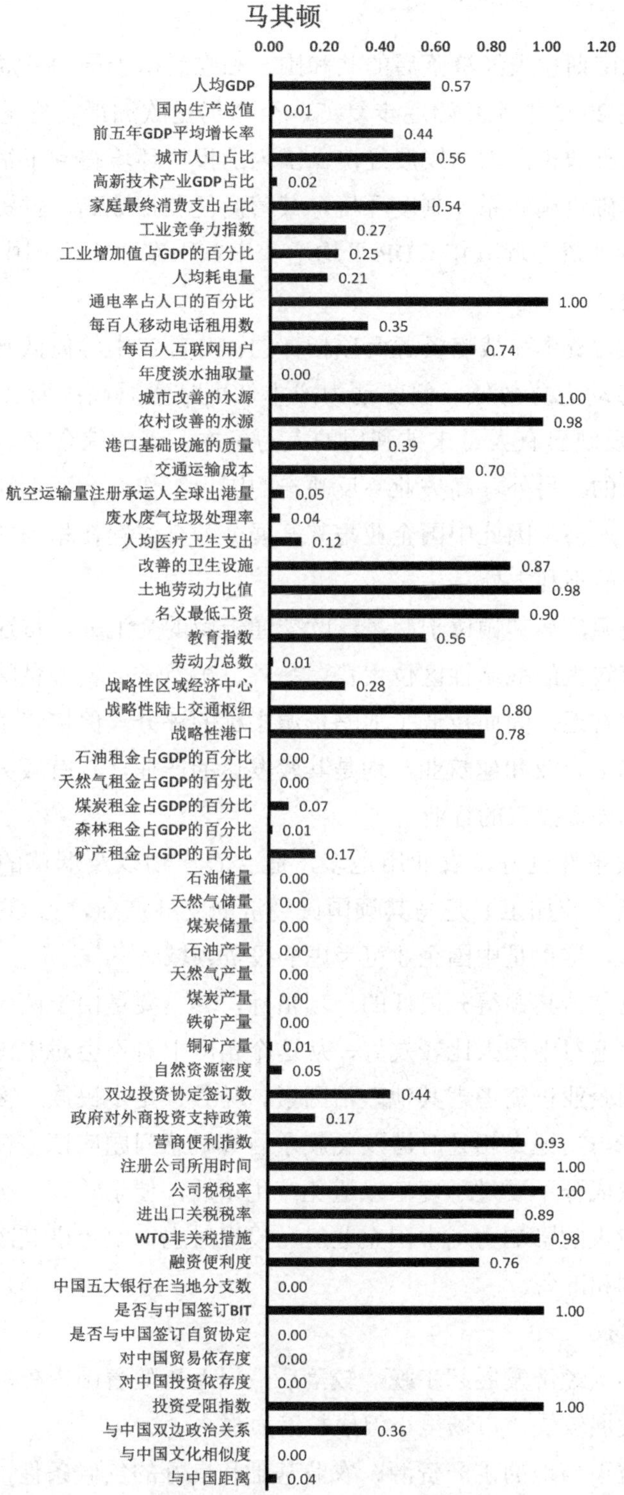

图 5.86 马其顿投资潜力各三级指标评分结果

（3）得分评析

马其顿为原南斯拉夫经济落后的共和国，独立后由于国内外局势动荡其经济一直停滞不前，直到2002年才开始逐步复苏，至今仍是欧洲最贫穷的国家之一。但近年来马其顿积极推行改革，大力发展经济，国内的投资环境得到了很大的改善，且构建起了较完备的基础设施体系和制度环境，其营商便利指数高，融资便利度高，税制优惠，吸引了大量外资，近五年GDP平均增长率在中东欧十六国中位居前列，市场虽小但成长潜力大。

马其顿在人力资本和战略资源两项指标的评分都在中等偏低水平。人力资本的低分主要是因为劳动力总数低，但劳动力成本低廉且素质高；而且马其顿的高失业率（30%以上）也反映出有大量未被利用的人力资本，因此综合来看，马其顿是具备一定的劳动力优势的。另外，高失业率反映出的国内工作机会严重缺乏也使得马其顿对外劳工限制较为严格，因此中国企业与其开展劳务合作存在相当的难度，这是中国企业投资时要考虑的不利之处。

对于战略资源，马其顿位于两条泛欧交通走廊的交汇处，贯通亚得里亚海、爱琴海和黑海，具有较大的战略性区位优势；另外，虽然矿产资源种类丰富，但煤炭和金属矿产等储量较贫乏，因而拉低了战略资源指标的评分。但依赖于国内矿产原材料的黑色和有色金属冶金业和建筑业，均是其较发达的产业，具有较大的投资潜力，也是马其顿政府鼓励外资投入的行业。

马其顿气候条件良好，农业用地多，适合农作物以及烟草的种植。农业和农业综合产业（包括农业加工）是马其顿国民经济的支柱产业，占GDP的15%，提供了24%的就业人口，这也是中国企业可考虑的投资领域。

对华关系也是马其顿得分很低的一项指标，其主要是由于两国距离太远，但实际上马其顿居民普遍对中国人比较友好，从这个角度上看不会对中国企业的投资带来过多阻力。但中国企业仍需考虑其他政治因素。马其顿是多民族、多宗教信仰并存的国家，中国企业在与当地人相处时涉及民族矛盾等敏感问题应慎言慎行，在当地雇佣员工时应注意民族成分不要过于复杂以避免产生矛盾，便于管理。另外，欧盟、北约对马其顿政策有较大的影响力，中国企业对马投资时也需要考虑其政策受欧盟、北约的影响，做好规划和准备。

（4）投资建议

第一，马其顿经济发展起步晚，较落后，但近年随着国内外环境改善和改革措施的推进，经济发展较快，市场虽小但成长潜力强。

第二，得益于当地的矿产资源、农业基础和良好的气候条件，中国企业可重点投资的领域有黑色和有色金属冶金业、建筑业、农业和农业综合产业。

第三，马其顿居民对中国人友好，但中国企业仍需注意处理民族矛盾等敏感问题，雇用当地员工时避免宗教成分过于复杂，同时注意马其顿政策受欧盟、北约的影响较大，企业应提前做好规划和准备。

5.3.16 黑山

（1）基本国情

黑山是位于巴尔干半岛西南部、亚得里亚海东岸上的一个多山小国，黑山的东北为塞尔维亚，东南为阿尔巴尼亚，西北为波斯尼亚和黑塞哥维那以及克罗地亚，西南则为亚得里亚海。黑山国土面积1.38万平方公里，人口约63万。黑山共划分为21个行政区，首都波德戈里察人口约18万，是黑山的政治、文化与经济中心。

黑山的森林和水利资源丰富，森林覆盖面积5400平方公里，约占黑山总面积39.43%。此外，黑山的铝、煤等资源储藏丰富，约有铝矾土矿石3600万吨及3.5亿吨褐煤。

（2）得分结果

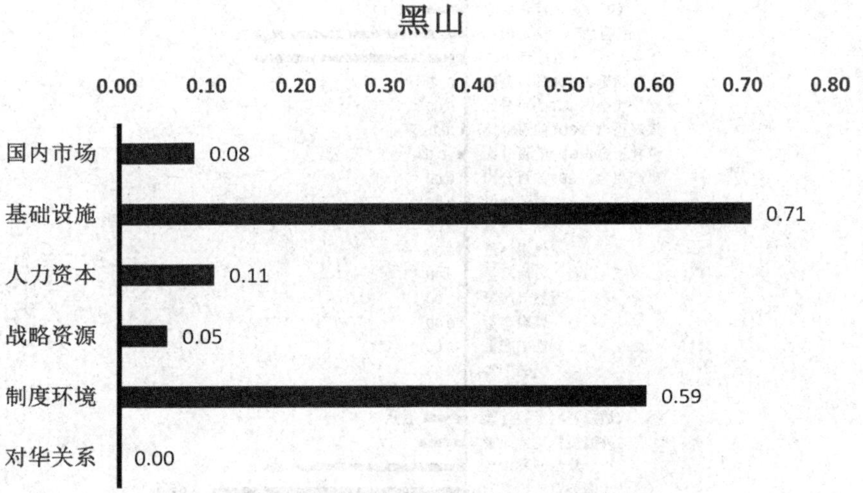

图5.87 黑山投资潜力各一级指标评分结果

（3）得分评析

从各项一级指标的排名来看，黑山除了在制度环境之外，其他指标的评分在参评国家中都不太占优势，尤其在对华关系方面甚至以标准化后零分的评分垫底。综合来看黑山的投资吸引力在欧洲地区明显不足。

黑山对华关系一级指标的评分在所有国家里居于最末。详细考察对华关系这一指标的各项二级指标后可以发现，在贸易协定方面，黑山未与中国签订BIT（双边投资

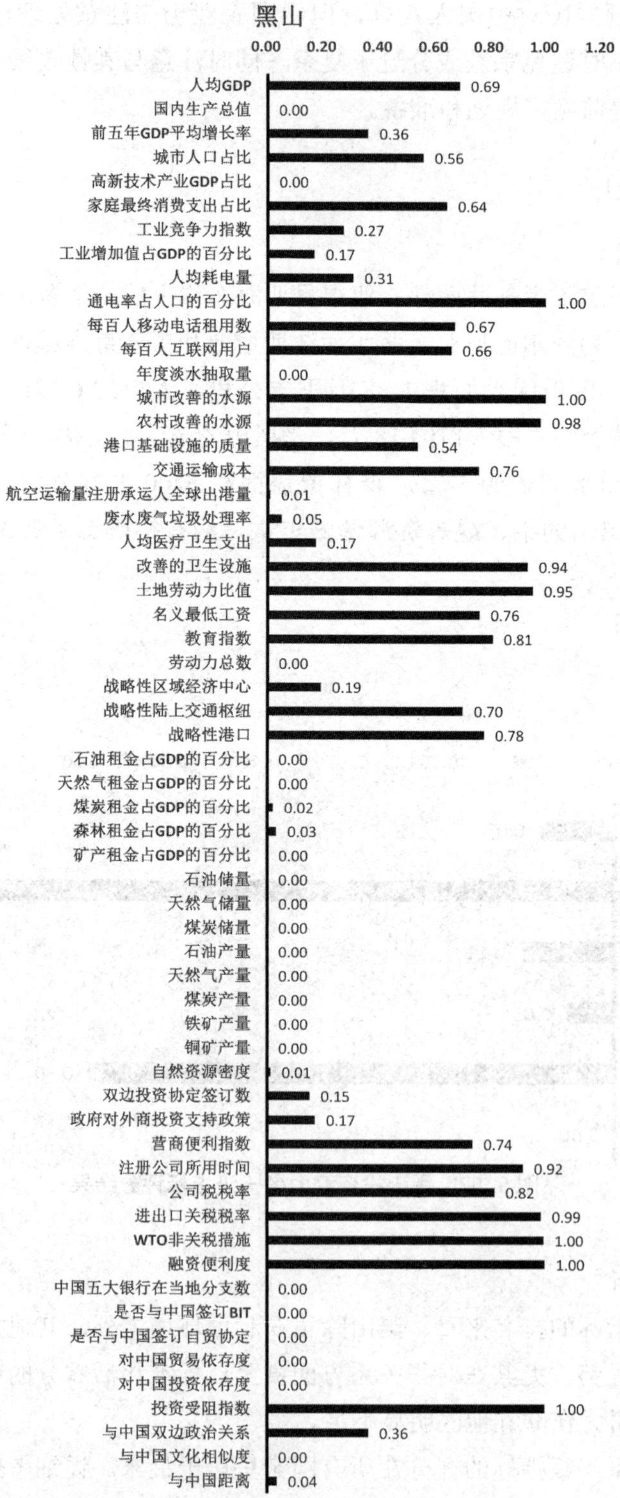

图5.88　黑山投资潜力各三级指标评分结果

保护协定）和自由贸易协定，使得在双边关系方面的得分下滑。另外，其在贸易依存度方面的标准化得分很低，证明其对中国投资资金来源的依赖较低，相比之下可能更依赖于欧美的部分发达国家。双边政治方面，黑山得分亦不乐观。可能的原因是黑山在平衡俄罗斯和美国关系上比较微妙的举措。一方面黑山希望通过加强与俄的军事合作，恢复俄黑关系；另一方面黑山执政党极力向美、欧靠拢，为靠近科索沃的美国军舰提供基地。这很可能导致其在地缘政治中微妙的地位。由于种种因素，两国政府高层一直缺乏交往，也一定程度拉低了对华关系这一指标的评分。

从其整体经济发展情况来看，黑山是欧洲较为落后的国家，其标准化的 GDP 得分为 0，由于人口稀少的缘故，人均 GDP 的标准化得分比较乐观。虽然该国自独立以来，经济呈现增长的态势，2008 年人均外国投资高于其他欧洲国家，经济因外国直接投资飞速增长；2014 年 GDP 总量达 42.8 亿美元，但黑山对外依赖的能源结构以及小规模的经济总量并没有发生根本性的变化。黑山制造业薄弱，大量工业产出品、农产品、能源及日用消费品都依赖进口，其矿产和煤炭业占 GDP 比重，以及能源储量和产量的标准化得分均为 0，可以说在能源禀赋方面的处境相当不乐观。由于长期依赖进口来满足国内基本生活需求，导致物价水平偏高。2012 年上半年，黑山出口货品（主要是金属）总值 1.82 亿欧元，比前一年同期减少 14.6%，而进口货品（主要是粮食、石油和电能）总值 864,9 亿欧元，较前一年同期高 2.6%，主要进口国依次是塞尔维亚、希腊和波黑，对中国的依存度较低。

从交通设施上看，黑山运输主要依赖公路和海路。黑山公路总里程达 7353 公里，呈现地区不均衡状况，黑山南部地区交通系统较发达，北部地区相对较差。需要特别注意的是黑山冬季降水多，北部区域山体结构松散，极易发生山体滑坡，给公路运输带来一定的安全威胁。黑山 2015 年铁路总长 250 公里，通过波德戈里察与塞尔维亚相连。黑山铁路系统由于缺乏资金投入，老化问题严重。此外，黑山拥有两个国际机场，分别是波德戈里察机场和蒂瓦特机场。黑山水运较发达，其中作为亚得里亚海区域最深的天然良港巴尔港口最为重要，经此港可至全世界各个国家和地区。

以往中国企业对黑山的投资案例中值得参考的是由中国公司承建的黑山南北高速公路斯莫科瓦茨-马特塞沃段项目（启动仪式于 2014 年 12 月 14 日在黑山首都波德戈里察隆重举行）。黑山高速公路项目由中国贷款 6.87 亿欧元，是迄今为止利用中国政府设立的中国-中东欧国家合作专项优惠买方信贷中数额最大的一笔贷款。项目的启动对于拉动地区经济增长，提高黑山水陆交通枢纽地位，改善黑山人民生活水平具有重要意义。2015 年，黑山积极参加了在浙江宁波开幕首届中国一中东欧国家投资贸易博览会。黑政府多次呼吁中国投资其基础设施、能源、旅游、农业等。目前，黑山在中国尚未开设使馆，因私前往黑山需要向塞尔维亚驻华使领馆（原塞黑驻华使领馆）

申办签证。

投资黑山也有一系列可能的政治风险，首先，民族、宗教矛盾一定程度上威胁了黑山安全与稳定。黑山共和国尽管民族矛盾较为缓和，但民族矛盾在局部也时常发生。黑山的独立是黑山族和其他非塞尔维亚族支持的结果，但是黑山族和这些非塞尔维亚民族之间的宗教信仰却是不同的。尽管在宗教和语言上，黑山族更接近塞尔维亚人，但是在国内政治上两者却是竞争关系。北约在科索沃危机中对塞尔维亚和黑山的空袭行动中，黑山领导人对塞尔维亚态度不予支持，因此黑山国内的塞尔维亚族群对黑山族党派印象不佳，政治合作信任度不够。其次，国内政府的施政经验稍显不足，科索沃危机的长远影响还在。1998 年科索沃难民潮中，有将近五万难民来到了黑山，在难民疏导以及军事禁运方面有心无力。由于国家治理能力有限，黑山地区是巴尔干有名的走私烟草、贩卖人口、洗钱和偷盗汽车的场所，一度被称为“黑帮国家”、“走私国家”。

（4）投资建议

第一，黑山共和国在各项一级指标中的评分并不乐观，尤其在对华关系方面的得分相当靠后。从二级指标详细分析，对华关系得分低的主要原因是双方贸易协定不足，黑山对华投资依赖度不够以及两国政府高层缺乏交往等。

第二，黑山国内经济落后，能源缺乏，制造业薄弱，大量工业产出品、农产品、能源及日用消费品都依赖进口，另外黑山由于地形及技术方面的原因，交通运输方面的基础设施建设很不完善，我国企业可考虑在相关领域注入资金进行投资。

第三，黑山在政治、宗教方面存在诸多不稳定因素，国内法律制度也不健全，企业赴黑投资一定要考虑到其中的风险。

5.4 南亚国家

5.4.1 孟加拉国

（1）基本国情

孟加拉国东、西、北三面与印度毗连，东南与缅甸接壤，南濒临孟加拉湾，北方边境尚有大量飞地。孟加拉国国土总面积约为 14.75 万平方公里，海岸线长 550 公里。截至 2014 年，孟加拉国总人口约 1.6 亿人，人口密度达每平方公里 1100 多人，是世界上人口大国（即 5000 万以上人口国家）中人口密度最高的国家。全国划分为 7 个行政区，下设 64 个县。其中，坐落在恒河三角洲布里甘加河北岸的达卡是全国政治、经济和文化中心。

孟加拉国拥有丰富的自然资源，如天然气、石灰石、硬石、煤、褐煤、硅石、硅土、高岭土。截至2014年，已公布天然气储量3113.9亿立方米，煤储量7.5亿吨。森林面积约200万公顷，森林覆盖率为13.4%。

（2）得分结果

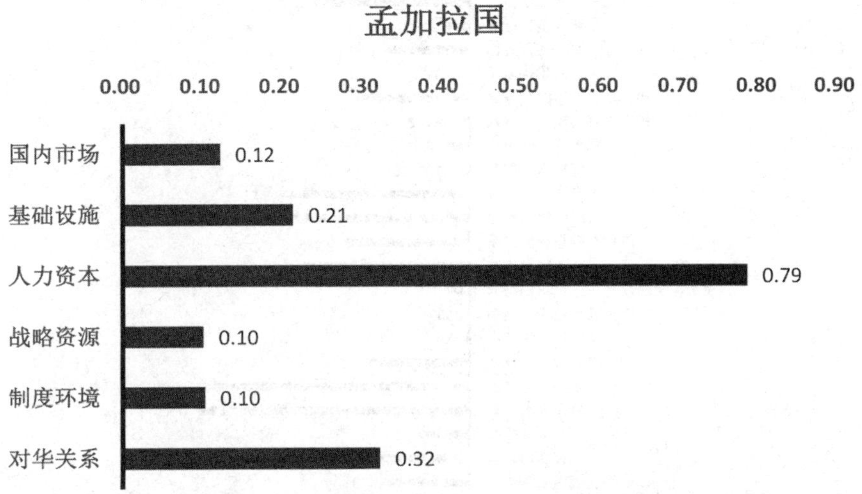

图5.89 孟加拉国投资潜力各一级指标评分结果

（3）得分评析

孟加拉国的综合评分较高，但在各项指标中除了人力资本和对华关系具有明显优势外，其他指标都处于比较落后的位置。由于当地富足廉价的人力资源，对于发展劳动力密集型产业非常有利，同时考虑到优越的地理位置，孟加拉国有一定的投资空间。下面是对孟加拉国各项指标得分的详细分析。

孟加拉国以农业作为经济支柱，是世界上最落后的国家之一。但是孟加拉国政府正在采取一系列措施积极改善投资环境，例如创建出口加工区，推行私有化政策，吸引了大量外资进入。孟加拉国近年来经济不断增长，2011年至今，其每年的国内生产总值增长率均超过6%。经济不断增长所带来的人民收入水平提高，使得孟加拉国存在一定的消费潜力，因此，国内市场有待发展。作为南亚自贸区成员国，孟加拉国的低关税和各种贸易优惠待遇具有投资吸引力。对于中国企业而言，应当充分利用孟加拉国的廉价劳动力和国内市场条件，发挥自身的技术优势，在孟加拉国市场上占据投资机会。

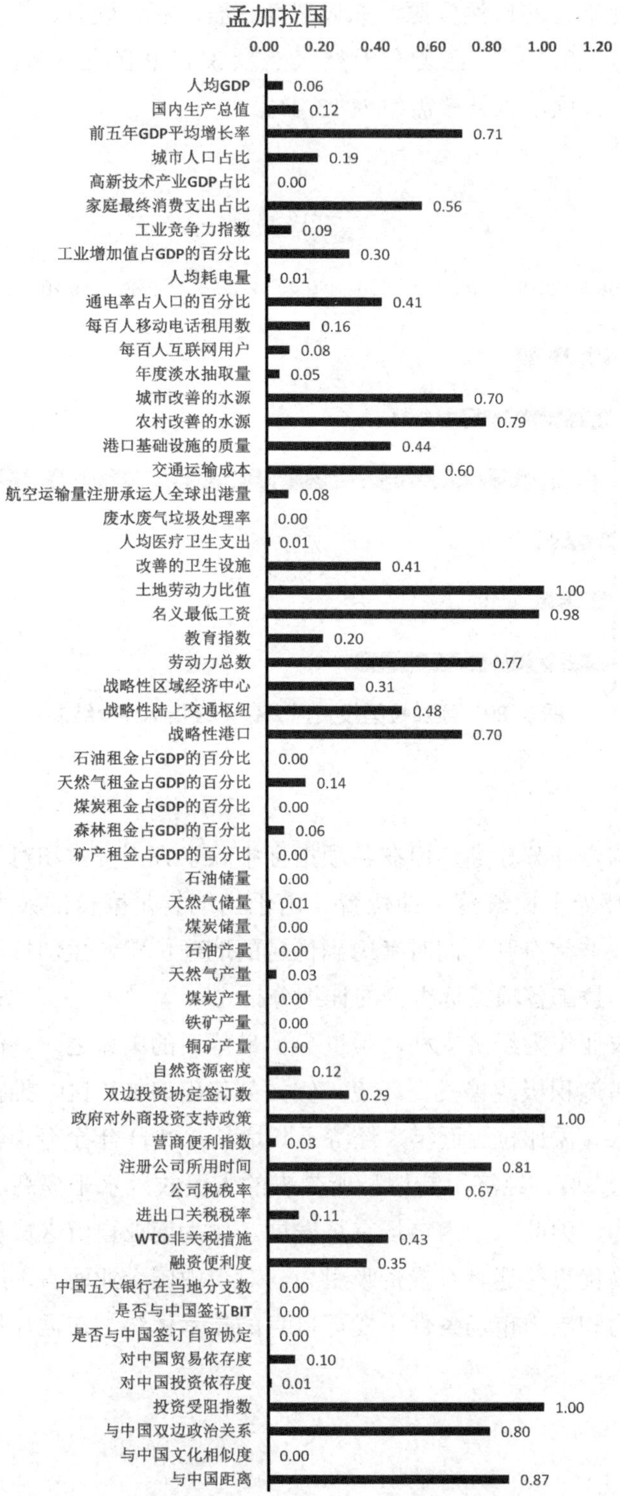

图 5. 90 孟加拉国投资潜力各三级指标评分结果

孟加拉国的人力资本最具优势。截至2014年，孟加拉国总人口约1.6亿人，是世界上人口大国（即5000万以上人口国家）中人口密度最高的国家。其中适龄劳动力人口约占总人口的60%，可以说劳动力非常充足。同时，孟加拉国的人力成本也比较低，工资相对低廉。因此中国企业在孟加拉国投资，适宜发展劳动密集型产业。但是要注意的是，孟加拉国虽然劳动力丰富廉价，但劳动力素质不高，劳动力的技术水平可能并不理想。因而可以发展诸如成衣制造业等产业，特别是考虑到中国国内的劳动力成本不断提高，寻找海外直接投资机会，将产业链外迁，对于中国而言，也是一个产业升级优化的好机会。

孟加拉国对华关系友好，与中国之间的经贸往来关系密切。2010年两国之间建立了全面合作伙伴关系。从贸易方面来看，近年来两国之间双边贸易额增长迅速。2014年两国贸易额高达125.47亿美元，同比增长21.98%。在投资方面，据中国商务部统计，2013年中国对孟加拉直接投资4137万美元。至2013年末，中国对孟加拉国直接投资存量1.59亿美元。中国对孟加拉投资主要集中在纺织服装及与之相关的机械设备等领域，其他还涉及陶瓷、装修、饮用水、医疗、养殖、印刷、家电等，以中小型规模企业为主。

在基础设施和制度环境方面孟加拉国的得分和排名都很不理想。孟加拉国的基础设施陈旧，运输能力薄弱。公路和铁路道路质量差，且道路网络不完善；港口承载能力缺口非常大，运输效率低，成本高。受交通运输限制，大部分经济活动只能在覆盖较广的内河周边进行。基础设施的落后和交通运输不便也极大地影响了营商便利程度，大大拉低了制度环境评分。落后的基础设施看似会在一定程度上减弱外国企业的投资热情，但实际上恰恰是外国企业的机遇，随着孟加拉经济的发展，亟须将落后的基础设施进行升级，而受国内技术限制，加上国内工业器械设备非常落后，缺少大型机具，孟加拉的基础设施建设很大程度上依赖于外商投资。目前中国企业在孟加拉国就有投资帕德玛大桥。

孟加拉国的战略资源评分也不是很好，根据计算结果显示，孟加拉国的煤炭、石油、天然气等战略资源评分都很低，通电率也不尽人意，电力短缺相当严重，目前仍有一半人用不上电。且发电能力不足，电力供应不稳定，供电量无法满足需求量。企业为了保证生产甚至要自备发电机，这无疑增加了企业的负担，这是中国企业在投资时不得不考虑的问题。但同时，能源短缺问题也为能源产业的发展提供了契机，随着孟加拉国的发展，除了基础设施亟待升级，战略资源的勘探开发和投资前景也比较广阔。同时，以农业为支柱产业的孟加拉国自然条件适宜种植，但自然灾害和技术落后大大限制其发展，对于孟加拉国这样一个人口大国来说农业发展空间巨大。中国企业可以充分利用中国先进的生产技术优势，结合当地丰富的廉价劳动力，发展农产品加工业。

（4）投资建议

第一，孟加拉国人力资源丰富，对华关系友好，基础设施落后，能源短缺问题严重。建议中国企业优先考虑对其投资劳动力密集型产业、基础设施和能源领域。

第二，孟加拉国内政治危机仍然存在，政党斗争可能造成政治动荡从而影响到经济，因此企业在投资前要了解政治动态和走向，以防安全隐患。

第三，孟加拉国地理位置优越，处于战略敏感地带，美印等国都渴望通过对孟加拉国扩大影响力来占据战略立足点。中国企业在投资时可能会受到来自美印等国的竞争和影响，因而企业在赴孟加拉投资前应做好前期调研工作，全面把握孟加拉国的市场环境特点与行业规则。

第四，孟加拉国内贪污腐败现象严重，政府部门能力不足且效率低下，中国企业在与孟行政部门打交道时要考虑到这方面的问题。

5.4.2 不丹

（1）基本国情

不丹，全称为不丹王国。位于喜马拉雅山脉东段南坡。其北部与中国西藏相接，西部与印度锡金邦接壤，南部与印度西孟加拉邦为邻，东部与中国山南交界。不丹的国土面积约为3.8万平方公里，约有人口78万人，不丹分为4个地区（西方区、中央区、南方区、东方区），20个宗（县），202个格窝和5000多个自然村。首都廷布市是不丹最大的城市。

不丹有丰富的水利资源，蕴藏量约为3万兆瓦但开发量仅占其总蕴藏量的1.5%；森林资源丰富，覆盖率达72.5%。不丹的矿产资源主要包括白云石、石灰石、大理石、石墨、石膏、煤、铅、铜、锌。

（2）得分结果

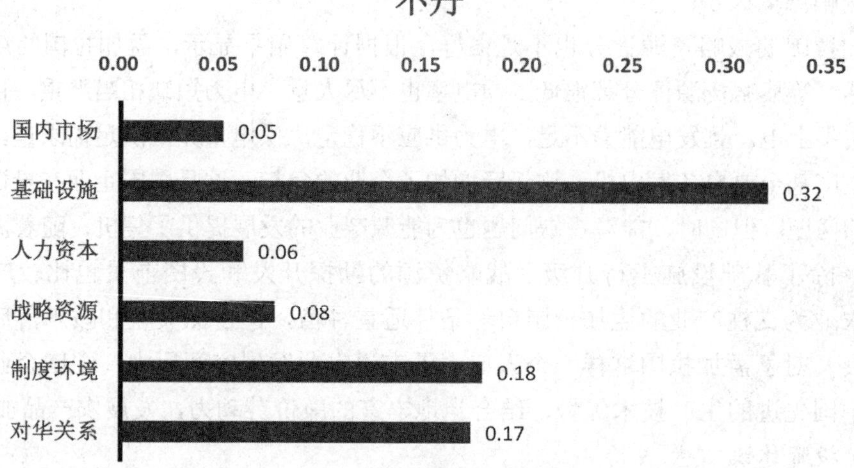

图5.91 不丹投资潜力各一级指标评分结果

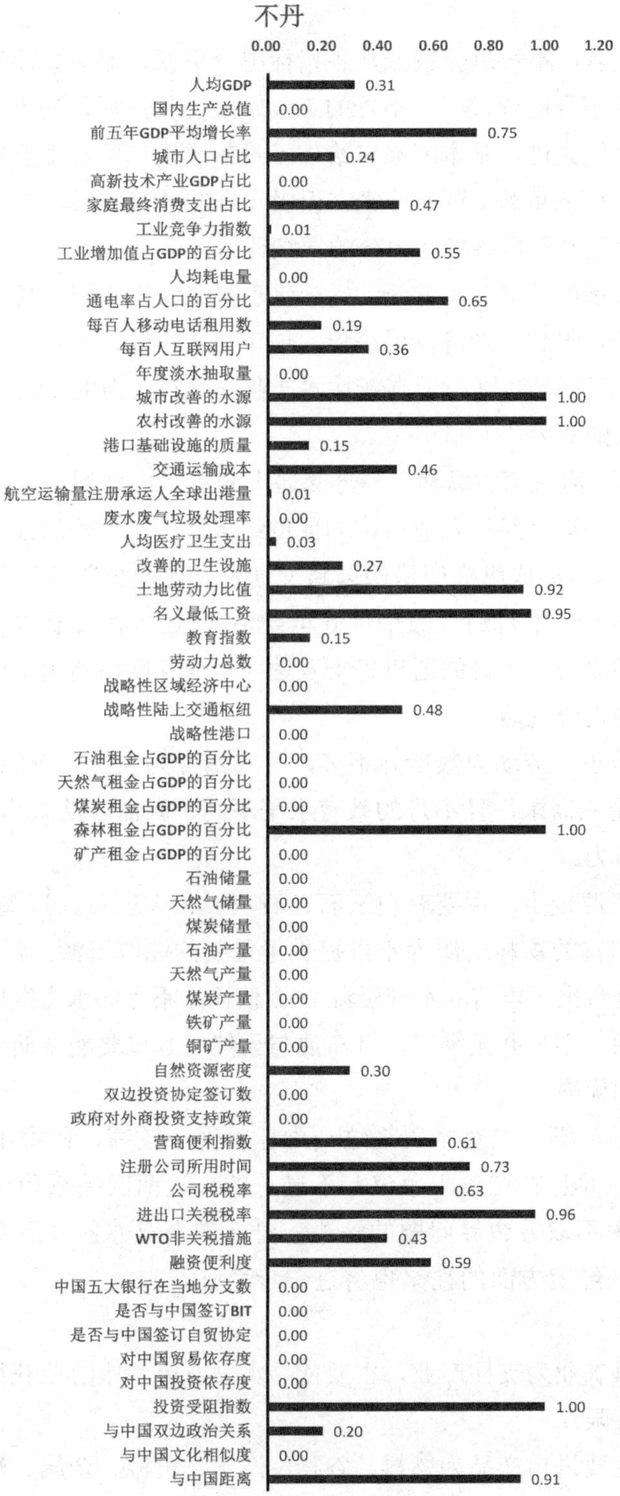

图 5.92 不丹投资潜力各三级指标评分结果

（3）得分评析

从评分结果来看，不丹总分较低，各指标得分更低，似乎并没有投资前景。但近年来中国仍每年对不丹进行投资。不丹的工业发展比较落后，处于刚刚起步阶段，它的农业、畜牧业比较先进，基本能够自给，不丹的进出口贸易主要依赖于印度，若中国能打破不丹对印度的依赖，与不丹建立积极友好的外交关系，扩大对不丹的出口或可从中获益。下面是对不丹各指标得分的详细评析。

不丹的国内市场指标得分非常低，标准化后得分仅为0.05。由于不丹对外开放较晚，且加上自身条件限制，经济发展缓慢，城市化水平低，人口基数小，劳动力数量少、素质低，工业发展起步晚，无高新技术产业，以农业为主要经济支柱，人均GDP低，消费者无太大购买力。

由于地处山区，河流深谷纵横，不丹交通十分不便。直到50年代不丹仍无公路，货物仍靠马和牦牛驮运。经济开放后，为促进经济发展，不丹的公路从无到有，目前超过8000公里，基本形成纵横交错的公路交通网，比起公路建设不丹的航空事业仍然比较落后，近年来，不丹通过数个“五年计划”，逐步在发展本国经济，保持经济稳步增长，但目前来看，不丹的通讯仍不发达，电信和网络覆盖率低，这对我国相关企业是值得关注的投资机遇。

不丹人口基数小，劳动力数量并不多，且大部分为农民，看似劳动力成本很低，实难以满足中国企业需求，且不丹的教育水平不高，因而，从人力资本这一角度看，不丹缺乏投资吸引力。

不丹的矿产资源较少，主要有白云石、石灰石、大理石、石墨、石膏、煤、铅、铜、锌等矿藏，丰富的森林资源为不丹提供了重要的能源资源。不丹境内河流密布，水量充沛，给不丹带来了丰富的水利资源 。据估计，不丹的水力发电潜力达600万千瓦。由于是内陆国，不丹并无港口，且石油与天然气等重要能源储量非常少，不丹并不具备战略资源的优势。

比起其他指标，不丹在对华关系这一指标上得分较高，但中不两国至今没有建立正式外交关系，并且存在领土争议，不过总的来说两国关系稳定，在国际舞台上互动积极。随着中不双方边界问题的解决，势必带来双方各方面交流的加深和双边关系的逐步改善，经贸方面的往来也将进一步增强。

（4）投资建议

第一，不丹以农业为支柱产业，主要依靠水力发电、旅游业获得收入，工业不够发达，投资空间有限。

第二，不丹主要进口产品为燃料、谷物、汽车、机械、金属、塑料等。这些产业供需缺口较大，企业可多关注其中的投资机会。

5.4.3 巴基斯坦

（1）基本国情

巴基斯坦地处南亚次大陆西北部，南濒阿拉伯海，北枕喀喇昆仑山和喜马拉雅山。东、北、西三面分别与印度、中国、阿富汗和伊朗接壤。海岸线长980公里。南部属热带气候，其余属亚热带气候。国土面积约为79.6万平方公里（不包括巴控克什米尔地区）。巴基斯坦人口约1.97亿，是世界第六人口大国。农村人口占总人口的63%左右，女性占总人口的48.5%。巴基斯坦人口增长较快，年增长率1.55%。巴基斯坦行政区划包括四个省和两个联邦直辖区；各省分为105个县，县进一步分为乡。首都伊斯兰堡，是全国政治中心，整个市区面积909平方公里，靠近印巴停火线。前首都卡拉奇是巴基斯坦最大城市。

巴基斯坦煤炭资源丰富，储量达1850亿吨左右，其中1840亿吨在信德省，占全国总量的99.5%。其他主要矿藏储备则包括天然气4920亿立方米、石油1.84亿桶、铁4.3亿吨、铝土7400万吨，还有大量的铬矿、大理石和宝石。

（2）得分结果

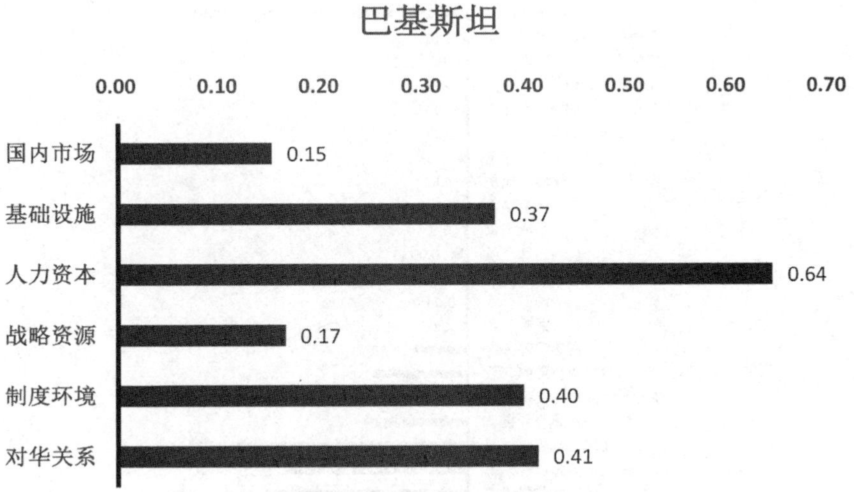

图5.93 巴基斯坦投资潜力各一级指标评分结果

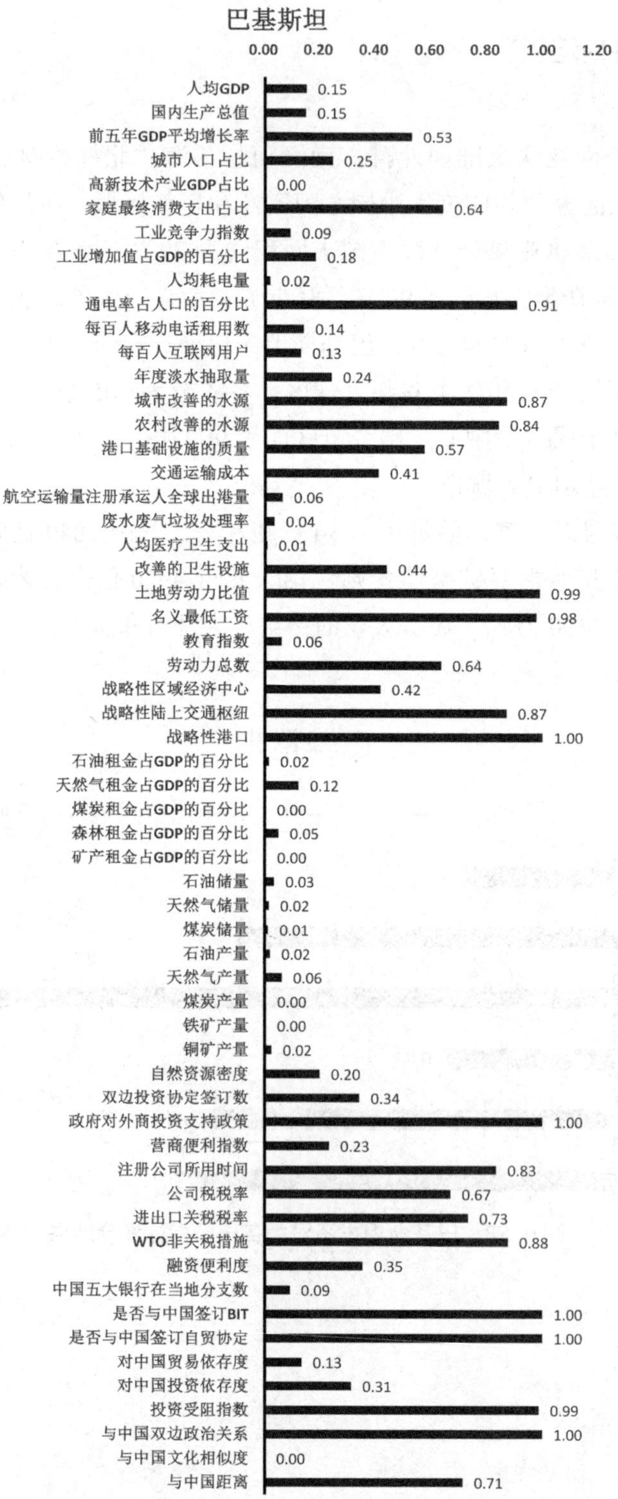

图 5.94　巴基斯坦投资潜力各三级指标评分结果

（3）得分评析

从评分结果上看，巴基斯坦人力资本丰富，对华关系良好，投资空间较大。中国与巴基斯坦建立起了全天候战略合作伙伴关系，近年对巴基斯坦的投资额逐步提升，且未来有进一步增长的趋势。下面对巴基斯坦各指标的得分进行详细评析。

所有一级指标中，巴基斯坦得分最高的是人力资本。巴基斯坦最大的人力资本优势来自其数量众多的劳动力和低廉的工资。但是应当注意到的是，尽管巴基斯坦拥有约 1.97 亿的人口，而且 30 岁以下的年轻人口也超过了 1 亿，但是劳动力的整体素质并不高。根据官方的数据显示，农村人口占比达 63%；2010 年全国约有 50.67% 的人口生活在贫困线以下；2011 年，全国识字率仅为 53.74%，劳动参与率仅为 56.4%，尤其女性劳动参与率仅为 25.6%。因此中国对巴基斯坦的投资在高新科技领域投资空间不大，投资活动应当集中于劳动密集型产业。

巴基斯坦对华关系良好，这为中国企业在当地的投资创造了便利条件。2013 年 11 月，据巴基斯坦驻华大使马苏德·哈利德介绍，巴政府新设 4 个经济特区，分别位于瓜达尔港、卡拉奇、拉合尔和白沙瓦。他表示，中国企业在 4 个经济特区内投资时所产生的利润可 100% 带回中国；对中国企业在建厂时引入巴基斯坦的设备，巴基斯坦将实施零关税政策；生产完成后产品从巴基斯坦出口时，巴政府也将提供出口补贴；中国企业在巴投资的前 5 年巴政府不征收资本收益税。中国政府近来积极打造“中巴经济走廊”，鼓励企业到巴基斯坦进行投资，中国企业如果能够利用好巴基斯坦政府和中国政府出台的政策，有利于进一步开发巴基斯坦的投资空间，从而获取可观的利润。

巴基斯坦基础设施建设一项评分较低，但是鉴于巴基斯坦人口众多，对交通、电力和通讯网络等基础设施的需求量较大，所以中国企业在交通基础设施，风力、太阳能发电，通讯网络建设等领域拥有较大的投资潜力。

巴基斯坦矿产资源十分丰富，天然气、煤、铁、石油藏量巨大，但是囿于国内的技术条件和资金，丰富的矿产资源还没有得到充分的开发。巴基斯坦政府为了促进国内的矿产资源的开发，有意借助外资的力量，因而制定了一系列鼓励外商投资的政策，而且开出的条件也很低，所以中国企业想要进入巴基斯坦投资矿业的门槛也不高。加上目前巴基斯坦矿产业尚未形成外资争相进入的气候，中国企业对巴矿业进行投资还可以抢占先机。综上，在巴基斯坦对矿产资源的投资存在巨大的潜力。

目前中国对巴基斯坦的投资也面临着许多挑战，其中最大的挑战无疑是巴基斯坦动荡的国内安全形势。带来威胁的三股主要势力为恐怖主义、极端主义和分裂主义。为中国企业在当地的投资带来了一定的危险。第一大城市卡拉奇安全形势最为复杂。盘踞在西南部的俾路支省和西北部开伯尔-普什图省的武装分子认为外资是在掠夺本国资源，因此对外国投资企业充满敌意，导致中方在该地区进行投资的人员经常遭到袭击。巴方本着维护双方全天候战略合作伙伴关系的大局，对中方企业提供军方保护。中国和巴基斯坦政府也达成了安全合作应当与经济合作相辅相成的共识，双方政府会共同努力为中国企业在巴基斯坦的投资提供一个安全的投资环境。

（4）投资建议

第一，巴基斯坦科教文卫事业较为落后，不适合进行高科技领域的投资，但其劳动力资源丰富而廉价，中国企业对巴基斯坦的投资应以劳动密集型行业和服务型行业为主。

第二，巴基斯坦政府对华关系十分友善，中国和巴基斯坦建立起了全天候战略合作伙伴的关系，中方企业在巴投资具有稳定的政策环境。

第三，巴基斯坦的基础设施条件较差，因此，对电力、通讯、交通等基础设施的需求量较大，开发和投资的空间大。

第四，巴基斯坦资源种类丰富，但是还没有得到充分的开发，加上巴政府出台的支持外资投资矿业的政策，在巴基斯坦投资矿产业有着巨大的潜力。

第五，巴基斯坦国内面临严峻的安全形势，中国企业在当地投资的时候要考虑到这方面的投资风险。

5.4.4 斯里兰卡

（1）基本国情

斯里兰卡是印度洋上的岛国，是英联邦成员国之一。位于南亚次大陆南端，西北隔保克海峡与印度半岛相望，国土面积为6.561万平方公里，截至2013年斯里兰卡人口总数达2048万，西部地区人口数量占全国总人数的28.8%，北部地区人口仅占全国总人数的5.2%。斯里兰卡被划分为9个省和25个县。首都科伦坡是斯里兰卡最大城市和全国的政治、经济、文化和交通中心。

斯里兰卡矿藏丰富，主要包含石墨、宝石、钛铁、锆石、云母。其中，石墨、宝石、云母等矿藏已被开采。斯里兰卡宝石富集，是世界前五名的宝石生产大国。渔业、林业和水力资源等也很丰富。

（2）得分结果

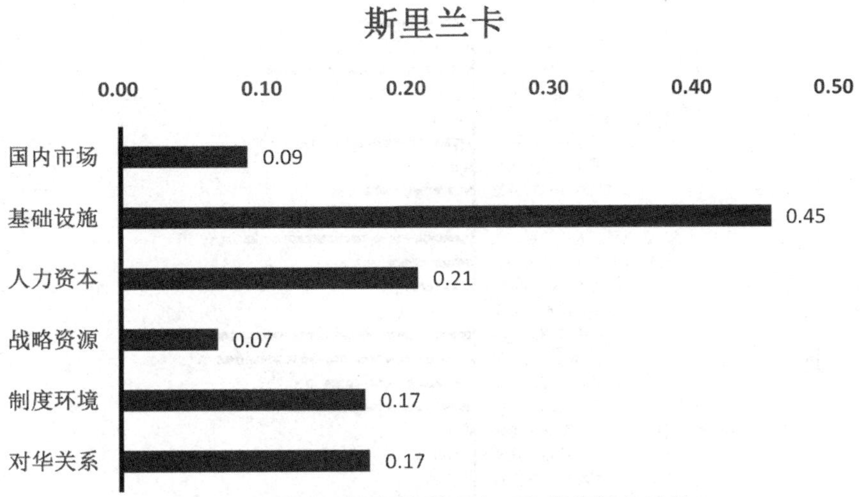

图 5.95　斯里兰卡投资潜力各一级指标评分结果

（3）得分评析

从评分结果上看，斯里兰卡各项指标的得分均较为一般，基本处于中等偏下的位置，但是，斯里兰卡作为亚洲通往中东的中转站，具有独一无二的战略地理位置。斯里兰卡一直从中国获得巨额投资以推进基础设施建设，但受其政权更迭影响，中国企业一系列项目被叫停，投资受到严重影响。目前中国企业想在斯里兰卡进行投资，很大一部分阻力来自于 2015 年初上台的斯里兰卡新政府，中国企业对于斯里兰卡的投资可谓是机遇与挑战并存。下面是对斯里兰卡各项指标得分的详细分析。

斯里兰卡内战结束之后，经济迅速发展，人民生活得到较大的改善，斯里兰卡因此成为世界经济增长最快的市场之一。尽管斯里兰卡国内市场评分较低，排位靠后，但随着斯里兰卡基础设施建设的升级、GDP 的增长和人均生活水平提高，未来在很多领域都有发展空间。

斯里兰卡基础设施指标的评分较低，这看似会在一定程度上减弱外国企业的投资热情，但实际情况恰恰相反，对于斯里兰卡这种由于内战而导致的经济起步晚，但 GDP 增速飞快的国家来说，这一指标的低评分恰恰是外国企业的机遇，因为随着经济的迅速发展，斯里兰卡亟须将落后的基础设施进行升级，同时受国内技术限制，斯国的基础设施建设将很大程度上依赖于外商投资。

在过去的 10 年中，斯里兰卡致力于利用其有利的地理位置，建设成为南亚贸易交通和金融中心。中国一直积极参与其基础设施建设，斯里兰卡近 70% 的基础设施项目是由中国出资并修建的，中国对于斯里兰卡的总投资额达约 15 亿美元。斯里兰

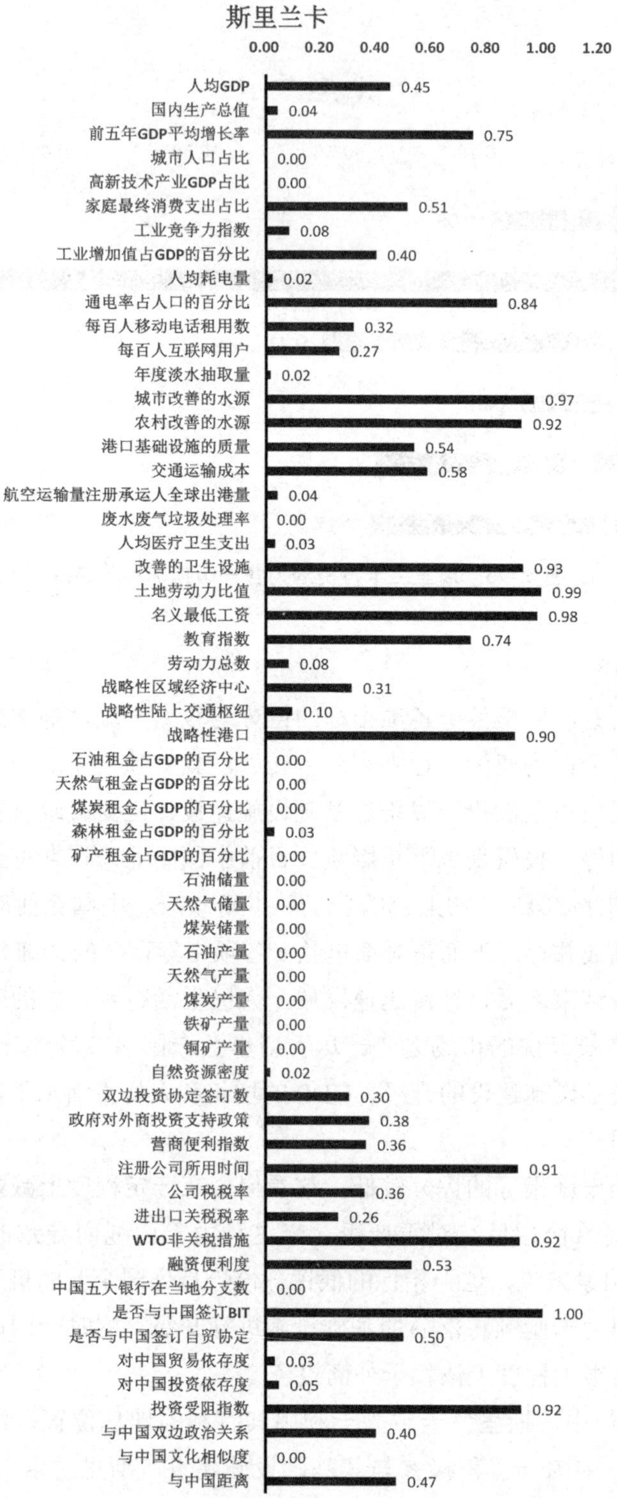

图5.96 斯里兰卡投资潜力各三级指标评分结果

卡接受中国企业的援助，在最大城市科伦坡附近海域推进了大规模的开发计划，并自2014年9月开始建设填海造地，在海上建设商业、住宅和体育设施等。这些项目是在斯里兰卡前总统任职期间上马建设，然而在2015年1月的选举中，亲华色彩浓厚的前总统拉贾帕克萨落败，西里塞纳就任新总统后以外国在斯投资项目竞标过程中缺乏透明度，官员可能借机贪腐为名叫停了一系列项目，其中大部分为中资项目，因此外界推断新政府将调整对华政策，减少对中国的经济依赖。2015年末，斯里兰卡政府表示愿重启部分之前叫停中国的投资项目，尽管如此，斯里兰卡新政府在政策上的摇摆不定还是让投资者难以放心。

制度环境指标的低分和后排位很大程度上来自于斯里兰卡新政府所施加的压力。虽然斯里兰卡对华关系指标得分相对还可以（可能是因为前政府的亲华政策和民间对于中国的友好关系），但是新政府对于投资的阻碍成为中国企业进行投资时不得不考虑的问题。

斯里兰卡战略资源得分很低，石油、煤炭、天然气储量几乎为零，铁铜矿储量也可以忽略，其主要资源禀赋为森林和港口，特别是港口这一项优势非常明显，战略性港口指标评分极高。斯里兰卡被定位为中国在南海乃至印度洋进行战略部署的重要停靠港，是由亚洲通往中东的海上要塞。因此，斯里兰卡的战略性位置成为投资的一个优势所在。

同时，斯里兰卡的人力资本在其六个指标中算是排名较前的。查阅原始计算表发现，斯里兰卡虽然劳动力总数不多，但是基本上可以满足中国企业在其境内对于劳动力数量的需求，同时，斯里兰卡的教育指数较高，劳动力工资水平较低，投资活动应以劳动密集型为主。

（4）投资建议

第一，斯里兰卡虽然资源种类丰富，但石油、煤炭、天然气等战略性物资匮乏，对于中国企业来说，斯里兰卡的投资价值主要在其战略性港口众多与要塞性地理位置优越。同时，丰富的森林资源、红茶产区和宝石矿产也是其优势资源所在。

第二，斯里兰卡内战虽然结束晚，但经济起步发展迅速，民间对华友好，中国企业在其境内投资有着广阔的前景。特别是其基础设施方面亟待升级，中国在这一方面已经有相当规模的投资。

第三，斯里兰卡本届政府改变前总统亲华政策，调整“紧靠中国”路线，甚至叫停中国企业在斯里兰卡相当规模的投资项目，因此中国企业应充分考虑到其中的风险。

第四，斯里兰卡佛教徒众多，许多习俗都与佛教有关，因此中国企业在投资时要尊重当地的宗教信仰和风土人情，以减少不必要的麻烦。

5.4.5 尼泊尔

（1）基本国情

尼泊尔为南亚山区内陆国家，位于喜马拉雅山脉南麓，北与中国西藏相接，东与印度锡金邦为邻，西部和南部与印度西孟加拉邦、比哈尔邦、北方邦和北阿坎德邦接壤。尼泊尔的国土面积约为14.72万平方公里，人口总数约2850万，主要城市有帕坦、巴德岗、博克拉等，首都加德满都。尼泊尔共划分5个经济发展区，分别为东部、西部、中西部、中部和远西部发展区。5个发展区又设了14个专区，14个专区下共有75个县，36个镇，3995个村。

尼泊尔有丰富的自然资源，已发现的金属矿藏有铁、铜、锌、铅、镍、钴、石英、陶土、磷矿、花岗石、硅岩、宝石等，均只得到少量开采；水力资源也很丰富，水电蕴藏量约占世界的2.3%。铁矿储藏约2305万吨，铜矿储量约1618万吨，铅矿储量约300万吨，锌矿储量约266万吨，菱镁矿储量约2亿吨，石灰石储量9.85亿吨，云母储量32万吨。

（2）得分结果

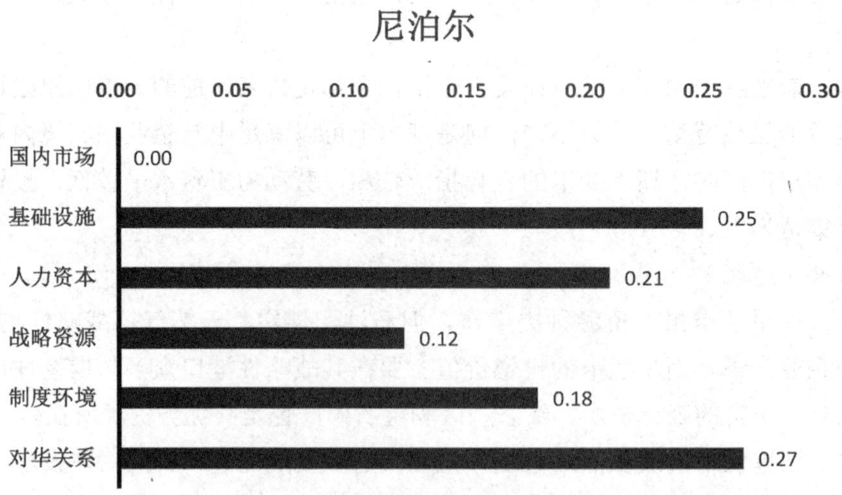

图5.97 尼泊尔投资潜力各一级指标评分结果

（3）得分评析

从评分结果上看，尼泊尔的综合得分很低，国内市场的指标与“一带一路”沿线国家相比排名最后，基础设施和制度环境也是十分落后，是联合国确定的最不发达的国家之一。国家预算支出有三分之一来自国外捐赠和贷款，财政严重依赖外部资金，但因其具有独特的地理优势及历史、政治和经济因素，吸引了许多国外投资，如有丰

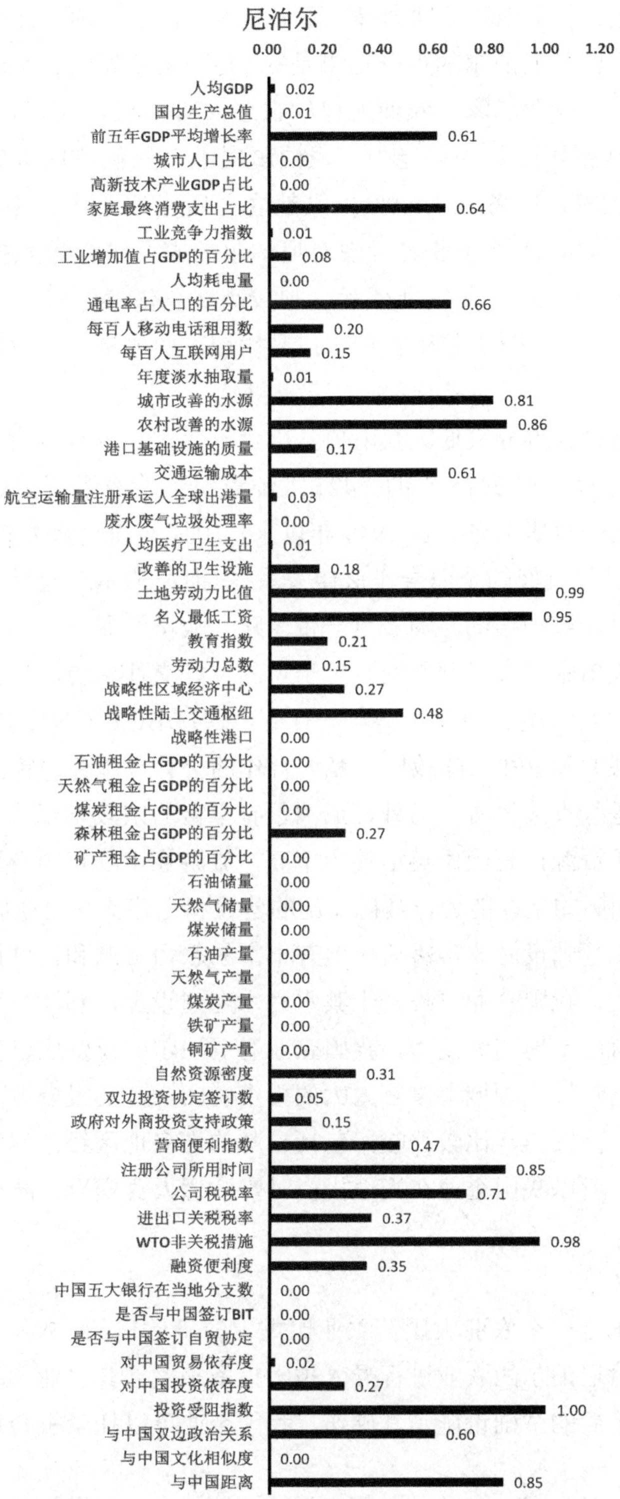

图 5.98 尼泊尔投资潜力各三级指标评分结果

富的水力资源、低廉的土地和劳动力等。下面是对尼泊尔各项指标得分的详细评析。

在国内市场方面，尼泊尔的得分结果是0，足见其不发达、毫无技术可言的经济状态。尼泊尔是一个农业国家，农业人口约占总人口80%，拥有有限但肥沃的农田，农业丰收提高了其整体国际生存能力。尼泊尔属于工业化前期国家，工业比重仅为15%，农业比重35%，服务业为50%。纵然农业所占比重大，但其农业技术落后，导致经济发展很缓慢，我国企业可考虑对尼泊尔的农业进行导入技术投资来发展其农业。同时，由于尼泊尔工业发展落后，制成品严重依赖进口，中国作为“世界工厂”，对尼泊尔出口几乎覆盖整个工业制成品领域，中尼进出口发展在未来必定会创出新高。

尼泊尔的基础设施得分很低。其港口基础设施落后，也基本没有航空运输量，近年刚起步的设施建设，在2015年的“425大地震”中造成了严重破坏。相对于基础设施，得分较高的是对华关系。自1949年以来，中尼两国政治关系稳定，往来密切，2009年升格为“世代友好的全面合作伙伴关系”。而尼泊尔在遭受强震后，我国又及时提供了物资与医疗救护援助。随着“一带一路”战略的展开，未来中尼经贸合作前景将更为广阔，我国企业大可利用两国上千年的友好交往历史，扩大对尼泊尔基础设施的投资，包括水利水电、通讯、房建等行业，通过BOT（即建设—经营—转让的公共设施建设模式）和PPP（即政府与私人合作的公共设施建设模式）的方式对尼泊尔基础设施项目进行直接投资。另外，尼泊尔有丰富的宗教景观建筑、山水景观和民俗文化遗产等旅游资源，且国民英语使用率高，旅游业市场相当有潜力，若要发展好旅游业来提升其国际的生存能力，基础设施的建设和完善更是迫在眉睫。

虽然尼泊尔的基础设施非常落后，但有丰富的水力资源和良好地势，水电开发潜力和市场前景巨大，我国企业可投资于其水利水电建设上，利润可期。同时，尼泊尔拥有低廉的原材料、土地和劳动力，我国企业对尼泊尔的投资应以劳动密集型和服务型行业为主，在高新技术领域上没有太大的投资空间。需要投资者注意的是，尼泊尔的政局比较动荡，治安形势比较严峻，包括首都的许多地区经常爆发游行和罢工，甚至会升级为暴乱，所以我国企业在当地投资时需注意人身安全，时刻关注当地的政治局势。

（4）投资建议

第一，尼泊尔是一个农业大国，农业比重占经济比重的35%，但农业技术落后，我国企业可考虑对尼泊尔的农业进行导入技术投资来发展其农业。另外尼泊尔近年积极推动旅游业，落后的基础设施是其硬伤，我国企业可以抓紧机会扩大对尼泊尔基础设施建设的投资。

第二，尼泊尔拥有丰富的水力资源和良好地势，水电开发潜力和市场前景巨大，我国企业可重点关注相关领域投资机会。

第三，尼泊尔拥有低廉的原材料、土地和劳动力，我国企业对尼泊尔的投资应以劳动密集型和服务型行业为主。

第四，尼泊尔的政局比较动荡，治安形势比较严峻，所以我国企业在当地投资时需注意人身安全，时刻关注当地的政治局势。

5.4.6 阿富汗

（1）基本国情

阿富汗是亚洲中部的内陆国家，位于西亚、南亚和中亚交汇处，北接土库曼斯坦、乌兹别克斯坦和塔吉克斯坦，东北突出的狭长地带与中国接壤，东和东南与巴基斯坦毗邻，西与伊朗交界。总面积为64.75万平方公里。阿富汗首都为喀布尔，人口约500万，既是阿富汗第一大城市，也是全国的政治、经济、文化中心。主要城市包括坎大哈、赫拉特、代孔迪等。

资源禀赋方面，阿富汗矿藏资源丰富，主要有铁、铬铁、铜、铅、锌、镍、锂、铍、金、银、白金、钯、滑石、大理石、重晶石、宝石和半宝石、盐、煤、铀、石油和天然气等。其中天然气储量约为1500亿立方米，煤矿储量约1亿吨。盐储量3亿吨，青金石储量1300吨，铁矿储量17亿吨，铜矿石储量5亿吨。目前因运输困难和资金缺乏，仅天然气、煤、盐、铬得到少量开采。

（2）得分结果

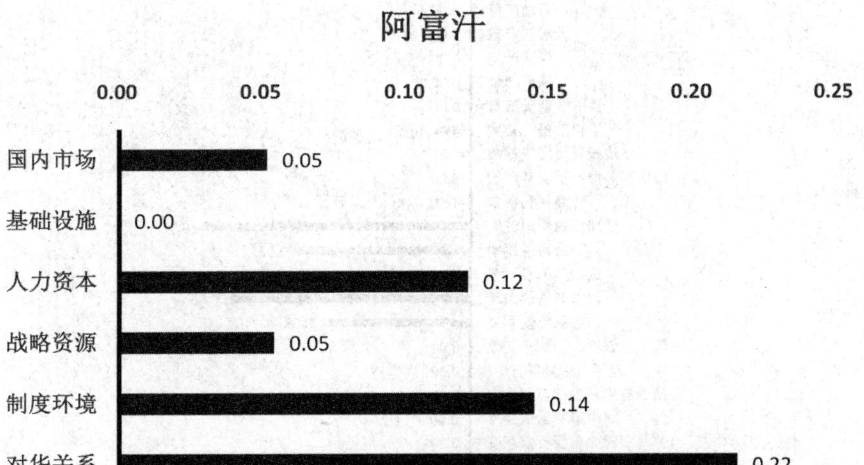

图5.99 阿富汗投资潜力各一级指标评分结果

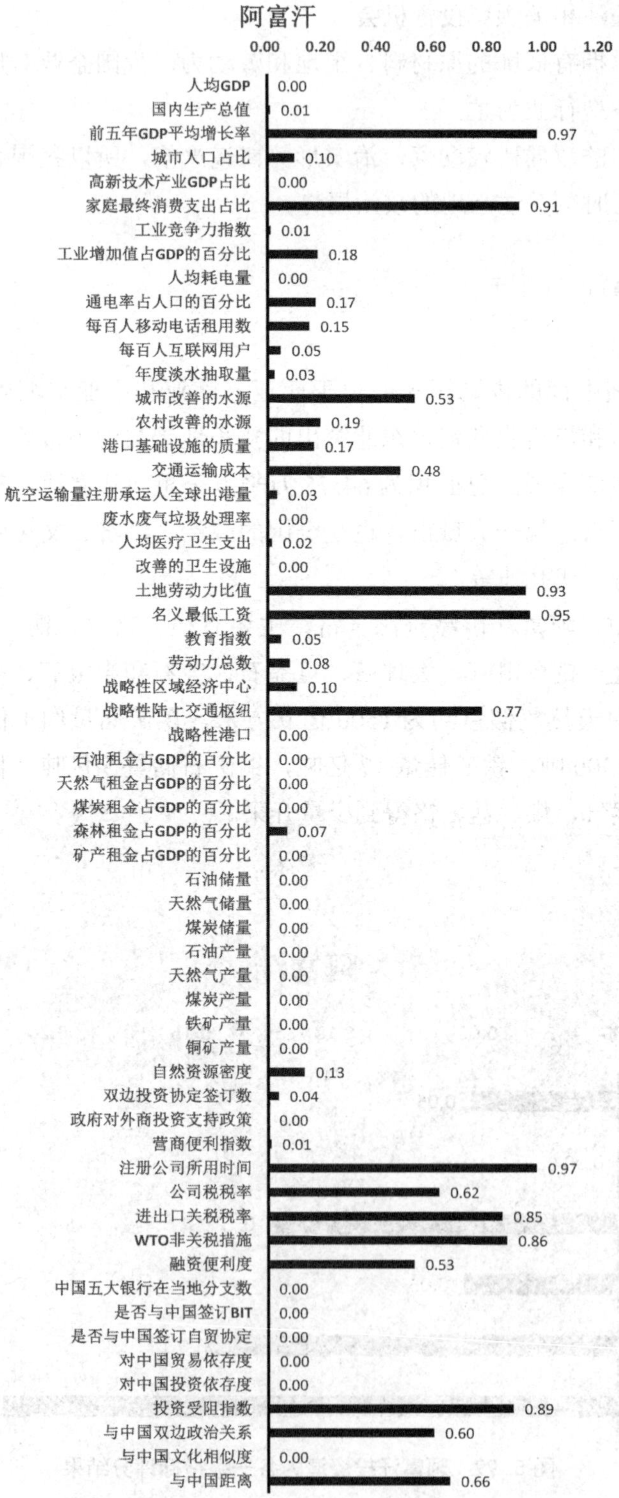

图5.100 阿富汗投资潜力各三级指标评分结果

（3）得分评析

阿富汗各项一级指标的评分都很低，总的来说投资吸引力不大。

国内市场方面，阿富汗人口约2800万。但是人均GDP仅为720美元，排在“一带一路”沿线国家最末。该国农村人口达2000万，城市人口占比仅为20%左右，城市化率在“一带一路”沿线国家中排61位，国内居民的购买力较低。

基础设施方面，阿富汗由于常年战乱，大部分设施基本破坏殆尽，公路、铁路、空运等设施严重不足。目前阿富汗政府正在艰难推进公路网建设，争取早日联通中亚、西亚、南亚和中亚等周边国家。而阿富汗国内的铁路网建设刚刚起步，第一条铁路2011年才通车，年货运能力仅为12万吨。空运方面，阿富汗国内的航空公司共有19架飞机，2014年运输乘客仅为183.7万人次。此外，阿富汗的电力缺口较大，将近80%的电力需要进口。

人力资本方面，阿富汗虽然人口数量不少，但是大部分都在农村地区，特别是山区，难以形成规模化的人力资源。当前阿富汗失业率高达40%，普通工人处于产能过剩状态，而外语、管理、技术等技能型人才十分稀缺。该国的劳动力市场也十分不成熟。

制度环境方面，阿富汗长期的政治动乱导致了其社会不稳定，国内制度环境也不完善，对外商的鼓励、保障措施不全。

对华依存度方面，中国与阿富汗两国的双边贸易往来较少，2014年，中国在阿富汗的FDI流量为2800多万美元，在阿富汗投资的中国企业仅有中石化、中铁、华为、中兴等几家大型企业。

从过往中国对阿富汗的投资情况来看，中国企业的投资领域主要集中在资源合作以及电力、电信、道路等基础设施建设方面。如中冶在阿富汗投资的埃纳克铜矿项目，中石油与当地天然气公司联合开发的达利亚盆地油田项目等。目前并没有关于中国企业在阿富汗投资受阻的信息，但华为、中兴等企业受安全局势影响，减少了对当地的人员派遣。

（4）投资建议

第一，阿富汗国内基础设施极为落后，看似是中国企业投资的机会，但是国内的市场规模限制了基础设施的需求。同时动荡的形势也是基础设施的建设进展缓慢的重要原因。因此，阿富汗的基础设施建设项目对大部分中国承建企业来说风险巨大，而且短期收益较低。仅适合中铁、中建等这类有资金和能力进行长期战略布局的企业。

第二，阿富汗人力资本不足，加之不稳的安全形势，目前并不适宜投资制造业。

第三，阿富汗虽然也有着较好的自然资源禀赋，但是基础设施和劳动力的匮乏，加大了开采利用的难度。

第四，中国企业在阿富汗投资不会面临太大的竞争，特别是来自欧美企业的竞争。欧美企业对阿富汗的投资非常谨慎，大多数企业对于阿富汗的项目都是持能干则干，干不了也无所谓的态度。

5.4.7 印度

（1）基本国情

印度是南亚次大陆最大的国家。国土面积298万平方公里（不包括中印边境印占区和克什米尔印度实际控制区等），列世界第七位。印度东北部同中国、尼泊尔、不丹接壤，东部与缅甸为邻，东南部与斯里兰卡隔海相望，西北部与巴基斯坦交界。东临孟加拉湾，西濒阿拉伯海，海岸线长约8000公里。印度总人口约12.15亿，居世界第二位。印度主要大城市有新德里、孟买、加尔各答、金奈、海德拉巴和班加罗尔等。首都新德里，人口约1800万。

印度矿产资源丰富，铝土储量居世界第五位，云母出口量占世界出口量的60%。印度主要资源可采储量估计为：煤463.89亿吨（不含焦煤），铁矿石97.54亿吨，铝土22.53亿吨，铬铁矿1.24亿吨，锰矿石6550万吨，锌589万吨。此外，还有石膏、钻石及钛、钍、铀等矿藏。印度森林覆盖率为21.9%。

（2）得分结果

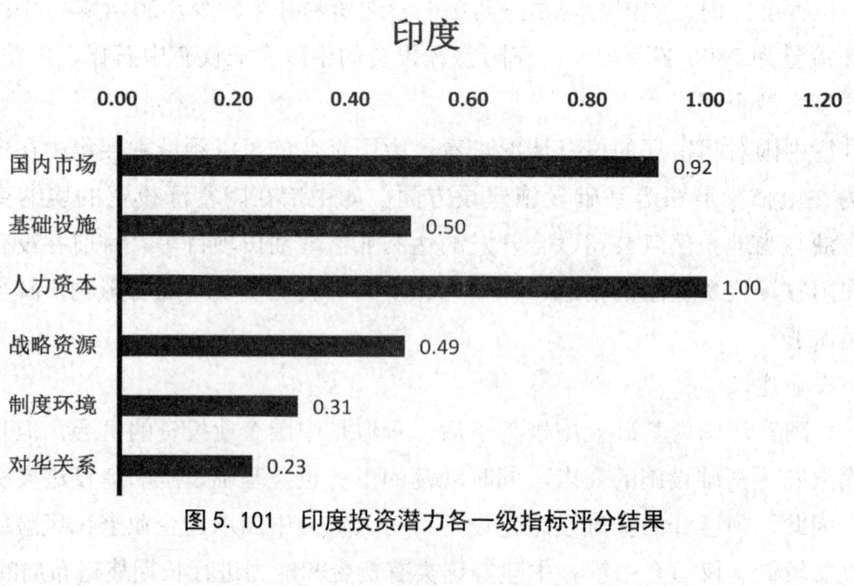

图5.101 印度投资潜力各一级指标评分结果

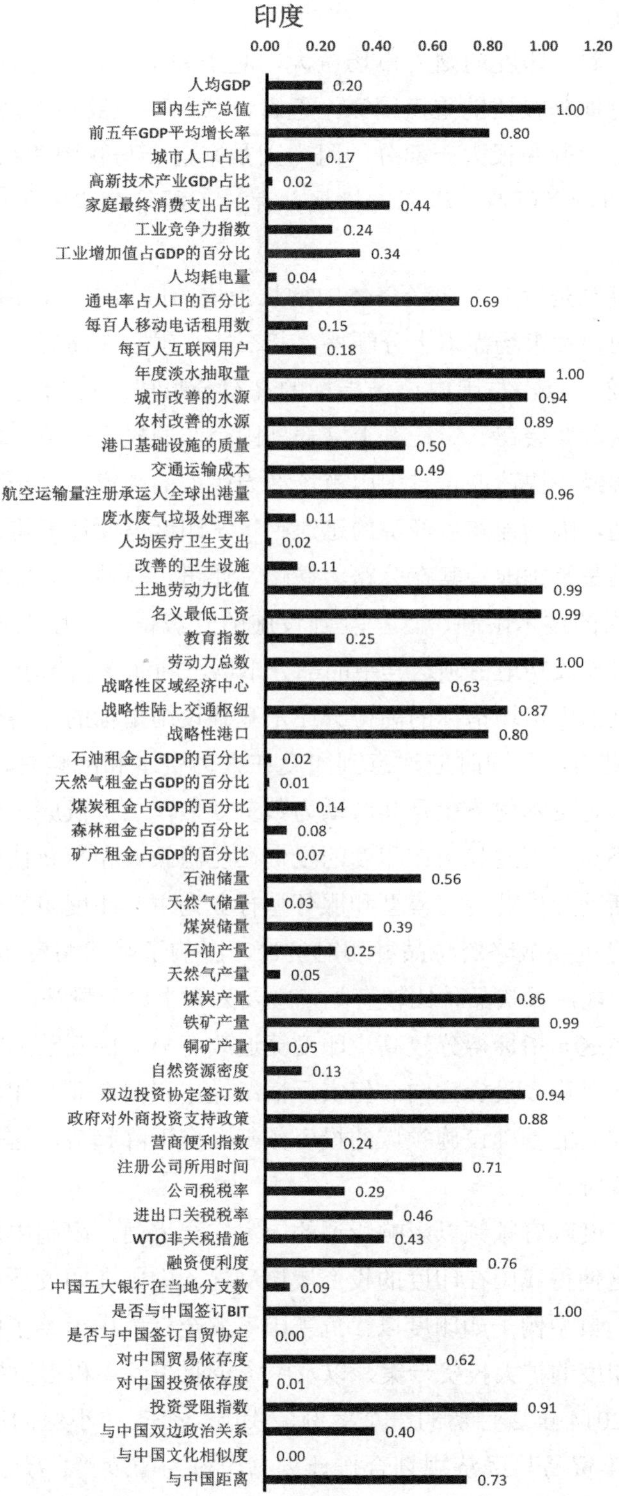

图 5. 102 印度投资潜力各三级指标评分结果

（3）得分评析

从评分结果上看，印度的国内市场巨大，对华关系良好，有着巨大的投资潜力，应是我国企业进行海外投资的重点国家，但目前我国企业要想成功地打开印度市场，要克服的困难很多，其中很大一部分的阻力正是来自于与我国关系良好的印度政府，我国企业对印度的投资可谓是机遇与挑战并存。下面是对印度各项指标得分的详细评析。

印度是亚洲甚至是世界主要经济体中增长最快的国家之一，由于其人口基数大，经济增长快，国内消费市场需求十分旺盛，其在所有国家中高居第一的国内市场评分很好地体现出了这一点。与国内市场指标的高得分形成对比的是，印度基础设施指标的评分较低，这看似会在一定程度上减弱外国企业的投资热情，但实际情况恰恰相反，对于印度这种经济快速增长且国内市场潜力巨大的国家，这一指标的低评分恰恰是外国企业的机遇，因为伴随着经济的迅速腾飞，印度需要逐渐将现在落后的基础设施进行升级，尤其是亟须改善其在公路、铁路、通讯、电站等方面的公共设施建设情况，但印度受国内的技术限制，这些基础设施的升级很大程度上要依赖于外商的投资，我国企业如果能成功地占领这其中的部分市场，利润将相当可观。

因此，无论是国内市场指标的高得分还是基础设施指标的低得分，都反映出印度市场巨大的投资潜力。但同时应注意到印度在人力资本和战略资源两项指标的低得分，印度最大的人力资本优势就是其劳动力数量众多，工资低廉，但是印度国内的科技发展水平总体不高，因此我国在印度的投资在能源领域和高新技术领域没有太大的投资空间，投资活动应以劳动密集型和服务型行业为主。印度虽然矿产种类丰富，但是石油、天然气等重要战略资源品种相对贫瘠，影响了其战略资源指标的总体评分，我国企业在其境内能源投资品种比较有限，主要为铝土、云母等。

印度对华关系这一指标得分较高，印度莫迪政府与中国互动频繁，交往亲密，双方政府也互相表达了许多投资意向。但实际情况是，我国企业在印度的投资并非一帆风顺，近年来在印度的基础设施领域的投资额甚至有下降趋势，这其中很大的投资阻力正是来自印度政府。

长期以来，印度政府频频以影响所谓的国家安全为由，限制中国企业对印度投资的规模和水准，这使得我国在印度的投资屡屡受挫。中国在印度所有重大专案几乎都遇到了强大阻力。典型例子如印度以“危害国家安全”为由拒绝了中国电信设备制造商中兴和华为对印度的扩大投资专案，以及中资企业在孟买和喀拉拉邦港口的竞标。

最典型的是 2014 年 2 月初的一个案例，我国一个工作小组向印度政府递交了一份国家层面的五年贸易与经济规划合作计划书，拟为印度“1 万亿美元的‘十二五’基础设施建设”进行 30% 的投资，总额高达 3000 亿美元。这笔投资的金额已超过日本在印度的投资，成为单个国家对印度的最大投资，其中包括“德里-孟买工业走廊”及新德里地铁等项目。但是，这项中国有史以来最大的对印投资计划，却遭到许多印度媒体和智库的质疑。印度商务部举行专门会议讨论中国3000亿美元的投资计划，甚至设立了“安全审查”程式。中方投资印度方案往往会卡在这一关，尤其是电信、电力等领域审查尤为严格，印度这种极不公平的做法直接导致了中印投资品质始终处在低水准徘徊的不利态势。

另外，印度经常在签证环节给中资企业在印度的投资和生产带来麻烦。如2013年数家中国企业相继向印度派出了3万多名电力、电讯、钢铁等领域的技术人员和工人进行建设，但是，在许多工程尚未完工的情况下，印度政府突然以中国工人签证到期为由收紧了签证政策，要求中国工人必须马上离开印度，给中资企业带来了意想不到的麻烦，无形之中增加了中资企业在印度的投资成本。

由这些案例可以看出，虽然本届莫迪政府对华关系友好，两国政府高层也表达了加强投资的意向，但许多项目到了具体落实阶段，印度国内的许多行政部门并不积极配合，甚至暗中为我国企业在其境内的投资设置层层障碍，这是我国企业在印度进行投资时不得不考虑的问题。

（4）投资建议

第一，印度市场潜力巨大，消费需求旺盛，我国企业在其境内的投资有着广阔的前景。

第二，虽然莫迪政府对华关系友好，但印度国内势力强大，许多大型投资项目在具体落实阶段往往遭受印度行政部门设置的层层阻碍，导致工期延误，项目缩水，严重影响我国企业的收益，我国企业应充分考虑到其中的风险。

第三，印度科教文卫事业较为落后，不适合进行高科技领域的投资，我国企业对印度的投资应以劳动密集型行业和服务型行业为主，重点涵盖建筑、通讯、铁路、电力、零售、机械制造等领域。

第四，印度虽然资源种类丰富，但石油、天然气等战略物资匮乏，对我国企业来说，有一定投资价值的矿产品种主要为铝土和云母。

第五，印度国内贪污腐败现象严重，我国企业在与印度行政部门打交道时要考虑到这方面的问题。

5.4.8 马尔代夫

（1）基本国情

马尔代夫，全称为马尔代夫共和国。作为亚洲最小的国家，陆地面积298平方公里。马尔代夫坐落在印度洋上，南北长820公里，东西宽130公里，位于印度南部约600公里，距斯里兰卡西南部约750公里。马尔代夫由26组自然环礁和1190个珊瑚岛组成。作为地处赤道附近的热带气候国家，属热带雨林气候。各岛屿地势较低平，海拔平均1.2米，平均面积为1—2平方公里，年降水量2143毫米，年平均气温28℃。

由于地理条件得天独厚，马尔代夫坐拥丰富的海洋资源，包括各种热带鱼类及海龟、玳瑁和珊瑚、贝壳之类的海产品。但是马尔代夫土地面积有限，矿产资源匮乏。

（2）得分结果

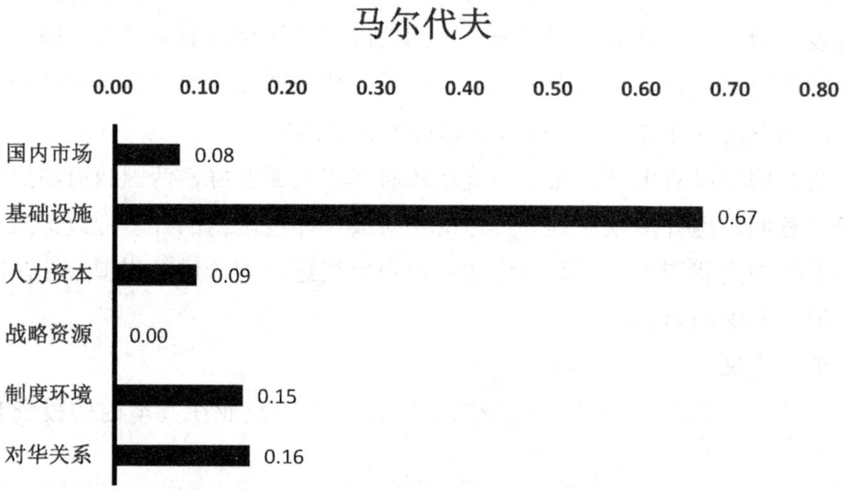

图5.103　马尔代夫投资潜力各一级指标评分结果

（3）得分评析

作为亚洲面积最小的国家，狭小的国土和稀少的人口对马尔代夫的投资前景是一个较大的阻碍。总体而言，马尔代夫不像周边的国家那样具有吸引力。这一由千余个岛组成的国家，战略资源的匮乏程度无须赘述。但需要注意的是，马尔代夫地理位置优越，南部的赤道海峡和一度半海峡为海上交通要道，岛国多良港，海运便利。

马尔代夫在2004年由联合国大会批准脱离最不发达国家名单，虽然十多年来经历了经济上的巨大进步，但仍然处于欠发达的状态。加之人口稀少，产业单一，消费能力较弱，所以国内市场评分很低。

在人力资本一项的评分上，该国得分很低。马尔代夫国内经济落后，但人口素质水平较高，实行免费教育，截至2011年底，马尔代夫成人识字率为97%。但其国人口数量也不多，截至2012年7月，马尔代夫总人口为35万，均为马尔代夫族。马尔代夫几乎没有华人华侨，仅有少量在马尔代夫的中国劳务人员。因此，由于人力资本条件较差，非常不适于发展劳动密集型产业。

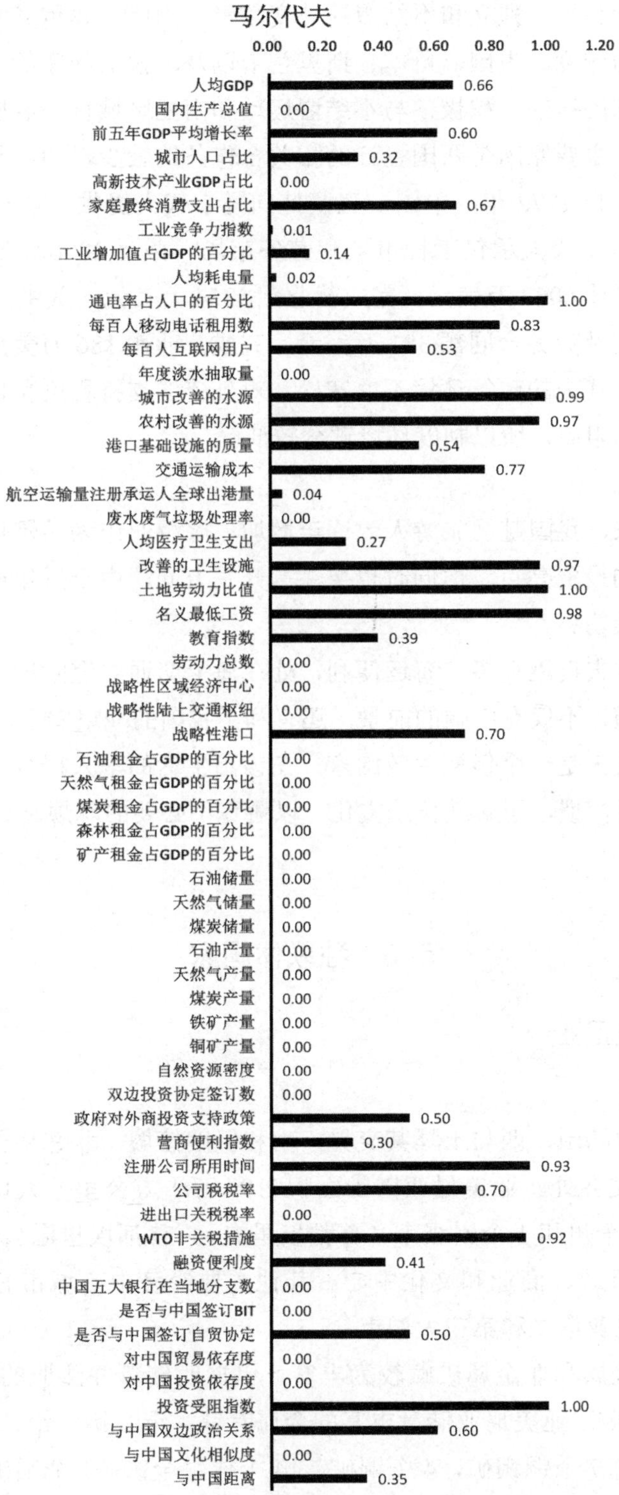

图 5. 104 马尔代夫投资潜力各三级指标评分结果

马尔代夫奉行和平、独立和不结盟的外交政策，同所有尊重其独立和主权的国家友好，重视发展与印度、中国、日本、斯里兰卡以及阿拉伯国家的关系。大力争取国际组织和其他国家的援助。积极参与不结盟运动和南亚区域合作联盟活动。其对华关系的评分并不高，主要原因是两国签订的相关合作条约较少，而不是指两国之间关系差。在经济领域，自 1972 年，中国一直坚持向马尔代夫提供无偿援助。1985 年，中国公司开始进入马尔代夫承包工程市场和劳务市场。截至 2006 年底，我国企业在马承包劳务合同额累计 6062 万美元，完成营业额 5354 万美元。其中，2006 年我国企业在马新签承包工程及劳务合同额 381 万美元，完成营业额 186 万美元。但作为一个伊斯兰教国家，马尔代夫的政策环境不够宽松，对外资的支持程度稍低，我国企业投资可能会遇到一定的阻碍，所以制度环境评分较低。

（4）投资建议

第一，近年来，我国赴马旅游人数逐年增加，旅游业作为马尔代夫的支柱产业之一，是该国最大的投资亮点。但同时也要注意开发方向，由于近年旅游业开发比较充分，有趋近饱和的趋势。

第二，马尔代夫良港众多，海运便利，处在海上交通要道附近，积极加强两国合作，发展海上交通，不仅有广阔的前景，还有利于我国的战略安全。

第三，马尔代夫是一个伊斯兰教国家，在该国生活的华人极少，投资者前往时当充分尊重当地风俗习惯，了解其传统文化，以避免不必要的麻烦。

5.5 独联体国家

5.5.1 亚美尼亚

（1）基本国情

亚美尼亚是内陆国，西与土耳其交界，南和伊朗接壤，北邻格鲁吉亚，东靠阿塞拜疆，位于欧亚交界处。亚美尼亚国土面积 2.97 万平方公里，人口 300 万。亚美尼亚全国划分为 10 个州和 1 个州级市（首都埃里温）。首都埃里温自 15 世纪起至今一直是亚美尼亚的行政、商业和文化中心。其他主要经济中心城市有久姆里和瓦纳佐尔，分别是亚美尼亚第二和第三大城市。

亚美尼亚的金属和非金属矿藏较为丰富，已探明储量并注册的共有 670 多个矿，其中有 30 个金属矿。亚美尼亚储量丰富的金属有铁、铜、钼、铅、锌、金、银、锑、铝等，金属矿中有 7 个铜钼矿，4 个铜矿，14 个伴生金矿，1 个铝矿及 2 个铁矿石矿区。非金属矿藏丰富多样，有火山岩、珍珠岩、玄武岩、花岗岩、黑花岗岩、黑耀石等，其中，珍珠岩探明储量 1.5 亿立方米。

（2）得分结果

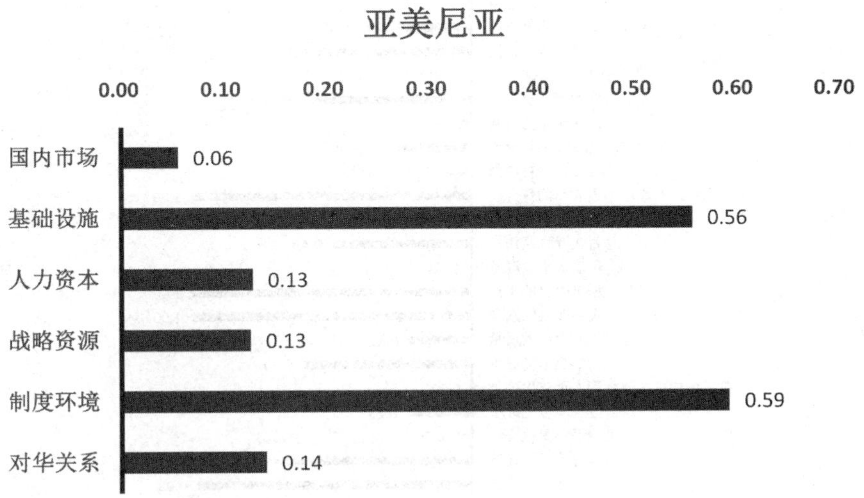

图 5. 105 亚美尼亚投资潜力各一级指标评分结果

（3）得分评析

从评价结果上看，亚美尼亚与其余沿线国家相比竞争优势较弱，但仍有一些投资亮点值得投资者关注。

亚美尼亚的基础设施和制度环境是得分较高的两项。其中基础设施获得中等水平的评分，这主要是得益其低廉的交通运输成本，以及日益完善的运输体系。虽然只是一个位于高加索南部的小国，但长期以来亚美尼亚始终处于重要位置，在过去亚美尼亚是战争的战略要地，如今在现代陆地交通运输中也是欧亚大陆重要的一环。亚美尼亚政策环境宽松，公司税率和进出口关税都处于较低水平，这与亚美尼亚的全方位的外交政策是分不开的。本届亚美尼亚政府积极巩固同俄罗斯的传统盟友关系，同时积极拓展同西方国家的关系，一直为加入欧盟做着积极的准备。

中亚两国也在积极的发展经贸合作关系，2015 年 8 月 31 日，亚美尼亚政府工作会议批准在亚美尼亚和中国互设贸易代表处的协议。两国贸易代表处的设定，极大地促进了双方贸易往来，对加深双边经贸合作意义重大。事实上，中国与亚美尼亚曾经在畜牧业上有过一些合作，成果良好。利用该国的高海拔、多山的地形发展特色农业前景广阔。

亚美尼亚能源匮乏，尤其是石油、天然气等战略能源储量很低，难以发展能源主导型行业。但亚美尼亚有一些工业基础和有色金属资源，适于发展有色金属冶炼等行业以及相应的配套产业。

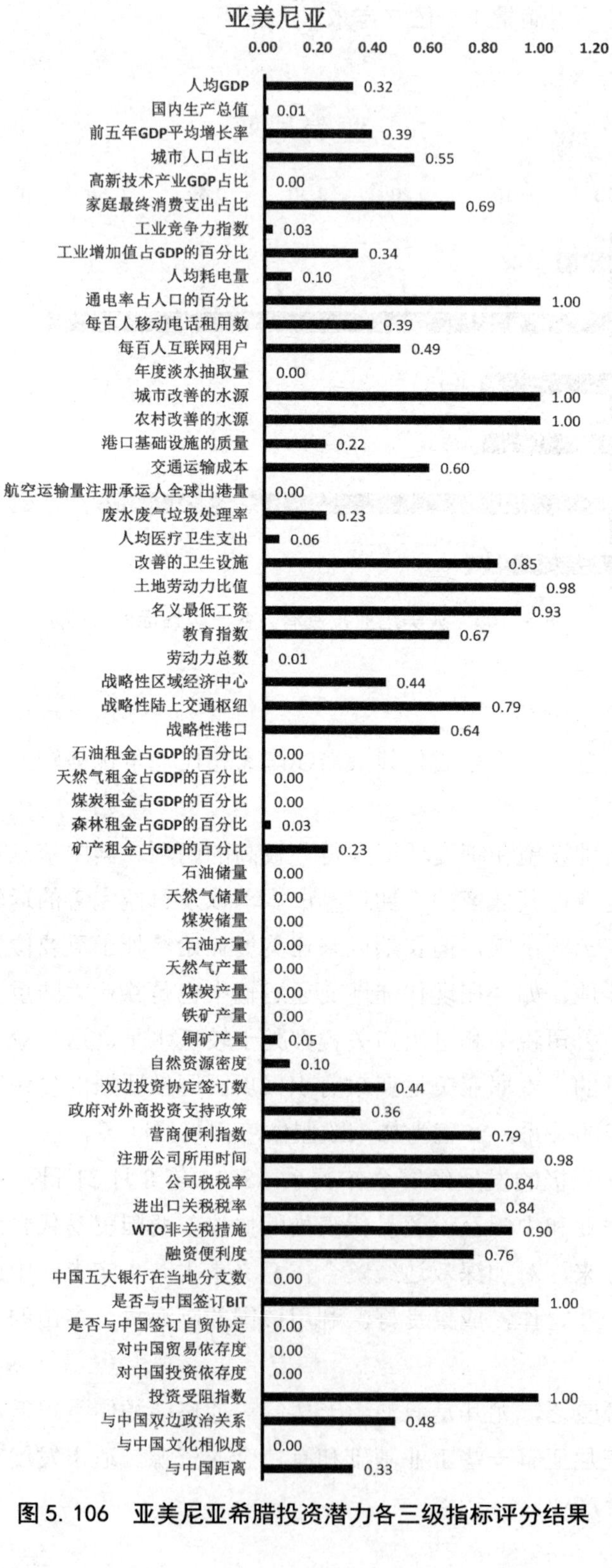

图 5. 106　亚美尼亚希腊投资潜力各三级指标评分结果

亚美尼亚国内经济较为落后，城市化水平较低，经济增长受到各种因素的遏制，人均GDP水平较低，国内市场狭小。主要出口产品为宝石及其半加工制品、食品、非贵重金属及其制品、矿产品、纺织品、机械设备等。主要进口产品为矿产品、食品、化工产品等。我国企业可以前往投资一些与当地经济社会条件相适应的行业，例如纺织品生产、食品加工等，都有着不错的发展空间。

亚美尼亚人力资本评分较低，由于经济相对落后，还长时间面临阿塞拜疆和土耳其等邻国的经济封锁，劳动力外流现象比较严重。且由于国家欠发达，教育水平不高，劳动力数量不足，劳动力素质也较低。不建议企业对该国进行人力资本要求较高的行业投资。

（4）投资建议

第一，中国与亚美尼亚于2015年8月31日互设了贸易代表处，积极推进两国经贸往来。中国与亚美尼亚曾经在畜牧业上有过一些合作，成果良好。我国企业可利用该国的高海拔、多山的地形发展特色农业前景广阔。

第二，亚美尼亚能源匮乏，难以发展能源主导型行业。但有一些工业基础和资源，适于发展有色金属冶炼等行业以及相应的配套产业。

第三，亚美尼亚面临着阿塞拜疆、土耳其的经济封锁。除此之外，长期的世仇使得几个国家在政治上有着一些不稳定因素。建议投资者谨慎前往。值得注意的是，亚美尼亚的官方语言虽然为亚美尼亚语，但其居民大多通晓俄语，为中、亚和一些俄语国家等进行三边贸易提供了语言、文化上的便利。

5.5.2 阿塞拜疆

（1）基本国情

阿塞拜疆共和国简称阿塞拜疆，地处亚洲西部，北部与俄罗斯接壤，南部与伊朗相邻，西部毗邻格鲁吉亚和亚美尼亚，东与里海相接，与哈萨克斯坦、土库曼斯坦等国隔海相望。阿塞拜疆国土面积8.66万平方公里，全国人口959万。阿塞拜疆中央政府设1个自治共和国（纳西切万自治共和国）和66个行政区。全国共有包括13个市级区在内的70个城市。阿塞拜疆的首都巴库市位于阿布谢隆半岛南侧的海湾内，是阿塞拜疆第一大城市，共有人口300万，也是全国的政治、经济和文化中心。

阿塞拜疆石油和天然气资源丰富，主要分布在里海大陆架，已探明的埋藏浅、杂质少的石油储量达20亿吨，地质储量约40亿吨。同时，已探明天然气储量2.55万亿立方米，远景储量6万亿立方米。阿塞拜疆境内还有铁、钼、铜、黄金等金属矿藏，以及丰富的非金属和矿泉水资源。

（2）得分结果

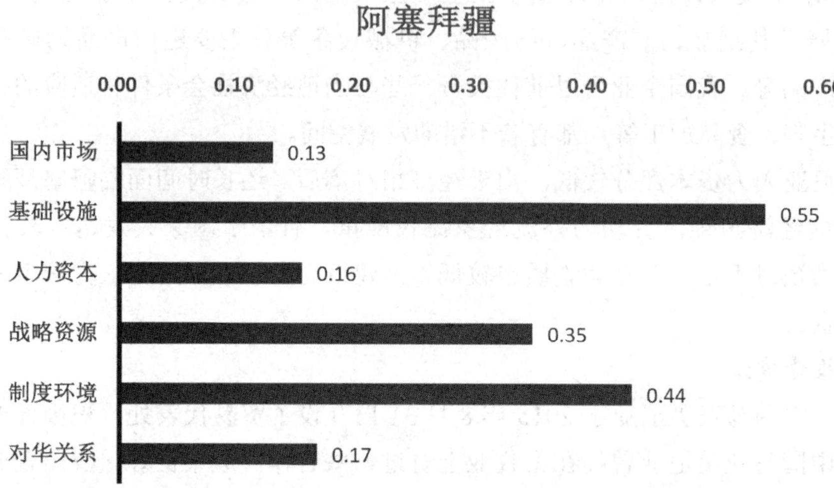

图 5. 107　阿塞拜疆投资潜力各一级指标评分结果

（3）得分评析

从评分结果来看，阿塞拜疆共和国战略资源指标的得分排名较为靠前，其余各项指标的得分排名居中。

战略资源上，阿塞拜疆排名第 11 位。阿塞拜疆油气资源极为丰富，目前已探明石油储量约 20 亿吨，地质储量约 40 亿吨，且石油埋藏浅，杂质少，易于开采和后期综合利用。天然气资源探明储量 2.55 万亿立方米，远景储量达到 6 万亿立方米，是外高三国（阿塞拜疆、格鲁吉亚与亚美尼亚）中资源禀赋最为优越的国家。除了丰富的油气资源，阿塞拜疆毗邻里海，渔业和农业资源也较为丰富，我国企业可密切关注阿塞拜疆相关领域的投资机会。

基础设施上，阿塞拜疆排名居中。阿塞拜疆拥有里海最大的港口（巴库港）与外高地区最大的机场，国内基础设施条件相对较好。公路方面，总里程 59141 公里，其中干线公路 4577 公里，主干线分别为贯通南北和东西的两条公路。南北向干线长 521 公里，连接俄罗斯与伊朗，东西向长约 503 公里，与格鲁吉亚边境相连，是 TRACECA 国际运输走廊的重要部分。铁路方面，使用里程为 2068.1 公里，电气化 1300 公里，主要铁路运输方向是格鲁吉亚，巴库发往格鲁吉亚的货运量约占到铁路货运量的 70%。从巴库还有跨越里海到土库曼斯坦与哈萨克斯坦的铁路轮渡与油轮。阿塞拜疆参与规划了“巴库-第比利斯-卡尔斯”国际铁路，并依托该铁路计划启动了新巴库港的建设。油气管道方面，阿塞拜疆境内有三条原油管道和一条天然气管道。2013 年石油管道输送量为 4350 万吨，其中四分之三经由“巴库-第比利斯-杰伊汉”

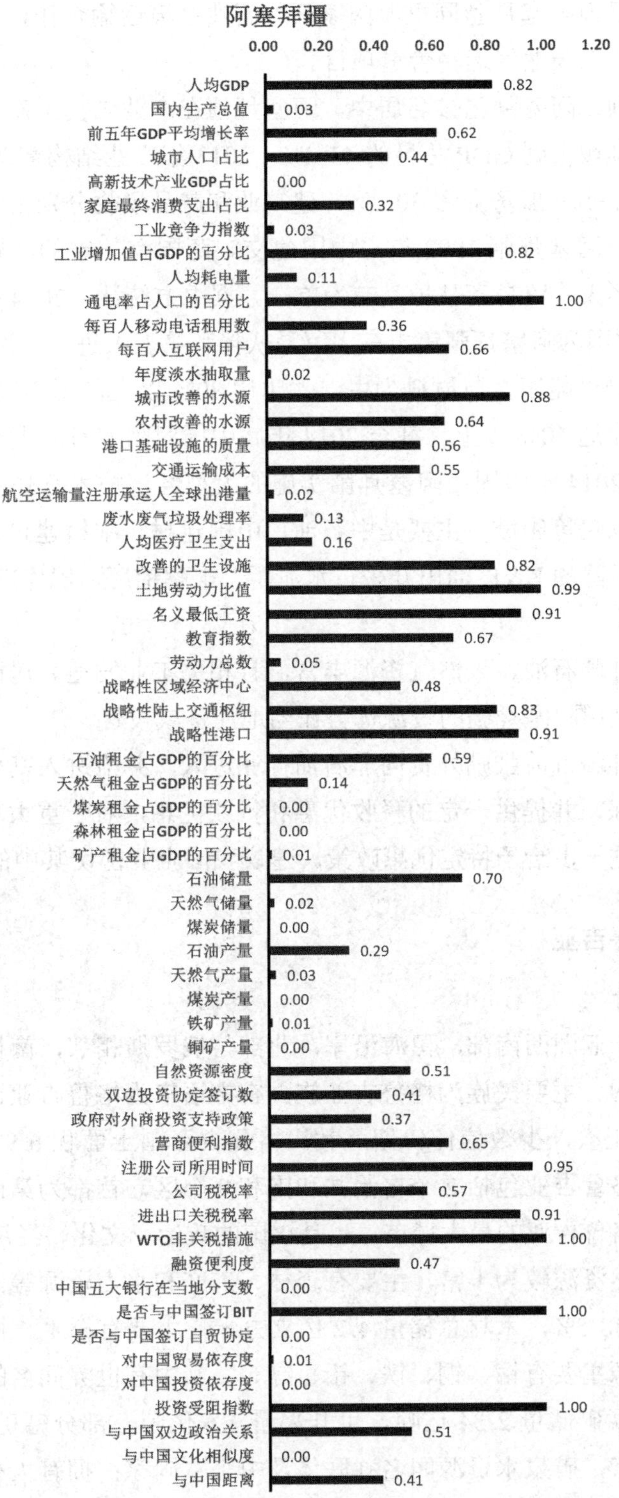

图 5.108 阿塞拜疆投资潜力各三级指标评分结果

管道输往欧洲。目前阿塞拜疆同里海国家开展石油过境运输合作，并与土耳其达成实施“跨阿纳托尼亚”天然气运输管道项目。

国内市场一项，阿塞拜疆排名居中。阿塞拜疆在产业结构上高度依赖工业和能源出口市场。油气领域占到GDP总量的43.4%。2013年产业结构情况为农业占GDP的5.3%，工业占46.3%，服务业占30.2%，建筑业和产品税收分别占11.8%和6.3%。

对华关系上，阿塞拜疆1992年与中国建交。两国有一定的经贸往来，但双边经济合作规模相对不大，贸易商品种类较为单一。据中方统计，2014年两国双边贸易额达9.4亿美元。中国为阿塞拜疆第十三大贸易伙伴和第五大进口来源国。据中方统计，中方的进口商品仍以能源、原材料为主，占比达80%以上，出口商品仍以机械设备、纺织品为主，占比达50%以上。截至2014年底中国对阿塞拜疆非金融类直接投资累计3.88亿美元。2014年中国在阿塞拜疆实施的大型经济技术合作项目较少，重点集中在油气、工程承包等领域，主要是中石油、中国建材、中材建设、四川机械、沈阳远大幕墙等公司承建的K&K油田开采、水泥厂、电解铝厂、巴库新月宫幕墙等项目。

（4）投资建议

第一，阿塞拜疆石油、天然气资源丰富，且相关工业发达。对能源依靠较高的中国企业可以充分利用阿塞拜疆的资源优势在当地注资或投资。

第二，阿塞拜疆目前鼓励外资向非石油行业进入，并给进入基础设施建设领域的外资提供主权担保，并提供一定的税收优惠和贷款优惠，对于重大项目采取“一事一议”的协调方式进一步给予特定优惠政策。建议我国企业密切其中的投资机会。

5.5.3 格鲁吉亚

（1）基本国情

格鲁吉亚位于亚洲西南部，黑海沿岸，北部与俄罗斯相邻，南接土耳其、亚美尼亚、阿塞拜疆等国。主要民族为格鲁吉亚族。官方语言为格鲁吉亚语，居民多通晓俄语。多数信仰东正教，少数信仰伊斯兰教。格鲁吉亚国土面积6.97万平方公里，共有人口368万。格鲁吉亚包括2个自治共和国和9个区，首都为第比利斯，位于格鲁吉亚中东部，是格鲁吉亚的最大城市，也是该国的政治、文化、经济和教育中心。

格鲁吉亚自然资源较为丰富，主要有森林、矿产和水力资源等。格鲁吉亚森林面积占国土面积的38.5%，木材总储量4.2亿立方米，主要有榉木、松木、樱桃木和胡桃木等。矿产资源主要有锰、铜、铁、铅、锌等，其中有世界闻名的“齐阿土拉”锰矿区，该矿探明锰矿储量2.34亿吨，可开采量1.6亿吨，部分锰矿品位较高。格鲁吉亚水力资源丰富，矿泉水资源闻名独联体及中东欧国家；拥有大小河流319条，水电资源理论蕴藏量1560万千瓦，是世界上单位面积水能资源最丰富的国家之一。

（2）得分结果

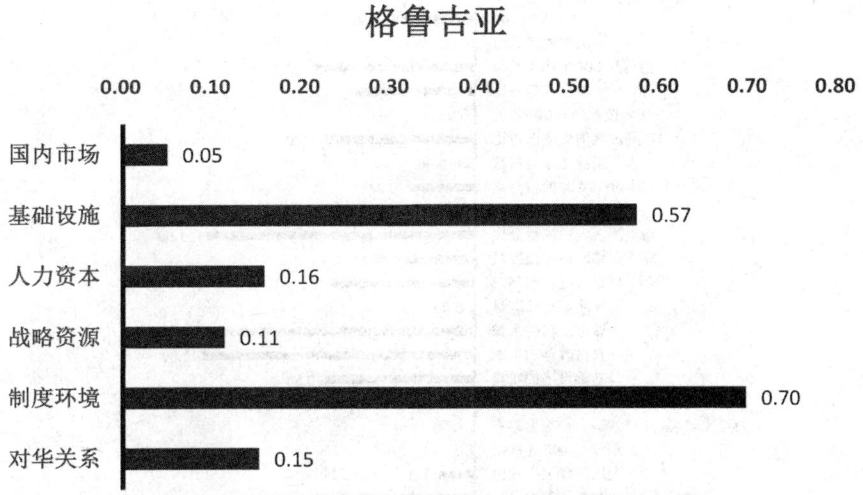

图 5. 109 格鲁吉亚投资潜力各一级指标评分结果

（3）得分评析

从总体上来看，格鲁吉亚的各项指标得分情况在西亚十八国之中处于中上游，在全部“一带一路”国家中处于中等水平。

格鲁吉亚在国内市场方面的得分较低，这主要是受到了该国的人口和经济总量的限制。根据世界银行数据，2013 年格鲁吉亚社会消费品零售总额为 40.3 亿拉里（约合 24.2 亿美元），总储蓄率为 18%，相对较高的储蓄率表明该国的市场有进一步扩展的可能性。随着俄格冲突的结束和世界经济走强，格鲁吉亚经济形势逐步好转。2013 年 GDP 增长率为 3.2%，总量达到 161.3 亿美元，2014 年的 GDP 增速达到 4.8%。

在基础设施方面，近年来，在国际社会帮助下，格鲁吉亚政府为改善投资环境，加大了对基础设施的投入，特别是在公路、港口、空运和通信等方面，基础设施条件得到明显改善。目前交通、通讯业已成为格鲁吉亚经济支柱产业，对 GDP 的贡献超过 10%。

在战略资源方面，格鲁吉亚交通便利，地缘优势明显，是黑海区域重要的石油转运枢纽。

在人力资本方面，格鲁吉亚得分略高于所有国家的平均值，在格投资者可能要针对当地的情况，逐步增加高资本密集产业而减少高知识密集产业的投资。

在制度环境方面，格鲁吉亚得分较高。2014 年 2 月，格鲁吉亚新政府颁布了名为“格鲁吉亚 2020”的经济社会发展规划。该规划确定了以恢复经济发展、创造更多就业机会、保障经济包容与可持续发展为主题的发展目标。这一规划的实施意味着未来

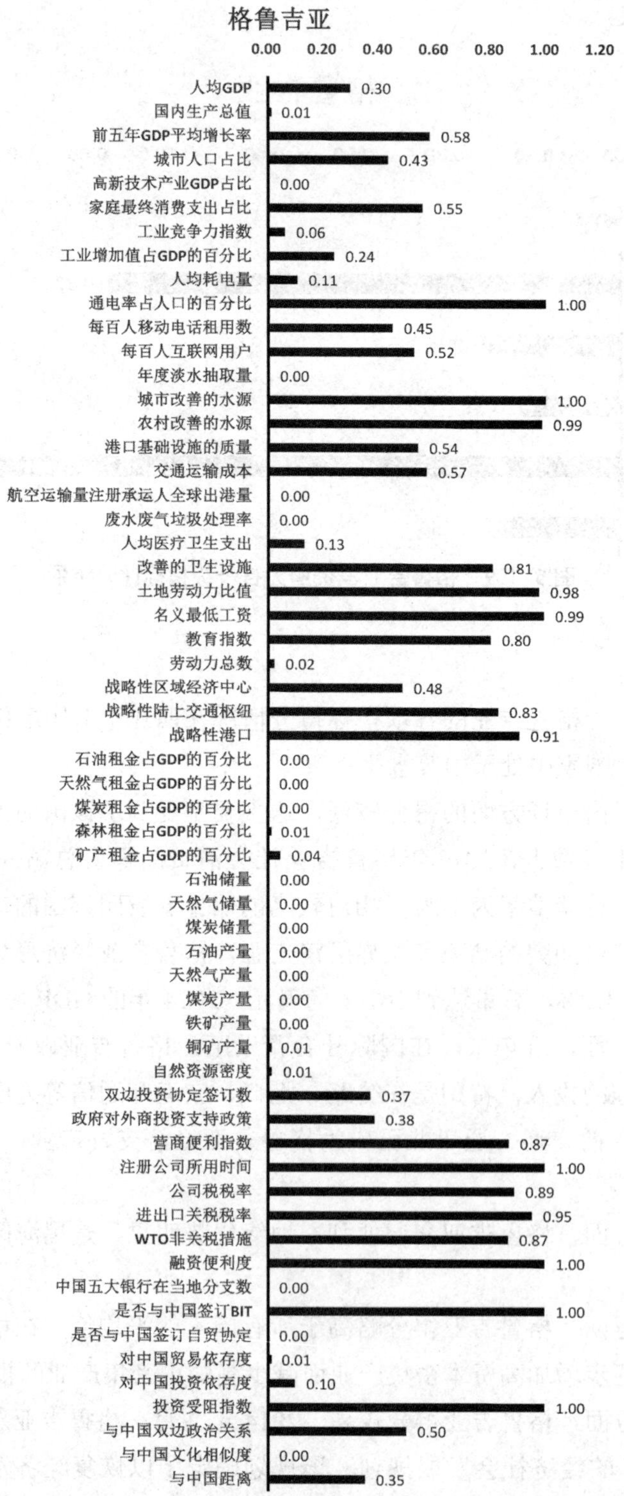

图 5.110　格鲁吉亚投资潜力各三级指标评分结果

格鲁吉亚的投资环境将得到进一步改善。

在对华关系方面，格鲁吉亚得分略低于平均水平，但两国的贸易在近些年有较快的发展，合作也日益密切，2013 年双边贸易额 9.16 亿美元，同比增长 18.4%，其中中方出口 8.62 亿美元，同比增长 16.5%，进口 5400 万美元，同比增长 62.2%，2015 年 1—8 月格与中国进出口贸易额 4.76 亿美元，中国位列格第三大贸易伙伴。

中国对格鲁吉亚主要出口机械产品并承包格鲁吉亚的基础设施建设项目。格鲁吉亚主要出口给中国铜、矿砂等工业原材料和酒、饮料、醋等食用工业产品。2012 年，格成为中国公民组团出境旅游目的地之一，两国在旅游业上也有较大的合作空间。

值得提出的是，格鲁吉亚国内的政治不稳定因素较多。其一，格鲁吉亚自“颜色革命”以来，虽然国内权利顺利交接，但各党派在与俄、美关系的问题上存在巨大争议。其二，阿布哈兹和南奥塞梯问题始终牵动着格鲁吉亚政府和国际社会的神经。自俄罗斯率先承认两地独立后，格鲁吉亚安全形式变得更加复杂，严重影响投资者的信心。

（4）投资建议

第一，格鲁吉亚人口与经济总量均较少，国内市场不大。但其制度环境在独联体国家中相对完善，且工业基础较好，交通发达，基础设施建设情况良好。同时，近年来两国的经贸往来日益频繁与密切，未来有进一步深化的空间，我国企业在当地的能源、基建及旅游等领域均有较大的投资空间。

第二，格鲁吉亚存在政治不稳定因素，一是国内各党派的外交政策有很大分歧，未来存在较大变数；二是俄罗斯率先承认阿布哈兹和南奥塞梯两地独立后，格鲁吉亚安全形式变得更加复杂。投资者要充分考虑到其中的风险。

5.5.4 白俄罗斯

（1）基本国情

白俄罗斯，位于东欧平原，西北部是立陶宛和拉脱维亚，东北部紧邻俄罗斯，南接乌克兰，西部与波兰相接。国土面积 20.76 万平方公里，人口约 950.5 万，其中城镇人口占 76.8%，劳动力人口占 47.4%。首都明斯克是白俄罗斯的政治、经济、科技和文化中心，同时也是独联体总部所在地。

白俄罗斯矿产储量不大，但矿产种类多样，截至 2014 年已被确定的有超过 1 万种矿产，其中最重要的是石油、伴生天然气、泥炭、褐煤、易燃板岩、钾盐、石盐以及各种建材原料。白俄罗斯的水资源丰富，有大小河流 2 万多条，湖泊 1 万多个，被称为“万湖之国”。另外，白俄罗斯拥有近 800 万公顷森林，森林覆盖率为 39%，每年出口大量木材。

（2）得分结果

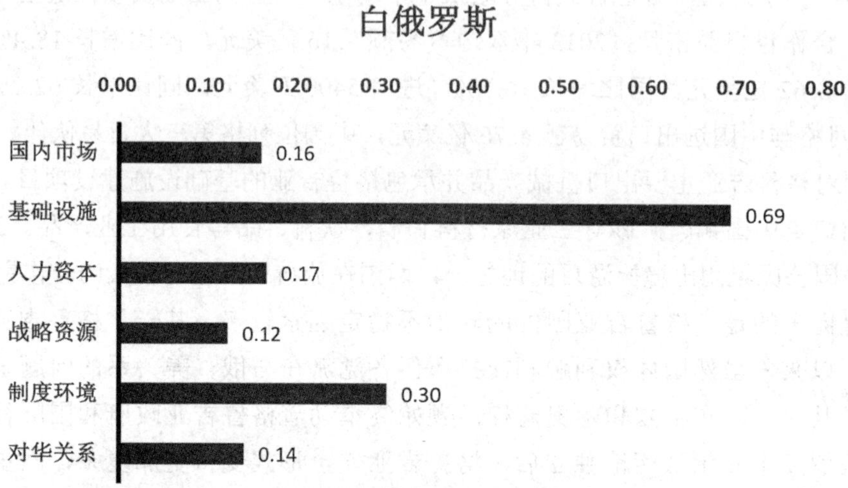

图 5. 111 白俄罗斯投资潜力各一级指标评分结果

（3）得分评析

从综合得分来看，白俄罗斯的排名靠后，投资的吸引力不大。

白俄罗斯人力资本的得分在标准化后只有 0.17，但查看原始数据发现这主要受劳动力总数的影响。可以看到，白俄罗斯的教育指数较高，教育基础良好，劳动力素质较高。战略资源得分只有 0.12，主要是因为白俄罗斯缺乏重要的矿产资源。白俄罗斯的地理位置优越，连接独联体市场以及欧盟市场，是重要的战略性陆上交通枢纽，因此我国企业赴白俄罗斯投资有利于我国比较优势产能的转移，同时有利于企业在欧洲发展的长远布局。

两国建交以来，贸易往来逐渐频繁，白俄罗斯成为进入欧洲、独联体市场的重要平台。2013 年，中国在明斯克机场附近兴建中白合作工业园区，是白俄罗斯当年招商引资的最大项目。我国“一带一路”战略也获得了白俄罗斯政府的支持，2014 年 12 月，中白双方在京签署《中国商务部和白俄罗斯经济部关于共建“丝绸之路经济带”合作议定书》。双方将在两国政府间合作委员会经贸分委会框架内，共同推进“丝绸之路经济带”建设，全面提升贸易、投资、经济技术、工业园区工作和基础建设互联互通水平。2015 年 5 月，国家主席习近平对白俄罗斯进行了为期三天的国事访问，这次的出访，不仅对全面推进中白外交关系，也将为“一带一路”战略的起航带来新的历史机遇。中白两国高层之间日益频繁的互动预示着两国之间的贸易交往将有一个良好的发展趋势。

白俄罗斯继承了苏联强大的工业实力，工业生产技术居于世界领先水平。另外白

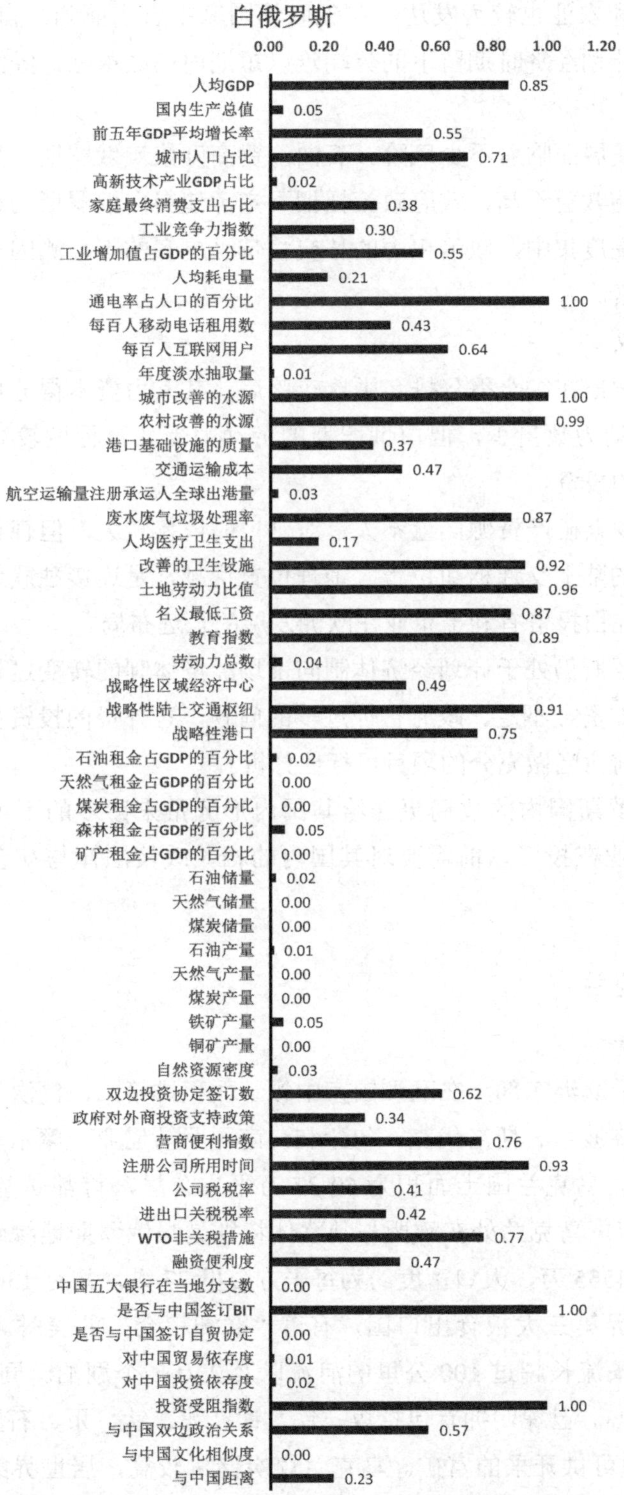

图 5.112 白俄罗斯投资潜力各三级指标评分结果

俄罗斯的畜牧业和农业也较为发达，在独联体国家中居于前列。自1996年以来，经济稳步增长，但计划经济时期留下的弊端难以短期内彻底革除，经济市场化的道路还有许多的困难。

白俄罗斯的发展面临着不少风险。石油消费高度依赖俄罗斯，受计划经济体制影响深远，国企普遍效益不高，政府政策摇摆不定，使得白俄罗斯的经济增长乏力。另外白俄罗斯权力高度集中，政治权力的移交将带来更多的不可测因素。这些都是投资者应当考虑的因素。

（4）投资建议

第一，白俄罗斯在综合得分排名中比较落后，其人力资本得分也较低，这主要是因为白俄罗斯劳动力数量少，但白俄罗斯的劳动力受教育程度较高，且工资水平不高，有利于企业的投资。

第二，白俄罗斯矿产资源储量不大，对进口的依赖较大，但森林资源、水资源丰富，且处于重要的陆上交通枢纽位置，地理位置优越，是连接独联体市场以及欧盟市场的重要门户，在白投资有利于企业在欧洲发展的长远布局。

第三，白俄罗斯仍处于计划经济体制向市场经济体制的转变过程当中，市场经济的发展仍面临诸如资金不足、政府管控过多的问题，且外资的投资受阻指数很高，因此企业在投资以前应当做充分的项目可行性分析。

第四，白俄罗斯国内的政局更迭给其国内形势带来诸多的不可测因素，政府政策摇摆不定，企业在投资以前需要对其国内的相关政策法律与社会、市场环境做充分的了解。

5.5.5 乌克兰

（1）基本国情

乌克兰，位于欧洲东部，在欧洲国家中领土面积排第二，仅次于俄罗斯。其东北接俄罗斯、西部临波兰、斯洛伐克、匈牙利，南同罗马尼亚、摩尔多瓦毗邻，位于黑海、亚速海北岸。乌克兰国土面积为60.37万平方公里，首都是基辅，全国共有24个州、2个直辖市。乌克兰处在欧盟与独联体特别是与俄罗斯地缘政治的交叉点。乌克兰总人口约为4555万，人口密度约为每平方公里77人，共有130多个民族。

乌克兰是世界第三大粮食出口国，有着“欧洲粮仓”的美誉。乌克兰水资源丰富，拥有100多条流长超过100公里的河流以及2万多个湖泊。同时森林资源丰富，森林覆盖率达43%。已探明拥有包括煤、铁、锰、镍、钛、汞、石墨、耐火土、石材等在内的80多种可供开采的富矿。乌克兰煤炭储量较高，居世界第八，已探明的铁矿石的储量275亿吨，锰矿石的储量超过21亿吨，其他矿产如煤、染料矿石和石墨等储量也比较丰富。但其石油与天然气资源相对匮乏。

（2）得分结果

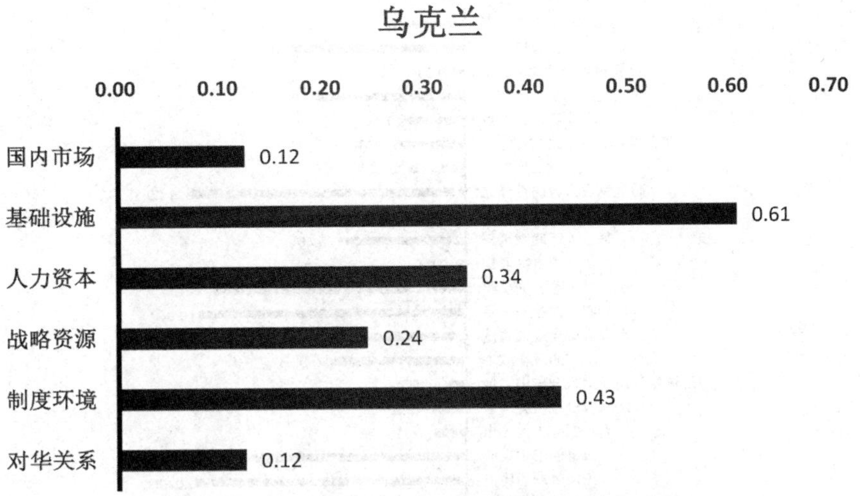

图 5. 113　乌克兰投资潜力各一级指标评分结果

（3）得分评析

根据评分结果可知乌克兰总体得分排名居于中等，并非十分靠前，但是乌克兰具有丰富的劳动力资源和战略交通资源，以及较为先进的技术，具有巨大的市场潜力，蕴藏着无限商机，应是中国重点投资的国家之一。尽管进入乌克兰市场存在一定的困难和风险，但只要抓住机遇采取合适的策略加上政府的扶持，有望能取得较大的收益，目前乌克兰的国内市场还不够成熟与完善，建议中国企业趁机投资抢占乌克兰的市场份额。下面是对乌克兰各项指标得分的详细分析。

乌克兰的人力资源与战略资源指标得分排位较高，这是因为乌克兰劳动力数量较多，近年来乌克兰失业人口较多，且乌克兰平均工资水平不高，所以它的劳动力成本较低，同时乌克兰有着较高的文化教育水平，劳动力素质较高。乌克兰的教育体制主要由学前教育、普通中等教育、职业技术教育、高等教育组成，还有校外教育、继续教育、副博士研究生教育、博士研究生教育、自学教育等。高素质的劳动力以及低廉的劳动力成本使得乌克兰在人力资本这一指标上得分较高。

乌克兰工农业均较发达，其中工业以重工业为主，主要工业部门有煤炭工业、钢铁工业、机械制造业、电力工业、国防工业、航空制造业和造船业等。虽然重工业发达，但乌克兰轻工业与服务业相对薄弱，人民的生活水平不高。乌克兰人口数量较多且乌克兰人民具有一定的购买力水平，若能打开乌克兰的相关市场应有较大利润空间。鉴于此，中国企业可考虑在乌克兰重点投资轻工业和服务业。

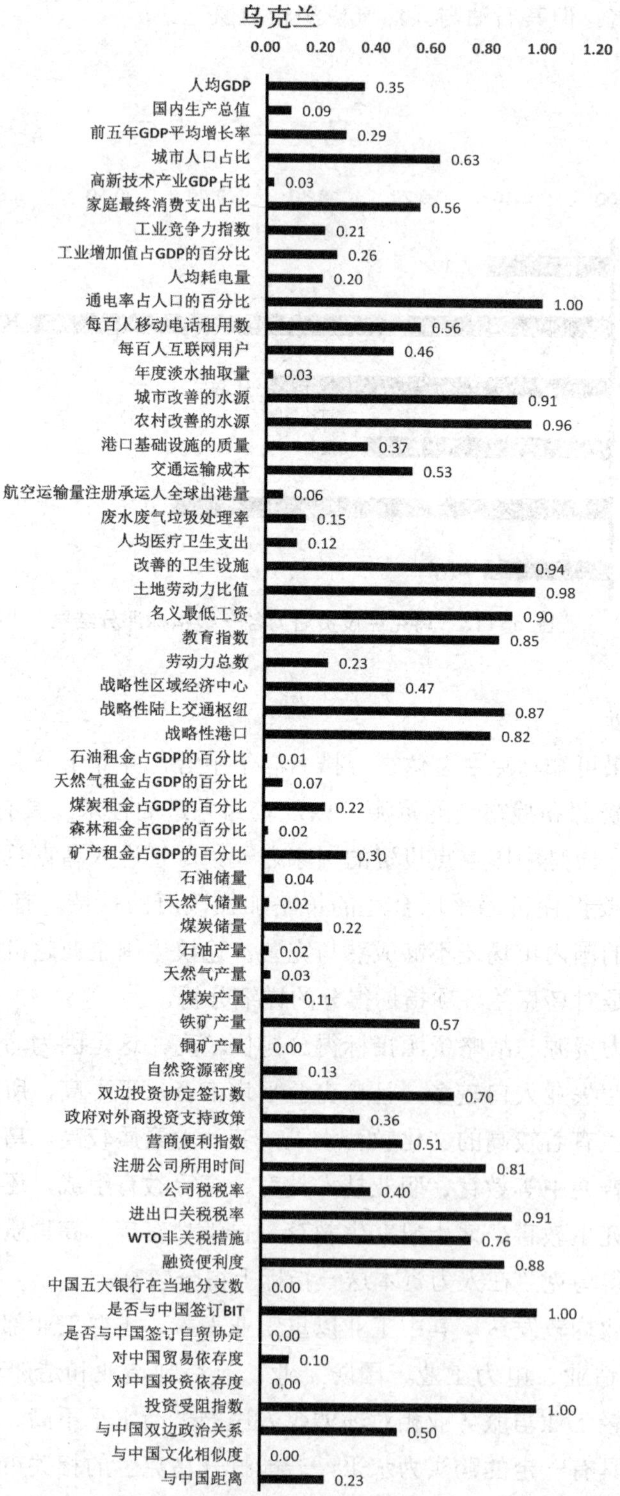

图5.114 乌克兰投资潜力各三级指标评分结果

在基础设施指标上乌克兰得分较高，乌克兰交通运输设施较发达，已形成公路、铁路、内河、海运、空运及管道运输齐全的交通系统。乌克兰是俄罗斯向欧盟运输天然气的主要过境国。天然气管道总长达 3.76 万公里，位居欧洲第二，每年可运输 2900 亿立方米天然气，输出 1750 亿立方米。输油管道约 4000 公里，石油产品输送管 4500 公里，地下储气库 13 个。乌克兰现代化的电力工业可与欧洲发达国家相媲美，许多指标甚至超过欧洲发达国家，近年来，年发电量始终保持在 1700 亿千瓦时以上。乌克兰是核电强国，也是少数几个能够独立建造核电站的国家之一，而且其核电的发电产量占全国总发电量的近 50% 左右，远远高于世界平均水平。乌克兰的主要问题在于电信网络覆盖不够全面，这对我国通讯企业来说是巨大的投资机遇。

制度环境方面，乌克兰政府对外商投资支持度不够，相关政策不够完善有效，且进出口关税税率高，不利于外商投资。此外，乌克兰目前经济仍处于转轨期，法制体系不是很健全，许多问题无法可依，可能会给企业的投资和维权带来一定的障碍。但正由于乌克兰的国内市场还不够成熟与完善，尤其是许多欧美企业进入乌克兰市场存在较大的困难和风险，许多市场的投资仍处于空白状态，因此蕴藏着无限商机。从长远来看，有实力的中国企业可把握这段时期积极抢占乌克兰的市场份额。

从中乌关系来看，自 1992 年中乌建交以来，双方在政治、经贸、文化等领域交往密切，在政府主导下签订了一系列重要的经贸合作协定。例如 2011 年 6 月，两国签署的《中华人民共和国和乌克兰关于建立和发展战略伙伴关系的联合声明》；2013 年 12 月，两国签署的《中华人民共和国和乌克兰友好合作条约》。但值得注意的是，乌克兰的政治体制尚在转型，各个政治力量之间存在激烈斗争，因政府更迭出现过政治危机，如 2013 年爆发的"乌克兰危机"，动荡的政治局面给企业的投资增加了变数，企业要考虑到其中的风险。

（4）投资建议

第一，乌克兰国内市场具有巨大的发展潜力，尤其在轻工业和服务业方面相对薄弱，同时乌克兰市场还不够成熟，中国企业若能把握机会，在乌克兰抢占投资先机有望获取大量市场份额。

第二，乌克兰具有完善的交通运输网络，且秉承苏联时期的重工业体系，重工业基础扎实，电力工业尤其是核电工业发达。目前在网络及电讯行业有较大市场缺口，企业可关注其中的投资机会。

第三，乌克兰劳动力数量多，成本低，且具有大量高素质人才，人力资源丰富，中国企业可投资具有劳动力成本优势的产业。

第四，乌克兰法制体系不健全，经济转轨期的很多问题无法可依，可能给企业的投资和维权造成很多障碍。

5.5.6 摩尔多瓦

（1）基本国情

摩尔多瓦是地处东南欧北部的内陆国。东南部毗邻黑海，东、南、北部被乌克兰环绕，西部与罗马尼亚仅隔普鲁特河。其优越的地理位置和良好的交通基础设施使其可以轻松访问周边各国。首都为基希讷乌，主要城市有蒂拉斯波尔、伯利兹等。摩尔多瓦国土面积3.38万平方公里，南北长350公里，东西宽150公里。总人口约355.76万。

摩尔多瓦自然资源并不丰富，在硬煤、铁矿、石油和天然气等方面相对贫乏。但在非金属富矿方面则相对丰富，主要包括大理石、石膏、石灰岩、沙土、硅藻土、陶土，以及作为制砖、制陶、瓷器不可缺少的原料——高品质的黏土。

（2）得分结果

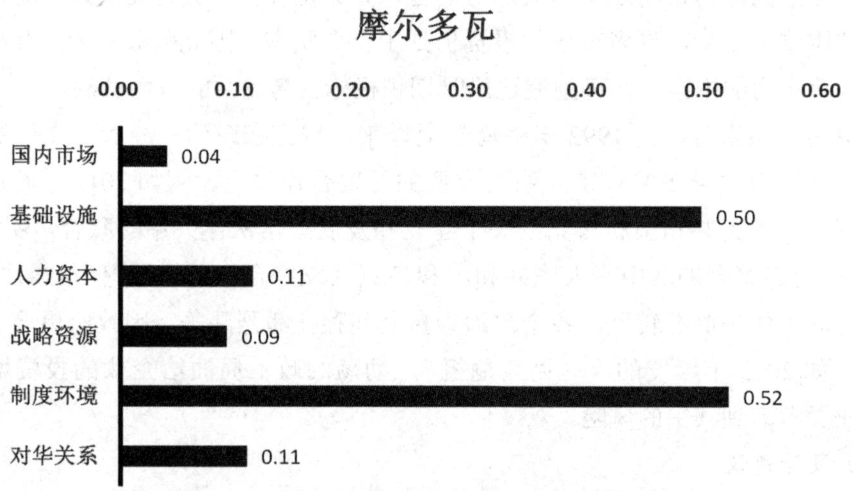

图5.115 摩尔多瓦投资潜力各一级指标评分结果

（3）得分评析

从评分结果来看，摩尔多瓦各项指标的得分与其他国家相比处于中下水平，基础设施、制度环境和对华关系都相当一般。其中国内市场得分很低，可见由于其经济落后、生活水平低下，导致该国并没有广阔可利用的直接内部市场；但是从另外的角度来看，摩尔多瓦地缘优势明显，是连接独联体及欧盟两大政治、经济集团的桥梁和窗口，市场辐射潜力较大，是我国企业进入欧亚大市场的重要通道。

从历史上看，摩尔多瓦最大的行业一直是农业、农产品加工业以及制造业，制造业集中在纺织、服装和鞋类等轻工业领域。摩尔多瓦的国内经济严重依赖农业与农产

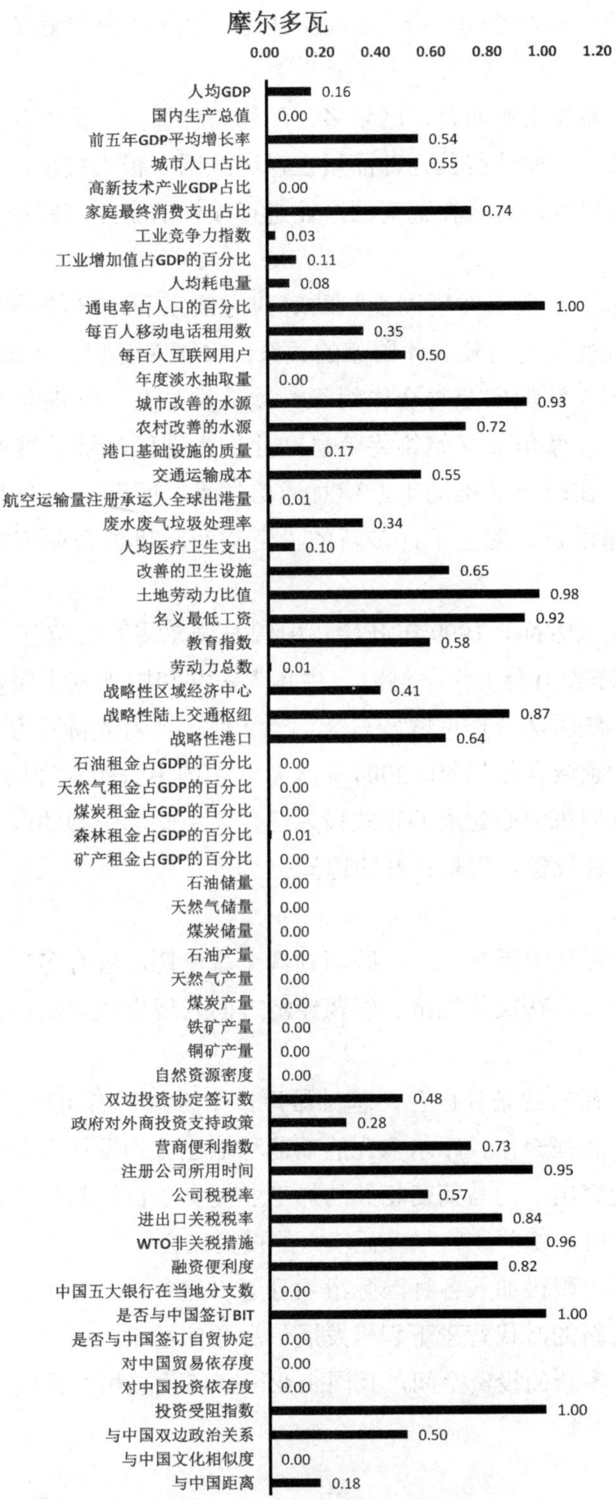

图 5. 116 摩尔多瓦投资潜力各三级指标评分结果

品加工业，这两项产业对 GDP 的贡献约占 60%，因此从一定意义上说摩尔多瓦仍是一个农业国。

就农业与农产品加工业而言，摩尔多瓦的葡萄种植业尤为发达。摩尔多瓦日照充足，植物生长期长，这就使得其葡萄品质在世界范围内极为突出，为与葡萄相关的加工业提供了良好的资源，有意在葡萄酒产业进行投资的企业可密切关注摩尔多瓦境内的投资机会。

近年来，摩尔多瓦重点发展同美、欧等西方国家和地区的外交关系，积极要求加入欧盟。同时重视发展同独联体国家的关系。摩尔多瓦已加入联合国、世界银行、国际货币基金组织、欧洲安全与合作组织、欧洲委员会、欧洲复兴开发银行、北约合作委员会等组织。摩尔多瓦始终将信息产业作为国民经济发展的优先选择，并已取得了显著成就。在政策的推动下，信息通信技术、医药、汽车和可再生能源等行业在摩尔多瓦快速增长，催生了许多新的投资空间，我国企业可密切关注相关领域的投资机会。

在同中国的关系方面，1999 年开始，中国与摩尔多瓦建立了多项合作，签署了《中摩经济贸易合作委员会工作条例》、《中华人民共和国国家中医药管理局和摩尔多瓦共和国卫生部传统医药合作谅解备忘录》等文件，大力支持双方经贸合作，特别在中医药、医学科学领域合作频繁。2004 年 5 月，中国中医药管理局代表团访摩。2011 年 3 月，中国援摩中医中心建成并正式投入运营。由此，中国的医药企业在相关政策支持下前往摩尔多瓦投资，将是良好的选择。

（4）投资建议

第一，摩尔多瓦与中国在文化、医药领域交往密切，曾有多项合作计划和交流项目，政策支持力度大，在文化经济、医药经济方面表现出较大的潜力，中国企业可重点关注。

第二，摩尔多瓦农业条件出色，基础雄厚，中方投资者可以关注该国的种植业、食品加工业领域，加强合作。摩尔多瓦的葡萄种植业尤为发达。摩尔多瓦的葡萄品质在世界范围内极为突出，为与葡萄相关的加工业提供了良好的资源，有意在葡萄酒产业进行投资的企业可密切关注摩尔多瓦境内的投资机会。

第三，摩尔多瓦积极加入各种国际组织且逐步建立日益完善的制度，同时以农业见长的摩尔多瓦在新的时代背景下积极发展信息通信技术、医药、汽车和可再生能源等行业，催生了许多新的投资空间，我国企业可密切关注相关领域的投资机会。

5.5.7 俄罗斯

（1）基本国情

俄罗斯位于欧洲东部和亚洲北部，横跨欧亚两大洲。其北面与北冰洋相接，东面与太平洋相接，西邻大西洋，西北则是波罗的海、芬兰湾。俄罗斯的陆地邻国包括西北面的挪威、芬兰，西南面的乌克兰，南面的格鲁吉亚、阿塞拜疆、哈萨克斯坦，西面的爱沙尼亚、拉脱维亚、立陶宛、波兰、白俄罗斯，东南面的中国、蒙古和朝鲜等。俄罗斯联邦由22个共和国、9个边疆区、46个州、2个联邦直辖市、1个自治州和4个民族自治区组成，人口约1.46亿。首都莫斯科面积约为2560平方公里，常住人口约1230万。

俄罗斯的自然资源相当丰富，不仅拥有世界最大的森林储备，也拥有约占世界25%的淡水湖泊。俄罗斯森林覆盖面积达8.67亿公顷，占全部国土面积的50.7%，居世界第一位。林材蓄积量807亿立方米。水力资源4270 ㎞ ³/ 年，居世界第二位。同时，俄罗斯也是世界上最大的石油和天然气输出国之一。石油探明储量为82亿吨，占世界探明储量的百分之四至百分之五，居世界第八位。天然气已探明蕴藏量达到48万亿立方米，占世界探明储量的1/3，为世界天然气储量首位。

（2）得分结果

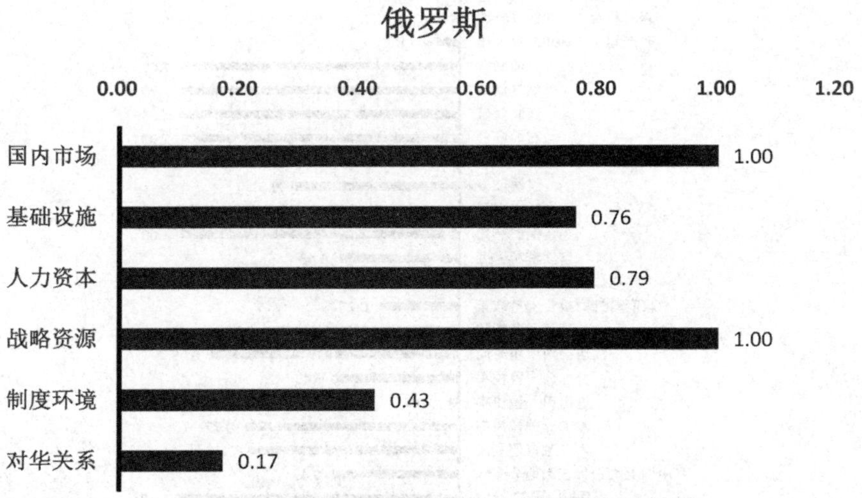

图5.117 俄罗斯投资潜力各一级指标评分结果

（3）得分评析

在本书采用的六个一级指标中，俄罗斯除了制度环境部分的得分一般，其他五个部分的评分都相当突出，战略资源这一指标的得分更是在所有国家中高居第一。下面

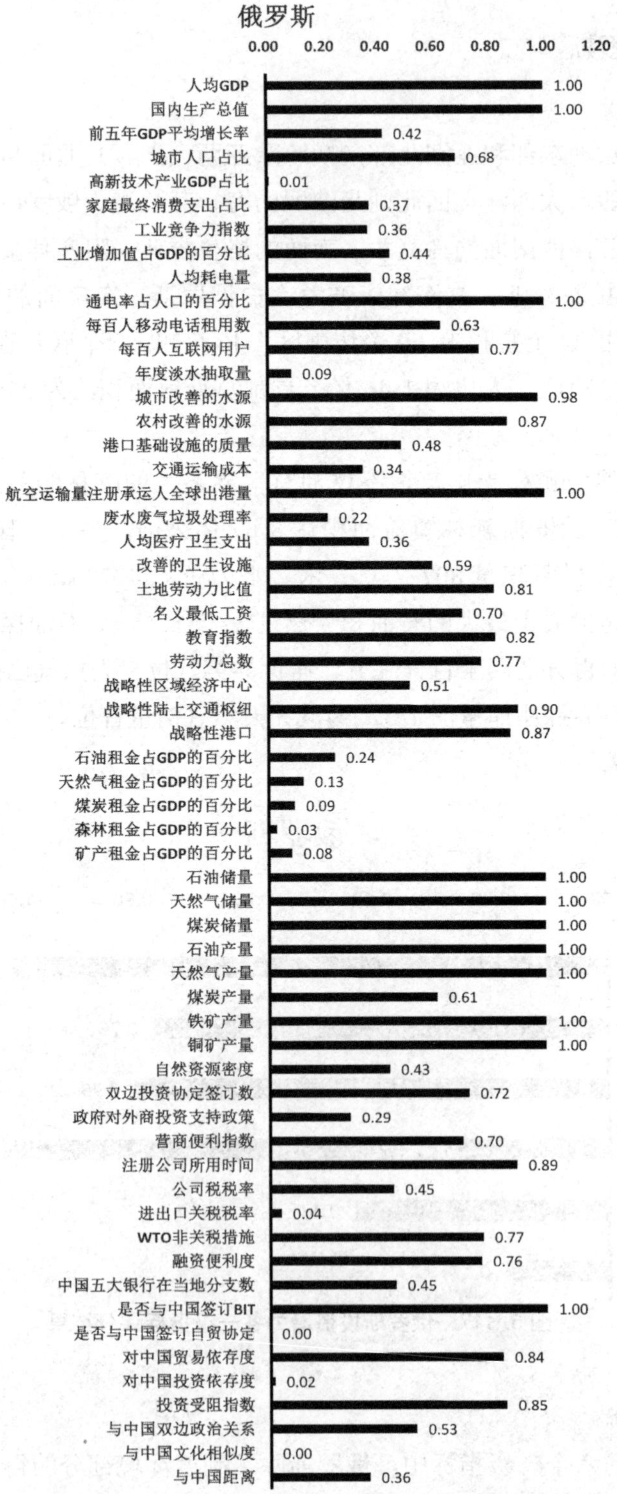

图 5. 118 俄罗斯投资潜力各三级指标评分结果

对俄罗斯各项指标的评分进行详细剖析。

首先是俄罗斯制度环境这一指标评分不高的问题，本书在评价国家制度环境时，共选取了商业制度、税收制度、融资制度这三个二级指标，通过查阅原始计算数据，我们发现俄罗斯在商业制度、融资制度和贸易壁垒方面的评分其实不错，主要是在税收制度这一项的评分太低，进一步，通过对各三级指标得分的查阅，发现俄罗斯最大的投资障碍是在进出口关税和公司税税率上，俄罗斯的进出口关税高达 26.49%（相比之下，新加坡的进出口关税仅有 0.05%），在标准化后俄罗斯这一指标的得分只有 0.04（满分为 1），在所有国家中处于最末端。俄罗斯的公司税率也是相当的高，达到 48.9%。因此中国企业的投资若不以提高市场占有率、获取战略资源等为目的，单纯从获取赢利的角度，不得不考虑俄罗斯进出口关税和公司税率过高的问题，这在一定程度上也削弱了中国企业的投资积极性。但除去关税因素，俄罗斯的制度环境指标中其他部分的评分还是令投资者满意的，中国企业在当地的经营活动无论是在融资还是政策支持方面，都能获取很大的便利。

俄罗斯的国内市场、基础设施、人力资本、对华关系这几个一级指标评分都很高，但要特别注意的是，人力资本这一指标虽然总评分较高，但查阅原始计算表可以发现俄罗斯在名义最低工资和劳动力人口数量这两个三级指标的得分较低，与东南亚的许多国家相比甚至处于明显劣势。因此，对于服装加工等劳动密集型行业，俄罗斯并不是中国企业海外投资的首选之地。事实上，中国近年来对俄罗斯非能源行业的投资，主要集中在电力通讯、房产开发、家电制造、金融服务等领域，典型的投资企业有华为、绿地、海尔、四大国有银行等，但正如上一部分提到的，俄罗斯的进出口关税和公司税率太高，严重影响了中国企业的利润，因此中国企业对其非能源领域的投资更多的是以占领市场、推广品牌为主要目的。目前，俄罗斯在电力、通讯、互联网、家电、房产等行业的消费潜力巨大，中国企业对其投资的前景开阔。

俄罗斯的战略资源指标评分在所有国家中高居第一位，实际情况也是如此，能源是中国企业在俄罗斯境内的重点投资领域，俄罗斯也一直是中国最为重要的资源进口国，这主要归结于以下几方面原因：一是俄罗斯的矿产资源相当丰富，其天然气储量与铁矿石储量均居于世界第一，石油储量、煤炭储量、铝储量也都居于世界前列，矿产一直是俄罗斯的主要出口商品；二是中国与俄罗斯在地理位置上相互毗邻，且俄罗斯的港口、管道等基础设施较为完善，从资源输送的角度，中国从俄罗斯进口资源安全、便捷；三是石油、天然气等战略资源关乎国家的经济命脉，因为政治、外交上的一些原因，中国从西方的一些主要油气生产国大量进口石油、天然气等资源不现实，而中俄两国长期友好，政治互信，特别是在上合组织的框架下，两国全方位的合作不断加强，能源更是双方重点合作的领域。基于这些原因，俄罗斯是中国长期、稳定、可靠的矿产资源进口国。但是，在中俄两国的能源合作中，基本上是由俄方掌握产品的定价权，俄方往往把资源的价格定的非常高昂，且伴有大量的附加条件，中方企业不仅无利可图，还付出了许多额外成本，所以这些能源投资往往都是资金雄厚的大型国企参与，中小民企鲜有涉足。

（4）投资建议

第一，从综合评分来看，俄罗斯评分相当优异，应是中国进行海外投资的首选国家之一。

第二，在非能源领域，俄罗斯市场潜力巨大，但进出口关税、企业税率过高，严重影响企业利润，因此更适合以占有市场、推广品牌为导向的投资。在能源领域，俄罗斯是中国企业最主要的海外投资国，但中俄能源合作中产品的定价权基本由俄方掌握，企业往往薄利且付出较大额外成本，此类投资宜以资金雄厚的大型国企参与为主。

第三，俄罗斯的名义最低工资较高，且劳动力数量较少，不适合劳动密集型行业的投资。目前俄罗斯在电力、通讯、互联网、房产和家电等行业具有较大的投资空间，中国企业可以重点关注其中的投资机会。

5.6 中亚国家

5.6.1 哈萨克斯坦

（1）基本国情

哈萨克斯坦位于亚洲中部，西濒里海，北邻俄罗斯，东连中国，南与乌兹别克斯坦、土库曼斯坦、吉尔吉斯斯坦接壤。哈萨克斯坦面积272.49万平方公里，人口约1742万。哈萨克斯坦全国划分为14州2个直辖市，首都阿斯塔纳人口约85.3万，是哈萨克斯坦的政治、文化、教育、经济贸易和旅游中心。

哈萨克斯坦的自然资源丰富，不少矿藏储量在全球储量中名列前茅，如钨超过50%，铀25%，铬矿23%，铅19%，锌13%，铜和铁10%。哈萨克斯坦石油储量非常丰富，已探明储量居世界第七位，独联体第二位。根据哈萨克斯坦储量委员会公布的数据，目前哈萨克斯坦石油可采储量4亿吨，天然气可采储量3万亿立方米。

（2）得分结果

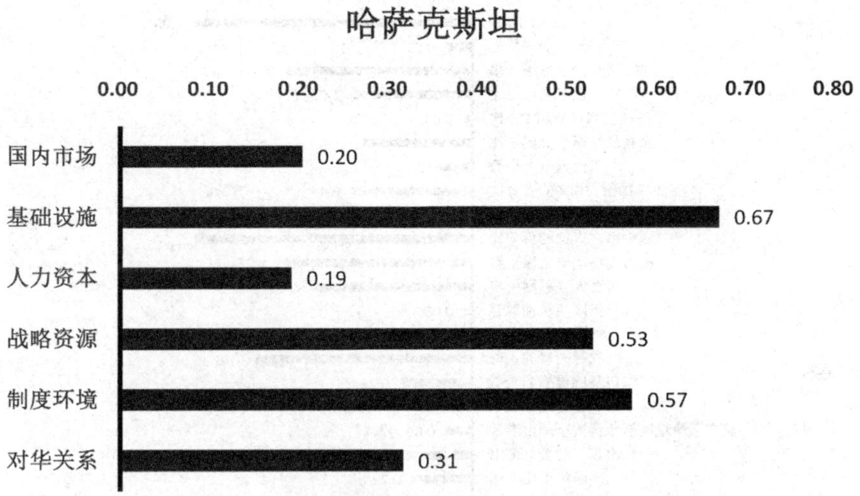

图 5. 119 哈萨克斯坦投资潜力各一级指标评分结果

（3）得分评析

从评价结果上看，哈萨克斯坦的综合评分较高，具有较大的投资吸引力。哈萨克斯坦作为苏联解体后成立的国家，具有较为良好的工业基础。近年在实行经济改革，分段推行市场经济和私有化，但经济上还保留着一些计划经济的色彩。人均收入水平较高，但总体人口较少，且许多轻工业产品依赖进口，经济发展不均衡。在受到金融危机影响之后，经济增长率有下降趋势，增速放缓。因此，当地的市场评分有些偏低。

作为处在中亚地区的面积广袤的内陆国，哈萨克斯坦处于欧亚陆上往来的重要位置，横跨亚欧两大洲的第二亚欧大陆桥从该国经过。国内陆运非常发达，且秉承苏联时期的良好工业基础，基础设施较为完备。

哈萨克斯坦教育体系相对完善，国民素质相对发展中国家而言较高，但由于总人口较少，缺乏廉价劳动力，使其在人力资本方面缺乏明显的投资吸引力。

哈萨克斯坦的一大投资亮点是其丰富的战略资源，哈萨克斯坦的油气资源相当丰富，另外钨、铀、铬、铅、锌、铜和铁等金属资源的储量也是居于世界前列。加之中国与哈萨克斯坦在地理位置上相互毗邻，且两国政治关系稳定，在资源方面，哈萨克斯坦的投资空间和投资价值较大，企业可密切关注相关机会。

中国企业之前在哈萨克斯坦投资的表现良好，例如当地的巴夏库铜矿选厂项目是世界级矿山项目，2014 年 2 月由中国有色金属建设股份有限公司承建，2015 年 12 月 11 日，由哈总统纳扎尔巴耶夫亲自视频验收，并授予国家级最佳工业项目“金鹰质量大奖”。

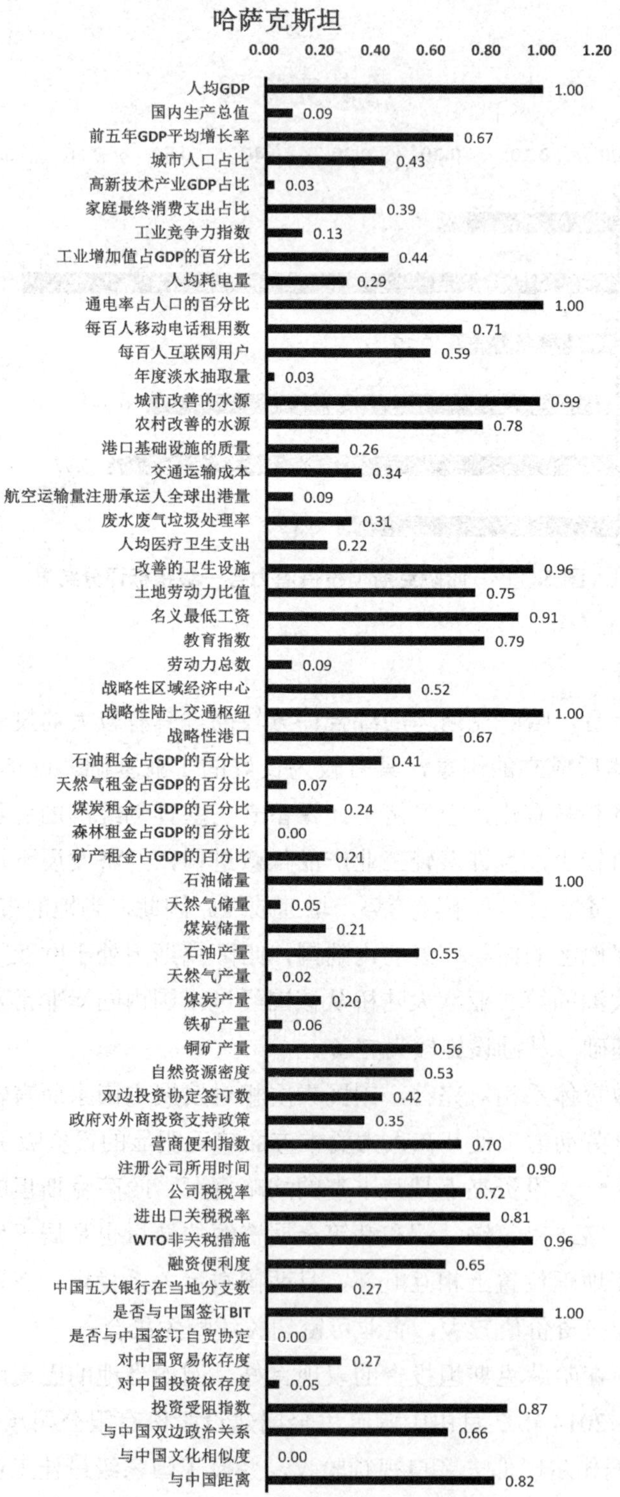

图5.120 哈萨克斯坦投资潜力各三级指标评分结果

哈萨克斯坦近年积极开展与中国的边贸往来。自 1992 年两国签署建交公报以来，一直维持着良好的经济关系。中国是其第二大贸易伙伴国，仅次于俄罗斯。在其出口门类中，矿产品占一半以上，而主要从周边国家进口机械、设备、交通工具、仪器和仪表，化工产品等。因此在对中国的边贸政策较为宽松，同时，其有着较为优秀的制度环境。

中哈两国的贸易伙伴关系在近年得到了进一步巩固和充实。2015 年 3 月 27 日，在中国总理李克强和哈萨克斯坦总理马西莫夫共同见证下，中哈两国签署了加强产能与投资合作备忘录以及开展钢铁、有色金属、平板玻璃、炼油、水电、汽车等领域产能合作的 33 份文件，项目总金额高达 236 亿美元。两国在产能与投资合作方面的“不谋而合”是中国“丝绸之路经济带”合作倡议以及哈萨克斯坦“光明之路”新经济政策互补性合作使然。在此背景下，我国企业对哈萨克斯坦的投资可谓充满机遇。

（4）投资建议

第一，哈萨克斯坦地广人稀，人口素质较高，属温带大陆性气候，适于发展大规模机械化农业，且相关行业发展前景良好。

第二，哈萨克斯坦油气资源丰富，有着巨大的开采空间，还有不同类型的其他矿产资源。但该国相关领域倾向于俄罗斯等独联体国家的投资，中国有可能会遭遇困难。

第三，哈萨克斯坦的文化传统等虽与中国新疆等地区相似，但与中国汉文化有着较大的差别，在对当地进行投资行为时，应该充分尊重当地的风俗习惯，避免不必要的麻烦。

5.6.2 吉尔吉斯斯坦

（1）基本国情

吉尔吉斯斯坦位于欧亚大陆，北部与哈萨克斯坦毗邻，南部与塔吉克斯坦相连，西南部与乌兹别克斯坦交界，东部和东南部与中国接壤。国土面积为 19.99 万平方公里，总人口约 678 万人。吉尔吉斯斯坦全国划分为 7 州 2 市，首都比什凯克是全国经济、政治、文化、科学中心。

吉尔吉斯斯坦现已探明储量的优势矿产有金、钨、锡、汞、锑、铝和稀土等。黄金总储量为 2149 吨，探明储量 565.8 吨，年均黄金开采量为 18—22 吨，居独联体第 3 位，世界第 22 位。水银储量 4 万吨，开采量为 85 吨，居世界第 3 位。锡矿总储量 41.3 万吨，探明储量 18.68 万吨。钨矿总储量 19 万吨，探明储量 11.72 万吨。稀土总储量 54.9 万吨，探明储量 5.15 万吨。铝矿总储量 3.5 亿吨，探明储量 3.5 亿吨。

钼矿探明储量2523吨，锑矿探明储量26.4万吨。

（2）得分结果

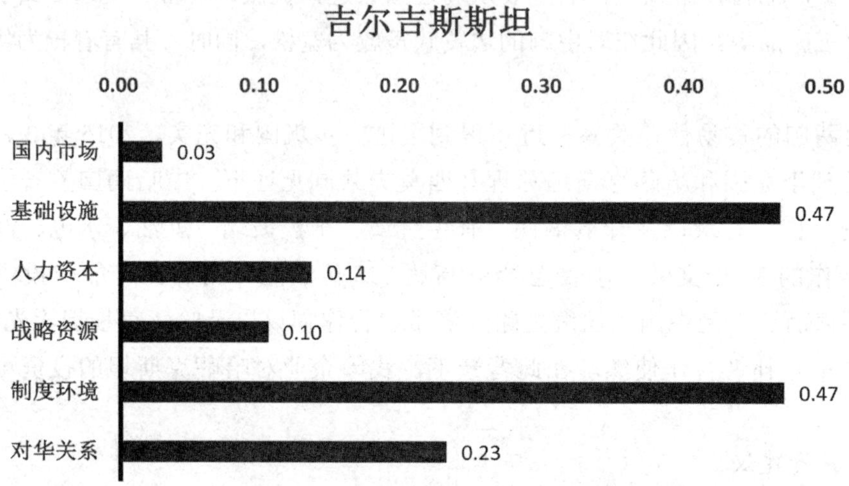

图5.121 吉尔吉斯斯坦投资潜力各一级指标评分结果

（3）得分评析

从评分结果来看，吉尔吉斯斯坦各项指标的得分均属于较低水平，无太大投资吸引力。但不可忽视的是，中吉两国地理位置相互毗邻，第二亚欧大陆桥中线从其边境经过，吉尔吉斯斯坦相对于其他国家有着地缘上的优势。近年中国对吉尔吉斯斯坦的投资额均值较高，且未来有进一步增长的趋势。下面对吉国各指标的得分进行详细评析。

在所有一级指标中，吉尔吉斯斯坦得分最低的是国内市场部分，标准化后仅有0.03分。查阅原始资料后发现，该国国民经济以农牧业为主，工业基础薄弱，主要生产原材料靠进口，经济不够发达，仍是一个以农业为主的国家，消费需求不足。与工业和服务业非常强劲的各个沿海或老牌国家相比，评分上很占劣势。但其实在制度环境评分上，该国有着较强的竞争力。吉政府一直鼓励贸易自由化，允许任何组织或个人从事贸易活动。在政策上，吉尔吉斯斯坦有着更为宽松的环境。因此综合来看，吉尔吉斯斯坦的评分较低，但由于其拥有较大的发展进步空间和亟待开发的市场，以及该地适宜的政策支持，吉尔吉斯斯坦拥有一定的吸引力，中国企业可考虑在其境内增加相关产业的投资，如发展当地的现代农牧业等。

吉尔吉斯斯坦战略资源指标的评分较低，这主要是因为吉国的油气资源和煤、铁、铜等在评分体系中占有较高权重的矿产品种储量较少，但是吉尔吉斯斯坦的金、钨、锡、汞、锑、铝和稀土等矿产品种储量丰富，有一定投资机会可以挖掘。

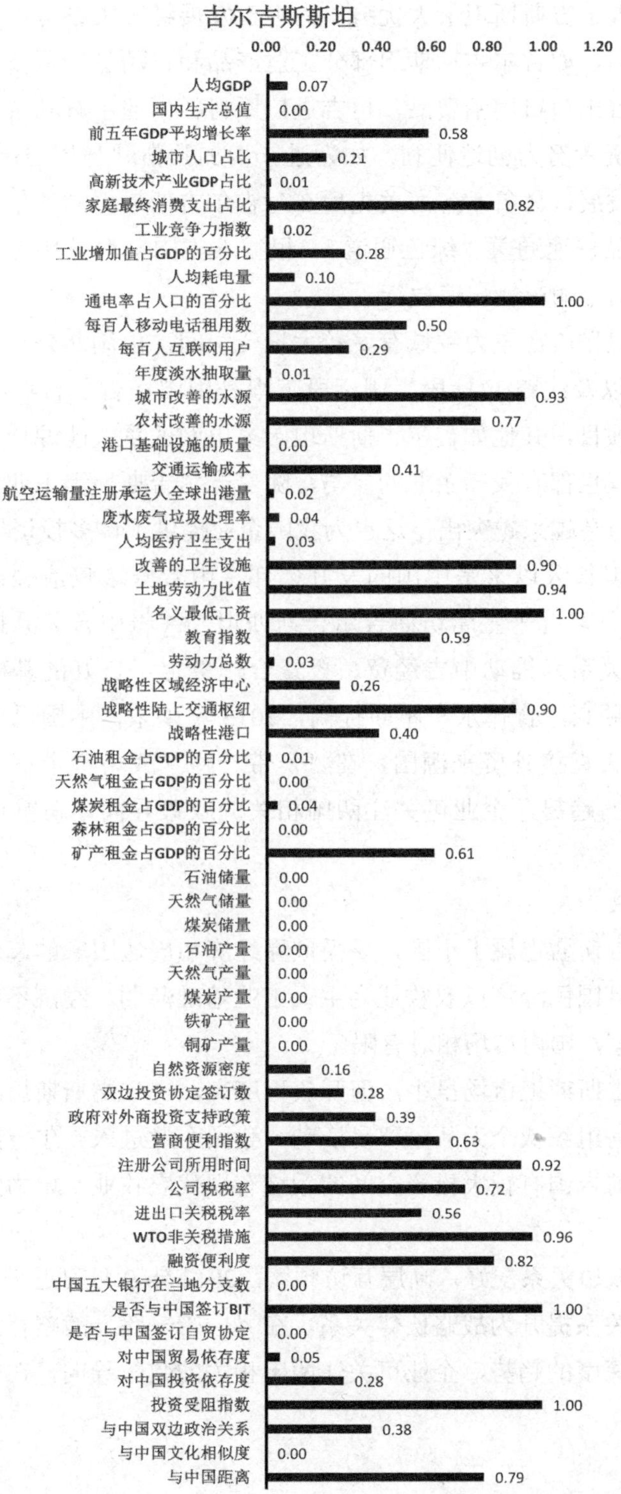

图 5. 122 吉尔吉斯斯坦投资潜力各三级指标评分结果

中转贸易是吉尔吉斯斯坦最大优势，为中吉发展经贸关系有很多有利条件。中吉两国经济互补性高，如吉尔吉斯斯坦部分工业产品和日用品严重依赖从中国进口，这就为中国企业对吉出口日用消费品，自吉进口原材料创造了有利条件。并且中国在中吉贸易上也为投资者努力创造便利，如为进一步加强新疆与周边国家经贸合作水平，促进农产品贸易发展，乌鲁木齐海关先后在对吉尔吉斯斯坦的吐尔尕特及伊尔克什坦口岸开通了农产品快速通关“绿色通道”。根据双方国家海关协定，对张贴“绿色通道”标识的农产品运输车辆快速放行。

吉尔吉斯斯坦目前在电力领域有着较大投资空间，由湖北公司电建二公司承建的主体变电站标段以及线路Ⅴ标段、Ⅷ标段工程是中国和吉尔吉斯斯坦两国政府近年最大的能源合作项目，其他如吉尔吉斯斯坦国家电网的重大能源项目工程、南北输变电通道大动脉工程也都有我国企业的参与，随着吉尔吉斯斯坦工业化程度的进一步提高，吉国供电缺口会越来越突出，这也为我国企业提供了许多投资机会。

吉尔吉斯斯坦长久以来是中国的友好邻邦，中吉双边政治关系紧密，高层互访频繁，2013年9月习近平主席访问吉尔吉斯斯坦，并将中吉关系提升为战略伙伴关系。密切的政治关系为推动中吉经贸、投资合作奠定了良好的基础，近年来中吉双边经贸合作发展顺利，合作水平不断提高，2013年以来，中国已连续两年成为吉尔吉斯斯坦的第一大直接外资来源国，在“一带一路”战略背景下，未来两国有进一步提升合作深度的趋势，企业可关注两国相关的政策导向，在重点扶持的领域加大投资。

（4）投资建议

第一，吉尔吉斯斯坦属于小国，易受世界经济和周边国家的起伏波及，自我稳定能力相对较弱。且国民经济以农牧业为主，工业基础薄弱，经济不够发达，仍是一个以农业为主的国家，国内市场相对有限。

第二，吉尔吉斯斯坦市场虽小，但开放程度高，吉尔吉斯斯坦政府一直鼓励贸易自由化，允许任何组织或个人从事贸易活动，我国企业进入吉尔吉斯斯坦市场的门槛低，障碍少。目前吉国有较大投资空间的领域有现代农牧业、电力领域和金属矿藏开发领域等。

第三，中吉双边关系友好，高层互访频繁，2013年9月习近平主席访问吉尔吉斯斯坦，并将中吉关系提升为战略伙伴关系，在“一带一路”战略背景下，未来两国有进一步提升合作深度的趋势，企业可关注两国相关的政策导向，在重点扶持的领域加大投资。

5.6.3　塔吉克斯坦

（1）基本国情

塔吉克斯坦是位于中亚东南部的内陆国家，西部和北部分别同乌兹别克斯坦、吉尔吉斯斯坦接壤，东邻中国新疆，南界阿富汗。国土面积14.31万平方公里，总人口约870万。全国共分为3个州（省）、1个区、一个直辖市，首都杜尚别人口约60万，是塔吉克斯坦的政治、经济和文化中心。

塔吉克斯坦矿产资源以有色金属（铅、锌、钨、锑、汞等）、稀有金属、煤、岩盐为主，此外还有石油、天然气、丰富的铀矿和多种建筑材料。铀储量居独联体首位，铅、锌矿占中亚第一位；其次有铅、锌、钼、钨、锑、锶、金矿、石油、天然气、煤、岩盐、萤石等。塔吉克斯坦水力资源丰富，截至2014年位居世界第八位，人均拥有量居世界第一位，占整个中亚的一半左右，但开发量不足10%。

（2）得分结果

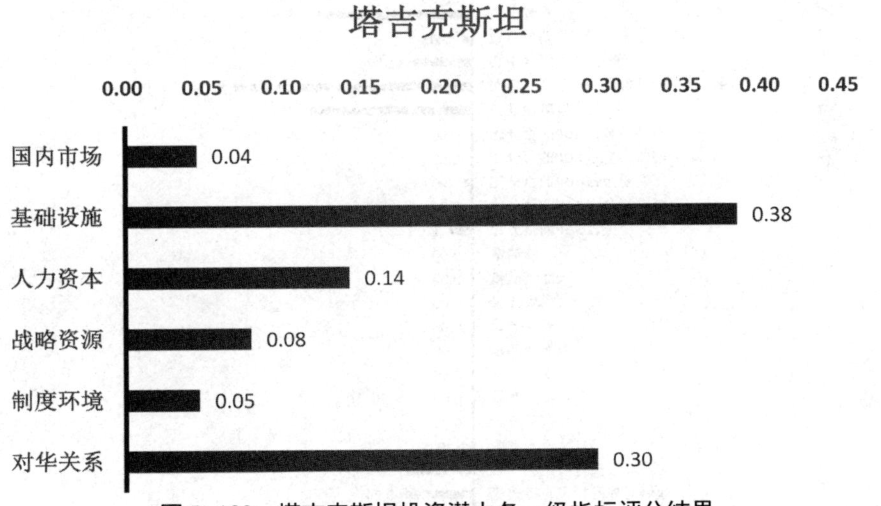

图5.123　塔吉克斯坦投资潜力各一级指标评分结果

（3）得分评析

从评价结果上看，塔吉克斯坦的投资环境总体可用“硬件条件不足，软文化稍有优势”来概括。与其他国家相比，塔吉克斯坦的人力资本和对华关系指标的得分很高，但是战略资源和制度环境指标的得分却远低于其他国家。

根据各项指标打分，塔吉克斯坦劳动年龄人口较少且多为廉价劳动力，低教育年限导致劳动力素质普遍不高。在投资的时候需要考虑到这方面的因素，因此更适合将劳动密集型、简单加工业的产业转移至该国。此外，塔吉克斯坦资源丰富，已开采程

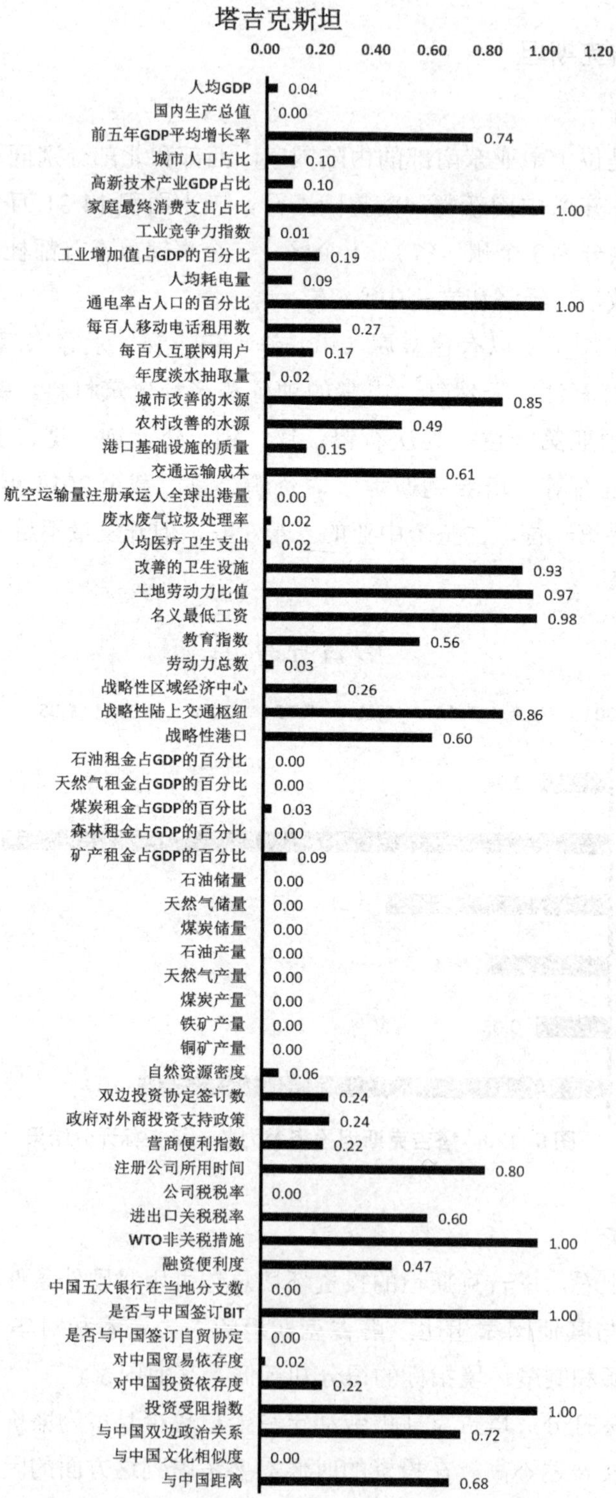

图5.124 塔吉克斯坦投资潜力各三级指标评分结果

度低，可开发利用潜力大，适合资源能源型企业投资。

塔吉克斯坦经济受到苏联解体后政治经济危机以及多年内战的影响，破坏严重。此后，塔吉克斯坦经济基础薄弱，结构单一。虽然政府立志革新，也提出建立国家财政和金融系统，逐步完善税收、海关政策等，大力发展工业的目标，但是不可更改的相对较小的经济规模导致其发展对国际社会依赖甚重。塔国积极吸引外资，截至2014年塔国累积利用外资超过20亿美元，目前外资在塔国投资的热点主要涉及水利、矿产开采、通信、农产品加工等领域。

塔吉克斯坦交通条件较差。交通主要以公路为主，截至2014年塔吉克斯坦有公路总长1.3747万公里。铁路方面，仅有北、中、南三条互不相连的铁路线，通过邻国乌兹别克斯坦与独联体及周边国家相连，铁轨老旧。国内目前的主要机场有三座，航班与航线较为有限。由此可见塔吉克斯坦目前交通运输系统较为不完善，亟须进行升级改造，这给具备相关技术优势的企业带来了一定的投资机会。

中国与塔吉克斯坦的经贸往来密切，2010—2011年，中国成为塔第二大贸易伙伴和最大出口市场。2013年中国向塔吉克斯坦出口额靠前的类别主要为服装及配件用品、针织或钩编、非针织或钩编、鞋类产品、机械、锅炉、电器和电子设备、汽车、玻璃及玻璃制品等。中国自塔进口的主要商品有矿石、炉渣和粉煤灰、棉花、生皮和皮革、丝绸、种子油、水果、谷物，其中矿石、炉渣和粉煤灰占中国自塔进口商品总金额的比重最大。

（4）投资建议

第一，塔吉克斯坦宗教气息浓厚，到塔投资需要充分尊重和考虑当地多种宗教信仰共存的状况。

第二，目前塔吸引外资的重点领域是公路修复、能源开发、贵金属矿开采和加工、食品加工业、水电站建设、通信网改造等，我国企业可密切关注这些领域的投资机会。

第三，塔吉克斯坦目前国内医疗状况并不乐观，没有建立医疗保险制度，人民看病除部分外援药物可以免费获取外，其他药物需要自费解决。因此在投资的同时应当注意解决员工福利和保障问题。

5.6.4 土库曼斯坦

（1）基本国情

土库曼斯坦位于中亚西南部，是一个内陆国，西濒里海，北邻欧亚国哈萨克斯坦，东北部与内陆国乌兹别克斯坦接壤，东界阿富汗，南部接伊朗。土库曼斯坦国土面积约50万平方公里，人口总量近700万。土库曼斯坦全国分为5个州（阿哈尔、巴尔坎、达绍古兹、列巴普和马雷），首都阿什哈巴德始建于1881年，人口近100万，是全国的政治、经济、文化和科技中心。

土库曼斯坦矿产资源丰富，主要有石油、天然气、芒硝、碘、有色及稀有金属等。石油和天然气的远景储量为208亿吨和24.6万亿立方米，居世界前列，石油和天然气工业为土库曼斯坦的支柱产业。

（2）得分结果

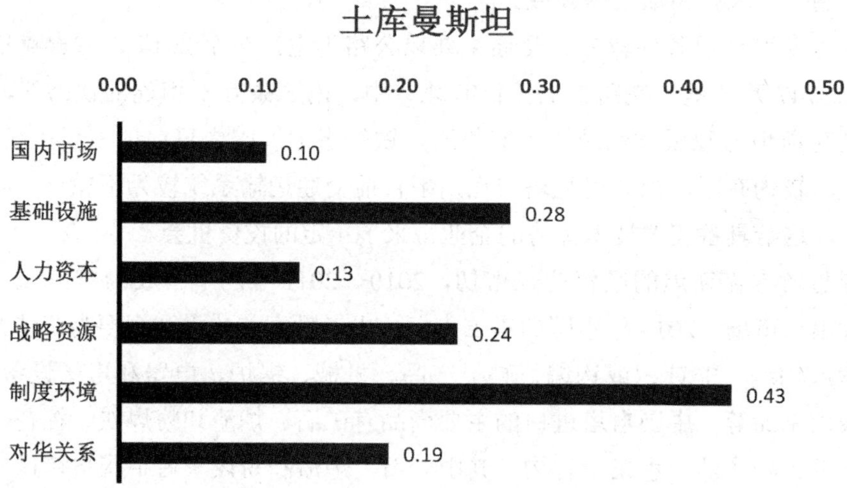

图5.125　土库曼斯坦投资潜力各一级指标评分结果

（3）得分评析

综合来看，土库曼斯坦各项指标得分平平，投资吸引力一般。但是考虑到土库曼斯坦政治外交稳定，油气资源丰富，加强中土合作，综合开发土库曼斯坦丰富的战略资源，有助于保障中国能源安全。

土库曼斯坦各项指标中排位最前的是战略资源指标。该国天然气资源尤为丰富，已探明储量达74995亿立方米，位居世界第六。自2012年开始，中国一半以上的天然气来源于土国，土国成为中国最大的天然气供应国。土国丰富的战略资源为中国企业向其在能源开采、能源运输和能源基础设施建设等方面的投资提供了巨大机遇。

土库曼斯坦的基础设施指标得分较低，虽然这会影响到中国企业在当地投资的便利，但对于土库曼斯坦这种经济发展迅速，又急需加强基础设施建设的国家而言，这一指标的低分也恰恰是投资的机遇。受国内技术限制，土国的基础设施建设很大程度上依赖于外商投资，中国在这一方面有着技术先进、成本低廉、信用良好的优势。

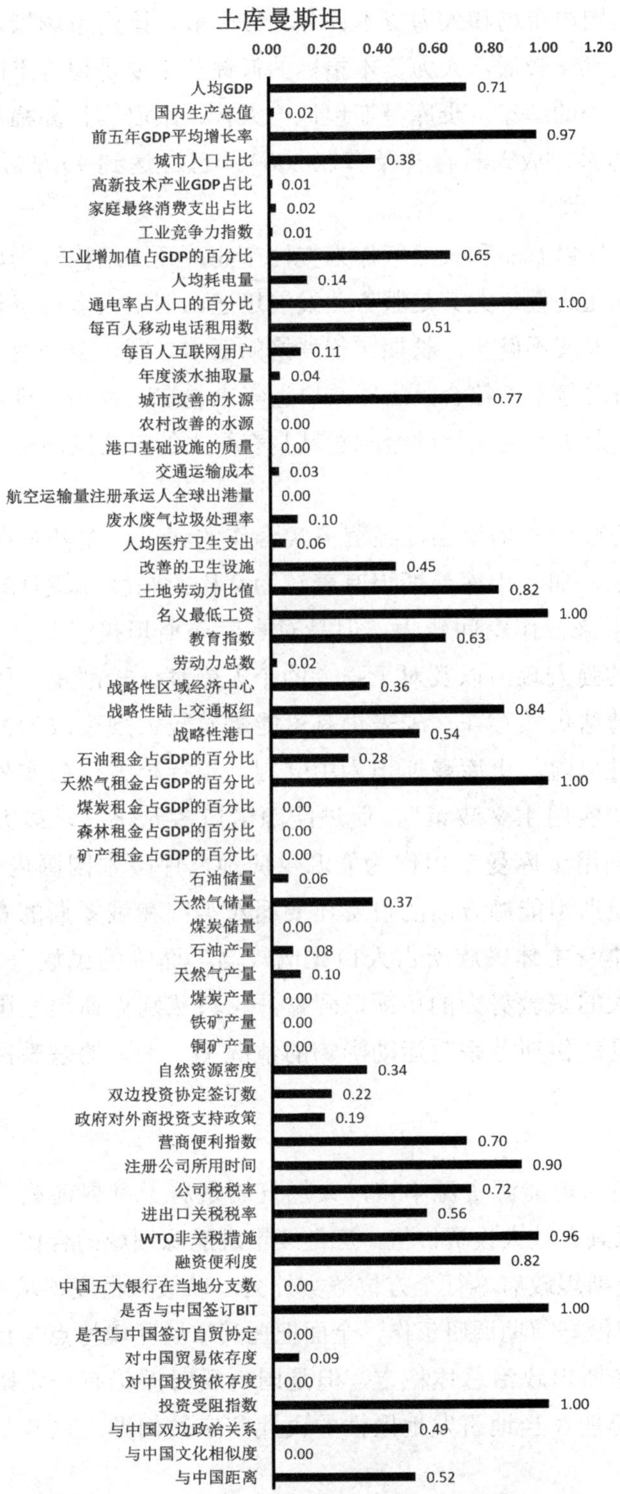

图5.126 土库曼斯坦投资潜力各三级指标评分结果

土库曼斯坦的国内市场和人力资本评分比较一般，国内市场指标的低评分主要是由于土国经济发展水平较低，人力资本指标的低评分主要是因为土国人口较少。作为中亚国家中人口最少的国家，土库曼斯坦地广人稀，政府实行高福利政策，国内拥有完善的生活保障体系，成人教育普及率在2009年已经达到99.6%，劳动力素质水平较高。

土库曼斯坦长期以石油和天然气作为支柱产业，经济结构较为单一。近年来土国加大推动经济多元化进程，尤其是服务业发展迅速，催生较多投资机会。同时，土库曼斯坦的金融体系发展不健全，长期实行严格的资本管制，金融运作由政府主导，金融资产规模与经济总量不相符合，土国政府近年来也在金融领域推行改革，逐步吸引外国资本进入，因此土库曼斯坦的金融领域具有很大的投资发展空间，中土金融合作具有广阔前景。

随着中土双方政治互信增强、经贸务实合作的深入，尤其是在能源领域已开展了深入的合作关系，加之土库曼斯坦有着较为宽松的制度环境且政府近期鼓励外资走进本国，两国未来合作空间较大。但是对土库曼斯坦投资要注意以下几个风险：一是土库曼斯坦的强人政治以及对于强人的个人崇拜比较严重，国内反对派的势力虽弱小，但不满情绪仍然存在，未来仍有可能爆发较大规模政治冲突。二是管道的路线存在不确定性风险。土库曼斯坦为中立国，奉行全方位务实外交，在天然气输出路线上也采取“实用主义政策”，促进能源出口多元化，以最大程度谋求本国利益。美俄都希望利用土库曼斯坦作为能源供应地，保障本国国内外能源供应安全，因而中国就土库曼斯坦能源方面的投资还要面对美国和俄罗斯的竞争。三是宗教与民族问题。土国本身主体民族所占人口比例较高，面临的民族分裂风险相对较小。但其与有比较强大的宗教势力的伊朗、阿富汗、乌兹别克斯坦三国接壤，因而在中亚地区整体上深受泛伊斯兰宗教运动影响的情况下，土国的宗教民族问题还是存在较多不稳定因素。

（4）投资建议

第一，土库曼斯坦能源资源丰富，天然气储量居于世界前列，对于中国企业来说，战略资源领域具有较大投资价值，应继续推进能源领域的合作。

第二，土库曼斯坦政府奉行全方位务实外交，以最大程度谋求本国利益，因而企业在赴土投资前应做好前期调研工作，全面把握其市场环境特点与行业规则。

第三，土库曼斯坦政治总体稳定，但是国内反对派仍有一定影响力，且中亚泛伊斯兰宗教运动可能在当地引发地区性的民族和宗教问题，这些是投资者必须考虑的因素。

第四，土库曼斯坦国内贪污腐败和执法部门侵犯人权的现象严重，中国企业在与土国行政部门打交道时要考虑到这方面的问题。

5.6.5 乌兹别克斯坦

（1）基本国情

乌兹别克斯坦是位于中亚腹地的“双内陆国”，其五个邻国均无出海口。北部和东北与哈萨克斯坦接壤，东部、东南部与吉尔吉斯斯坦和塔吉克斯坦相连，西与土库曼斯坦毗邻，南部与阿富汗接壤。乌兹别克斯坦国土面积44.74万平方公里，人口约3150万。全国划分为1个自治共和国，12个州和1个直辖市。首都塔什干人口约260万，是乌兹别克斯坦的政治、文化及经济中心，同时也是中亚最大城市。

乌兹别克斯坦资源丰富，现探明有近100种矿产品。其中，黄金探明储量3350吨（世界第4），石油探明储量为5.84亿吨，凝析油已探明储量为1.9亿吨，已探明的天然气储量为2.055万亿立方米，煤储量为18.3亿吨，铀储量为18.58万吨（世界第7），铜、钨等矿藏也较为丰富。截至2014年，乌兹别克斯坦天然气开采量居世界第11位，黄金开采量居第9位，铀矿开采量居第5位。乌兹别克斯坦的非金属矿产资源也非常丰富，主要有钾盐、岩盐、硫酸盐、矿物颜料、硫、萤石、滑石、高岭土、明矾石以及磷钙土等。

（2）得分结果

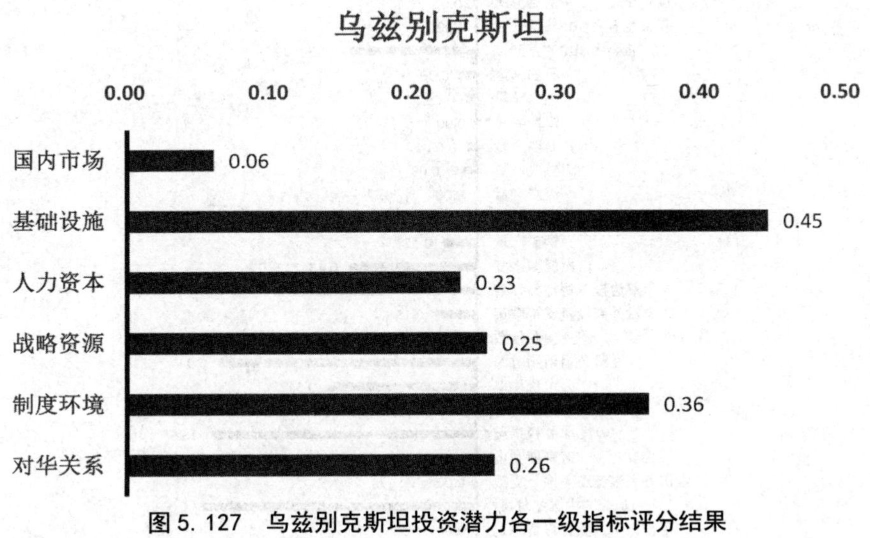

图5.127 乌兹别克斯坦投资潜力各一级指标评分结果

（3）得分评析

在各项一级指标中，乌兹别克斯坦得分比较平均，几项指标的单独得分排名基本都处于所有参评国家中的中间位置，从评分上看投资吸引力一般。但目前中乌两

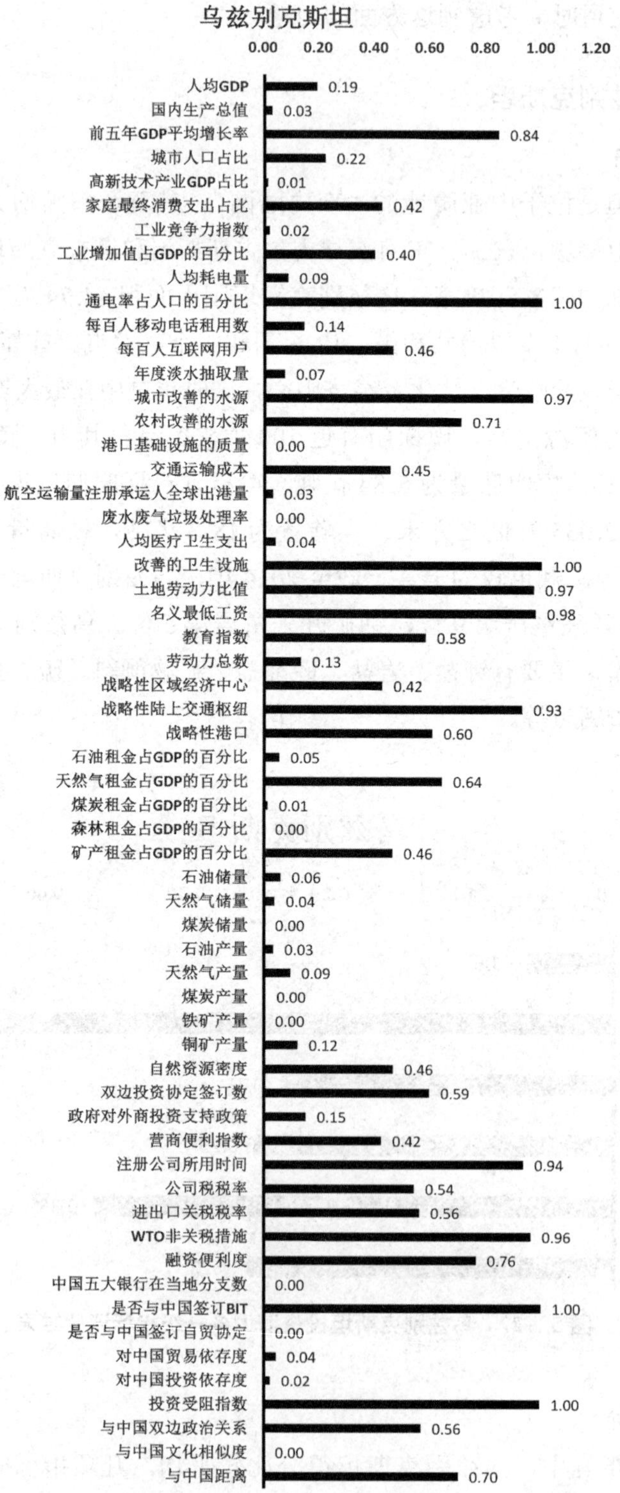

图 5. 128　乌兹别克斯坦投资潜力各三级指标评分结果

国已经上升为战略伙伴关系，乌总统卡里莫夫称两国互为战略伙伴，这为双边经贸关系的顺利发展铺垫了坚实的政治基础，总的来说，我国企业在乌的投资前景是广阔的。

近年来，乌兹别克斯坦经济发展较为稳定，其 GDP 总量的增速维持在 8% 左右，以 2014 年为例，乌兹别克斯坦的 GDP 约 630 亿美元，增速超 8%。但由于人口规模庞大，其人均 GDP 不足 2000 美元，根据世行标准，仍然属于中低收入国家范畴。由于居民收入相当有限，购买力不足，消费需求弱，乌兹别克斯坦国内市场指标的评分很低，标准化后仅有 0.06 分。

乌国在大力进行资源出口的同时，也高度重视国内工业的发展，目前乌国工业对 GDP 的贡献已近 3 成。目前，制约乌工业发展的主要因素是其基础设施较为落后。乌国基础设施大多继承自苏联时代，近年来才开始进行有关设施的新建升级工作。目前乌国内公路通车里程 4.3 万公里，无高速公路，通行能力相对较差。铁路总长 6000 公里，电气化比例尚不足 20%。为了改善国内的交通状况，乌兹别克斯坦计划新修建公路里程 2306 公里，其中包括 1410 公里的四车道公路，这催生了新的投资市场，我国相关企业可关注其中的投资机会。

从其政治制度和对外关系来看，乌兹别克斯坦独立之后，中国与乌的经贸合作稳步发展。虽然两国间的贸易关系在建立之初遇到了一些困难，但双方经贸合作近年来逐步进入正轨，2013 年中国与乌兹别克斯坦的双边贸易总额更是创下了新的纪录，达到 45.5 亿美元，较 2012 年增长 58.3%。中国对乌兹别克斯坦的投资增长很快，仅 2013 年，两国新签合同额就超过 10 亿美元，其中两国合作建设的吉扎克工业特区，建成当年就实现产值 5600 万美元。乌铁公司与中铁隧道集团有限公司合作实施的 19 公里"安格连—帕普"隧道项目是两国间合作的重点项目之一，此项目被乌方高度重视。隧道建成后可有效连接费尔干纳盆地与乌中部地区，进而形成全国铁路交通系统，是"中国—中亚—欧洲"国际过境运输走廊最重要环节。该项目金额 14.6 亿美元，资金来自中国进出口银行、乌复兴发展基金、乌铁公司和国际贷款金融机构。此项目成为中乌共建"丝绸之路经济带"进程中一座重要的里程碑。

人力资本方面，乌国劳动力成本较低，数量较多，加之乌国目前失业率较高，许多待业青年亟待解决就业问题，这是乌国吸引外商投资的一大优势，我国企业可以在当地快速招聘到许多廉价劳动力。

在投资中也需要注意，乌兹别克斯坦目前政局不稳，有较大的政治风险，主要体现为如下两个方面：第一个是乌兹别克斯坦的高层领导政见不一，国家核心部门被不同派系把持，各派系矛盾积累很深，经常爆发冲突甚至酿成流血事件。第二个是极端宗教势力问题。乌兹别克斯坦绝大多数国民信奉伊斯兰教，因为派系问题，存在着大量不稳定因素，造成局势的不稳定。中方企业在投资的前期规划中一定要充分考量可能遇到的风险，并提前做好应对措施。

（4）投资建议

第一，乌兹别克斯坦总体评分一般，但目前中乌两国已经上升为战略伙伴关系，这为双边经贸关系的顺利发展铺垫了坚实的政治基础，总的来说，我国企业在乌的投资前景是广阔的。

第二，中乌两国建交以来一直有着稳定的贸易往来，由于乌兹别克斯坦在基础设施建设上的不足，“一带一路”计划正好可以帮助当地政府弥补铁路等方面建设不成熟的问题，我国企业可密切关注相关领域的投资机会。

第三，投资过程中有必要留意可能的政治风险：一是高层政见不一造成的派系斗争问题，其爆发的冲突往往伤及无辜人民和投资者；二是极端宗教势力带来的不稳定因素。中方企业应充分考虑到其中的风险，提前做好应对措施。

5.7 东亚国家

5.7.1 蒙古国

（1）基本国情

蒙古国地处亚洲中部，是世界第二大内陆国，位于中国与俄罗斯两大邻国之间，北与俄罗斯为邻，东、西、南三面与中国接壤。蒙古国地域总面积156.65万平方公里，居世界第17位。人口约312万，是世界上人口密度最小的国家之一。全国按行政区划分为21个省和1个直辖市，首都乌兰巴托。乌兰巴托市面积为4704平方公里，目前常住人口130余万，是蒙古国政治、经济、文化、教育、科技和交通中心。除首都之外主要的经济中心城市还有额尔登特市、达尔汗市等。

蒙古国自然生态资源丰富，地大物博。地上资源：高于全世界平均水平的太阳能和风能资源；地表资源：较丰富的森林和草原资源、土地资源和野生动植物资源；地下资源：目前，已探明的有80多种矿产和6000多个矿点，主要有铁、铜、钼、煤、锌、金、铅、钨、锡、锰、铬、铋、萤石、石棉、稀土、铀、磷、石油、油页岩矿等。其中，煤炭蕴藏量约1520亿吨、铜约2.4亿吨、铁约20亿吨、磷约2亿吨、黄金约3100吨、石油约80亿桶。

（2）得分结果

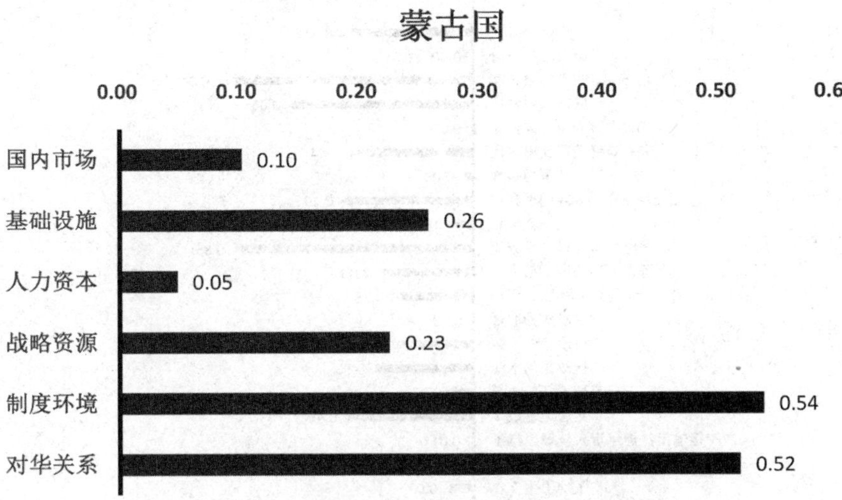

图 5.129　蒙古国投资潜力各一级指标评分结果

（3）得分评析

从评分结果来看，蒙古国各项指标的得分均较为一般，基本处于中等偏下的位置，并无太大的投资亮点。不过由于两国地理位置相互毗邻，且蒙古国拥有得天独厚的地理优势，近年中国对蒙古的投资额稳步提升，且未来有进一步增长的趋势。下面对蒙古国各指标的得分进行详细评析。

所有一级指标中，蒙古国得分最低的是人力资本部分，在标准化后的得分仅有 0.05 分。查阅原始计算表发现，蒙古国这一指标得分很低主要是因为其劳动力数量太少，与人口过亿的东南亚国家相比，评分上不占优势。但其实，蒙古国 130 万左右的劳动力已经基本上可以满足中国企业在其境内对于劳动力数量上的需求，且蒙古国其他几项三级指标有着较高的评分，尤其是蒙古国的工资水平较为低廉，国民受教育程度较高（蒙古人口识字率高达 89.5%）。因此综合来看，虽然蒙古国人力资本的评分较低，但对于劳动密集型行业，蒙古国其实拥有一定的劳动力优势，中国企业可考虑在其境内增加相关产业的投资。

蒙古国的最大的投资亮点在于其有着较为丰富的矿产资源，且相对于其丰富的储量，许多资源尚未被大规模勘探开发，这其中不乏中国需求缺口较大的资源品种，因此在矿产开发领域，中国企业在进行海外布局时，可以将更多的目光投向蒙古国市场。另外，正如许多经济欠发达地区的共性特征，蒙古国基础设施这一指标得分较低，这既是投资障碍，也是投资机遇。欠发达的基础设施一方面减弱了中国部分企业在其境内的投资积极性，但对于专门从事基础设施建设的企业来说，这正是难得的投

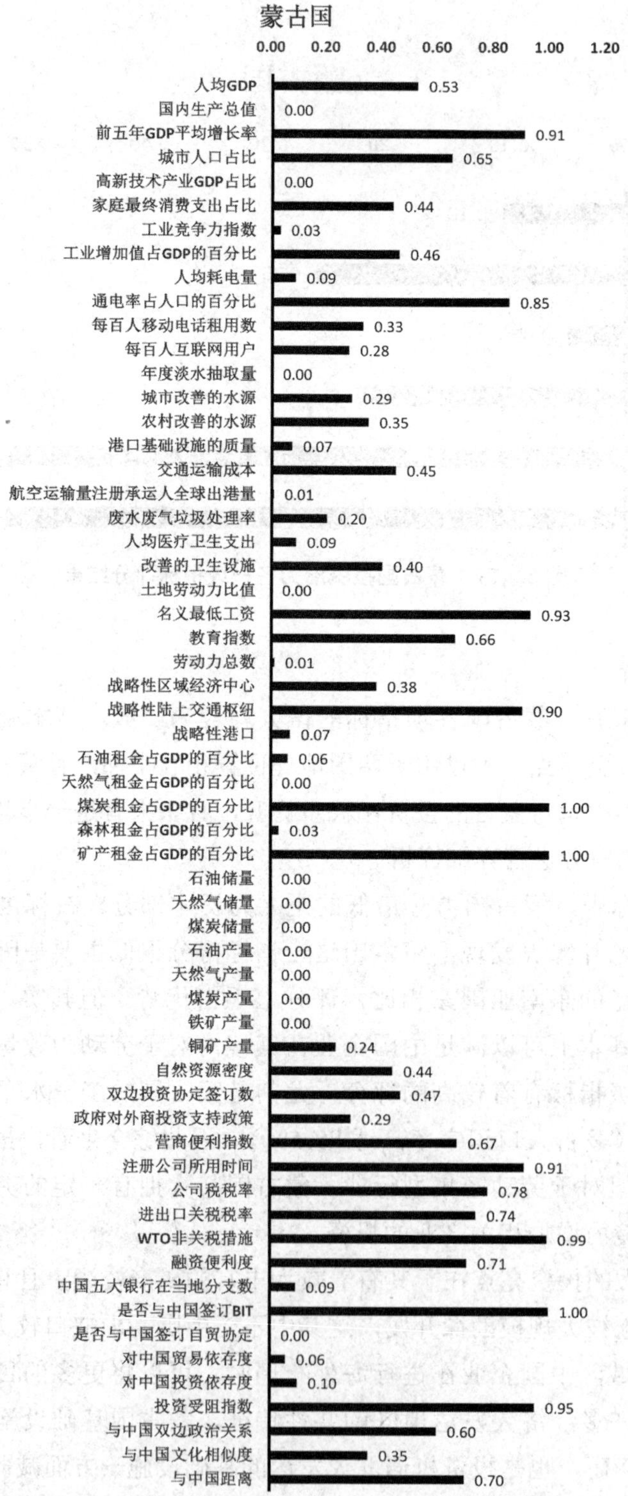

图 5.130　蒙古国投资潜力各三级指标评分结果

资机会，中国从事相关业务的企业可考虑增加在其境内的投资。

蒙古国政府与中国政府的关系近几年较为稳定，但是蒙古国民间的反华情绪较为强烈，这为中国企业在当地的投资造成了一定的障碍。但好在蒙古国的反华行为更多的是存在于民间，属于一种群众内心情感层面的宣泄，一般不会影响到政府间签订的投资协议的落实（相比较，印度的反华情绪更多弥漫在政府部门，直接在行政审批环节给中国企业的投资设置障碍）。中国企业在当地进行投资时，只要尊重当地的风土人情，满足当地群众合理的利益诉求，就能最大限度地避免冲突，减少麻烦。

目前中国企业对蒙古国的投资也面临着较大的挑战，主要是遭遇俄罗斯、美国、日本企业的竞争，尤其是美、日为了获取蒙古国这一战略据点，在外交上频频向蒙古国示好，目前已注入大量资金进入蒙古国的矿产开发领域，与中国企业相比，这些美、日企业的技术优势更加突出，为了增加项目的中标率，中资企业和中国公民赴蒙古国投资宜扎实做好前期调研工作，充分掌握蒙古国企业的资金、技术情况，全面把握蒙古国市场的环境特点、行业规则、发展趋势，提前做好规划。

（4）投资建议

第一，蒙古国外商投资环境总体来说一般，较有价值的投资领域主要是以服装加工业为代表的劳动密集型行业和矿产开发。近年来，蒙古国的基础设施建设市场也表现出较大的潜力，中国企业可重点关注。

第二，蒙古国民间反华情绪较为强烈，中国企业在投资时要尊重当地的风土人情，尽量满足当地群众合理的利益诉求，以最大程度减少不必要的麻烦。

第三，中国在蒙古国矿产领域的投资要面对俄罗斯、美国、日本企业的竞争，尤其是美、日企业在资金和技术上更占优势，中国企业在投标时要充分考虑到可能遇到的困难，提前做好规划。

6 “一带一路”沿线国家投资布局分析

6.1 基于“投资潜力—风险平衡表”的国家投资布局分析

根据投资潜力评价结果，“一带一路”沿线国家的投资潜力最大的为新加坡，最小的为波黑，所有国家评分的标准差为0.31。根据统计学的相关经验理论，与均值差异超过两个标准差的样本，一般认为其在总样本中的投资潜力极大。因此，本书根据潜力的平均值和标准差将沿线65个国家的投资潜力分为如下几个等级：

（1）投资潜力值大于均值2个标准差的为投资潜力极大的国家；

（2）投资潜力值大于均值1—2个标准差的为投资潜力较大的国家；

（3）投资潜力值大于均值1个标准差以内的为投资潜力一般的国家；

（4）投资潜力值小于均值1个标准差以内的为投资潜力较小的国家；

（5）投资潜力值小于均值1—2个标准差的为投资潜力不足的国家。

同理，本书以《“一带一路”国家投资风险指数：各沿线国家投资风险评价2016》中的风险评价结果为依据，将沿线国家的投资风险划分为风险极小、风险较小、风险适中、风险较大、风险警惕5个等级。

综合考虑投资潜力和投资风险，本书建立“一带一路”沿线国家投资潜力－风险平衡表（表6.1）。由图表所现，在潜力－风险平衡表中深色字体的国家属于当前值得投资的沿线国家，因为其潜力可以补偿其风险。这些国家共有25个，分别是：新加坡、越南、马来西亚、印度、俄罗斯、印度尼西亚、泰国、老挝、哈萨克斯坦、巴基斯坦、蒙古、柬埔寨、爱沙尼亚、匈牙利、沙特阿拉伯、孟加拉国、阿联酋、科威特、乌兹别克斯坦、菲律宾、阿曼、文莱、罗马尼亚、以色列、塔吉克斯坦。

而风险平衡表中浅色字体的国家，属于当前不建议投资的国家，因其投资潜力不足以弥补风险。这类国家一共有40个，分别是：伊朗、卡塔尔、土耳其、阿塞拜疆、埃及、伊拉克、缅甸、尼泊尔、土库曼斯坦、巴林、黑山、波兰、斯里兰卡、拉脱维亚、吉尔吉斯斯坦、白俄罗斯、克罗地亚、格鲁吉亚、叙利亚、塞浦路斯、阿富汗、不丹、捷克、马尔代夫、约旦、摩尔多瓦、黎巴嫩、塞尔维亚、波黑、也门、斯洛伐克、保加利亚、斯洛文尼亚、立陶宛、阿尔巴尼亚、马其顿、巴勒斯坦、希腊、乌克兰、亚美尼亚。

表 6.1 “一带一路”沿线国家投资潜力—风险平衡表

	风险极小	风险较小	风险适中	风险较大	风险警惕
投资潜力极大	新加坡、越南	马来西亚、印度	俄罗斯		
投资潜力较大		印度尼西亚、泰国	老挝、哈萨克斯坦、巴基斯坦	蒙古	伊朗
投资潜力一般	塔吉克斯坦	柬埔寨、爱沙尼亚、匈牙利	沙特阿拉伯、孟加拉国、阿联酋、科威特、乌兹别克斯坦、菲律宾、阿曼、文莱、罗马尼亚	卡塔尔、土耳其、阿塞拜疆、埃及，希腊，乌克兰	伊拉克
投资潜力较小		以色列	缅甸、尼泊尔、土库曼斯坦、巴林、黑山、波兰、斯里兰卡、拉脱维亚	吉尔吉斯斯坦、白俄罗斯、克罗地亚、格鲁吉亚、叙利亚、塞浦路斯、阿富汗、不丹、捷克、马尔代夫、约旦、摩尔多瓦、黎巴嫩、塞尔维亚、波黑	也门
投资潜力不足		亚美尼亚	斯洛伐克、保加利亚、斯洛文尼亚	立陶宛、阿尔巴尼亚、马其顿	巴勒斯坦

6.2 基于战略规划和国别特征的行业投资布局分析

6.2.1 “一带一路”战略目标下的重点投资行业甄别

根据国家主席习近平走访沿线国家提出的倡议，“一带一路”战略的宏观愿景是促进沿线各国经济繁荣与区域经济合作，加强不同文明交流互鉴，合力打造平等互利、合作共赢的“利益共同体”和“命运共同体”，促进世界和平发展。

根据中国政府发布的《推动共建丝绸之路经济带和21世纪海上丝绸之路的愿景与行动》，“一带一路”建设的重大任务是实现“五通”，即：政策沟通、设施联通、贸易畅通、资金融通、民心相通。实现“五通”目标的基础是“合作”，主要包括基础设施互联互通、经贸、产业投资、能源资源、金融、人文交流等领域的合作。

再结合当前的时代背景和中国经济的发展现状，本书认为，“一带一路”战略对于中国的现实意义主要是：

一，构建对外开放新格局，深化与沿线国家的双边关系，改变中国对外开放一直以来东快西慢、海强陆弱的形态。同时，摆脱与西方发达国家长久以来不平等的贸易谈判和被动的地缘政治局面，提升中国国际影响力。

二，推动国内产业结构升级，为国内的钢铁、水泥、电解铝、化工、基础设施、光伏、电力等行业的过剩产能寻求释放空间。同时吸纳沿线国家在研发、管理等方面领先的技术和产业，优化国内产业结构。

三，寻求新的市场机遇，将中国制造业中的电子、高端装备、消费品等优势产业的市场延伸至沿线国家，扩大中国制造的国际市场占有率。

四，寻求更广阔的资源空间，依托沿线国家丰富的油气、矿产、人力等资源，确保中国经济发展的可持续性和资源、能源安全。

综合考虑“一带一路”的战略目标和中国经济的实际状况，本书认为对沿线国家应当重点投资的行业如下表所示：

表 6.2 “一带一路”战略相关产业分析

“一带一路”战略目标	对中国的现实意义	相关产业
深化政策沟通	深化利益融合，促进政治互信，达成合作新共识，提升中国国际影响力，构建对外开放新格局	基础设施产业、金融业等
实现设施联通	化解国内产能过剩、推动产业结构升级，寻求资源空间	交通基础设施、能源基础设施、通信基础设施、油气资源开发
推动贸易畅通	消除投资和贸易壁垒，构建区域内良好的营商环境，开拓新的市场领域，提升中国制造业水平	钢铁、建材、纺织、电子、设备、国际贸易服务业、新兴产业合作、油气资源开发
实现资金融通	推动人民币国际化，建立中国主导的国际金融体系，提升中国金融产业水平	金融、国际贸易、服务业、油气资源开发等
促进民心相通	提升中国在国际上的软实力，建立新的对外开放格局	文化产业、服务业、国际贸易、金融业、旅游业等

6.2.2 重点投资行业发展的主要影响因素

对于“一带一路”战略的产业机遇，国内许多金融、咨询、媒体机构都做了相关的分析与预测。基于“一带一路”发展战略和中国当下的发展状况，同时参考其他机构的分析报告，本书认为，“一带一路”战略下，中国企业应当重点布局的行业包括电力基础设施、交通基础设施、通讯基础设施、高端装备制造、资源开采、劳动密集型制造业（钢铁、砖材、水泥、纺织、金属架、手工工具和塑料等）、高科技产业（生物制药、新能源、环境保护、信息服务等）、金融服务业等。

根据产业布局理论，影响产业分布的主要因素是原材料、市场规模、运输成本、劳动力、技术水平、外部规模经济性、政府干预与政府职能等。本书在针对“一带一路”战略下的重点产业的具体情况，结合其他学者的研究成果，对各行业的影响因素梳理如下：

表 6.3 "一带一路"战略重点布局行业主要影响因素分析

"一带一路"战略重点布局产业	主要影响因素
基础设施建设	东道主国基础设施水平、工业化水平、城市化水平、国内市场规模、经济增长率
高端装备制造	东道主国工业化水平、国内市场规模、交通运输成本
资源开采	自然资源租金价格、自然资源储量、基础设施、交通运输成本
劳动密集型制造业	人力资本、国内市场、交通运输成本
高科技产业	高新技术产业水平、人力资本、制度环境、对华亲密度
金融服务业	基础设施、人力资本、制度环境、对华亲密度，经济发展水平

6.2.3 国家分类及行业投资适宜性研究

本书采用聚类分析方法中 K-means 聚类算法，以各个国家潜力评价的二级指标为变量对沿线 65 个国家进行分类，65 个国家共分为 6 类，根据检验结果显示，六类国家的差异性都较大，分析结果有效。聚类的结果如下所示（表 6.4）：

表 6.4 "一带一路"沿线国家聚类分析表

分类维度	国家分类					
	一类	二类	三类	四类	五类	六类
国内市场	0.37	0.96	0.40	0.24	0.13	0.07
基础设施	0.86	0.63	0.78	0.45	0.68	0.29
人力资本	0.12	0.88	0.17	0.70	0.11	0.19
战略资源	0.25	0.74	0.49	0.29	0.14	0.21
制度环境	0.84	0.26	0.49	0.31	0.45	0.18
对华紧密度	0.79	0.19	0.18	0.41	0.11	0.26

数据来源：作者整理

根据表 6.3 的分析结果以及各不同类型的国家的特点，本书认为沿线不同类型国家适宜投资的产业分别如下表所列，见表 6.5：

表 6.5 “一带一路”沿线国家分类及适宜布局的行业分析

国家分类	国家数量	国家名称	特点	适宜布局行业
一类国家	2	新加坡、马来西亚	基础设施完善，制度环境优良，对华紧密度高，人力资本欠缺，战略资源不足，国内市场不大	金融服务业、高科技服务业
二类国家	2	印度、俄罗斯	国内市场广阔，基础设施良好，人力资本充足，战略资源丰富，制度环境较差，对华紧密度不高	装备制造业、资源开采行业、基础设施建设行业
三类国家	8	哈萨克斯坦、伊朗、土耳其、沙特阿拉伯、卡塔尔、阿联酋、科威特、罗马尼亚	国内市场一般，基础设施完善，人力资本不足，战略资源、制度环境较优，对华紧密度较差	基础设施建设、资源开采
四类国家	5	印度尼西亚、泰国、越南、巴基斯坦、孟加拉国	人力资本充足，基础设施有待完善、战略资源不足，国内市场偏小，制度有待完善，对华紧密度较高	基础设施建设、装备制造业、劳动力密集型制造业
五类国家	32	白俄罗斯、乌克兰、格鲁吉亚、阿塞拜疆、亚美尼亚、摩尔多瓦、文莱、马尔代夫、吉尔吉斯斯坦、希腊、塞浦路斯、埃及、约旦、以色列、巴林、阿曼、黎巴嫩、阿尔巴尼亚、波斯尼亚、保加利亚、亚克罗地亚、捷克、爱沙尼亚、匈牙利、拉脱维亚、立陶宛、马其顿、黑山、波兰、塞尔维亚、斯洛伐克、斯洛文尼亚	基础设施较完善，制度环境优良，对华紧密度、国内市场规模、人力资本都较弱	部分国家适宜布局高科技产业和商业服务业
六类国家	16	蒙古、菲律宾、老挝、缅甸、柬埔寨、尼泊尔、阿富汗、不丹、斯里兰卡、土库曼斯坦、乌兹别克斯坦、塔吉克斯坦、伊拉克、叙利亚、巴勒斯坦、也门	各项指标都较差	基础设施建设、部分适宜布局资源开采行业

数据来源：作者整理

6.3 基于投资目标的行业投资布局分析

根据“一带一路”的战略规划，本书将中国对“一带一路”沿线国家的投资目的可划分为四类，分别是市场驱动型、资源驱动型、学习（技术）驱动型和战略驱动型（详见表 6.6）。而中国对“一带一路”沿线不同国家的投资动因，及基于该动因所投资的重点领域也不相同。本书通过分析各投资动因的相关指标，以及综合考虑投资潜力和投资风险，对不同国家的投资动因及重点投资行业进行识别。

表 6.6 投资目的分类

投资目的类型	投资目标	主要考量因素	相关指标
市场驱动型	进入市场、扩大市场占有率、消化国内产能	市场规模、市场增长率、市场竞争状况、当地产业政策、当地法制环境	国内市场、人均 GDP、制度环境、基础设施等
资源驱动型	实现资源的优化配置	资源开采成本、劳动力成本、产业集群、当地资源限制政策	战略资源储量、战略资源产量、人力资本、对华关系等
学习（技术）驱动型	获取先进技术	产业发展水平、技术转移限制	高新技术占 GDP 比值、人均 GDP 等
战略驱动型	实现国家意志	地缘政治、对华关系	与中国距离、战略性交通枢纽、对华关系等

6.3.1 市场驱动型

寻求海外市场一直是中国对外投资的最重要动因，中国长期推行出口导向的发展模式，对外直接投资有利于出口企业扩大出口，规避贸易壁垒，掌握国际市场动态。同时，中国的钢铁、水泥、光伏等行业处于产能过剩阶段，对“一带一路”国家的投资一方面可以通过新增市场份额消化国内产能，另一方面通过生产线外移，对相关产业进行转移，达到降产能的目标。

“一带一路”沿线国家多数是发展中国家，处于工业化和城市化的初级阶段，对关键基础设施的需求较大。2010 年，曾有学者估算，亚洲开发银行 32 个成员国（大部分是“一带一路”沿线国家）今后 10 年基础设施投资需求总额将达到 8.22 万亿美元，其中 50% 是能源基础设施，35% 是交通基础设施，其他是电信、卫生等。而印度计划从 2012 年到 2017 年在公路、港口、电力和其他基础设施投资 1 万亿美元。在发达经济体疲弱不振以及发展中经济体表现平平的情况下，基础设施建设很可能成为政府宏观调控重要的“抓手”以及未来世界经济增长重要的支撑点。

（1）电力基础设施建设

从全球看，人均用电量可以分为四个档次：第一个档次是年人均用电量在 10000 千瓦时以上的，主要是北美、北欧及澳大利亚等少数发达国家；第二个档次是 5000—10000 千瓦时，大部分发达国家都在此列；第三个档次是 2000—5000 千瓦时，主要包括金砖国家等新兴市场；第四个档次是不足 2000 千瓦时，主要是一些发展中国家和欠发达地区。

根据本书收集的数据，2014 年“一带一路”沿线国家的人均用电量均值为 3725 千瓦时，低于平均值的国家有 41 个，占“一带一路”国家的 63%。其中，低于 5000 千瓦时的国家 48 个，占“一带一路”沿线国家的 73%；低于 2000 千瓦时的国家有 26 个，占“一带一路”沿线国家的 40%。随着这些国家的工业化和城市化的发展，对电力的需求将进一步提升。

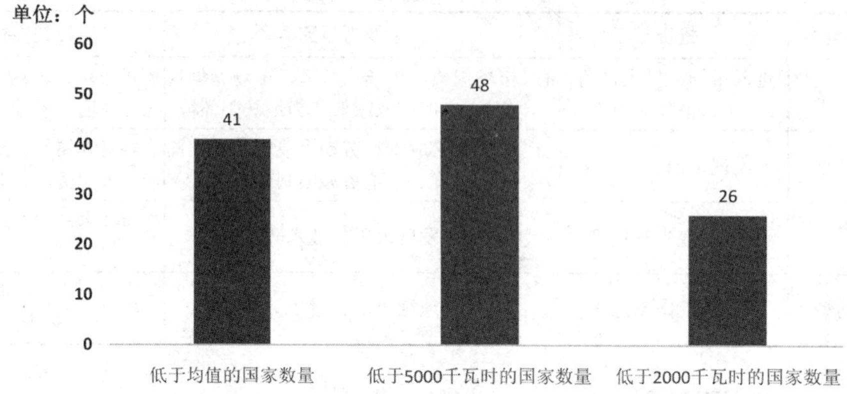

图 6.1 “一带一路”沿线国家人均用电量情况

数据来源：世界银行数据库（WDI）

根据国际能源署（International Energy Agency）统计的相关数据进行计算，在“一带一路”战略所涉及的亚洲国家中，除了泰国等少数国家外，其余绝大部分国家的电力传输损耗都较大。例如，巴基斯坦、印度、蒙古、塔吉克斯坦等国的电力传输损耗高于 10%，吉尔吉斯斯坦、尼泊尔等国传输损耗更是高达 20% 以上。因此，沿线国家随着经济增长，对电力的需求以及对电力供应质量的提升将创造出巨大的电网升级改造市场。

中国在大规模电网及跨国输电通道建设方面已经积累了丰富的经验，且技术已经达到了国际领先水平。尤其是在特高压电网建设方面，随着“三交四直”特高压工程建成投运，中国已经建立了系统的特高压与智能电网技术标准体系，并在特高压输电、电网建设及运营管理方面取得了举世瞩目的成绩和经验，这为中国在“一带一路”建设中进行跨区域电网互联互通工程实施奠定了坚实的基础。相关资料显示，目前，中国与周边国家已建成 18 条跨国输电通道（东南亚 8 条，中亚吉尔吉斯斯坦 2 条，东北亚俄罗斯 3 条、蒙古 5 条）。这些互联互通工程在促进各国能源资源开发互补、加强区域间经济合作、推动本国经济发展、解决无电地区人口用电、改善当地民生等方面发挥了重要作用。此外，在核电领域，经过多年的引进、消化吸收和再创新，中国已在核电技术研发、工程设计、设备制造、工程建设、运营管理等方面，积累了丰富的经验；且在技术创新成果的支撑下，中国核电技术与装备“走出去”取得积极进展，目前，中国已与罗马尼亚、阿根廷分别签订了政府间核能合作协议，签署了中英政府间民用核能合作联合声明，与南非、土耳其、捷克、埃及、沙特阿拉伯等国的核电合作也在积极推进。随着“一带一路”建设不断深入，中国核电出口量将显著提高，核电产业链将迎来前所未有的黄金机遇。

新能源基础设施方面，印度是太阳能光伏电池板的重要消费国。莫迪总统上台以后，于2014年制定了新的国家光能计划。拟将到2022年太阳能发电20GW的目标大幅推高至100GW，并计划在未来5年建立25个太阳能园区，电力项目的总装机量达20GW，平均每个园区装机量为500—1000MW。印度新能源和可再生能源部（MNRE）已在全国确立了12个太阳能园区选址。2014—2015财政年度，印度政府已为大型太阳能项目和园区建设划拨了100亿卢比（约1.7亿美元）的财政经费。

基于上述分析，本书认为，印度、泰国、巴基斯坦、印度尼西亚、土耳其、沙特阿拉伯等国未来有着巨大的电力基础设施市场。

（2）交通设施建设

中国提出“一带一路”的目标是：沿途国家合作，结成经济密切的伙伴关系，促进欧亚非经济一体化。因此，交通设施建设将是“一带一路”沿线国家的重点工程，主要包括连接各国主要经济城市，解决要素流动瓶颈的铁路、公路等基础设施以及与国外市场资源链接的机场、港口等设施。

交通物流绩效表现较差的国家以“新丝绸之路”经济带国家为主，主要包括中亚五国，蒙古国以及因中东局势动荡、交通受到不同势力干扰的国家为主，包括也门、利比亚、伊拉克等。

因此，“一带一路”国家的交通基础设施建设有较大的投资潜力。公路运输方面，重点打通关键缺失路段，同时加快推进国家高速公路与重要边境口岸的建设，打通与中亚、南亚、东南亚的陆上运输通道，逐步形成国际运输通道。

铁路运输方面，推进各国签订《国际道路运输便利化协定》，加快中国与沿线国家的铁路运输建设。中国目前至少与20个国家进行了高铁合作或者洽谈，其中包括土耳其、沙特阿拉伯、伊朗、泰国、缅甸、老挝、越南、柬埔寨、马来西亚、新加坡、罗马尼亚、波兰、俄罗斯和印度。强化已有的通道，加快推进技术标准和线路统一，构建新的铁路通道。大力推动高铁外交建设，通过高铁实现中国与沿线国家的联通。

表 6.7 “一带一路”沿线国家陆上交通投资重点国别

地区	国家	交通运输成本	国内市场	对华关系	综合投资潜力	投资风险
独联体七国	俄罗斯	0.81	0.78	0.61	极大	适中
东盟十国	印度尼西亚	0.93	0.51	0.77	一般	较小
东盟十国	马来西亚	0.68	0.49	0.99	较大	较小
南亚八国	印度	1.1	1.00	0.63	较大	较小
西亚十八国	阿曼	0.31	0.42	0.44	一般	适中
西亚十八国	阿联酋	0.47	0.66	0.50	较大	适中

数据来源：世界银行数据库（WDI）

通过对沿线国家的交通运输成本（三级指标）、国内市场（一级指标）、对华关系（一级指标）等指标进行综合分析，同时考虑投资潜力和投资风险，本书认为“一带一路”沿线国家陆上交通建设重点国家是俄罗斯、印度尼西亚、马来西亚、印度、阿曼和阿联酋，从投资潜力看，这些国家都有较大的投资潜力，且风险都可控。

（3）通讯基础设施

“一带一路”沿线国家总人口达到44亿，其中大部分国家网速不及发达国家的十分之一，随着社会的发展和当地具备通信设施建设投入的刚性需求，这一设施建设将具有广阔的市场潜力。从目前来看，“一带一路”区域内各国通讯发展水平不均衡，在移动通讯和固网宽带建设水平上具有明显的差距。

本书通过每百人移动蜂窝式无线通讯系统的电话租用数（三级指标）、每百人互联网用户数（三级指标）两个指标来评估国家通讯设施市场潜力，通过人均GDP（三级指标）、家庭最终消费支出占比（三级指标）评估该国的通讯消费能力，同时考虑整体投资潜力和投资风险，评价出“一带一路”沿线通讯基础设施投资潜力较大的国家（表6.8）。

表 6.8 “一带一路”沿线国家通讯基础设施重点投资国别

地区	国家	人均GDP（现价美元）	家庭最终消费支出占比（%）	每百人移动蜂窝式无线通讯系统的电话租用数	每百人互联网用户	综合投资潜力	投资风险
东亚	蒙古	11396.42	58.83	105.06	27.00	一般	较大
东盟	印度尼西亚	10033.48	56.57	126.18	17.14	一般	较小
东盟	老挝	5075.73	60.08	66.99	14.26	较小	适中
南亚	印度	5445.23	59.24	74.48	18.00	较大	较小
南亚	斯里兰卡	10043.50	66.84	103.16	25.80	较小	适中
中亚	土库曼斯坦	14762.14	15.08	135.78	12.20	较小	适中
中亚	乌兹别克斯坦	5319.50	57.34	73.79	43.55	较小	适中

数据来源：世界银行数据库（WDI）

由上述分析可见，印度的通讯基础设施市场投资潜力较大，这主要得益于该国巨大的国内市场，以及较低的互联网和移动通信普及率。其他国家的综合投资潜力不高，主要因为这些国家的基础设施水平较低，国内市场较小。而蒙古国由于社会文化方面的投资风险较大，因此其通信基础设施投资潜力一般。

（4）高端装备

高端装备是装备制造业的高端领域，“高端”主要表现在三个方面：第一，技术含量高，表现为知识、技术密集，体现在多学科和多领域高精尖技术的继承；第二，处于价值链高端，具有高附加值的特征；第三，在产业链占据核心部位，其发展水平决定产业链的整体竞争力。主要包括新能源装备、新材料装备、高效节能环保装备、电子信息装备、交通运输装备、工程建设装备、先进生产线等。

“一带一路”国家的高端装备市场需求主要体现在两个方面：一方面是这些国家工业化、城镇化发展过程中对装备的需求；另一方面是中国对这些国家进行基础设施建设过程中需要用到的高端装备。本书认为国内市场较大（一级指标）、基础设施水平较差（一级指标）的国家高端装备出口投资潜力较大。通过综合分析，本书认为下列国家的高端装备出口投资潜力较大（表 6.9）。

表 6.9 “一带一路”沿线国家高端装备投资潜力较大的国家

地区	国家	国内市场	基础设施	综合投资潜力	投资风险
东亚	蒙古	0.34	0.26	一般	较大
独联体	阿塞拜疆	0.26	0.55	较小	较大
东盟	印度尼西亚	0.51	0.46	较大	较小
东盟	菲律宾	0.28	0.45	一般	适中
南亚	印度	1.00	0.50	极大	较小
西亚	埃及	0.28	0.58	较小	较大

基于上述分析，本书认为，蒙古、印度尼西亚、印度、菲律宾是适宜中国布局高端装备制造业的国家。

6.3.2 资源驱动

中国人均资源占有量（特别是能源、矿产、木材等）处于较低水平，所以对“一带一路”沿线国家的资源开采进行投资有几个有利条件：一、国内市场需求较大，可以保证资源投资良好的收益率；二、“一带一路”许多沿线国家资源存量（石油、天然气、矿产等）较丰富，开采成本较低；三、中国对沿线国家交通基础设施的投资有利于进一步降低资源开采成本。

在对“一带一路”沿线国家投资中，能源、矿产行业一直是中国企业海外投资重点领域，截至 2015 年 8 月累计投资额已分别达到 4304 亿美金以及 2835 亿美金，占中国对外投资总额的 28% 以及 18%。随着中国经济总量不断增长，实体经济对于能源、矿产资源的需求旺盛，导致能源与矿产行业保持了较大的对外投资额。随着中国经济增长方式由粗放型、资源依赖型向精细化、集约型发展，以及国际大宗商品价格不断疲软，能源和矿产行业投资额比重已由2005年的76%降低到2014年的30%。

（1）油气资源开发

“一带一路”国家油气资源丰富，主要富集在中东、中亚和俄罗斯等国家及地区，石油、天然气可采资源总量分别为2512亿吨和292万亿立方米，占世界的60%和63%。同时，2014年，中国从“一带一路”国家进口的石油和天然气量分别为20281万吨和501.2亿立方米，分别占进口总量的65.38%和86.18%。因此，“一带一路”国家是中国重要的油气进口来源国，也是影响中国能源安全的重要因素，因此，通过“一带一路”国家油气资源投资，可以确保这部分油气进口的稳定性和持续性，从而保障中国的油气安全。

此外，当下油气价格持续下跌，为中国并购相关国家优质的油气资产提供了历史机遇，中国企业可以借助低油价，在“一带一路”沿线国家并购油气区块，建造分属上中下游领域的能源开发中心、加工炼化中心和市场中心，将其整合在一起。

表 6.10 2014年中国石油、天然气进口国家和地区分布

国家或地区	原油进口量／万吨	占比	国家或地区	天然气进口量／亿方	占比
“一带一路”国家	20281	65.38%	“一带一路”国家	501.2	86.18%
非洲其他地区	6804	21.93%	澳大利亚	51.8	8.91%
中南美洲	3428	11.05%	赤道几内亚	9.8	1.69%
澳大利亚	273	0.88%	尼日利亚	5.8	1.00%
英国	122	0.39%	巴布亚新几内亚	3.9	0.67%
北美	88	0.28%	阿尔及利亚	3.2	0.55%
挪威	15	0.05%	西班牙	2.6	0.45%
其他地区	8	0.03%	其他地区	3.3	0.57%

数据来源：《中国能源统计年鉴》

“一带一路”沿线国家的石油产量主要集中在西亚国家和俄罗斯，石油产量前十的国家占了沿线国家石油产量的89%，因此，这十个国家应该是中国重点关注的石油资源投资国家。对这十个国家的综合投资潜力和风险进行对比（表6.11）发现：沙特阿拉伯和俄罗斯的投资潜力与投资风险都较优，是可以重点投资的国家；伊朗和伊拉克两国虽然石油产量丰富，但投资潜力和投资风险都欠优，主要因其较低的国内制度和对华关系，以及较高的经济和政治风险。

表 6.11 “一带一路”沿线重要石油生产国投资潜力—投资风险分析

地区	国家	石油年产量 / 万吨	排名	综合投资潜力级别	投资风险级别
西亚十八国	沙特阿拉伯	11590000	1	极大	适中
独联体七国	俄罗斯	10050000	2	极大	适中
西亚十八国	伊朗	3113000	3	一般	警惕
西亚十八国	伊拉克	3066000	4	不足	警惕
西亚十八国	科威特	2802000	5	较大	适中
西亚十八国	阿联酋	2800000	6	较大	适中
西亚十八国	卡塔尔	2057000	7	极大	较大
中亚五国	哈萨克斯坦	1655000	8	一般	适中
西亚十八国	阿曼	944800	9	一般	适中
东盟十国	印度尼西亚	929800	10	一般	较小

数据来源：BP 世界能源年鉴

而“一带一路”天然气产量前十位的国家占了沿线国家总产量的81%，因此，也是中国重点考虑的天然气资源投资国，对这十个国家的投资潜力和投资风险分析可以发现俄罗斯、沙特阿拉伯、马来西亚、阿联酋应是中国重点考虑投资的国家。土库曼斯坦虽然是中国最大的天然气进口国，但其国内基础设施较差，影响了投资潜力，中国可以先通过投资其基础设施，建立能源战略合作，为后续天然气资源投资开发打下基础。

表 6.12 “一带一路”沿线重要天然气生产国投资潜力投资风险分析

地区	国家	天然气年产量 / 万吨	排名	综合投资潜力级别	投资风险级别
独联体七国	俄罗斯	668000	1	极大	适中
西亚十八国	伊朗	166600	2	一般	警惕
西亚十八国	卡塔尔	156400	3	极大	较大
西亚十八国	沙特阿拉伯	103000	4	极大	适中
东盟十国	印度尼西亚	72470	5	一般	较小
中亚五国	土库曼斯坦	69200	6	较小	适中
中亚五国	乌兹别克斯坦	62900	7	较小	适中
东盟十国	马来西亚	61620	8	较大	较小
西亚十八国	埃及	56630	9	较小	较大
西亚十八国	阿联酋	52500	10	较大	适中

数据来源：BP 世界能源年鉴

基于上述分析，本书认为，石油开采行业应重点布局的国家是沙特阿拉伯、俄罗斯、科威特、阿联酋、哈萨克斯坦；天然气开采应布局的重点国家是俄罗斯、沙特阿拉伯、马来西亚、阿联酋。

（2）*矿产资源开发*

中国每年需要消耗大量的矿产资源，同时，中国的铁、金、铀、镍等重要矿产资源的对外依存度极高，而“一带一路”沿线的亚洲国家的矿产资源储量十分丰富，已成为世界原材料的重要供给区域。而根据中国海关的统计，2014 年，中国矿产资源进口总值排名前十五位的国家中，“一带一路”沿线国家占九个。因此，对“一带一路”沿线国家开展矿产资源开发投资是保障中国未来资源供给的长远大计。

根据表 6.13 对沿线重要的矿产资源储量大国的资源状况、投资潜力和投资风险进行综合分析，本书认为，当前较值得投资的矿产资源国家为俄罗斯、印度、马来西亚、哈萨克斯坦、泰国、菲律宾、越南和蒙古。

表 6.13 “一带一路”沿线国家矿产资源状况与投资潜力—风险分析

国家	矿种	储量（吨）	地位	综合投资潜力	投资风险
哈萨克斯坦	金	19000	第 8 位	一般	适中
	铜	60000000	第 14 位		
	铅	117000000	第 6 位		
	锌	2570*10E4	第 4 位		
	铀	190*10E4	第 2 位		
吉尔吉斯斯坦	金矿	3000	—	较小	较大
	钼	10*10E4	第 12 位		
	铜	250*10E4	—		
乌兹别克斯坦	金	1700	第 12 位	较小	适中
	钼	6*10E4	第 13 位		
	铜	2500*10E4	—		
塔吉克斯坦	锑	50000	第 4 位	不足	警惕
	金	573	—		
	银	117429	—		
蒙古	铀矿	140*10E4	第 10 位	一般	较大
	金	3100	—		
	钼	16*10E4	第 8 位		
	萤石	2200*10E4	第 4 位		

续表

国家	矿种	储量（吨）	地位	综合投资潜力	投资风险
俄罗斯	镍	790*10E4	第4位	极大	适中
	铜	3000*10E4	第6位		
	铝土	2*10E8	第13位		
	锑矿	35*10E4	第2位		
	黄金	5000	第3位		
	锰矿	6.5*10E8	第1位		
	钾盐	6*10E8	第2位		
	铅	920*10E4	第3位		
印度	铁矿石	52*10E8	第5位	较大	较小
	铅	260*10E4	第7位		
	锰矿	2400*10E4	—		
	铬铁矿	2700*10E4	—		
	钛铁矿	8500*10E4	第3位		
阿富汗	铜矿	7*10E8（矿石）	—	不足	较大
	铁矿	20*10E8	—		
	锂	1*10E8	—		
菲律宾	镍	310*10E4	第8位	较小	适中
	铜	700*10E4	—		
	铝土	2.42*10E8	—		
印尼	铝土矿	10*10E8	第6位	一般	较小
	铜	2500*10E4	第9位		
	金	3000	第7位		
泰国	锡	80*10E4	第2位	一般	较小
	镍	450*10E4	第6位		
马来西亚	锡	17*10E4	第8位	较大	较小
	锑	42*10E4	—		
	锡	25*10E4	第7位		
	铝土	1400*10E4	—		
越南	铝土矿	21*10E8	第4位	一般	极小
	钛矿	160*10E4	第11位		
	钨矿	8.7*10E4	第6位		

数据来源：唐金荣、张涛、周平、郑人瑞：《“一带一路”矿产资源分布与投资环境》，《地质通报》2015年第10期。

（3）劳动密集型产业转移

经过多年发展，中国已经进入了工业化后期阶段，是全球唯一的全门类（按照联合国行业划分标准）工业国家，经济实力、组织能力、技术资本已有了较厚的积累。另一方面，中国也面临着传统行业产能过剩，制造业成本上升的压力。而“一带一路”沿线许多国家工业基础较弱，有些还处在工业化初期阶段，亟须发展制造业。因此，将中国部分初级产业往“一带一路”沿线国家转移将会是双赢的结果。

根据产业转移理论，当两国间人均收入差距达到20年，则较富裕国家具备向另一国进行产业输出的较好基础。按照未来5年每年6%的增速测算，到2020年，中国人均GDP将达到11000美元。同时，结合各国购买力的情况，本书认为中国在未来5年间可以向人均GDP低于5500美元的国家进行产业转移。“一带一路”沿线国家中，符合这一标准的国家共有16个。对这16个国家的工业水平、基础设施、劳动力总数、最低名义工资以及投资风险等进行综合分析，如下表所列：

表 6.14 “一带一路”承接中国产业转移重点国别分析

国家	人均GDP（现价美元）	工业竞争力指数	名义最低工资（美元）	劳动力总数	工业增加值占GDP的百分比	基础设施水平	投资风险
摩尔多瓦	4753.549	0.01	101.2402	1218279	16.69398	0.50	较大
越南	5370.145	0.06	73.08447	53443678	38.50273	0.57	极小
老挝	5075.733	0.16	75.62641	3296672	31.28146	0.21	适中
缅甸	2261.083	0.16	75.62641	29765555	16.20591	0.15	适中
柬埔寨	3109.41	0.02	75.62641	8446339	27.26966	0.18	较小
尼泊尔	2261.083	0.004	75.89646	15201036	15.226	0.25	适中
阿富汗	1856.053	0.004	75.89646	7982593	21.04805	-	较大
印度	5445.229	0.078	28.37005	4.88E+08	30.05331	0.50	较小
巴基斯坦	4621.496	0.031	41.59456	63649201	21.28406	0.37	适中
孟加拉国	2980.716	0.03	38.5741	77333240	27.86816	0.21	适中
吉尔吉斯斯坦	3169.472	0.006	16.27606	2676690	26.72751	0.47	较大
乌兹别克斯坦	5319.501	0.006	40.50835	13303330	33.65374	0.45	适中
塔吉克斯坦	2567.038	0.004	38.31445	3577727	21.74725	0.38	警惕
叙利亚	4301.675	0.011	151.6493	6024928	32.97493	0.47	较大
巴勒斯坦	4301.675	0	151.6493	1013786	10.5501	0.35	警惕
也门	3663.308	0.004	93.30491	7343186	49.24737	0.04	警惕

数据来源：世界银行数据库（WDI）

通过上表分析，本书认为“一带一路”沿线国家中，越南、印度、巴基斯坦、乌兹别克斯坦是较为理想的进行产业转移的国家。同时，老挝、缅甸、柬埔寨、尼泊尔、孟加拉国也具备一定的产业转移的潜力，但这些国家当前基础设施较为落后，需要先对其进行基础设施投资，才能承接中国的制造业转移。

在所要转移的产业选择方面，参照联合国工业发展组织提供的人均收入和制造业各产业就业趋势演变来看，在低收入阶段，食品与饮料、纺织业、服装三大产业吸收了最多的就业。在一国进入中上或高收入阶段后，纺织和服装两个产业的就业水平将会显著降低，特别是服装业。因此，当前，纺织业和服装业是中国对外转移的重要产业。同时，中国未来5年内人均GDP进入10000美元已无悬念，届时非金属矿物产业、基本金属产业和金属制品产业的就业量占比依次快速进入下降阶段。这些产业包括钢铁、砖材、水泥、锅炉、金属架、手工工具和塑料，因此，未来5年中国将重点对这类产业进行转移。

6.3.3 技术驱动型

技术驱动也是FDI的重要动因之一。随着各项生产要素价格的逐渐上升，中国产品在价格上的优势正在逐渐消失，中国企业也不可能永远靠低价在国际市场上竞争。通过技术、管理、人才队伍的升级，建立企业的品牌、核心技术、人才资本上的优势是推动企业长远发展的必然选择，同时，吸收国内外先进的技术、管理模式，也是中国经济实现产业升级的必由之路。在技术驱动下，中国企业可以通过海外并购、在国外设立子公司等模式，吸收东道主国的先进技术、研发设施、人才队伍、管理能力、国际化经验、品牌认知等无形资源，提升企业的产品和服务质量。

根据普华永道对2014年并购市场的调研，2014年民营企业海外并购活动专注于高科技、电信和零售等行业，积极寻求技术、品牌购买机会，并将其引入中国，同时寻求多元化投资机会。未来有望形成“国企的大型基建项目为先导，民企的制造业项目随后跟进”的“国企搭台，民企唱戏”的共进格局。

技术驱动对外投资主要投资对象是技术领先、市场成熟、人力资本较优的发达国家，在“一带一路”国家中也不乏这样的地方。

根据WIPO（世界知识产权组织）发布的《2015年全球创新指数》报告，141个国家和经济体中，创新指数排前40位的国家里，“一带一路”沿线国家占12个，分别是：新加坡（第7位）、以色列（第22位）、爱沙尼亚（第24位）、捷克（第25位）、斯洛文尼亚（第27位）、马来西亚（第32位）、拉脱维亚（第33位）、塞浦路斯（第33位）、斯洛伐克（第36位）、立陶宛（第38位）、保加利亚（第39位）、克罗地亚（第40位）。“一带一路”沿线国家中，创新指数排在中国前面的有5个。同时，再结合人均GDP（三级指标）、人力资本（一级指标）、制度环境（一级指标）

等相关指标，本书认为，对“一带一路”沿线下列国家进行投资更加有助于推动中国企业技术创新能力（表 6.15）。

表 6.15 “一带一路”沿线基于技术驱动投资的重点国别

地区	国家	创新指数排行	人均 GDP（现价美元）	人力资本指数	制度环境指数	综合投资潜力	投资风险
东盟	新加坡	7	78958.09	0.88	1.00	极大	极小
南亚	印度	81	5445.23	0.48	0.23	极大	较小
西亚	以色列	22	31179.77	1.00	0.42	较大	适中
中东欧	捷克	25	28694.71	0.63	0.58	一般	较大

数据来源：世界银行数据库

对上表中的国家进行深入分析，本书归纳出各国家适宜技术驱动投资的重点行业。

（1）*新加坡*

新加坡的投资吸引力主要体现在先进的技术创新能力、强大的人力资本、健全的法律体系和高效廉洁的政府。其创新和技术优势较为明显的产业主要有：

电子工业。新加坡传统产业之一，2014 年总产值 573 亿美元，占制造业总产值的 27%，主要产品包括半导体、计算机外部设备、数据存储设备、消费电子产品等。

精密仪器制造业。2014 年总产值 258 亿美元，占制造业总产值的 12%，主要产品是半导体工业设备，其中半导体引线焊接机占全球 70% 的市场，自动卧式插件机占全球 60% 的市场。

生物医药业。新加坡近年来重点培育的战略新兴产业，2014 年总产值 149 亿美元，占制造业的 7.1%，目前诺华、辉瑞、葛兰素史克等世界著名的医药企业都已在新加坡的启奥生物医药研究园和大士生物医药园区落户。凭借生产能力、基础建设和人力资源方面的优势，新加坡将会成为亚洲的生物医药中心。

金融业。新加坡是全球第四大金融中心、第三大外贸交易中心和第六大财富管理中心，是亚洲美元中心市场，也是离岸美元的第二大清算中心。2014 年，新加坡金融业产值 320 亿美元，占 GDP 的 11.8%。同时，新加坡拥有星展银行（DBS）、大华银行（UOB）和华侨银行（OCBC）等东南亚地区知名银行，超过 500 家本地或国外金融机构以及 4500 多家从事审计、会计、管理咨询、市场调研、人力资源、法律服务等金融相关业务的企业。

根据对新加坡的投资潜力和投资风险分析结果，该国是“一带一路”沿线国家投资潜力最大，投资风险最小的国家。而根据《2014 年度中国对外直接投资统计公报》，新加坡也是中国 2014 年对外投资流量最大的国家。

（2）以色列

以色列的高新技术发展处于世界领先地位，有着很强的学术基础和丰富的研发经验。高科技研发投入占GDP总值仅次于日本和瑞士，其优势产业主要有：

可再生能源。目前以色列有100多家公司拥有较为成熟的开发利用可再生能源的先进技术，涉及太阳能、风能、地热能、生物质能、核能等，并在太阳能和地热能利用方面居世界领先地位。其中，该国研发生产的光电转换板将光能转化成电能的效率达到14%—22%。

生物技术。以色列的生物技术产业综合实力全球领先，特别是在生物技术与信息技术的交叉领域。以色列医疗器械产品有95%使用了现代信息技术，是全球医疗器械制造领域信息技术运用最广泛的国家。

高新技术。以色列是全世界利用循环水最多的国家，水循环利用率达75%，以色列创造的滴灌技术，使农业用水效率达70%以上，为全球最高水平。此外，以色列建有全世界最大的海水淡化厂。同时，以色列30%的初创公司都与水利有关，是全球最大的水技术创新基地，以色列在输水设备、仪器仪表等行业也有全球领先的技术。

信息通讯产业。以色列的信息通讯产业也十分发达，是该国的前沿科技产业之一，拥有从电子元件到最终设备及服务的完整产业链。

制造业。以色列人口较少，劳动密集型制造业已被逐步淘汰，高科技制造业已成该国产业发展的重点，主要工业部门有机械制造、军工、飞机制造、化工等行业。

（3）印度

近年来，印度高科技发展迅速，已成为全球软件服务的重要出口国，同时，该国的生物技术也得到了较大的发展。

软件出口与服务外包。印度的软件出口和服务外包业发展迅速。根据印度电信部的统计信息：2011—2012财年，印度实现软件出口约688亿美元；2012—2013财年，增长到了758亿美元，增幅23%。随着软件服务业的发展，印度已形成了班加罗尔、金奈、海德拉巴、孟买、德里等一批著名的软件服务业基地。

医药业。印度已经形成了以生物制药为领头的医药产业，拥有270家较大规模的医药研发企业及5600家拥有执照的小规模制药企业，有着较为可观的合作潜力及境外研发潜力。

（4）捷克

捷克工业发展历史悠久，在机械设备、汽车、环保等行业有着雄厚的基础。其优势产业主要有：

汽车制造。捷克拥有数百家汽车零部件制造商，世界汽车零部件厂商50强中有一半在捷克投资，并且越来越多的知名汽车厂家将其设计、创新和技术研发中心设在捷克，从而形成密集完整的汽车产业链，使捷克成为世界上汽车制造、设计与研发集中程度最高的国家之一。

机械制造业。机械制造业是捷克最重要的制造行业之一，涵盖了电力、化工、食品、建筑、农林、矿山、冶金、材料加工等专业设备。目前，捷克生产的机床、电站设备、锅炉、矿山机械、环保设备和军工产品等在国际上有较强的竞争力。

从综合投资潜力看，捷克的投资潜力一般，这主要是因为其国内市场较小，缺乏战略资源所导致的，但技术驱动型的投资主要关注对中国技术进步的推动作用，故而不考虑投资国市场规模等因素。由于捷克并未与中国签订自贸协定，以及对华依存度较低，因此投资风险较大，但该风险对中国吸收引进其先进技术影响较小。

6. 3. 4 战略驱动型

战略驱动型投资是指主要基于地缘政治、对华关系、未来长远发展等因素进行投资，即使这些投资当下并不会产生较好的经济效益，但国家需要推动这类投资为未来战略进行布局。

战略驱动型投资的对象主要是基于双边政治关系（二级指标）、战略性区域经济中心（三级指标）、战略性陆上交通枢纽（三级指标）、战略性港口（三级指标）、与中国距离（二级指标）等。

基于对上述指标的综合筛选，本书认为“一带一路”沿线国家中，需要进行战略驱动投资的国家如下表所列（表 6.16）：

表 6. 16 “一带一路”沿线战略驱动的重点投资国别

地区	国家	与中国距离	综合投资潜力	投资风险
东盟	老挝	0. 08	较小	适中
东盟	缅甸	0. 17	不足	适中
东盟	柬埔寨	0. 19	不足	较小
南亚	尼泊尔	0. 15	不足	适中
南亚	不丹	0. 09	不足	较大
南亚	孟加拉国	0. 13	不足	适中
中亚	吉尔吉斯斯坦	0. 21	较小	较大
中亚	乌兹别克斯坦	0. 30	较小	适中
中亚	塔吉克斯坦	0. 32	不足	警惕

数据来源：世界银行数据库（WDI）

由上表可见，这类国家不论从投资潜力还是投资风险来说都不具备太高的投资价值，但因其与中国距离较近，拥有战略性交通枢纽或战略性港口等因素，使中国不得不考虑通过对其投资，加强或改善双边关系，增进往来，确保中国发展的周边安全与稳定。

从国家分布来看，战略性投资主要集中在东盟、南亚和中亚地区。从地域上看，东盟是“21 世纪海上丝绸之路”的关键枢纽，周边国家与中国的关系近年来也快速发展，中国在泰国、越南、老挝、缅甸等国投资建设的公路、铁路、航运、油气管道等设施既可以保障中国能源供应与安全，又可有效突破第一岛链和马六甲海峡对中国对外贸易及国家安全的威胁。中亚地区的乌兹别克斯坦是中国重要的天然气进口国，同时与中国的西部地区接壤，对其基础设施建设不但能确保天然气供应安全，而且能促进其国内经济稳定发展，有利于中国西部地区的安全与稳定。

7 附录

7.1 "一带一路"沿线国家投资潜力评价结果

表 7.1 "一带一路"沿线国家投资潜力一级指标分值表

国家	国内市场	基础设施	人力资本	战略资源	制度环境	对华关系	排名
新加坡	0.41	1.00	0.04	0.11	1.00	1.00	1
俄罗斯	1.00	0.76	0.79	1.00	0.43	0.17	2
越南	0.14	0.57	0.57	0.27	0.56	0.63	3
马来西亚	0.36	0.71	0.22	0.29	0.72	0.60	4
印度	0.92	0.50	1.00	0.49	0.31	0.23	5
印度尼西亚	0.49	0.46	1.00	0.52	0.35	0.30	6
老挝	0.06	0.21	0.09	0.18	0.30	0.67	7
哈萨克斯坦	0.20	0.67	0.19	0.53	0.57	0.31	8
泰国	0.30	0.63	0.45	0.20	0.32	0.40	9
伊朗	0.29	0.51	0.32	0.69	0.43	0.20	10
蒙古国	0.10	0.26	0.05	0.23	0.54	0.52	11
巴基斯坦	0.15	0.37	0.64	0.17	0.40	0.41	12
沙特阿拉伯	0.60	0.77	0.09	0.52	0.36	0.16	13
孟加拉国	0.12	0.21	0.79	0.10	0.10	0.32	14
阿联酋	0.36	0.95	0.08	0.37	0.72	0.19	15
柬埔寨	0.02	0.18	0.15	0.10	0.29	0.43	16
科威特	0.23	0.94	0.11	0.45	0.54	0.17	17
卡塔尔	0.28	0.96	0.00	0.46	0.50	0.17	18
土耳其	0.74	0.72	0.35	0.16	0.59	0.14	19
乌兹别克斯坦	0.06	0.45	0.23	0.25	0.36	0.26	20
文莱	0.12	0.58	0.10	0.20	0.22	0.27	21
菲律宾	0.20	0.45	0.48	0.18	0.07	0.20	22
阿曼	0.18	0.68	0.02	0.31	0.47	0.20	23

续表

国家	国内市场	基础设施	人力资本	战略资源	制度环境	对华关系	排名
伊拉克	0.17	0.35	0.14	0.47	0.16	0.13	24
波兰	0.51	0.76	0.27	0.19	0.57	0.12	25
阿塞拜疆	0.13	0.55	0.16	0.35	0.44	0.17	26
埃及	0.18	0.58	0.35	0.28	0.47	0.14	27
缅甸	0.02	0.15	0.33	0.12	0.00	0.29	28
塔吉克斯坦	0.04	0.38	0.14	0.08	0.05	0.30	29
尼泊尔	0.00	0.25	0.21	0.12	0.18	0.27	30
乌克兰	0.12	0.61	0.34	0.24	0.43	0.12	31
土库曼斯坦	0.10	0.28	0.13	0.24	0.43	0.19	32
以色列	0.32	0.88	0.05	0.11	0.51	0.16	33
吉尔吉斯斯坦	0.03	0.47	0.14	0.10	0.47	0.23	34
巴林	0.16	0.96	0.00	0.16	0.50	0.16	35
罗马尼亚	0.20	0.59	0.19	0.11	0.67	0.16	36
希腊	0.29	0.84	0.10	0.11	0.52	0.13	37
白俄罗斯	0.16	0.69	0.17	0.12	0.30	0.14	38
捷克	0.27	0.83	0.16	0.11	0.54	0.10	39
塞尔维亚	0.09	0.62	0.13	0.10	0.49	0.16	40
格鲁吉亚	0.05	0.57	0.16	0.11	0.70	0.15	41
叙利亚	0.04	0.47	0.13	0.21	0.14	0.13	42
斯里兰卡	0.09	0.45	0.21	0.07	0.17	0.17	43
亚美尼亚	0.06	0.56	0.13	0.13	0.59	0.14	44
塞浦路斯	0.13	0.71	0.03	0.08	0.64	0.14	45
阿富汗	0.05	0.00	0.12	0.05	0.14	0.22	46
不丹	0.05	0.32	0.06	0.08	0.18	0.17	47
爱沙尼亚	0.12	0.87	0.11	0.07	0.51	0.10	48
匈牙利	0.23	0.76	0.13	0.11	0.60	0.05	49
马尔代夫	0.08	0.67	0.09	0.00	0.15	0.16	50
立陶宛	0.14	0.74	0.13	0.07	0.59	0.09	51
约旦	0.11	0.63	0.11	0.08	0.33	0.11	52
摩尔多瓦	0.04	0.50	0.11	0.09	0.52	0.11	53
黎巴嫩	0.14	0.60	0.08	0.07	0.39	0.09	54
斯洛伐克	0.20	0.78	0.12	0.09	0.48	0.05	55

续表

国家	国内市场	基础设施	人力资本	战略资源	制度环境	对华关系	排名
也门	0.03	0.04	0.11	0.28	0.08	0.06	56
拉脱维亚	0.11	0.73	0.11	0.08	0.59	0.05	57
保加利亚	0.12	0.67	0.14	0.07	0.50	0.05	58
巴勒斯坦	0.05	0.35	0.11	0.06	0.07	0.09	59
马其顿	0.08	0.62	0.11	0.08	0.66	0.04	60
斯洛文尼亚	0.13	0.82	0.04	0.07	0.44	0.04	61
克罗地亚	0.13	0.68	0.10	0.04	0.56	0.04	62
阿尔巴尼亚	0.06	0.58	0.10	0.06	0.41	0.03	63
黑山	0.08	0.71	0.11	0.05	0.59	0.00	64
波黑	0.05	0.57	0.08	0.04	0.38	0.00	65

7.2 2005—2014年中国对“一带一路”沿线国家重要投资项目一览表

表 7.2 2005—2014年中国对“一带一路”沿线国家重要投资项目一览表

国家	时间（年）	时间（月）	中方投资者	项目投资金额（万）	部门	项目
蒙古国	2008	4	北京厚朴投资管理公司	$150	金属	钢铁
蒙古国	2009	1	中国石油天然气集团公司	$500	能源	石油
蒙古国	2009	7	中建材集团进出口上海公司	$120	房地产	建筑
蒙古国	2009	10	中国投资有限责任公司	$250	能源	煤
蒙古国	2011	7	神华集团有限责任公司	$1,010	能源	煤
俄罗斯	2006	4	上海国有资产经营有限公司	$1,300	房地产	资产
俄罗斯	2006	5	中国冶金科工集团有限公司	$120	其他	木材
俄罗斯	2006	6	中国石油化工集团公司	$3,490	能源	
俄罗斯	2006	7	中国石油天然气集团公司	$500	能源	
俄罗斯	2009	7	西洋集团股份有限公司	$480	金属	钢铁
俄罗斯	2009	10	中国人民保险公司	$300	能源	石油
俄罗斯	2010	1	中国北方工业公司	$460	交通	汽车
俄罗斯	2010	4	腾讯计算机系统有限公司	$300	科技	
俄罗斯	2010	5	中国中材集团有限公司	$140	房地产	建筑
俄罗斯	2010	9	中国华电集团公司	$360	能源	
俄罗斯	2010	10	中国长江三峡集团公司	$2,290	能源	

续表

国家	时间（年）	时间（月）	中方投资者	项目投资金额（万）	部门	项目
俄罗斯	2010	11	中国化学工程股份有限公司	$330	农业	
俄罗斯	2010	12	中国长江三峡集团公司	$170	能源	
俄罗斯	2011	2	中国投资有限责任公司	$100	金融	银行
俄罗斯	2011	2	鞍山钢铁集团公司	$1,080	金属	钢铁
俄罗斯	2011	5	中国诚通发展集团	$350	房地产	资产
俄罗斯	2011	6	福耀玻璃工业集团股份有限公司	$200	交通	汽车
俄罗斯	2011	7	中国冶金科工集团有限公司	$240	金属	钢铁
俄罗斯	2012	3	紫金矿业集团股份有限公司	$100	金属	
俄罗斯	2012	4	中国北方工业公司	$500	金属	铝
俄罗斯	2012	5	中国投资有限责任公司	$420	金属	
俄罗斯	2012	6	中国华电集团公司	$600	能源	
俄罗斯	2012	6	中国投资有限责任公司	$900	金融	
俄罗斯	2013	2	中国投资有限责任公司	$100	金融	投资
俄罗斯	2013	3	中国国家电网公司	$1,140	能源	
俄罗斯	2013	4	中国有色矿业集团有限公司	$750	金属	
俄罗斯	2013	4	中国投资有限责任公司	$100	其他	木材
俄罗斯	2013	5	中国建设银行股份有限公司	$100	金融	银行
俄罗斯	2013	6	中国石油天然气集团公司	$940	能源	气体
俄罗斯	2013	9	中国投资有限责任公司	$2,040	农业	
俄罗斯	2013	10	中国石油天然气集团公司	$620	能源	石油
俄罗斯	2013	12	神华集团有限责任公司	$460	能源	煤
俄罗斯	2014	3	中国建筑工程总公司	$710	房地产	建筑
俄罗斯	2014	5	中国机械工业集团公司	$180	房地产	建筑
俄罗斯	2014	5	中国中材集团有限公司	$150	房地产	建筑
俄罗斯	2014	5	长城汽车股份有限公司	$340	交通	汽车
俄罗斯	2014	5	中国铁路建筑总公司	$1,990	交通	铁路
俄罗斯	2014	7	中国海洋石油总公司	$1,640	能源	气体
俄罗斯	2014	9	中国石油天然气集团公司	$990	能源	石油
俄罗斯	2014	11	中国电力建设集团有限公司	$1,460	能源	水电
俄罗斯	2015	4	赛伯乐投资集团	$200	科技	
俄罗斯	2015	5	中国中钢集团公司	$740	金属	钢铁
俄罗斯	2015	6	中捷资源投资股份有限公司	$440	农业	

续表

国家	时间（年）	时间（月）	中方投资者	项目投资金额（万）	部门	项目
俄罗斯	2015	6	中国铁路工程总公司	$380	交通	铁路
白俄罗斯	2007	12	中国国际信托投资公司	$620	房地产	建筑
白俄罗斯	2010	10	中国机械工业集团公司	$700	能源	
白俄罗斯	2010	12	中国机械工业集团公司	$190	能源	水电
白俄罗斯	2011	4	中国机械工业集团公司	$770	其他	木材
白俄罗斯	2011	6	中国通用技术公司	$600	交通	航空
白俄罗斯	2012	2	中国交通建设股份有限公司	$400	交通	汽车
白俄罗斯	2012	6	中国能源工程集团有限公司	$340	能源	
白俄罗斯	2013	8	中国化学工程股份有限公司	$100	农业	
乌克兰	2008	10	中国中材集团有限公司	$210	房地产	建筑
乌克兰	2011	5	中国机械工业集团公司	$2, 370	房地产	建筑
乌克兰	2011	6	中国机械工业集团公司	$250	农业	
乌克兰	2011	6	中国机械工业集团公司	$1, 160	能源	新能源
乌克兰	2011	6	中国机械工业集团公司	$1, 500	能源	气体
乌克兰	2012	7	湖北长阳宏信实业集团	$160	金属	
乌克兰	2013	5	中国五矿集团公司	$250	金属	钢铁
格鲁吉亚	2008	1	中国冶金科工集团有限公司	$200	旅游	
格鲁吉亚	2010	12	新疆华凌集团和上海博达数据通信有限公司	$100	房地产	资产
格鲁吉亚	2011	8	中国铁路建筑总公司	$340	交通	铁路
格鲁吉亚	2012	4	中国电力建设集团有限公司	$630	能源	水电
格鲁吉亚	2012	6	新疆华凌集团	$100	金融	银行
阿塞拜疆	2007	9	中国机械工业集团公司	$210	能源	气体
阿塞拜疆	2008	10	中国中材集团有限公司	$450	房地产	建筑
阿塞拜疆	2011	3	中国建筑材料集团	$100	房地产	建筑
印度尼西亚	2005	6	中国机械工业集团公司和中国水利水电建设股份有限公司	$860	能源	煤
印度尼西亚	2005	10	中国交通建设股份有限公司	$200	交通	汽车
印度尼西亚	2006	7	中国国际信托投资公司	$100	能源	石油
印度尼西亚	2006	11	中国化学工程股份有限公司	$180	能源	煤
印度尼西亚	2006	12	中国电力投资集团公司	$260	能源	煤
印度尼西亚	2006	12	哈尔滨动力设备股份有限公司	$520	能源	煤
印度尼西亚	2006	12	中国华电集团公司	$250	能源	水电

续表

国家	时间（年）	时间（月）	中方投资者	项目投资金额（万）	部门	项目
印度尼西亚	2007	3	中国通用技术公司	$430	能源	煤
印度尼西亚	2007	3	中国化学工程股份有限公司	$540	能源	煤
印度尼西亚	2007	5	中国水利水电建设股份有限公司	$240	能源	水电
印度尼西亚	2007	8	东方电气集团有限公司和中国电力投资集团公司	$2,010	能源	煤
印度尼西亚	2008	4	中国机械工业集团公司	$590	能源	煤
印度尼西亚	2008	4	中国海洋石油总公司	$130	能源	气体
印度尼西亚	2008	8	中国机械工业集团公司	$240	能源	
印度尼西亚	2008	11	中国水利水电建设股份有限公司	$250	能源	煤
印度尼西亚	2009	7	神华集团有限责任公司	$330	能源	煤
印度尼西亚	2010	5	中国石油天然气集团公司	$150	能源	
印度尼西亚	2010	12	中国石油化工集团公司	$680	能源	气体
印度尼西亚	2011	1	中国交通建设股份有限公司	$1,020	能源	煤
印度尼西亚	2011	3	中国交通建设股份有限公司	$640	能源	
印度尼西亚	2011	3	中国建筑工程总公司和中国交通建设股份有限公司	$150	交通	汽车
印度尼西亚	2011	4	中国葛洲坝集团公司	$170	能源	煤
印度尼西亚	2011	4	三一重工股份有限公司	$200	房地产	建筑
印度尼西亚	2011	5	中国葛洲坝集团公司	$990	能源	水电
印度尼西亚	2011	5	中国建筑材料集团有限公司	$350	房地产	建筑
印度尼西亚	2011	5	比亚迪汽车公司	$200	交通	汽车
印度尼西亚	2011	7	吉林吉恩镍业股份有限公司	$930	金属	钢铁
印度尼西亚	2011	9	吉林昊融集团股份有限公司	$2,990	金属	钢铁
印度尼西亚	2011	10	中国镍资源控股有限公司	$270	金属	
印度尼西亚	2011	11	中国电力建设集团有限公司	$240	能源	煤
印度尼西亚	2011	11	中国铁路工程总公司	$120	交通	铁路
印度尼西亚	2012	2	中国机械工业集团公司	$100	能源	煤
印度尼西亚	2012	3	安徽海螺水泥股份有限公司	$400	房地产	建筑
印度尼西亚	2012	6	中国化学工程股份有限公司	$700	能源	煤
印度尼西亚	2012	6	中国镍资源控股有限公司	$1,260	金属	钢铁
印度尼西亚	2012	8	中国华电集团公司	$640	能源	煤
印度尼西亚	2012	8	大丰港港口有限公司	$600	金属	钢铁
印度尼西亚	2012	8	神雾环境能源科技集团	$180	金属	钢铁

续表

国家	时间（年）	时间（月）	中方投资者	项目投资金额（万）	部门	项目
印度尼西亚	2012	10	中国石油化工集团公司	$850	能源	石油
印度尼西亚	2012	11	中国中材集团公司	$210	房地产	建筑
印度尼西亚	2012	12	哈尔滨泰富电气有限公司	$640	能源	煤
印度尼西亚	2013	1	中国华电集团公司	$880	能源	煤
印度尼西亚	2013	1	中国中材集团公司	$350	房地产	建筑
印度尼西亚	2013	3	中国建筑工程总公司	$110	能源	煤
印度尼西亚	2013	3	中国中材集团公司	$120	房地产	建筑
印度尼西亚	2013	4	中国青山控股集团	$530	金属	钢铁
印度尼西亚	2013	5	复星集团	$100	金属	钢铁
印度尼西亚	2013	7	中国冶金科工集团有限公司	$320	金属	钢铁
印度尼西亚	2013	10	中国交通建设股份有限公司	$1, 500	交通	铁路
印度尼西亚	2013	10	中国交通建设股份有限公司	$900	交通	船舶
印度尼西亚	2014	4	中国机械工业集团公司	$670	能源	煤
印度尼西亚	2014	7	中国投资有限责任公司	$1, 360	能源	煤
印度尼西亚	2014	7	中国建筑工程总公司	$990	金属	
印度尼西亚	2014	7	国家开发投资公司和安徽海螺水泥股份有限公司	$320	房地产	建筑
印度尼西亚	2014	8	上海虹桥发展（集团）有限公司	$1, 010	金属	铝
印度尼西亚	2015	1	上海汽车工业集团和上海汽车通用五菱汽车股份有限公司	$460	交通	汽车
印度尼西亚	2015	5	中国中钢集团公司	$120	金属	
马来西亚	2008	7	中国机械工业集团公司	$120	能源	
马来西亚	2008	10	中国长江三峡集团公司	$880	能源	水电
马来西亚	2008	10	中国交通建设股份有限公司	$680	交通	汽车
马来西亚	2010	2	中国铝业股份有限公司	$350	金属	铝
马来西亚	2010	3	中国机械工业集团公司	$310	能源	煤
马来西亚	2010	8	中国中材集团公司	$140	房地产	建筑
马来西亚	2010	12	中国水利水电建设股份有限公司	$260	能源	水电
马来西亚	2010	12	中国机械工业集团公司	$900	金属	钢铁
马来西亚	2011	4	中国通用技术公司	$830	能源	煤
马来西亚	2011	4	中国铝业股份有限公司	$800	金属	铝
马来西亚	2011	11	中国中钢集团公司	$100	金属	
马来西亚	2011	11	广西周大房地产开发有限公司	$790	房地产	资产

续表

国家	时间（年）	时间（月）	中方投资者	项目投资金额（万）	部门	项目
马来西亚	2011	12	中国首钢集团	$240	金属	钢铁
马来西亚	2012	3	中国电力建设集团有限公司	$1,420	房地产	建筑
马来西亚	2012	5	中国长江三峡集团公司	$200	能源	水电
马来西亚	2012	7	中国南方机车车辆工业集团公司	$130	交通	铁路
马来西亚	2012	12	中国冶金科工集团有限公司	$1,480	其他	木材
马来西亚	2012	12	碧桂园控股有限公司	$330	房地产	资产
马来西亚	2013	2	广西北部湾投资集团有限公司	$650	金属	
马来西亚	2013	2	广西北部湾投资集团有限公司	$400	房地产	资产
马来西亚	2013	2	广西北部湾投资集团有限公司	$480	交通	船舶
马来西亚	2013	3	中国电力建设集团有限公司	$300	金属	
马来西亚	2013	5	中国电力建设集团有限公司	$2,400	能源	气体
马来西亚	2013	6	卡姆丹克太阳能（江苏）有限公司	$380	能源	新能源
马来西亚	2013	7	中国交通建设股份有限公司	$100	交通	船舶
马来西亚	2013	8	中国电力建设集团有限公司	$190	能源	
马来西亚	2013	12	广州富力地产股份有限公司	$1,370	房地产	资产
马来西亚	2014	3	北京城建投资发展股份有限公司	$1,300	交通	汽车
马来西亚	2014	4	上海绿地城市建设发展集团	$180	房地产	资产
马来西亚	2014	7	山东岱银集团	$200	其他	Textiles
马来西亚	2014	8	中国石油化工集团公司	$1,330	能源	石油
马来西亚	2015	1	中国建筑工程总公司	$430	房地产	建筑
马来西亚	2015	1	上海绿地城市建设发展集团	$660	房地产	资产
马来西亚	2015	3	晶科能源控股有限公司	$100	能源	新能源
马来西亚	2015	5	中国建筑工程总公司	$600	其他	工业
马来西亚	2015	5	上海汽车工业集团	$280	交通	汽车
菲律宾	2007	12	国家电网公司	$1,580	能源	
菲律宾	2008	11	中国冶金科工集团有限公司	$1,020	金属	铜
菲律宾	2009	2	中国机械工业集团公司	$580	能源	
菲律宾	2009	7	中国长江三峡集团公司	$110	公共事业	
菲律宾	2010	1	中国葛洲坝集团公司	$600	能源	水电
菲律宾	2010	3	中国葛洲坝集团公司	$460	能源	水电
菲律宾	2012	2	华为技术有限公司	$350	科技	电信
菲律宾	2014	5	中国电力建设集团有限公司	$1,000	能源	煤

续表

国家	时间（年）	时间（月）	中方投资者	项目投资金额（万）	部门	项目
新加坡	2006	12	中国银行股份有限公司	$970	交通	航空
新加坡	2008	3	华能国际电力股份有限公司	$3,040	能源	–
新加坡	2008	7	中国化工进出口公司	$200	农业	
新加坡	2008	7	中国冶金科工集团有限公司	$520	旅游	
新加坡	2008	9	中国远洋运输总公司	$330	交通	船舶
新加坡	2009	5	中国石油天然气集团公司	$1,020	能源	石油
新加坡	2009	9	中国石油天然气集团公司	$1,160	能源	石油
新加坡	2010	6	中国交通建设股份有限公司	$320	交通	船舶
新加坡	2011	6	中国建筑工程总公司	$180	交通	铁路
新加坡	2011	8	海航集团有限公司	$530	交通	船舶
新加坡	2012	5	中国建筑设计研究院	$150	房地产	建筑
新加坡	2012	11	中国建筑工程总公司	$110	房地产	建筑
新加坡	2013	4	万科企业股份有限公司	$110	房地产	资产
新加坡	2013	7	中国石油化工集团公司	$110	化工	
新加坡	2013	8	山东红宝石食品有限公司	$910	房地产	资产
新加坡	2013	11	中国交通建设股份有限公司	$150	交通	铁路
新加坡	2014	2	中国银行股份有限公司，中国人寿保险（集团）公司和厚朴投资管理公司	$160	其他	工业
新加坡	2014	5	阿里巴巴网络技术有限公司	$250	其他	
新加坡	2014	5	上海申通集团有限公司	$290	交通	铁路
新加坡	2014	7	中国建筑工程总公司	$190	房地产	建筑
新加坡	2014	7	中国电力建设集团有限公司	$390	交通	铁路
新加坡	2014	9	中国建筑工程总公司	$100	房地产	建筑
新加坡	2015	3	中国国际信托投资公司	$700	公共事业	
新加坡	2015	6	中国民生投资股份有限公司	$1,500	金融	投资
泰国	2009	9	中国工商银行股份有限公司	$530	金融	银行
泰国	2010	6	中国水利水电建设股份有限公司	$170	交通	铁路
泰国	2010	12	阿诗玛文化产业投资有限公司	$1,500	房地产	资产
泰国	2011	10	青岛啤酒股份有限公司	$100	农业	
泰国	2012	5	中国机械工业集团公司	$100	能源	
泰国	2012	10	山东玲珑轮胎股份有限公司	$120	交通	汽车
泰国	2012	10	上海汽车工业集团	$150	交通	汽车

续表

国家	时间（年）	时间（月）	中方投资者	项目投资金额（万）	部门	项目
泰国	2013	6	中国长江三峡集团公司	$110	能源	水电
泰国	2014	6	中国移动通信集团公司	$880	科技	电信
泰国	2014	12	中国机械工业集团公司	$120	科技	电信
泰国	2015	5	天合光能有限公司	$160	能源	新能源
文莱	2010	2	中国交通建设股份有限公司	$140	交通	汽车
文莱	2011	7	浙江恒逸集团有限公司和中国石油化工集团公司	$2, 800	能源	石油
文莱	2015	5	中国交通建设股份有限公司	$200	交通	汽车
越南	2006	7	中国东方电气集团有限公司	$330	能源	煤
越南	2006	11	中国石油天然气集团公司	$430	农业	
越南	2006	11	中国南方电网和中国电力投资集团公司	$2, 010	能源	煤
越南	2008	1	中国交通建设股份有限公司	$160	交通	船舶
越南	2008	5	中国化学工程股份有限公司和中国通用技术集团	$900	农业	
越南	2008	7	中国铝业股份有限公司	$460	金属	铝
越南	2009	5	中国铁路工程总公司	$350	交通	铁路
越南	2009	10	中国电力投资集团公司	$1, 380	能源	煤
越南	2009	10	中国交通建设股份有限公司	$970	交通	汽车
越南	2010	1	武汉凯迪电力股份有限公司	$200	能源	煤
越南	2010	3	中国东方电气集团有限公司	$1, 400	能源	煤
越南	2010	4	中国交通建设股份有限公司	$170	交通	汽车
越南	2010	7	中国华电集团公司	$1, 990	能源	煤
越南	2010	9	中国冶金科工集团有限公司和昆明钢铁控股有限公司	$340	金属	钢铁
越南	2010	12	武汉凯迪电力股份有限公司	$650	能源	煤
越南	2010	12	中国水利水电建设股份有限公司	$1, 150	能源	水电
越南	2011	1	广东省长大公路工程有限公司	$180	交通	汽车
越南	2011	4	中国华电集团公司	$790	能源	煤
越南	2011	8	中国投资有限责任公司	$360	能源	煤
越南	2011	8	中国化学工程股份有限公司，中国东方电气集团有限公司，和中国能源建设股份有限公司	$1, 300	能源	煤
越南	2011	9	青岛天众投资有限公司	$100	交通	汽车
越南	2011	10	中国建筑工程总公司	$140	房地产	建筑

续表

国家	时间（年）	时间（月）	中方投资者	项目投资金额（万）	部门	项目
越南	2011	10	中国铁路工程总公司	$550	交通	铁路
越南	2011	11	中国五矿集团公司	$110	能源	水电
越南	2012	6	中国电力建设集团有限公司	$100	能源	水电
越南	2012	6	中国交通建设股份有限公司	$200	交通	船舶
越南	2012	10	中国冶金科工集团有限公司	$890	金属	钢铁
越南	2013	5	神舟国际集团有限公司	$120	其他	Textiles
越南	2013	5	鼎晖投资基金管理公司	$110	科技	电信
越南	2013	7	天虹纺织集团	$300	其他	Textiles
越南	2013	9	中国交通建设股份有限公司	$140	交通	汽车
老挝	2005	11	中国北方工业公司	$120	能源	水电
老挝	2006	11	中国长江三峡集团公司	$140	能源	水电
老挝	2007	4	中国水利水电建设股份有限公司	$170	能源	水电
老挝	2007	6	中国水利水电建设股份有限公司	$1, 700	能源	水电
老挝	2007	8	中国南方电网有限责任公司	$340	能源	水电
老挝	2008	2	中国机械工业集团公司	$1, 350	能源	
老挝	2009	8	中国葛洲坝集团公司	$210	能源	水电
老挝	2009	12	山东太阳纸业股份有限公司	$200	其他	木材
老挝	2010	6	中国电力工程有限公司	$1, 680	能源	煤
老挝	2010	8	中国北方工业公司	$1, 500	农业	
老挝	2010	10	中国水利水电建设股份有限公司	$130	能源	
老挝	2010	12	中国水利水电建设股份有限公司	$2, 030	能源	水电
老挝	2012	1	中国电力建设集团有限公司	$310	能源	水电
老挝	2012	1	上海万峰企业集团	$1, 520	房地产	资产
老挝	2012	8	中国长江三峡集团公司	$300	能源	水电
老挝	2012	12	中国机械工业集团公司	$100	旅游	
缅甸	2005	7	中国水利水电建设股份有限公司	$130	能源	水电
缅甸	2008	7	中国有色矿业集团有限公司	$810	金属	
缅甸	2009	4	中国华能集团公司	$430	能源	水电
缅甸	2009	6	中国石油天然气集团公司	$1, 020	能源	
缅甸	2010	9	中国北方工业公司	$1, 480	金属	铜
缅甸	2010	12	中国交通建设股份有限公司	$100	交通	航空
缅甸	2011	3	中国交通建设股份有限公司	$210	交通	船舶

续表

国家	时间（年）	时间（月）	中方投资者	项目投资金额（万）	部门	项目
缅甸	2011	5	中国铁路工程总公司	$760	交通	铁路
缅甸	2011	8	中国北方工业公司	$700	金属	铜
缅甸	2013	10	宗申产业集团	$100	金属	钢铁
缅甸	2013	12	中国国际信托投资公司	$200	房地产	建筑
柬埔寨	2006	2	中国水利水电建设股份有限公司	$280	能源	水电
柬埔寨	2008	6	米歇尔公司	$500	能源	水电
柬埔寨	2008	6	中国机械工业集团公司	$540	能源	水电
柬埔寨	2008	12	中国大唐集团公司	$370	能源	
柬埔寨	2010	3	华为技术有限公司	$200	科技	电信
柬埔寨	2010	4	中国华电集团公司	$580	能源	水电
柬埔寨	2010	9	内蒙古霍煤鸿骏铝电有限责任公司	$180	能源	
柬埔寨	2010	11	中国华电集团公司	$170	能源	煤
柬埔寨	2011	11	广西有色金属集团有限公司	$500	金属	钢铁
柬埔寨	2012	5	中国进出口银行	$240	其他	娱乐
柬埔寨	2012	12	中国机械工业集团公司	$2, 300	能源	石油
柬埔寨	2013	10	中国石油化工集团公司	$1, 670	能源	石油
柬埔寨	2014	12	中国建筑工程总公司	$240	房地产	建筑
尼泊尔	2011	1	中国水利水电建设股份有限公司	$140	能源	水电
尼泊尔	2012	2	中国长江三峡集团公司	$1, 600	能源	水电
尼泊尔	2013	1	中国能源建设股份有限公司	$130	能源	水电
尼泊尔	2014	10	中国机械工业集团公司	$220	交通	航空
尼泊尔	2015	1	中国铁路工程总公司	$110	农业	
尼泊尔	2015	3	红石丰铭集团	$210	房地产	建筑
尼泊尔	2015	4	中国长江三峡集团公司	$1, 200	能源	水电
阿富汗	2007	11	中国冶金科工集团有限公司和江西铜业集团公司	$2, 870	金属	铜
阿富汗	2011	10	中国石油天然气集团公司	$400	能源	石油
印度	2006	5	山东电力集团公司	$1, 300	能源	煤
印度	2007	1	山东电力集团公司	$3, 990	能源	煤
印度	2007	2	中国葛洲坝集团公司	$180	交通	汽车
印度	2007	3	中国中钢集团公司	$500	金属	钢铁
印度	2007	6	中国石油天然气集团公司	$560	能源	气体

续表

国家	时间（年）	时间（月）	中方投资者	项目投资金额（万）	部门	项目
印度	2008	2	中国五矿集团公司和新兴铸管股份有限公司	$1,200	金属	钢铁
印度	2008	10	中国长江三峡集团公司	$160	能源	水电
印度	2008	10	中兴通讯股份有限公司	$400	科技	电信
印度	2009	5	华为技术有限公司	$200	科技	电信
印度	2009	12	上海汽车工业集团	$350	交通	汽车
印度	2010	11	哈尔滨泰富电气有限公司	$450	能源	煤
印度	2010	12	中国大唐集团公司	$1,400	能源	煤
印度	2011	3	山东电力集团公司	$300	能源	煤
印度	2011	10	特变电工股份有限公司	$400	能源	新能源
印度	2012	4	中国电力建设集团有限公司	$2,400	能源	煤
印度	2012	6	特变电工股份有限公司	$450	能源	
印度	2014	6	特变电工股份有限公司	$100	能源	
印度	2014	9	北汽福田汽车股份有限公司	$210	交通	汽车
印度	2015	1	阿里巴巴网络技术有限公司	$580	科技	电信
印度	2015	2	华为技术有限公司	$170	科技	
印度	2015	5	中国通用技术公司	$1,010	金属	钢铁
印度	2015	5	贵州国际投资有限公司	$500	其他	工业
印度	2015	5	中国中小企业投资有限公司	$790	其他	Textiles
印度	2015	6	天合光能有限公司	$250	能源	新能源
印度	2005	9	国有企业投资公司和北京京德顺房地产开发有限公司	$500	能源	石油
印度	2008	4	厚朴投资管理公司	$120	金属	钢铁
印度	2009	1	中国石油天然气集团公司	$250	能源	石油
印度	2009	7	中国建材集团进出口上海公司	$1,010	房地产	建筑
印度	2009	10	中国投资有限责任公司	$1,300	能源	煤
印度	2011	7	神华集团有限责任公司	$120	能源	煤
印度	2006	4	上海国有企业集团	$3,490	房地产	资产
印度	2006	5	中国冶金科工集团有限公司	$500	其他	木材
印度	2006	6	中国石油化工集团公司	$480	能源	
印度	2006	7	中国石油天然气集团公司	$300	能源	
印度	2009	7	西洋集团	$460	金属	钢铁
印度	2009	10	中国人民保险公司	$300	能源	石油

续表

国家	时间（年）	时间（月）	中方投资者	项目投资金额（万）	部门	项目
印度	2010	1	中国北方工业（集团）总公司	$140	交通	汽车
印度	2010	4	腾讯计算机系统有限公司	$360	科技	
印度	2010	5	中国中材集团有限公司	$2, 290	房地产	建筑
印度	2010	9	中国华电集团公司	$330	能源	
印度	2010	10	中国长江三峡集团公司	$170	能源	
印度	2010	11	中国化学工程股份有限公司	$100	农业	
巴基斯坦	2006	11	中国交通建设股份有限公司	$490	交通	汽车
巴基斯坦	2007	1	中国移动通信集团公司	$280	科技	电信
巴基斯坦	2007	2	上海神工环保股份有限公司	$100	公共事业	
巴基斯坦	2007	5	中国机械工业集团公司	$150	能源	
巴基斯坦	2007	5	中国移动通信集团公司	$180	科技	电信
巴基斯坦	2008	11	中国长江三峡集团公司	$240	交通	船舶
巴基斯坦	2009	11	哈尔滨泰富电气有限公司	$600	能源	
巴基斯坦	2009	12	中国移动通信集团公司	$500	科技	电信
巴基斯坦	2010	3	中国机械工业集团公司和中国葛洲坝集团公司	$1, 510	能源	水电
巴基斯坦	2010	8	中国葛洲坝集团公司	$590	能源	
巴基斯坦	2010	12	中国交通建设股份有限公司	$160	交通	船舶
巴基斯坦	2011	4	中国建筑工程总公司	$450	交通	航空
巴基斯坦	2011	9	联合能源集团有限公司	$750	能源	
巴基斯坦	2011	10	中国长江三峡集团公司	$240	能源	水电
巴基斯坦	2011	12	中国长江三峡集团公司	$130	能源	新能源
巴基斯坦	2012	2	中国长江三峡集团公司	$270	农业	
巴基斯坦	2012	5	联合能源集团有限公司	$200	能源	气体
巴基斯坦	2012	8	中国建筑工程总公司	$230	旅游	
巴基斯坦	2012	11	华为技术有限公司	$500	科技	电信
巴基斯坦	2013	1	中国交通建设股份有限公司	$300	能源	水电
巴基斯坦	2013	1	中国长江三峡集团公司	$260	交通	船舶
巴基斯坦	2013	8	中国长江三峡集团公司	$1, 650	能源	水电
巴基斯坦	2013	12	中国核工业集团公司	$6, 500	能源	
巴基斯坦	2013	12	中国交通建设股份有限公司	$100	交通	船舶
巴基斯坦	2014	1	中国电力建设集团有限公司	$240	能源	水电

续表

国家	时间（年）	时间（月）	中方投资者	项目投资金额（万）	部门	项目
巴基斯坦	2014	3	中国长江三峡集团公司	$900	能源	水电
巴基斯坦	2014	3	山东如意科技集团	$120	其他	Textiles
巴基斯坦	2014	3	中国能源建设股份有限公司	$400	交通	汽车
巴基斯坦	2014	3	中国交通建设股份有限公司	$220	交通	船舶
巴基斯坦	2014	4	中国机械工业集团公司	$1, 990	能源	煤
巴基斯坦	2014	4	中国移动通信集团公司	$520	科技	电信
巴基斯坦	2014	4	中国交通建设股份有限公司	$130	交通	船舶
巴基斯坦	2014	8	中国电力建设集团有限公司	$130	能源	新能源
巴基斯坦	2014	8	中国化学工程股份有限公司	$240	能源	石油
巴基斯坦	2014	9	中国电力建设集团有限公司	$1, 300	能源	煤
巴基斯坦	2014	11	中国能源建设股份有限公司	$140	交通	汽车
巴基斯坦	2015	3	中国铁建股份有限公司	$130	交通	汽车
巴基斯坦	2015	4	中国电力建设集团有限公司	$1, 070	能源	煤
巴基斯坦	2015	5	特变电工股份有限公司	$190	能源	新能源
巴基斯坦	2010	12	中国长江三峡集团公司	$1, 080	能源	
巴基斯坦	2011	2	中国投资有限责任公司	$350	金融	银行
巴基斯坦	2011	2	鞍钢集团公司	$200	金属	钢铁
巴基斯坦	2011	5	中国诚通发展集团	$240	房地产	资产
巴基斯坦	2011	6	福耀玻璃工业集团股份有限公司	$100	交通	汽车
巴基斯坦	2011	7	中国冶金科工集团有限公司	$500	金属	钢铁
巴基斯坦	2012	3	紫金矿业集团股份有限公司	$420	金属	
巴基斯坦	2012	4	中国北方工业公司	$600	金属	铝
巴基斯坦	2012	5	中国投资有限责任公司	$900	金属	
巴基斯坦	2012	6	中国华电集团公司	$100	能源	
巴基斯坦	2012	6	中国投资有限责任公司	$1, 140	金融	
巴基斯坦	2013	2	中国投资有限责任公司	$750	金融	投资
巴基斯坦	2013	3	中国国家电网公司	$100	能源	
巴基斯坦	2013	4	中国有色矿业集团有限公司	$100	金属	
巴基斯坦	2013	4	中国投资有限责任公司	$940	其他	木材
巴基斯坦	2013	5	中国建设银行	$2, 040	金融	银行
巴基斯坦	2013	6	中国石油天然气集团公司	$620	能源	气体
巴基斯坦	2013	9	中国投资有限责任公司	$460	农业	

续表

国家	时间（年）	时间（月）	中方投资者	项目投资金额（万）	部门	项目
巴基斯坦	2013	10	中国石油天然气集团公司	$710	能源	石油
巴基斯坦	2013	12	神华集团有限责任公司	$180	能源	煤
巴基斯坦	2014	3	中国建筑工程总公司	$150	房地产	建筑
巴基斯坦	2014	5	中国机械工业集团公司	$340	房地产	建筑
巴基斯坦	2014	5	中国中材集团有限公司	$1, 990	房地产	建筑
巴基斯坦	2014	5	长城汽车股份有限公司	$1, 640	交通	汽车
巴基斯坦	2014	5	中国铁建股份有限公司	$990	交通	铁路
巴基斯坦	2014	7	中国海洋石油总公司	$1, 460	能源	气体
巴基斯坦	2014	9	中国石油天然气集团公司	$200	能源	石油
巴基斯坦	2014	11	中国电力建设集团有限公司	$740	能源	水电
巴基斯坦	2015	4	赛伯乐投资集团	$440	科技	
巴基斯坦	2015	5	中国中钢集团公司	$380	金属	钢铁
巴基斯坦	2015	6	中捷资源公司	$620	农业	
巴基斯坦	2015	6	中国铁路工程总公司	$700	交通	铁路
巴基斯坦	2007	12	中国国际信托投资公司	$190	房地产	建筑
巴基斯坦	2010	10	中国机械工业集团公司	$770	能源	
巴基斯坦	2010	12	中国机械工业集团公司	$600	能源	水电
巴基斯坦	2011	4	中国机械工业集团公司	$400	其他	木材
巴基斯坦	2011	6	中国通用技术公司	$340	交通	航空
巴基斯坦	2012	2	中国交通建设股份有限公司	$100	交通	汽车
巴基斯坦	2012	6	中国能源工程集团有限公司	$210	能源	
孟加拉国	2009	12	中国水利水电建设股份有限公司	$170	交通	汽车
孟加拉国	2010	4	中国能源建设股份有限公司	$270	能源	
孟加拉国	2010	10	中国通用技术公司	$120	能源	气体
孟加拉国	2010	12	中国机械工业集团公司	$220	科技	电信
孟加拉国	2011	7	中国铁路工程总公司	$200	交通	铁路
孟加拉国	2011	11	国家开发投资公司	$440	农业	
孟加拉国	2011	12	中国机械工业集团公司	$720	农业	
孟加拉国	2012	6	中国机械工业集团公司	$170	能源	
孟加拉国	2012	9	中国机械工业集团公司	$310	农业	
孟加拉国	2012	10	中国能源建设股份有限公司	$210	能源	气体
孟加拉国	2013	4	中国能源建设股份有限公司	$180	能源	煤

续表

国家	时间（年）	时间（月）	中方投资者	项目投资金额（万）	部门	项目
孟加拉国	2013	4	中国化学工程股份有限公司	$180	能源	气体
孟加拉国	2013	5	中国机械工业集团公司	$130	科技	电信
孟加拉国	2013	8	中国建筑工程总公司	$290	公共事业	
孟加拉国	2014	4	中国华电集团公司	$450	能源	煤
孟加拉国	2014	6	中国铁路工程总公司	$1, 550	交通	汽车
孟加拉国	2014	8	中国铁建股份有限公司	$1, 060	交通	汽车
孟加拉国	2015	6	中国交通建设股份有限公司	$710	交通	汽车
孟加拉国	2013	8	中国化学工程股份有限公司	$2, 370	农业	
孟加拉国	2008	10	中国中材集团有限公司	$250	房地产	建筑
孟加拉国	2011	5	中国机械工业集团公司	$1, 160	房地产	建筑
孟加拉国	2011	6	中国机械工业集团公司	$1, 500	农业	
孟加拉国	2011	6	中国机械工业集团公司	$160	能源	新能源
孟加拉国	2011	6	中国机械工业集团公司	$250	能源	气体
孟加拉国	2012	7	湖北长阳宏信实业集团	$200	金属	
孟加拉国	2013	5	中国五矿集团公司	$100	金属	钢铁
孟加拉国	2008	1	中国冶金科工集团有限公司	$340	旅游	
孟加拉国	2010	12	新疆华凌集团和上海博达数据通信有限公司	$630	房地产	资产
孟加拉国	2011	8	中国铁路建筑总公司	$100	交通	铁路
孟加拉国	2012	4	中国电力建设集团有限公司	$210	能源	水电
孟加拉国	2012	6	新疆华凌集团	$450	金融	银行
孟加拉国	2007	9	中国机械工业集团公司	$100	能源	气体
孟加拉国	2008	10	中国中材集团有限公司		房地产	建筑
孟加拉国	2011	3	中国建筑材料集团		房地产	建筑
斯里兰卡	2006	3	中国机械工业集团公司	$460	能源	煤
斯里兰卡	2007	3	中国水利水电建设股份有限公司和中国交通建设股份有限公司	$360	交通	船舶
斯里兰卡	2007	9	华为技术有限公司	$150	科技	电信
斯里兰卡	2008	5	中国冶金科工集团有限公司	$290	交通	汽车
斯里兰卡	2009	6	中国机械工业集团公司	$850	能源	煤
斯里兰卡	2009	11	中国交通建设股份有限公司	$210	交通	航空
斯里兰卡	2010	4	中国通用技术公司	$280	交通	铁路
斯里兰卡	2010	9	中国水利水电建设股份有限公司	$100	交通	汽车

续表

国家	时间（年）	时间（月）	中方投资者	项目投资金额（万）	部门	项目
斯里兰卡	2010	10	中国交通建设股份有限公司	$220	交通	汽车
斯里兰卡	2011	1	中国交通建设股份有限公司	$810	交通	船舶
斯里兰卡	2011	9	招商局国际有限公司	$280	交通	船舶
斯里兰卡	2011	11	中国机械工业集团公司	$180	农业	
斯里兰卡	2011	11	中国交通建设股份有限公司	$140	交通	汽车
斯里兰卡	2012	1	中国电子信息集团公司	$100	科技	电信
斯里兰卡	2012	1	招商局国际有限公司	$150	交通	船舶
斯里兰卡	2012	4	中国电力建设集团有限公司	$250	能源	水电
斯里兰卡	2013	5	中国机械工业集团公司	$230	农业	
斯里兰卡	2013	6	中国航空工业集团公司	$260	房地产	资产
斯里兰卡	2013	7	中国交通建设股份有限公司	$1, 430	交通	船舶
斯里兰卡	2013	8	中国交通建设股份有限公司	$300	交通	船舶
斯里兰卡	2013	9	中国交通建设股份有限公司	$100	交通	航空
斯里兰卡	2013	11	中国交通建设股份有限公司	$540	旅游	
斯里兰卡	2013	11	中国交通建设股份有限公司	$400	交通	汽车
斯里兰卡	2014	3	招商局国际有限公司	$990	交通	汽车
斯里兰卡	2014	5	中国电力建设集团有限公司	$120	能源	水电
斯里兰卡	2014	9	招商局国际有限公司和中国交通建设股份有限公司	$390	交通	船舶
斯里兰卡	2014	11	中国机械工业集团公司	$690	农业	
斯里兰卡	2014	11	中国建筑工程总公司	$420	交通	汽车
斯里兰卡	2015	4	中国建筑工程总公司	$160	房地产	建筑
斯里兰卡	2005	6	中国机械工业集团公司和中国水电	$100	能源	煤
斯里兰卡	2005	10	中国交通建设股份有限公司	$180	交通	汽车
斯里兰卡	2006	7	中国国际信托投资公司	$260	能源	石油
斯里兰卡	2006	11	中国化学工程股份有限公司	$520	能源	煤
斯里兰卡	2006	12	中国电力投资集团公司	$250	能源	煤
斯里兰卡	2006	12	哈尔滨动力设备股份有限公司	$430	能源	煤
斯里兰卡	2006	12	中国华电集团公司	$540	能源	水电
斯里兰卡	2007	3	中国通用技术公司	$240	能源	煤
斯里兰卡	2007	3	中国化学工程股份有限公司	$2, 010	能源	煤
斯里兰卡	2007	5	中国水利水电建设股份有限公司	$590	能源	水电

续表

国家	时间（年）	时间（月）	中方投资者	项目投资金额（万）	部门	项目
斯里兰卡	2007	8	东方电力和中国电力投资集团公司	$130	能源	煤
斯里兰卡	2008	4	中国机械工业集团公司	$240	能源	煤
斯里兰卡	2008	4	中国海洋石油总公司	$250	能源	气体
斯里兰卡	2008	8	中国机械工业集团公司	$330	能源	
斯里兰卡	2008	11	中国水利水电建设股份有限公司	$150	能源	煤
斯里兰卡	2009	7	神华集团有限责任公司	$680	能源	煤
斯里兰卡	2010	5	中国石油天然气集团公司	$1, 020	能源	
斯里兰卡	2010	12	中国石油化工集团公司	$640	能源	气体
斯里兰卡	2011	1	中国交通建设股份有限公司	$150	能源	煤
斯里兰卡	2011	3	中国交通建设股份有限公司	$170	能源	
斯里兰卡	2011	3	中国建筑工程总公司和中国交通建设股份有限公司	$200	交通	汽车
斯里兰卡	2011	4	中国葛洲坝集团公司	$990	能源	煤
斯里兰卡	2011	4	三一重工股份有限公司	$350	房地产	建筑
斯里兰卡	2011	5	中国葛洲坝集团公司	$200	能源	水电
斯里兰卡	2011	5	中国国家建筑材料集团有限公司	$930	房地产	建筑
斯里兰卡	2011	5	比亚迪汽车公司	$2, 990	交通	汽车
斯里兰卡	2011	7	吉林吉恩镍业股份有限公司	$270	金属	钢铁
斯里兰卡	2011	9	吉林昊融集团股份有限公司	$240	金属	钢铁
斯里兰卡	2011	10	中国镍资源控股有限公司	$120	金属	
土库曼斯坦	2007	5	中国石油天然气集团公司	$150	能源	气体
土库曼斯坦	2009	12	中国石油天然气集团公司	$3, 130	能源	气体
土库曼斯坦	2014	5	中国石油天然气集团公司	$600	能源	气体
土库曼斯坦	2012	2	中国机械工业集团公司	$700	能源	煤
土库曼斯坦	2012	3	安徽海螺水泥股份有限公司	$1, 260	房地产	建筑
土库曼斯坦	2012	6	中国化学工程股份有限公司	$640	能源	煤
吉尔吉斯斯坦	2011	7	特变电工股份有限公司	$210	能源	
吉尔吉斯斯坦	2014	2	中国石油天然气集团公司	$1, 400	能源	气体
吉尔吉斯斯坦	2014	2	陕西煤业化工集团	$430	能源	石油
吉尔吉斯斯坦	2014	7	北京城建投资发展股份有限公司	$990	交通	航空
吉尔吉斯斯坦	2014	7	中国机械工业集团公司	$300	交通	航空
吉尔吉斯斯坦	2014	8	江苏熔盛重工有限公司	$280	能源	石油

续表

国家	时间（年）	时间（月）	中方投资者	项目投资金额（万）	部门	项目
吉尔吉斯斯坦	2015	4	中国交通建设股份有限公司	$400	交通	汽车
吉尔吉斯斯坦	2012	6	中国镍资源控股有限公司	$600	金属	钢铁
吉尔吉斯斯坦	2012	8	中国华电集团公司	$180	能源	煤
吉尔吉斯斯坦	2012	8	大丰港港口有限公司	$850	金属	钢铁
吉尔吉斯斯坦	2012	8	神雾环境能源科技集团	$210	金属	钢铁
吉尔吉斯斯坦	2012	10	中国石油化工集团公司	$640	能源	石油
吉尔吉斯斯坦	2012	11	中国中材股份有限公司	$880	房地产	建筑
吉尔吉斯斯坦	2012	12	哈尔滨泰富电气有限公司	$350	能源	煤
乌兹别克斯坦	2007	12	中国石油天然气集团公司	$880	能源	气体
乌兹别克斯坦	2009	12	白银有色金属公司，中国国际信托投资公司和常新科技股份有限公司	$190	金属	
乌兹别克斯坦	2013	6	中国铁路工程总公司	$460	交通	铁路
乌兹别克斯坦	2014	8	中国机械工业集团公司	$440	化工	
乌兹别克斯坦	2013	1	中国华电集团公司	$110	能源	煤
乌兹别克斯坦	2013	1	中国中材股份有限公司	$120	房地产	建筑
乌兹别克斯坦	2013	3	中国建筑工程总公司	$530	能源	煤
乌兹别克斯坦	2013	3	中国中材股份有限公司	$100	房地产	建筑
塔吉克斯坦	2006	6	特变电工股份有限公司	$340	能源	
塔吉克斯坦	2006	7	中国交通建设股份有限公司	$300	交通	汽车
塔吉克斯坦	2008	8	中国水利水电建设股份有限公司	$300	能源	水电
塔吉克斯坦	2012	11	中国建筑材料集团有限公司	$300	房地产	建筑
塔吉克斯坦	2015	2	华新水泥股份有限公司	$250	房地产	建筑
塔吉克斯坦	2013	4	中国青山控股集团	$320	金属	钢铁
塔吉克斯坦	2013	5	复星集团	$1, 500	金属	钢铁
塔吉克斯坦	2013	7	中国冶金科工集团有限公司	$900	金属	钢铁
塔吉克斯坦	2013	10	中国交通建设股份有限公司	$670	交通	铁路
塔吉克斯坦	2013	10	中国交通建设股份有限公司	$1, 360	交通	船舶
伊朗	2005	5	中国北方工业公司	$840	交通	铁路
伊朗	2005	12	中国国际信托投资公司	$900	金属	铝
伊朗	2006	7	中国石油化工集团公司	$2, 800	能源	石油
伊朗	2007	10	中国葛洲坝集团公司	$210	能源	水电
伊朗	2007	10	中国有色矿业集团有限公司	$110	金属	铝

续表

国家	时间（年）	时间（月）	中方投资者	项目投资金额（万）	部门	项目
伊朗	2007	12	中国石油化工集团公司	$2,010	能源	石油
伊朗	2008	6	中国冶金科工集团有限公司	$200	金属	钢铁
伊朗	2009	1	中国石油天然气集团公司	$1,760	能源	石油
伊朗	2009	3	中国海洋石油总公司	$3,350	能源	气体
伊朗	2010	10	中国水利水电建设股份有限公司	$1,500	能源	水电
伊朗	2010	10	中国机械工业集团公司	$290	公共事业	
伊朗	2011	4	中国机械工业集团公司	$280	金属	钢铁
伊朗	2011	9	中国有色矿业集团有限公司	$930	金属	铝
伊朗	2012	5	中国北方工业公司	$1,250	交通	铁路
伊朗	2013	1	中国有色矿业集团有限公司	$710	金属	钢铁
伊朗	2014	3	中国交通建设股份有限公司	$160	房地产	建筑
伊朗	2014	5	中国冶金科工集团有限公司	$350	金属	钢铁
伊朗	2014	12	中国中钢集团公司	$180	能源	煤
伊朗	2007	12	中国电力投资集团公司	$920	能源	
伊朗	2008	11	中国石油天然气集团公司	$3,020	能源	石油
伊朗	2009	10	中国石油天然气集团公司	$5,590	能源	石油
伊朗	2009	12	中国石油天然气集团公司	$240	能源	石油
伊朗	2010	8	中国建筑材料集团	$250	房地产	建筑
伊朗	2010	12	中国中材集团有限公司	$110	房地产	建筑
伊朗	2011	4	中国机械工业集团公司	$200	能源	
伊朗	2011	4	中国电力投资集团公司	$1,010	能源	
伊朗	2011	6	中国石油天然气集团公司	$170	能源	石油
伊朗	2011	11	中国机械工业集团公司	$1,080	能源	
伊朗	2012	8	中国能源建设股份有限公司	$130	公共事业	
伊朗	2013	7	中国石油天然气集团公司	$550	能源	石油
伊朗	2013	9	中国石油天然气集团公司和中国海洋石油总公司	$170	能源	石油
伊朗	2013	11	中国石油天然气集团公司	$1,250	能源	石油
伊朗	2013	11	中国交通建设股份有限公司	$170	公共事业	
伊朗	2013	11	中国机械工业集团公司	$240	房地产	建筑
伊朗	2013	12	中国交通建设股份有限公司	$160	公共事业	
伊朗	2014	5	中国石油天然气集团公司	$430	能源	石油

续表

国家	时间（年）	时间（月）	中方投资者	项目投资金额（万）	部门	项目
伊朗	2014	7	中国石油天然气集团公司	$610	能源	石油
伊朗	2014	4	中国机械工业集团公司	$990	能源	煤
伊朗	2014	7	中国投资有限责任公司	$320	能源	煤
伊朗	2014	7	中国建筑工程总公司	$1,010	金属	
伊朗	2014	7	国家开发投资公司和安徽海螺水泥股份有限公司	$460	房地产	建筑
伊朗	2014	8	上海虹桥发展（集团）有限公司	$120	金属	铝
伊朗	2015	1	上海汽车工业集团和上海汽车通用五菱汽车股份有限公司	$120	交通	汽车
伊朗	2015	5	中国中钢集团公司	$880	金属	
伊朗	2008	7	中国机械工业集团公司	$680	能源	
伊朗	2008	10	中国长江三峡集团公司	$350	能源	水电
伊朗	2008	10	中国交通建设股份有限公司	$310	交通	汽车
伊朗	2010	2	中国铝业股份有限公司	$140	金属	铝
伊朗	2010	3	中国机械工业集团公司	$260	能源	煤
伊朗	2010	8	中国中材股份有限公司	$900	房地产	建筑
伊朗	2010	12	中国水利水电建设股份有限公司	$830	能源	水电
伊朗	2010	12	中国机械工业集团公司	$800	金属	钢铁
伊朗	2011	4	中国通用技术公司	$100	能源	煤
伊朗	2011	4	中国铝业股份有限公司	$790	金属	铝
伊朗	2011	11	中国中钢集团公司	$240	金属	
伊朗	2011	11	广西周大房地产开发有限责任公司	$1,420	房地产	资产
伊朗	2011	12	中国首钢集团	$200	金属	钢铁
伊朗	2012	3	中国电力建设集团有限公司	$130	房地产	建筑
伊朗	2012	5	中国长江三峡集团公司	$1,480	能源	水电
伊朗	2012	7	中国南方机车车辆工业集团公司	$330	交通	铁路
伊朗	2012	12	中国冶金科工集团有限公司	$650	其他	木材
伊朗	2012	12	碧桂园控股有限公司	$400	房地产	资产
伊朗	2013	2	广西北部湾投资集团有限公司	$480	金属	
伊朗	2013	2	广西北部湾投资集团有限公司	$300	房地产	资产
伊朗	2013	2	广西北部湾投资集团有限公司	$2,400	交通	船舶
伊朗	2013	3	中国电力建设集团有限公司	$380	金属	
伊朗	2013	5	中国电力建设集团有限公司	$100	能源	气体

续表

国家	时间（年）	时间（月）	中方投资者	项目投资金额（万）	部门	项目
伊朗	2013	6	卡姆丹克太阳能系统集团有限公司	$190	能源	新能源
伊朗	2013	7	中国交通建设股份有限公司	$1, 370	交通	船舶
伊朗	2013	8	中国电力建设集团有限公司	$1, 300	能源	
伊朗	2013	12	广州富力地产股份有限公司	$180	房地产	资产
伊朗	2014	3	北京城建投资发展股份有限公司	$200	交通	汽车
伊朗	2014	4	上海绿地集团	$1, 330	房地产	资产
伊朗	2014	7	山东岱银集团	$430	其他	Textiles
希腊	2008	11	中国远洋运输总公司	$4, 560	交通	船舶
希腊	2010	6	北京建工集团有限责任公司	$130	旅游	
希腊	2011	5	复星集团	$120	其他	Consumer
希腊	2012	5	中国远洋运输总公司	$150	交通	船舶
希腊	2013	8	中国远洋运输总公司	$300	交通	船舶
希腊	2014	6	复星集团	$200	交通	航空
希腊	2014	8	中国石油化工集团公司	$660	能源	石油
希腊	2015	1	中国建筑工程总公司	$100	房地产	建筑
希腊	2015	1	上海绿地集团	$600	房地产	资产
希腊	2015	3	晶科能源控股有限公司	$280	能源	新能源
希腊	2015	5	中国建筑工程总公司	$1, 580	其他	工业
希腊	2015	5	上海汽车工业集团	$1, 020	交通	汽车
塞浦路斯	2008	5	中国中材集团有限公司	$130	房地产	建筑
塞浦路斯	2007	12	中国国家电网公司	$580	能源	
埃及	2006	10	中国国际信托投资公司和中国铝业股份有限公司	$940	金属	铝
埃及	2007	6	中国中材集团有限公司	$370	房地产	建筑
埃及	2007	10	中国远洋运输总公司	$150	交通	船舶
埃及	2008	9	中国交通建设股份有限公司	$220	交通	船舶
埃及	2008	11	中国交通建设股份有限公司	$160	交通	船舶
埃及	2009	7	天津发展控股有限公司	$280	其他	工业
埃及	2010	5	浙江荣盛控股集团有限公司和中国化学工程股份有限公司	$1, 990	能源	石油
埃及	2011	1	中国交通建设股份有限公司	$100	交通	船舶
埃及	2011	9	中国电力建设集团有限公司	$150	能源	气体
埃及	2012	3	大连船舶重工集团有限公司	$320	能源	石油

续表

国家	时间（年）	时间（月）	中方投资者	项目投资金额（万）	部门	项目
埃及	2012	3	巨石集团有限公司	$230	其他	工业
埃及	2013	4	天津发展控股有限公司	$500	其他	工业
埃及	2013	8	中国石油化工集团公司	$3,100	能源	
埃及	2014	7	中国中材集团有限公司	$370	房地产	建筑
埃及	2015	3	中国国家电网公司	$1,800	能源	
埃及	2015	3	中国航空工业集团公司	$500	交通	铁路
埃及	2015	3	中国航空工业集团公司	$420	交通	铁路
埃及	2015	4	中国铁建股份有限公司	$600	交通	铁路
埃及	2008	11	中国冶金科工集团有限公司	$110	金属	铜
埃及	2009	2	中国机械工业集团公司	$600	能源	
埃及	2009	7	中国长江三峡集团公司	$460	公共事业	
埃及	2010	1	中国葛洲坝集团公司	$350	能源	水电
埃及	2010	3	中国葛洲坝集团公司	$1,000	能源	水电
埃及	2012	2	华为技术有限公司	$970	科技	电信
埃及	2014	5	中国电力建设集团有限公司	$3,040	能源	煤
埃及	2006	12	中国银行股份有限公司	$200	交通	航空
埃及	2008	3	华能国际电力股份有限公司	$520	能源	
埃及	2008	7	中国化工进出口公司	$330	农业	
埃及	2008	7	中国冶金科工集团有限公司	$1,020	旅游	
埃及	2008	9	中国远洋运输总公司	$1,160	交通	船舶
埃及	2009	5	中国石油天然气集团公司	$320	能源	石油
埃及	2009	9	中国石油天然气集团公司	$180	能源	石油
埃及	2010	6	中国交通建设股份有限公司	$530	交通	船舶
埃及	2011	6	中国建筑工程总公司	$150	交通	铁路
埃及	2011	8	海航集团有限公司	$110	交通	船舶
埃及	2012	5	中国建筑设计研究院	$110	房地产	建筑
土耳其	2005	6	中国铁建股份有限公司和中国通用技术公司	$1,270	交通	铁路
土耳其	2008	10	大通证券股份有限公司	$760	能源	煤
土耳其	2009	1	中国化学工程股份有限公司	$440	金属	
土耳其	2010	4	中国机械工业集团公司	$360	能源	
土耳其	2010	4	中国中材集团有限公司	$780	房地产	建筑

续表

国家	时间（年）	时间（月）	中方投资者	项目投资金额（万）	部门	项目
土耳其	2012	4	中国航空工业集团公司	$750	能源	煤
土耳其	2012	6	奇瑞汽车股份有限公司	$120	交通	汽车
土耳其	2012	7	中电电气集团有限公司	$600	能源	新能源
土耳其	2013	1	中国化学工程股份有限公司	$1, 100	化工	
土耳其	2013	5	哈尔滨泰富电气有限公司	$2, 400	能源	煤
土耳其	2013	8	中国机械工业集团公司	$220	能源	
土耳其	2014	4	中国工商银行股份有限公司	$320	金融	银行
土耳其	2015	5	中国中材集团有限公司	$160	房地产	建筑
土耳其	2012	11	中国建筑工程总公司	$110	房地产	建筑
土耳其	2013	4	万科企业股份有限公司	$910	房地产	资产
土耳其	2013	7	中国石油化工集团公司	$150	化工	
土耳其	2013	8	山东红宝石食品有限公司	$160	房地产	资产
土耳其	2013	11	中国交通建设股份有限公司	$250	交通	铁路
土耳其	2014	2	中国银行股份有限公司，中国人寿保险（集团）公司和厚朴投资管理公司	$290	其他	工业
土耳其	2014	5	阿里巴巴网络技术有限公司	$190	其他	
土耳其	2014	5	上海申通集团有限公司	$390	交通	铁路
土耳其	2014	7	中国建筑工程总公司	$100	房地产	建筑
土耳其	2014	7	中国电力建设集团有限公司	$700	交通	铁路
土耳其	2014	9	中国建筑工程总公司	$1, 500	房地产	建筑
土耳其	2015	3	中国国际信托投资公司	$530	公共事业	
土耳其	2015	6	中国民生投资股份有限公司	$170	金融	投资
叙利亚	2005	12	中国石油天然气集团公司	$290	能源	石油
叙利亚	2008	9	中国石油化工集团公司	$1, 990	能源	石油
叙利亚	2010	5	中国石油天然气集团公司	$1, 480	能源	
叙利亚	2010	12	中国中材集团有限公司	$300	房地产	建筑
叙利亚	2009	9	中国工商银行股份有限公司	$1, 500	金融	银行
叙利亚	2010	6	中国水利水电建设股份有限公司	$100	交通	铁路
叙利亚	2010	12	阿诗玛文化产业投资有限公司	$100	房地产	资产
叙利亚	2011	10	青岛啤酒股份有限公司	$120	农业	
约旦	2007	10	中国电子信息集团公司	$100	交通	铁路
约旦	2013	9	中国电力建设集团有限公司	$1, 250	能源	石油

续表

国家	时间（年）	时间（月）	中方投资者	项目投资金额（万）	部门	项目
约旦	2013	11	中国机械工业集团公司	$270	房地产	建筑
约旦	2014	9	中国五矿集团公司	$350	农业	
约旦	2012	5	中国机械工业集团公司	$150	能源	
约旦	2012	10	山东玲珑轮胎股份有限公司	$110	交通	汽车
约旦	2012	10	上海汽车工业集团	$880	交通	汽车
约旦	2013	6	中国长江三峡集团公司	$120	能源	水电
以色列	2010	10	中国化工集团公司	$1, 440	农业	
以色列	2012	4	中国铁建股份有限公司	$140	交通	汽车
以色列	2013	4	复星集团	$240	科技	Medical
以色列	2014	5	光明食品有限公司	$1, 560	农业	
以色列	2014	9	中国交通建设股份有限公司	$950	交通	船舶
以色列	2015	1	腾讯计算机系统有限公司	$100	科技	
以色列	2015	5	中国铁路工程总公司	$400	交通	铁路
以色列	2015	5	上海国际港务股份有限公司	$1, 990	交通	船舶
以色列	2015	6	复星集团	$470	金融	
以色列	2014	6	中国移动通信集团公司	$160	科技	电信
以色列	2014	12	中国机械工业集团公司	$140	科技	电信
以色列	2015	5	天合光能有限公司	$2, 800	能源	新能源
以色列	2010	2	中国交通建设股份有限公司	$200	交通	汽车
以色列	2011	7	浙江恒逸集团有限公司和中国石油化工集团公司	$330	能源	石油
以色列	2015	5	中国交通建设股份有限公司	$430	交通	汽车
以色列	2006	7	中国东方电气集团有限公司	$2, 010	能源	煤
以色列	2006	11	中国石油天然气集团公司	$160	农业	
以色列	2006	11	中国南方电网和中国电力投资集团公司	$900	能源	煤
沙特阿拉伯	2005	3	中国中材集团有限公司	$170	房地产	建筑
沙特阿拉伯	2005	9	中国石油化工集团公司	$350	化工	
沙特阿拉伯	2005	12	中国中材集团有限公司	$580	房地产	建筑
沙特阿拉伯	2007	4	中国机械工业集团公司和中国有色矿业集团有限公司	$3, 990	金属	铝
沙特阿拉伯	2007	11	贵州宏福实业集团	$350	化工	
沙特阿拉伯	2007	11	中国铝业股份有限公司	$1, 200	金属	铝

续表

国家	时间（年）	时间（月）	中方投资者	项目投资金额（万）	部门	项目
沙特阿拉伯	2007	11	中国交通建设股份有限公司	$230	交通	船舶
沙特阿拉伯	2008	7	广东海外建设集团有限公司	$610	房地产	建筑
沙特阿拉伯	2009	2	中国铁建股份有限公司	$390	交通	铁路
沙特阿拉伯	2009	2	中国交通建设股份有限公司	$100	交通	船舶
沙特阿拉伯	2009	7	山东电力集团公司	$1，800	能源	石油
沙特阿拉伯	2009	7	中国铁建股份有限公司	$530	房地产	建筑
沙特阿拉伯	2010	5	山东电力集团公司	$1，720	能源	水电
沙特阿拉伯	2010	5	中国中材集团有限公司	$200	房地产	建筑
沙特阿拉伯	2010	12	中国中材集团有限公司	$140	房地产	建筑
沙特阿拉伯	2011	3	中国石油化工集团公司	$3，300	能源	石油
沙特阿拉伯	2011	8	中国石油化工集团公司	$130	化工	
沙特阿拉伯	2011	12	中国石油化工集团公司	$180	公共事业	
沙特阿拉伯	2012	9	中国中材集团有限公司	$180	房地产	建筑
沙特阿拉伯	2012	9	中国交通建设股份有限公司	$160	交通	船舶
沙特阿拉伯	2012	11	中国电力投资集团公司	$990	农业	
沙特阿拉伯	2012	11	中国化学工程股份有限公司	$400	交通	船舶
沙特阿拉伯	2013	7	中国交通建设股份有限公司	$500	公共事业	
沙特阿拉伯	2013	9	中国交通建设股份有限公司	$390	交通	船舶
沙特阿拉伯	2013	11	中国建筑材料集团	$190	房地产	建筑
沙特阿拉伯	2014	2	中国石油天然气集团公司	$560	化工	
沙特阿拉伯	2014	2	中国交通建设股份有限公司	$200	交通	船舶
沙特阿拉伯	2014	5	中国交通建设股份有限公司	$500	农业	
沙特阿拉伯	2014	10	山东电力集团公司	$1，290	能源	气体
沙特阿拉伯	2014	11	中国铁建股份有限公司	$1，980	房地产	建筑
沙特阿拉伯	2008	5	中国化学工程股份有限公司和中国通用技术公司	$350	农业	
沙特阿拉伯	2008	7	中国铝业股份有限公司	$1，380	金属	铝
沙特阿拉伯	2009	5	中国铁路工程总公司	$970	交通	铁路
沙特阿拉伯	2009	10	中国电力投资集团公司	$200	能源	煤
沙特阿拉伯	2009	10	中国交通建设股份有限公司	$1，400	交通	汽车
沙特阿拉伯	2010	1	武汉凯迪电力股份有限公司	$170	能源	煤
沙特阿拉伯	2010	3	中国东方电气集团有限公司	$1，990	能源	煤

续表

国家	时间（年）	时间（月）	中方投资者	项目投资金额（万）	部门	项目
沙特阿拉伯	2010	4	中国交通建设股份有限公司	$340	交通	汽车
沙特阿拉伯	2010	7	中国华电集团公司	$650	能源	煤
沙特阿拉伯	2010	9	中国冶金科工集团有限公司和昆明钢铁控股有限公司	$1, 150	金属	钢铁
沙特阿拉伯	2010	12	武汉凯迪电力股份有限公司	$180	能源	煤
沙特阿拉伯	2010	12	中国水利水电建设股份有限公司	$790	能源	水电
沙特阿拉伯	2011	1	广东省长大公路工程有限公司	$360	交通	汽车
沙特阿拉伯	2011	4	中国华电集团公司	$1, 300	能源	煤
沙特阿拉伯	2011	8	中国投资有限责任公司	$100	能源	煤
沙特阿拉伯	2011	8	中国化学工程股份有限公司，中国东方电气集团有限公司，中国能源建设股份有限公司	$140	能源	煤
沙特阿拉伯	2011	9	青岛天众投资有限公司	$550	交通	汽车
沙特阿拉伯	2011	10	中国建筑工程总公司	$110	房地产	建筑
沙特阿拉伯	2011	10	中国铁路工程总公司	$100	交通	铁路
沙特阿拉伯	2011	11	中国五矿集团公司	$200	能源	水电
沙特阿拉伯	2012	6	中国电力建设集团有限公司	$890	能源	水电
沙特阿拉伯	2012	6	中国交通建设股份有限公司	$120	交通	船舶
沙特阿拉伯	2012	10	中国冶金科工集团有限公司	$110	金属	钢铁
沙特阿拉伯	2013	5	神舟国际集团有限公司	$300	其他	Textiles
沙特阿拉伯	2013	5	鼎晖投资基金管理公司	$140	科技	电信
沙特阿拉伯	2013	7	天虹纺织集团有限公司	$120	其他	Textiles
沙特阿拉伯	2013	9	中国交通建设股份有限公司	$140	交通	汽车
沙特阿拉伯	2005	11	中国北方工业公司	$170	能源	水电
沙特阿拉伯	2006	11	中国长江三峡集团公司	$1, 700	能源	水电
沙特阿拉伯	2007	4	中国水利水电建设股份有限公司	$340	能源	水电
卡塔尔	2005	1	中国水利水电建设股份有限公司	$100	交通	航空
卡塔尔	2006	2	中国水利水电建设股份有限公司	$540	房地产	建筑
卡塔尔	2009	5	中国水利水电建设股份有限公司	$140	农业	
卡塔尔	2009	8	中国海洋石油总公司	$100	能源	气体
卡塔尔	2011	1	中国水利水电建设股份有限公司	$720	房地产	建筑
卡塔尔	2011	1	中国交通建设股份有限公司	$880	交通	船舶
卡塔尔	2011	10	中国建筑工程总公司	$120	房地产	建筑

续表

国家	时间（年）	时间（月）	中方投资者	项目投资金额（万）	部门	项目
卡塔尔	2011	12	中国电力建设集团有限公司	$130	房地产	建筑
卡塔尔	2013	6	中国交通建设股份有限公司	$600	交通	汽车
卡塔尔	2014	5	中国交通建设股份有限公司	$170	交通	航空
卡塔尔	2007	8	中国南方电网有限责任公司	$210	能源	水电
卡塔尔	2008	2	中国机械工业集团公司	$200	能源	
卡塔尔	2009	8	中国葛洲坝集团公司	$1, 680	能源	水电
卡塔尔	2009	12	山东太阳纸业股份有限公司	$1, 500	其他	木材
卡塔尔	2010	6	中国电气设备工程	$130	能源	煤
卡塔尔	2010	8	中国北方工业公司	$2, 030	农业	
卡塔尔	2010	10	中国水利水电建设股份有限公司	$310	能源	
卡塔尔	2010	12	中国水利水电建设股份有限公司	$1, 520	能源	水电
卡塔尔	2012	1	中国电力建设集团有限公司	$300	能源	水电
卡塔尔	2012	1	上海万峰企业集团	$100	房地产	资产
也门	2006	6	中国中材股份有限公司	$260	房地产	建筑
也门	2006	11	中国通用技术公司	$220	房地产	建筑
也门	2007	5	中国建筑材料集团有限公司	$250	房地产	建筑
也门	2008	2	中国化工进出口公司	$470	能源	石油
也门	2013	11	中国交通建设股份有限公司	$510	交通	船舶
也门	2012	8	中国长江三峡集团公司	$130	能源	水电
也门	2012	12	中国机械工业集团公司	$810	旅游	
也门	2005	7	中国水利水电建设股份有限公司	$430	能源	水电
也门	2008	7	中国有色矿业集团有限公司	$1, 020	金属	
也门	2009	4	中国华能集团公司	$1, 480	能源	水电
阿曼	2005	2	中国水利水电建设股份有限公司	$150	公共事业	
阿曼	2008	3	中国建筑材料集团有限公司	$160	房地产	建筑
阿曼	2009	11	中国电力建设集团有限公司	$1, 000	能源	
阿曼	2015	6	中国轻工集团公司	$300	农业	
阿曼	2009	6	中国石油天然气集团公司	$100	能源	
阿曼	2010	9	中国北方工业公司	$210	金属	铜
阿曼	2010	12	中国交通建设股份有限公司	$760	交通	航空
阿曼	2011	3	中国交通建设股份有限公司	$700	交通	船舶
科威特	2007	3	中国建筑工程总公司	$410	房地产	建筑

续表

国家	时间（年）	时间（月）	中方投资者	项目投资金额（万）	部门	项目
科威特	2007	6	中国交通建设股份有限公司	$410	交通	船舶
科威特	2009	4	中国石油化工集团公司	$350	能源	
科威特	2010	10	中国冶金科工集团有限公司	$570	房地产	建筑
科威特	2011	2	中国冶金科工集团有限公司	$260	房地产	建筑
科威特	2012	3	中国电力建设集团有限公司	$510	房地产	建筑
科威特	2015	4	中国建筑工程总公司	$460	房地产	建筑
科威特	2011	8	中国北方工业公司	$200	金属	铜
科威特	2013	10	宗申产业集团	$280	金属	钢铁
科威特	2013	12	中国国际信托投资公司	$500	房地产	建筑
科威特	2006	2	中国水利水电建设股份有限公司	$540	能源	水电
科威特	2008	6	米歇尔公司	$370	能源	水电
科威特	2008	6	中国机械工业集团公司	$200	能源	水电
科威特	2008	12	中国大唐集团公司	$580	能源	
保加利亚	2009	11	长城汽车股份有限公司	$120	交通	汽车
保加利亚	2012	3	中国中材股份有限公司	$210	房地产	建筑
克罗地亚	2014	9	中国建筑材料集团	$130	交通	船舶
克罗地亚	2012	5	中国进出口银行	$2, 300	其他	娱乐
捷克	2009	3	中国机械工业集团公司	$100	能源	新能源
捷克	2012	5	上海建筑公司	$250	交通	汽车
匈牙利	2007	10	中国中材股份有限公司	$170	房地产	建筑
匈牙利	2010	2	万华实业集团有限公司	$190	化工	
匈牙利	2011	2	万华实业集团有限公司	$1, 660	化工	
匈牙利	2011	10	万华实业集团有限公司	$260	化工	
匈牙利	2012	5	华为技术有限公司	$1, 500	科技	电信
匈牙利	2012	5	中国铁建股份有限公司	$990	交通	铁路
匈牙利	2013	3	上海建筑公司	$240	交通	汽车
匈牙利	2013	10	中国石油化工集团公司	$140	能源	石油
匈牙利	2014	12	中国建筑工程总公司	$1, 600	房地产	建筑
匈牙利	2011	1	中国水利水电建设股份有限公司	$130	能源	水电
匈牙利	2012	2	中国长江三峡集团公司	$220	能源	水电
匈牙利	2013	1	中国能源建设股份有限公司	$110	能源	水电
马其顿	2013	11	中国电力建设集团有限公司	$400	交通	汽车

续表

国家	时间（年）	时间（月）	中方投资者	项目投资金额（万）	部门	项目
马其顿	2015	3	红石丰铭集团	$2,870	房地产	建筑
黑山	2014	3	中国交通建设股份有限公司	$1,120	交通	汽车
黑山	2015	4	中国长江三峡集团公司	$400	能源	水电
罗马尼亚	2012	5	中国华电集团公司	$1,300	能源	煤
罗马尼亚	2013	11	Ming Yan	$540	能源	新能源
罗马尼亚	2007	11	中国冶金科工集团有限公司和江西铜业集团公司		金属	铜
罗马尼亚	2011	10	中国石油天然气集团公司	$1,300	能源	石油
波兰	2012	2	广西柳工机械股份有限公司	$100	交通	汽车
波兰	2012	7	中国电力投资集团公司	$740	能源	煤
波兰	2013	5	中国能源建设股份有限公司	$560	能源	煤
波兰	2013	12	中国机械工业集团公司	$190	能源	新能源
波兰	2014	9	中国进出口银行	$200	能源	新能源
波兰	2006	5	山东电力集团公司	$180	能源	煤
波兰	2007	1	山东电力集团公司	$500	能源	煤
波兰	2007	2	中国葛洲坝集团公司	$560	交通	汽车
波兰	2007	3	中国中钢集团公司	$1,200	金属	钢铁
塞尔维亚	2010	4	中国交通建设股份有限公司	$260	交通	汽车
塞尔维亚	2010	12	中国机械工业集团公司	$340	能源	煤
塞尔维亚	2013	1	中国交通建设股份有限公司	$850	交通	汽车
塞尔维亚	2013	6	山东高速集团	$330	交通	汽车
塞尔维亚	2013	11	中国机械工业集团公司	$200	能源	煤
塞尔维亚	2014	9	中国机械工业集团公司	$150	能源	
塞尔维亚	2007	6	中国石油天然气集团公司	$160	能源	气体
塞尔维亚	2008	2	中国五矿集团公司和新兴铸管股份有限公司	$400	金属	钢铁
塞尔维亚	2008	10	中国长江三峡集团公司	$200	能源	水电
塞尔维亚	2008	10	中兴通讯股份有限公司	$350	科技	电信
塞尔维亚	2009	5	华为技术有限公司	$450	科技	电信
塞尔维亚	2009	12	上海汽车工业集团	$1,400	交通	汽车
马尔代夫	2011	11	中国电力建设集团有限公司	$100	能源	煤
哈萨克斯坦	2011	11	中国铁路工程总公司	$400	交通	铁路
巴勒斯坦	2008	1	中国交通建设股份有限公司	$460	交通	船舶

续表

国家	时间（年）	时间（月）	中方投资者	项目投资金额（万）	部门	项目
巴林	2007	6	中国水利水电建设股份有限公司	$1,350	能源	水电
阿联酋	2011	5	中国铁路工程总公司	$100	交通	铁路
黎巴嫩	2010	3	华为技术有限公司	$180	科技	电信
阿尔巴尼亚	2010	4	中国华电集团公司	$170	能源	水电
波黑	2010	9	内蒙古霍煤鸿骏铝电有限责任公司	$500	能源	
保加利亚	2010	11	中国华电集团公司	$240	能源	煤
保加利亚	2011	11	广西有色金属集团有限公司	$120	金属	钢铁
爱沙尼亚	2012	12	中国机械工业集团公司	$1,670	能源	石油
拉脱维亚	2014	10	中国机械工业集团公司	$210	交通	航空
立陶宛	2015	1	中国铁路工程总公司	$1,200	农业	

7.3 参考文献

1. 世界银行数据库网站，http://data.worldbank.org.cn/。

2. 联合国数据库网站，http://data.un.org/。

3. 中华人民共和国商务部网站“走出去”公共服务平台，http://fec.mofcom.gov.cn/。

4. 中华人民共和国外交部网站国家（地区）资料库，http://www.fmprc.gov.cn/web/gjhdq_676201/。

课题组成员名单

陆春华　张　砣　韩　枫